조선시기 향촌사회 연구

조선시기 향촌사회 연구

초판 1쇄 발행 | 2009년 5월 20일

지은이 | 이규대
펴낸이 | 이재선
펴낸곳 | 신구문화사

등록 | 1968. 6. 10. 제1-205호
주소 | 경기도 성남시 중원구 금광2동 2661번지
전화 | 031-741-3055~6
팩스 | 031-741-3054
이메일 | shingupub@naver.com
홈페이지 | www.shingubook.com

ISBN 978-89-7668-160-7 93910

조선시기 향촌사회 연구

이 규 대 지음

신구문화사

책을 내면서

연구실 창밖 작은 언덕길 솔숲 사이로 찾아드는 햇살이 따사롭다. 이 시간 자꾸만 창밖을 내다보게 되는 것은 이제 책을 엮으면서 다가오는 큰 부담 때문이다. 1980년 힘들었던 가정형편으로 접어둘 수밖에 없었던 꿈을 안고 정들었던 초등교직을 떠나 역사교육학과에 편입을 했었다. 그리고 이제 20년이 훌쩍 넘어서 그동안 발표했던 글들을 모아 정리하려니 때늦은 감으로 혹여 진부하지나 않을까? 하는 당혹감이 앞선다. 진작부터 정리할 생각은 갖고 있었지만 좀 더 보완하고 난 이후로 작정하고 차일피일하다가 이제야 그래도 한번은 정리해야겠다는 생각으로 용기를 내었다.

내가 '지방사' '향촌사회사' 에 관심을 갖게 된 것은 전적으로 우인(又仁) 김용덕(金龍德) 선생님의 영향이었다. 나는 1983년부터 선생님의 지도를 받을 수 있었고, 이 무렵 이미 노년에 드셨던 선생님은 '사회경제사' 에서 '사회사' 가 독립된 학문영역으로 발전될 것을 예감하셨던 것 같다. 선생님은 내게 늘 고향이 있는 강원도에서 자료를 수집해 보도록 권하시곤 하셨다. 당시 옥석을 가리기엔 턱없이 모자라는 눈높이였지만 이곳저곳에서 자료가 수집될 때마다 선생님은 신사동 자택에서 차분히 가닥을 잡아주셨고, 이에 고무되어 열정적으로 자료를 수집하였지만 그 길이 '향촌사회사' 로 가는 길이었는지는 그때는 미처 몰랐다.

1991년 선생님을 잃었다. 청천벽력과 같은 슬픔이었다. 이제 혼자가 되어 모든 작업과정을 헤쳐내기란 여간 어려운 일이 아니었다. 그동안의 습관대로 이 마을에서 저 마을로 수소문하여 자료를 찾아서 정리해 놓고, 그 자료를 어떻게 활용할 것인가를 두고 선학들의 관련논문을 찾아 읽고, 그리고 다시 지역사회의 현장감을 어떻게 살려낼 것인가는 지난한 과제였다. 이렇게 반복되는 생활이었지만 나침반을 잃은 자의 홀로서기란 시행착오의 반복일 수밖에 없었다. 이 시행착오는 지금도 반복되고 있다. 그동안 영동지역 일원에서 참으로 많은 분들의 도움에 힘입어 많은 자료를 수집할 수 있었고, 이제 그 결실로 한 권의 책을 엮으면서 감회가 없지는 않지만 졸속하다는 마음에서 도움을 주신 분들에게 미안한 마음이 앞서는 게 지금의 솔직한 심정이다.

향약(鄕約), 미타계(彌陀契), 약국계(藥局契), 행장(行狀), 등장(等狀), 계첩(契帖), 기문(記文) 등 수집되는 자료들은 문중이나 후손들에 의해 소중하게 보관되어 왔거나 동네 창고에 방치된 채 소멸 위기에 놓였던 것들이었다. 이들은 오랜 세월 동안 전승되어 온 것들이라는 점에서 그 자체로 소중한 자료적 가치를 갖는 것들이지만, 각각의 자료들은 몇 장 내지 몇 줄의 분량으로서 매우 단편적이라고 할 수밖에 없는 것들이었다. 그러나 여기에는 분명 각기 그 시대적 상황과 정신이 담지되고 있으며, 아울러 그 상황과 정신이 변모되어 가는 모습과 다시 이에 대응하는 시대상황과 정신이 담지되는 것들이었다. 이 같은 사료적 가치를 깨닫기까지는 많은 시간이 걸렸다. 이제 지역민들의 진솔한 생활모습에 기반을 둔 지역의 역사와 문화를 정리해 보고픈 생각이다.

이러한 진솔한 생활모습과 그 역동성, 그리고 시간을 관통하는 공동체적 자긍심 즉 지역성의 문제를 어떻게 설명해 낼 수 있을까? 내게는 분명 벅찬 과제였다. 이 과제는 자료가 생성되는 시대의 정치 · 경제 · 사회 · 사상에 대한 원숙한 지식, 또한 이들이 일정한 지역에서 종횡으로 엮이면서 구축되는 지역사회의 운영의 틀을 이해할 때 그 실마리가 풀릴 수 있다고 생각해 왔다. 지난하고도 난망스러운 과제가 아닐 수 없었고, 여전히 과제로 안고 가야 할 것 같다. 그나마 다행스러웠던 것은 내 고향에서 수집된 자료들이었기에 시 · 공간적인 정황을 어렴풋하게나마 짐작해 낼 수 있었고, 이로부터 조금의 자신감으로 지역성이라는 것을 염두에 둘 수 있었다고 생각한다.

요즈음 나는 고향 강릉에서 지역사 연구에 작은 징검다리 하나를 놓기를 희망하면서 행복을 추구하고 있다. 따사로운 햇살이 찾아드는 연구실에서 이 작업을 할 수 있기에 감사하며, 많은 부족함으로 자괴감이 없지 않지만 그래도 나의 20년의 자취를 담아내는 작업을 할 수 있기에 나는 행복하다. 고향에서 생활할 수 있도록 배려해 주신 은사 백홍기 교수님과 학과 교수님들께도 감사드린다.

그동안 나는 너무도 소중한 가족들을 잃었다. 어렸을 때 세상을 떠난 아버지는 늘 나의 행로를 지켜 주시는 분이셨다. 40여 년을 홀로 거칠었던 농촌 생활 속에서 3남매를 길러 내신 어머니, 그 크나큰 구로지은을 무엇으로 보답할 수 있을까마는 제대로 효도 한번 받지 못한 채 세상을 떠나셨다. 그리고 철없던 시절 귀농할 수밖에 없던 나를 고등학교에 진학할 수 있도록 배려해 주신 큰어머니, 큰아버지에게는 지금도 혈육의 정을 느끼고 있다. 나는 장가를 들고서야 공부를 다시 시작했다. 변변치 못한 사람을 만나 죽도록 고생만하고 저세상으로 먼저 간 집사람, 그 사람과 함께했던 25년 동안 정말 잘 해 주고 싶고 잘 해 줄 수 있었는데, 생각날 때마다 가눌 길 없는 회한의 정이 저미어 온다. 이 책을 그대에게 보내고 싶다.

이제 내 옆자리에서 궂은일 마다 않고 큰 버팀목이 되어 주는 집사람과 바르게 자라 준 내 사랑하는 자식들에게 고맙다는 말 전하고 싶다. 그리고 분당으로 옮겨 생활하시는 장인, 장모님께는 늘 죄송한 마음이다. 요즈음 들어서 문안조차 변변히 드리지 못하고 있지만 오래도록 건강하시라고 늘 기원하고 있다.

끝으로 출판을 흔쾌히 허락해 주신 신구대학 이숭겸 총장님, 신구문화사 임미영 사장님께도 감사드린다. 참으로 오랜 세월 신구문화사에서 일해 왔는데 이제 다시 두 분의 도움으로 출판할 수 있게 되어 기쁜 마음 한량없다. 그리고 신구문화사와 인연을 맺어주고 내 생활의 고비마다 격려해 주시는 방동인 교수님과 김호일 교수님께 남다른 고마움을 간직하고 있으며, 편집과 교정을 맡아 준 신구문화사 편집부 직원에게도 감사드린다.

2009년 4월

지변동 연구실에서 이 규 대 씀.

차례

서론

조선시기 지방사회 연구는 일찍부터 주목되었지만, 사회사적 시각에서 조명되기 시작한 것은 1970년대 중반이었다. 이 무렵의 연구는 제도사적 측면을 고려한 향촌사회 주도세력의 변화, 정치 · 경제사적인 측면을 고려한 향촌사회 주도세력의 성향과 동향을 검증하여 조선사회의 성격을 새롭게 이해하는 지평을 열었으며, 향촌사회사에 대한 체계적인 이해와 연구의 기틀이 제시되었다는 연구사적인 의미를 갖는다.[1)]

여말선초 농업경제의 발선과 사림의 성장, 사림의 이념적 성향과 이에 기초한 향촌질서 모색, 중앙과 지방 · 훈구파(勳舊派)와 사림파(士林派)의 갈등구도 등을 규명하여 조선사회의 성격을 발전적으로 이해할 수 있는 논거가 마련되었으며,[2)] 조선초기 이른바 토성(土姓)의 이족(吏族)과 사족(士族)으로 분기양상, 임내(任內)의 직촌화(直村化), 향(鄕) · 소(所) · 부곡(部曲)의 실상 등을 검증하여 향촌사회 주도세력으로서 재지사족의

1) 韓相權, 1987, 「조선후기 향촌사회와 향촌사회조직 연구현황」, 『韓國中世史會 解體期의 諸問題(下)』, 한울.

2) 李泰鎭, 1986, 『韓國社會史硏究-農業技術 발달과 社會變動-』, 지식산업사 ; 1989, 『朝鮮儒敎社會史論』, 지식산업사.

연원과 실체를 규명하였고,[3] 아울러 경재소(京在所)와 유향소(留鄕所)의 연망(連網) 관계와 향규(鄕規)·향약(鄕約)의 분석을 통해 재지사족의 존재양태를 가늠할 수 있는 기틀이 마련되었다고 할 수 있다.[4] 이러한 연구 경향과 성과는 이후 향촌사회의 내적인 변화를 주목하면서 그 실체적인 양상을 단계적으로 규명할 수 있는 단서를 제공한다는 점에서 의미를 갖는 것이었다.

1980년대에 접어들면서 향촌사회에 대한 연구는 사회조직과 운영, 사회구조의 이행과 변동에 관심이 모아지면서 사회성격을 규정하려는 방향에서 진척되었다고 할 수 있다. 먼저 16, 7세기 향안(鄕案)의 존재와 그 운영 실태를 분석하여 재지사족이 자체 결집력을 기반으로 향소(鄕所)를 통해 지역의 자치권인 향권(鄕權)을 행사할 수 있었던 사회구조를 검증하고 그것을 이른바 '사족지배체제(士族支配體制)'로 규정하여 조선사회의 성격을 이해하는 지평을 넓혀 갔다. 그리고 이들이 주도하였던 향약을 이용하여 자체 결속력, 수령권과의 관계, 향리 및 서민들의 규제 등을 검증함으로써 향촌사회에서 재지사족의 주도적 입지를 이해하는 기반을 넓혔다고 할 수 있다.[5]

그리고 이와 같은 연구 성과는 향촌사회의 제 문제에 대한 연구를 추동하면서 방향타 역할을 하였으며, 1990년대에 들어서 동족마을의 형성, 면리제(面里制)의 발달, 동계(洞契)와 동약(洞約), 족계(族契)와 족회(族會), 족보(族譜)와 문중(門中) 등 각종 사회조직과 운영질서에 대한 주제의 개발과 논리의 보완이 이루어지면서 사회사 연구가 진척되기에 이르렀다.[6] 이 무렵 사회구조의 이행과 변동이라는 시각에서 18, 9세기 향촌

3) 李樹健, 1984, 『韓國中世社會史硏究』, 일조각 ; 1989, 『朝鮮時代 地方行政史』, 민음사.
4) 金龍德, 1978, 『鄕廳硏究』, 한국연구원.
5) 金仁杰, 1991, 「조선후기 鄕村社會 변동에 관한 연구-18·19세기 '鄕權' 담당층의 변화를 중심으로-」, 서울대대학원 박사학위논문.
6) 이해준, 1996, 『조선시기 촌락사회사』, 민족문화사 ; 2008, 『朝鮮後期 門中書院 硏究』, 경인문화사.

사회 변화에 대한 연구가 진척되고 있는 점이 주목 된다. 향촌사회 제 세력의 동향을 분석하여 신향(新鄕)의 성장과 신 · 구향 간의 향전(鄕戰), 그리고 관주도 향촌통제책의 강화와 그 한계를 규명하고, 이로부터 수령-이-향(守令-吏-鄕)으로 이어지는 지배구조가 규정됨으로써 중세사회 해체기의 사회상을 이해하는 기반이 마련되고 있다고 하겠다.[7]

한편 1990년대에 접어들면서 역사과학으로서 민속학이라는 취지 하에 민중생활사의 새로운 지평을 열어가려는 학계의 동향도 향촌사회 제 문제를 주목하는 계기가 되었다. 이러한 취지 하에 학제 간의 공동연구와 방법론의 공동 모색을 지향하면서 '역사민속학회' 의 발족을 보았으며, 이로부터 향촌사회의 말단조직과 실제적인 운영 실태를 제시하는 다양한 주제가 개발되었다.[8] 또한 현실적 요구에 부응하여 공동체적 축제와 제의(祭儀)의 사적(史的) 변천을 주목하게 되었으며, 이 과정에서 향리(鄕吏)세력의 역할론이 제기되면서 그 성격을 규명할 수 있는 단서가 마련되고 있다고 할 수 있다.[9] 아울러 재산 및 제사상속 등 가족관계에 대한 연구가 여성의 사회적 지위변화와 맞물리어 진척되면서 그 사회사적 성격을 규명할 수 있는 기반이 마련되었다고 할 수 있다.

이 책은 이러한 연구 성과에 영향을 받으면서 수집된 영동지역의 향촌사회 자료를 토대로 정리되었으며, 그동안에 발표하였던 논문 중 9편을 가려서 3부로 나누어 구성하였다. 먼저 제1부는 '재지사족 중심의 운영질서 모색' 으로 세 편의 논문을 수록하였고, 제2부는 '재지사족 중심의 운영질서 구현' 으로 세 편의 논문을 수록하였다. 그리고 제3부는 '향촌사회 제 세력의 성장' 으로 세 편의 논문을 수록하여 체계를 잡고자 하였다. 물론 수록된 논문들은 이 체계를 염두에 두고 정리되지는 않았다. 수

7) 고석규, 1998, 『19세기 조선의 향촌사회연구-지배와 저항의 구조-』, 서울대학교출판부.
8) 역사민속학회, 1991, 『역사민속학』 창간호, 이론과 실천.
9) 李勛相, 1990, 『朝鮮後期의 鄕吏』, 일조각.

집된 자료에 집착하여 논문을 정리하다 보니 한 지역의 시간적 변화상을 읽을 수 있게 되었고, 이에 근거하여 체계화하기로 한 것이다. 그러기에 이 체계에서 필수적으로 요구되었을 법한 주제들을 다루지 못한 것은 한계로 지적될 수 있을 것이다.

제1부에서는 먼저 신왕조의 개창에 직면하여 지역 공동체적 제의(祭儀)가 어떻게 변모되고 있는가? 를 통해 지역민의 동향을 이해하고자 하였으며, 다음 세조 연간에 왕과 왕실의 비호를 받으면서 형성되는 상원사 중심의 사원세력이 영동지역에 영향력을 행사하는 상황에서 신유학을 수용한 재지세력의 대응책을 중심으로 그 재지적 성향을 이해하고자 하였으며, 끝으로 재지사족과 율곡(栗谷) 이이(李珥)의 교유를 통해 마련되는 향약(鄕約)의 운영 실태를 통해 재지사족 중심의 향촌질서를 이해하고자 하였다.

제2부에서는 먼저 임란 직후 결성되는 '약국계(藥局契)' 를 주목하고, 그 운영 실태와 이들이 주도하는 '약국(藥局)' 의 운영 실태를 파악하여 이로부터 재지사족 중심의 향촌사회 운영질서의 구현이라는 시각에서 그 실태적 특성을 이해하고자 하였다. 다음 문중서원(門中書院)의 건립을 둘러싸고 야기되는 향전(鄕戰)의 양상을 실태적으로 파악함으로써 이로부터 당색(黨色)과 문중으로 분기된 재지사족들이 중앙의 산림(山林)세력과 연계하여 향촌사회의 주도적 입지를 확보하려는 성향을 이해하고자 하였다. 다음 '선비행장(先妣行狀)' 을 통해 그 가족 및 친족관계를 비롯해 여성의 생활실태를 파악함으로써, 철저한 자기 절제와 투철한 가계 계승의식, 자녀교육을 위한 숭고한 희생정신이 배어나는 여성의 생활일상은 성리학적 사회질서가 체화된 데서 비롯되는 것이었음을 이해하고자 하였다.

제3부에서는 먼저 숙종 연간에 결성되는 '미타계(彌陀契)' 를 분석하여 그 주도세력의 기능과 성격을 파악함으로써 이로부터 호장(戶長)을 수반으로 하는 향리(鄕吏)세력의 입지와 역할이 두드러지는 향촌사회의

변화상을 주목하고자 하였다. 다음은 읍치(邑治)의 제의로서 '국사성황제(國師城隍祭)' 를 주목하고 그 신체(神體)인식과 제의(祭儀)양태를 분석하여 호장을 수반으로 하는 향리세력의 주도적 역할을 파악함으로써 이로부터 자신들의 출자(出自)의식에서 비롯되는 향리세력의 전통계승의식은 자신들의 현재적 입지와 역할을 강화하려는 성향을 반영하는 것으로 이해하고자 하였다. 다음은 지역사회 말단조직인 촌락단위에서 작성되는 등장(等狀)·상서(上書)·서목(書目) 등을 이용하여 동계(洞契)가 각종 동역(洞役)의 수취단위로 운영되는 실태적 양상을 파악함으로써 이로부터 동역운영의 파행상에 대응하는 향촌민의 동향과 성향을 이해하고자 하였다.

제1부 재지사족 중심의 운영질서 모색

제1장 조선초기 읍치 성황제와 주도세력의 변화

제2장 조선초기 강릉지방 재지사족과 사원세력의 갈등

제3장 16세기 후반 율곡과 강릉사림의 향촌질서 모색

제1장

조선초기 읍치 성황제와 주도세력의 변화 -영동지역 사례를 중심으로-

1. 머리말

조선시대 성황제는 지방사회의 보편적 제의(祭儀)였다. 전대 이래의 전승제의로서 성황제는 선초 이념정책과 체제정비 과정에서 법제화되었고, 면리체제가 정착되면서 마을 단위로 확산되어 간 것으로 이해된다. 성황제는 공동체적 기제로서 특성을 갖는다. 이러한 특성으로 성황제는 지역사회 제 집단의 역학관계와 아울러 중앙과 지방의 역학관계가 투영되면서 시대적 · 지역적으로 다양한 양상을 띠고 있다. 이러한 점에서 성황제의 변화는 사회사 · 지역사적 의미를 갖는다.

성황제는 일찍이 국가 사전(祀典)에 등재된 제의에서 점차 민속화된 신앙으로 주목되었으며,[1] 이후 기층문화의 상징적 존재로 인식되면서 별신제(別神祭)와 그 신앙적 의미 그리고 성황설화 · 무속제의 · 유희에 이르기까지 괄목할 만한 연구 성과를 이루었다.[2] 근년에 이르면서 지역사

1) 柳洪烈, 1937, 「朝鮮의 山土神 崇拜에 對한 小考」, 『新興』 9.

2) 송화섭, 1998, 「淳昌의 城隍神과 城郭說話」, 『역사민속학』 7, 역사민속학회.

의 전개 속에서 성황제를 규명하려는 경향,[3] 그리고 국가 사전체계와 관련하여 성황제의 민간화 · 민속화를 규명하려는 경향이 두드러지고 있다.[4] 이로부터 성황제의 주도집단으로 호장(戶長)을 수장(首長)으로 하는 향리(鄕吏)세력이 주목되면서 그 제의와 각종 연희 또한 이들의 신분적 · 계층적 입장과 관련하여 그 의미와 성격이 규명되고 있으며,[5] 성황제의 민간화를 이해하기 위한 단서가 마련되고 있다.[6] 그리고 성황제를 신앙적인 측면에서 중국과 비교하여 그 특성을 규명하려는 경향도 나타나고 있다.[7]

이러한 연구 성과를 염두에 둘 때, 성황제의 변화와 그 성격을 규명하기 위해서는 일차적으로 국가의 대성황정책(對城隍政策)과 그 특성이 주목되어야 한다. 이는 조선 전 기간 동안 성황제는 법제적 제의로 규정되고 있다는 점에서이다. 그리고 이러한 정책적 특성이 성황제에 어떻게 투영되고 있는가를 검증하여야 한다. 조선시대 성황제는 치제단위를 기준으로 국가 성황제 즉 산천제(山川祭)에 합사(合祀)되는 성황제와 일향 단위의 읍치(邑治) 성황제, 그리고 마을의 성황제로 구분될 수 있으며, 국가의 대성황정책은 이러한 치제단위를 배경으로 추진된다는 특성을 갖는다. 그리고 성황제는 그 주도집단이 주목되어야 한다. 법제적 규정은 곧 주도집단에 대한 규정의 성격을 띠며, 특히 주도집단의 향촌사회 내에서의 사회적 입지는 성황제의 변화에 직접적인 변수가 될 수 있다는 점에서이다. 이

3) 鄭勝謨, 1991, 「城隍祠의 民間化와 鄕村社會의 變動」, 『泰東古典硏究』 7, 泰東古典硏究所.
金甲東, 1993, 「高麗時代의 城隍信仰과 地方統治」, 『韓國史硏究』 74.
李海濬, 1998, 「淳昌 城隍祭의 變遷과 主導勢力」, 『역사민속학』 7, 역사민속학회.
李揆大, 1998, 「江陵 國師城隍祭와 鄕村社會의 變化」, 『역사민속학』 7, 역사민속학회.

4) 鄭勝謨, 1991, 「城隍祠의 民間化와 鄕村社會의 變動」, 『泰東古典硏究』 7, 泰東古典硏究所.
朴昊遠, 1998, 「朝鮮 城隍祭의 祀典化와 民俗化」, 『성황당과 성황제-淳昌 城隍大神事跡記 硏究』.

5) 李勛相, 1996, 「조선시대 邑治의 제의와 장기 지속성」, 『한국민속문화의 탐구』, 국립민속박물관.
한국종교사연구회 편, 1998, 『성황당과 성황제-淳昌 城隍大神事跡記 硏究』.

6) 주 4) 참조.

7) 朴昊遠, 1996, 「중국 성황의 史的 전개와 신앙의 성격」, 『민속학연구』 3, 국립민속박물관.
서영대, 1998, 「韓國 · 中國의 城隍神仰史와 淳昌의 '城隍大神事跡'」, 『성황당과 성황제-淳昌 城隍大神事跡記 硏究』.

러한 몇 가지 점이 우선적으로 고려될 때, 성황제의 연구는 각종 제의의 상관관계와 시대적 · 지역적 특성이 규명될 수 있을 것으로 기대된다.

이러한 시각에서 그간의 연구 성과를 토대로 조선전기 대성황정책과 이에 따른 성황제의 변화를 영동지역의 읍치 성황제를 대상으로 살펴보고자 한다.[8] 조선전기를 주목하는 것은 이 시기에 정비되는 사전체계가 조선 전 시기를 규정하게 된다는 점에서이며, 영동지역의 읍치 성황제를 대상으로 삼은 것은 자료상의 문제이기도 하지만 읍치 성황제는 국가 대성황정책의 직접적인 영향을 받고 있다는 점에서 그 변화를 추적하여 지역적 특성을 살피고자 함이다. 이를 위해 먼저 선초 대성황정책의 전개과정을 추적하여 그 특성과 한계를 살펴보고, 이어서 조선전기 읍치 성황제의 전승양태와 지배세력의 성향을 추적하여 그 전승기반의 변화를 이해하고자 한다. 이로부터 조선전기 읍치 성황제의 시대적 특성과 그 역사적 의미를 규명해 보고자 한다.

2. 선초 대성황정책과 그 한계

(1) 성황제(城隍祭)의 관주도화

조선시대 읍치는 읍성(邑城)으로 에워싸인 성내(城內)의 공간이다. 이곳은 관아를 비롯한 공해(公廨)들이 배치되고 수령과 관속들이 상주하면

8) 영동지역의 성황제에 대해서는 다음과 같은 연구 성과가 있다. 任東權, 1996, 「江陵端午祭」, 『중요무형문화재지정자료』, 문화재관리국 ; 金善豊, 1977, 「東海岸의 城隍說話」, 『韓國民俗學』 10, 민속학회 ; 金義淑, 1985, 「동해안 漁村 城隍祭의 生生力象徵」, 『江原文化研究』 5, 강원대 ; 張正龍, 1989, 「강원도 서낭信仰의 類型的 연구」, 『韓國民俗學』 22 ; 杜鋹球, 1992, 「嶺東地域의 城隍說話 研究」, 『江原民俗學』 9 ; 李揆大, 1998, 「江陵 國師城隍祭와 鄕村社會의 變化」, 『역사민속학』 7, 역사민속학회 ; 李昌植, 1990, 「三陟地方 烏金簪祭의 構造와 意味」, 『江原民俗學』 7 · 8, 강원민속학회.

서 행정과 통치를 구현하였던 지방사회의 중심지였다.[9] 그리고 여기에는 사직단(社稷壇)·여단(厲壇)·성황사(城隍祠) 등 각종 제사처가 배치되어 있었다. 이곳의 성황사를 배경으로 치제되는 제의를 읍치 성황제라 규정한다. 선초에 이곳의 성황제는 "여러 주군현의 성황",[10] "각 관읍의 성황"[11] 등으로 불렸으며, 성황신은 "모모 주·부·군·현 성황지신"[12]으로 표기하도록 권장되었다. 이러한 명칭은 읍치의 성황제가 전대 이래의 전승제의로서 군현 즉 일향을 상징하는 공동체적 제의였음을 시사한다.[13] 그리고 이러한 위상은 읍치가 갖는 성격과 맞물린 것으로 이해된다. 부언하자면 선초 읍치 성황제의 이러한 성격은 조선후기에 성행하였던 마을 성황제와 구분될 수 있다. 즉 마을의 성황제는 그 마을공동체의 상징적 제의로 한정된다.

조선초기의 성황제는 산천제의 일환으로 치제되는 국가제사로서 성황제와 수령이 행제(行祭)하는 지방의 읍치 성황제로 구분되며, 조정의 대성황정책은 먼저 읍치 성황제를 대상으로 추진되었다. 이는 성황제를 통치기제로서 주목하려는 조정의 성향을 반영하는 것이기도 하였다. 즉 태조 1년 8월과 9월에 예조와 도평의사사(都評議使司)의 상서(上書)로 성황제의 정형이 제시되었다. 이 시기에 제시된 성황제의 정형은 추계(秋

---

9) 李勛相, 1995, 「朝鮮後期 邑治 社會의 構造와 祭儀」, 『歷史學報』 147, 歷史學會, p.48에서 "읍치는 중앙정부가 파견한 지방관이 존재하며 행정 관부들과 행정업무를 집행하는 이서들이 거주하는 곳으로 대체로 城이 둘러싸고 있는 구역으로 규정할 수 있다."로 규정하고 있다.

10) 『太祖實錄』 卷2, 太祖 元年 9月 24日 壬寅條. "都評議使司裵克廉趙浚等上言二十二條… 一 文宣王釋奠祭及諸州城隍之祀 觀察使與守令 豊潔奠物 以時擧行 自公卿至于下士 皆立家廟 以祭先代 庶人祭於其寢 其餘淫祀 一皆禁斷…上皆從之."

11) 『太宗實錄』 卷15, 太宗 8年 4月 丙午條. "命東北面都巡問使 盡誠祈禱于安邊及定州咸州各官城隍之神 以太上王疾篤也."

12) 『太祖實錄』 卷1, 太祖 1年 8月 庚申條. "禮曹典書趙璞等上書曰…諸神廟及諸州郡城隍國祭所 請許只稱某州某郡城隍之神 設置位板 各其守令 每於春秋行祭 奠物祭器酌獻之禮 一依朝廷禮制."

13) 『高麗史』 卷42, 「世家」 卷42, 恭愍王 5年 7月 壬寅條. "帝遣秘書監直長夏祥鳳詔曰… 一各處州府縣城隍 稱某府城隍之神 某州城隍之神 某縣城隍之神."

季) 성황제를 앞둔 시점에서 그 의례를 정비하려는 시도였다고 하더라도 신왕조의 지방사회 지배구조와 맞물려 있다고 하겠다.

개국 벽두인 태조 1년에 반포된 읍치 성황제에 대한 규정은 다음과 같다.

> "제 신묘와 제 주군 성황은 국제입니다. 다만 모주모군성황지신(某州某郡城隍之神)으로 부르고, 위판(位版)을 설치하며, 각기 수령이 매년 춘추에 행제(行祭)하고, 전물(奠物) 제기(祭器) 작헌(酌獻)의 예(禮)는 하나같이 조정예제를 따르도록 하옵소서."[14]
>
> "제 州의 성황제는 관찰사와 수령이 전물(奠物)은 풍성하고 정결하게 하여 때에 따라 거행하게 할 것."[15]

이 규정은 신왕조의 성황제에 대한 첫 시책으로서 읍치 성황제를 법제화하여 그 정형을 제시하였다는 의미를 갖는다. 즉 "모주모군성황지신"으로 하는 위판을 설치하며, 춘추로 정례화하며 조정의 예제를 준용하여 수령이 이행하는 것이었다. 이러한 양상은 고려 말엽 명나라 사신 하상봉(夏祥鳳)이 제시한 성황제 모습과 유사한 것으로서 신왕조의 대성황정책이 『홍무예제(洪武禮制)』에 근거를 두고 있음을 시사한다.[16] 이로써 신왕조의 대성황정책은 춘추로 정례화하고 수령이 제의를 이행하는 관주도의 제의로 정형화하는 것으로, 수령 중심의 지방통치체제를 구현하

14) 『太祖實錄』 卷1, 太祖 1年 8月 庚申條. "禮曹典書趙璞等上書曰…諸神廟及諸州郡城隍國祭所 請許只稱某州某郡城隍之神 設置位板 各其守令 每於春秋行祭 奠物祭器酌獻之禮 一依朝廷禮制" ; 『太祖實錄』 卷2, 太祖 1年 9月 24日 壬寅條. "都評議使司裵克廉趙浚等上言二十二條…一 文宣王釋奠祭及諸州城隍之祀 觀察使與守令 豊潔奠物 以時擧行 自公卿至于下士 皆立家廟 以祭先代 庶人祭於其寢 其餘淫祀 一皆禁斷…上皆從之."

15) 『太祖實錄』 卷2, 太祖 元年 9月 24日 壬寅條. "都評議使司裵克廉趙浚等上言二十二條 …一文宣王釋奠祭及諸州城隍之祀 觀察使與守令 豊潔奠物 以時擧行."

16) 『高麗史』 卷42, 「世家」 卷42, 恭愍王 5年 7月 壬寅條. "帝遣秘書監直長夏祥鳳詔曰…一各處州府縣城隍 稱某府城隍之神 某州城隍之神 某縣城隍之神."

는 것으로 이해된다.

이러한 대성황정책은 단지 성황제의 시안을 마련하여 제시하는 것은 아니었다. 전승제의로서 성황제의 관행을 부정하고 그 대안으로서 제시되는 것이었다. 이러한 양상은 태종 13년 사전(祀典)을 개정하려는 예조의 건의에서 분명하게 드러나고 있다. 즉,

> "우리 태조 즉위 초에 이르러 본조(本曹)에서 건의하기를, '각관(各官) 성황신의 작호(爵號)를 혁거하고, 단지 '모주성황지신(某州城隍之神)'이라 부르게 하소서' 하여 즉시 유윤(兪允)을 받아 이미 뚜렷한 법령이 되었으나, 유사(有司)에서 지금까지 그대로 따라 거행하지 않아 작호와 상설(像設)이 여전히 예전대로 하여 음사(淫祀)를 행합니다. 엎드려 바라건대 태조가 이미 내린 교지를 거듭 밝혀 단지 '모주성황지신(某州城隍之神)'이라 부르게 하고 신주(神主) 1위(位)만 남겨두되 그 처첩(妻妾) 등의 신은 모두 다 버리게 하소서."[17]

이 자료는 태조 때 제시된 관주도의 성황제를 이미 윤허된 뚜렷한 법령으로 인정하고 해당 부서로 하여금 그 철저한 이행을 강조하고 있다. 여기서 주목되는 것은 선초 대성황정책은 전승제의로서 성황제의 관행을 철저하게 부정하는 특성을 갖는다는 점이다. 성황의 신상과 작호를 부정하며, 처첩관계로 설정되는 다양한 신상을 부정하고 있다. 이러한 특성은 전승제의를 규제하여 정형화된 관주도의 제의를 이입(移入)하려는 정책의도를 반영하는 것이라 하겠다.

선초 대성황정책의 이러한 특성은 작호와 신상을 앞세우는 성황제를

17) 『太宗實錄』 卷25, 太宗 13年 6月 乙卯條. "改正祀典 禮曹啓曰…前朝 於境內山川 各加封爵 或設妻妾子女甥姪之像 皆與於祭 誠爲未便 及我 太祖卽位初 本曹建議 各官城隍之神 革去爵號 但稱某州城隍之神 卽蒙兪允 已爲著令 有司因循至今 莫之擧行 爵號像設 尙仍其舊 以行淫祀 伏望 申明太祖已降敎旨 但稱某州城隍之神 只留神主一位 其妻妾等神 悉皆去之 山川海島之神 亦留主神一位 皆題木主曰 某海某山川之神 其像設並皆撤去 以正祀典."

고려시대 지방사회 토호세력의 위세를 반영하는 사회구조의 한 표현으로 이해할 때 분명해진다.[18] 즉 전승제의를 부정하는 것은 곧 지방사회 지배세력의 자의성을 배제하는 것으로 이해될 수 있으며, 관주도의 제의는 그 대안으로서 수령 중심의 지배질서를 구축하려는 조정의 입장을 반영하는 것으로 이해될 수 있다.

이러한 대성황정책은 일관되게 추진되었다. 태종 14년 예조에서 산천제를 소사(小祀)로 규정하면서 전주·함흥·영흥의 성황제를 소사에 규정하였다. 이는 적어도 성황제의 관주도의 제의를 전제로 하는 것이었다는 점에서 주목된다.[19] 그리고 세종 12년 각 도에 '산천단묘순심별감(山川壇廟巡審別監)'을 파견하여 그 실태를 파악하고 그 개선안이 마련되고 있으며, 이 역시 영락(永樂) 16년 즉 태조 때 예조의 수교(受教)에 의거해 마련되고 있다.[20] 이처럼 일부이기는 하지만 읍치의 성황제가 소사에 등제되고, 또한 지방의 실태를 파악하여 그 개선책이 마련되는 등 선초의 대성황정책은 일관되게 추진되고 있었다. 또한 태종·세종대에 제사 일반에 관한 서례(序例)와 의주(儀註)가 마련되어 간 것도 읍치 성황제의 관주도화를 촉진하는 계기가 되었을 것으로 짐작된다.[21] 다만 동일한 대성황정책이 태조 때에 이어 태종과 세종대를 거치면서 반복적으로 강조되는 것은 전승제의로서 성황제의 관행이 쉽게 불식되지 않고 있었음을 보여준다고 하겠다. 규제대상이 된 신상과 작호는 여전히 봉행되었고 음사(淫祀)로 규정된 신앙적 행위도 여전히 성행하였다.[22] 이러한 양상은

---

18) 이훈상, 1996, 「조선시대 '읍치(邑治)'의 제의와 장기 지속성」, 『한국민속문화의 탐구』, 국립민속박물관, p.472.

19) 『太宗實錄』 卷28, 太宗 14年 8月 辛酉條.

20) 『世宗實錄』 卷49, 世宗 12年 8月 甲戌條.

21) 金海榮, 1993, 「朝鮮初期 祀典에 관한 硏究」, 한국정신문화연구원 한국학대학원 학위논문.

22) 『太宗實錄』 卷25, 太宗 13年 6月 乙卯條. "改正祀典 禮曹啓曰…前朝 於境內山川 各加封爵 或設妻妾子女甥姪之像 皆與於祭 誠爲未便 及我 太祖卽位初 本曹建議 各官城隍之神 革去爵號 但稱某州城隍之神 卽蒙兪允 已爲著令 有司因循至今 莫之擧行 爵號像設 尙仍其舊 以行淫祀."

대성황정책의 법제적 한계로 지적될 수 있을 것이다.

이로써 새로운 성황제의 정형을 모색하여 전승제의에 대체하여 이입하려던 선초의 대성황정책은 그 한계를 드러내고 있었다고 하겠다. 그리고 이로부터 읍치 성황제는 전승제의의 관행과 법제화된 춘추제의가 공존 병행하는 양상이 잉태되고 있으며, 이러한 양상은 점차로 법제적 제의로서 춘추제의가 그 중심적 위치에 놓이고 전승관행은 법제적 제의에 종속되는 형태로 자리잡아 간 것으로 파악된다. 이러한 사실은 읍치 성황제의 이중구조의 제의에서 뒷받침될 수 있다고 하겠다.

(2) 제의의 다변화와 성황제

선초의 대성황정책은 읍치 성황제를 필두로 국가 차원의 성황제인 산천제의 정비로 확대되어 갔으며, 이 과정에서 규정된 각종 법제는 사전(祀典)체계 즉 『국조오례의(國朝五禮儀)』의 '길례(吉禮)'로 정리되어 갔다. 여기에서 읍치 성황제와 관련하여 주목되는 것은 지방사회에서 치제되는 법제적 제의의 다변화이다.

태종 4년 주현(州縣)에서 치제하는 여제의(厲祭儀)를 상정하여 청명과 춘추에 제사하도록 하였고,[23] 동왕 6년에 『홍무예제(洪武禮制)』에 의거해 각 군현에 사직단(社稷壇)을 세웠으며,[24] 동왕 8년에 예조에서 외방(外方)의 포제(酺祭) 의식을 아뢰었다.[25] 동왕 9년에 영제(禜祭)의 의식을 상정하였다.[26] 그리고 석전제(釋奠祭)는 이미 이전부터 치제되었지만 동왕 13년에 주현의 석전제는 중사(中祀)로 등제되었다.[27] 이렇

23) 『太宗實錄』 卷7, 太宗 4年 6月 戊寅條.
24) 『太宗實錄』 卷11, 太宗 6年 6月 癸亥條.
25) 『太宗實錄』 卷16, 太宗 8年 7月 癸亥條.
26) 『太宗實錄』 卷28, 太宗 14年 9月 戊寅條.
27) 『太宗實錄』 卷25, 太宗 13年 4月 辛酉條.

듯 태종대에 이르러 지방 수령이 이행하는 법제적 제의가 집중적으로 정비되었고, 이로써 통치기제로서 법제적 제의가 다변화되고 있다고 하겠다.

태종대에 법제화된 이들 제의는 『국조오례의』「길례」에서 "주현에는 다만 사직 · 문선왕 · 영 · 여 · 포제가 있다"[28]고 하여 일괄적으로 '주현제(州縣祭)'로 정리되고 있다. 여기서 주목되는 점은 '주현제'에 성황제가 포함되지 않았다는 사실이다.[29] 즉 『국조오례의』「길례」에서 주현제로 규정되는 각종 제의가 나열되고 있으나 성황제는 여기에서 누락되어 있다는 점이다. 또한 주현제는 각기 그 제례가 규정되고 있으나 읍치 성황제의 제례는 역시 누락되어 있다. 다만 읍치 성황제는 영제(禜祭)의 헌관(獻官) 규정에서 "영제 헌관은 당하 3품이 제사를 담당하도록 하고 외방 즉 수령은 성황 · 여 · 포제와 같이한다"[30]라고 하여 부기되고 있으며, 또한 여제(厲祭)에 앞서 치제되는 성황발고제(城隍發告祭)로 규정되고 있다.[31] 이는 성황제가 각종 주현제의 항목에 부기되는 형식으로 기술되고 있음을 의미한다.

이러한 사실은 성황제에 비해 이른바 '주현제'에 법제적 비중이 두어지고 있음을 의미한다. 비록 성황제와 주현제가 모두 수령이 이행하는 제의였지만 상대적으로 성황제의 법제적 비중이 약화되고 있음을 시사한다. 소사(小祀)로 등제되었던 함흥 · 영흥 · 전주 등의 성황제가 세종 12년에 이르러 일반 군현과 같은 소재관(所在官) 즉 수령이 이행하는 제의로 개정된 사실도 이러한 추이를 반영한다고 하겠다.[32]

---

28) 『國朝五禮儀』「吉禮」. "州縣只有社稷 · 文宣王 · 禜 · 厲 · 酺祭."

29) 이 점에 대해서 성황제가 국제에서 삭제되었다는 주장은 『國朝五禮儀』에 "祀風雲雷雨儀 山川城隍附"가 규정되고 있어 오류이며, 읍치의 성황제와 여제의 성황발고제를 일치시키는 견해(金澈雄, 「조선시대의 城隍祭 」, 『史學志』 25) 또한 더 논의될 여지가 있다.

30) 『國朝五禮儀』「吉禮」. "禜 獻官 堂下三品 報祀同 外則守令 城隍 · 厲 · 酺 同."

31) 『國朝五禮儀』「吉禮」. "州縣厲祭儀 時日(見序例) 齋戒(見序例) 城隍發告陳設."

32) 『世宗實錄』 卷49, 世宗 12年 8月 甲戌條.

이러한 양상은 지방사회에서 치제되는 법제적 제의가 다변화되면서 나타나는 현상으로, 각종 '주현제'가 규정되면서 성황제의 비중이 약화되고 있으며 그것은 통치기제로서 기능이 약화되고 있음을 의미한다. 성황제는 적어도 선초 이래로 지방사회의 유일한 보편적 제의였던 점에서 통치기제로 주목되었으나, 이른바 각종 '주현제'가 규정되어 통치기제가 다변화되면서 성황제의 유일성은 상실되어 갔고, 더욱이 중앙의 입지를 구현하는 보다 적합성을 띤 통치기제로서 주현제가 주목되면서 상대적으로 성황제의 비중이 약화되어 갔다고 하겠다.

요컨대 이러한 구도에서 읍치 성황제는 비록 관주도의 제의로 정착되어 갔지만, 이후 법제화되는 각종 '주현제'에 비해 상대적으로 법제적 규제는 이완되어 갔다고 할 수 있다. 그리고 이러한 구도에서 전승제의의 요소들이 계승될 수 있었던 여지가 마련되었으며, 전승제의는 관주도의 제의와 습합되면서 다양한 지역적 편차를 이루는 것으로 이해된다.

3. 읍치 성황제의 전승양태와 기반

(1) 성황제의 전승양태

읍치의 성황제는 선초에 법제화되었고, 이에 따라 국가로부터 관주도의 춘추제의가 제시되었고 이는 전승제의를 대체하여 이입하려는 것이었다. 이로써 읍치의 성황제는 국가의 통치기제로서 성격을 띠면서 관주도화되어 갔으며, 다만 그 법제적 한계로 전승제의의 관행이 쉽게 불식되지 않았음을 살필 수 있었다. 또한 『국조오례의』 단계에서 읍치의 성황제는 그 위상이 변화되고 있었다. 이는 이른바 '주현제'로 규정되는 법제적 제의가 다양해지면서 상대적으로 읍치 성황제의 통치기제로서의 기능이 약화되는 데 따른 것으로 이해되었다.

이제 영동지역에서 파악되는 읍치 성황제의 전승양태를 살피고자 하며, 『신증동국여지승람(新增東國輿地勝覽)』(이하에서는 『승람』으로 표기함)에서 파악되는 군현별 읍치 성황사의 실태는 〈표 1〉과 같다. 먼저 『승람』 사묘(祠廟) 조에서 성황사(城隍祠)는 사직단(社稷壇)·문묘(文廟)·여단(厲壇) 등과 함께 1개 관읍에 1개의 성황사가 파악되며, 모두 읍치 즉 읍성 내에 설치되어 있다. 이러한 양상은 삼척의 읍치 성황사가 홍무(洪武) 25년(1392) 즉 태조 1년의 정령(政令)으로 이전 설치되었다는 데서 살필 수 있듯이,[33] 국가의 대성황정책에 따라 정비되었음을 시사하고 있다.

다음은 성황사가 설치되는 위치와 관련하여 진산(鎭山)과의 관계를 주목하고자 한다. 〈표 1〉에서 통천과 흡곡이 읍성 내에 위치한 진산에 성황사가 설치되었으나, 삼척의 성황사는 진산으로부터 읍치로 이전 설치되었고,[34] 강릉은 진산인 대관령이 성황신의 영신처(迎神處)로 설정되고 있어 삼척의 경우와 유사한 것으로 보인다.[35] 이로써 비록 전승제의에서 성황사와 진산의 관계는 일정하게 성립될 수 있겠으나, 선초 이래로 읍치에 성황사가 정비되면서 진산과 관계는 단절된 것으로 보인다.

다음으로 읍치 내에서 성황사의 위치는 관아를 중심으로 동·서·북쪽에 설치되어 있는 것으로 파악된다. 이러한 양상은 사직단(社稷壇)과 여단(厲壇)이 관아를 중심으로 서쪽과 북쪽에 설치되어 각각 획일적인 양상을 띠는 점과 대비된다. 이런 점에서 성황사의 위치는 상대적으로 자유로웠다고 하겠다.

---

33) 許穆, 『陟州志』 全, 社稷壇釁禮文. “城隍祠初在葛夜山 後移祠於城中…洪武二十五年 恭讓末年壬申 使司受判 令諸道諸村祭城隍(前古以官爲村).”

34) 『新增東國輿地勝覽』 三陟都護府, 山川. “葛夜山 在府北一里 鎭山.”

35) 『臨瀛誌』 附風俗. “每年四月十五日 本府時任戶長 領率巫覡 詣大關嶺上…謂之國師行次.”

〈표 1〉 영동지역 군현별 읍치 성황사 실태[36)]

군 현	위 치	진산과 관련성
통천군	(동)등화산 (여)군 북 3리	登禾山(북쪽 1리) ○
고성군	(동)(여)군 동 2리	全城山(서쪽 9리)
간성군	(동)성 안 서쪽 (여)객사 뒤 2칸	麻耆羅山(서쪽 30리)
양양도호부	(동)성 안	雪岳(서쪽 50리)
강릉대도호부	(동)(여)부 서쪽 백보	大關嶺(서쪽 45리)
삼척도호부	(동)부 동쪽 1리 (여)부 서쪽 2리	葛夜山(북쪽 1리)
울진현	(동)성 안 북쪽 (여)현 북 1리	安逸王山(서쪽 41리)
평해군	(동)성 안 동쪽 (여)북문 밖 3칸	釜谷山(서쪽 1리)
흡곡현	(동)박산 (여)현 서쪽 2리	朴山(북쪽 80보) ○

이제 읍치 성황사를 배경으로 연행되는 성황제의 전승양태를 살펴보고자 한다. 먼저 읍치 성황제로 "각 고을에는 성황사가 있고 춘추로 향사(享祀)한다"[37)] 하여 춘추제의가 정례화되고 있다. 춘추제의는 성황제가 법제화되고 이에 따라 읍치 내에 성황사가 정비되면서 정착되었을 것으로 이해된다. 아울러 법제적 제의로서 여제의 성황발고제 또한 치제되었을 것으로 추정된다. 그리고 이들 제의는 관주도의 제의로 정착되었다고 할 것이다.

다음 읍치의 성황사제로 삼척의 오금잠제(烏金簪祭)[38)]와 강릉의 국사성황제(國師城隍祭)[39)]가 파악되며, 고성에서도 이와 유사한 제의의 단서가 파악된다.[40)] 이러한 제의는 국사성황제를 "향사 외에 별도로 이상한

36) 〈표 1〉은 『新增東國輿地勝覽』과 『輿地圖書』에서 정리하였다.

37) 『臨瀛誌』 附風俗. "邑各有城隍祠 春秋享祀之."

38) 『新增東國輿地勝覽』 三陟都護府, 風俗. "祭烏金簪 邑人盛簪小函 藏於治所東隅樹下 每遇端午吏民取出奠而祭之 翌日還藏 諺傳 高麗太祖時物 然未審其所以祭之之意 遂成故事 官亦不禁."

39) 『臨瀛誌』 附風俗. "邑各有城隍祠 春秋享祀之 至於江陵 則享祀外別有異者 每年四月十五日 本府時任戶長 領率巫覡 詣大關嶺上…謂之國師行次."

40) 『秋江先生文集』 卷5, 「遊金剛山記」. "嶺東民俗 每於三四五月中擇日迎巫 極辦水陸之味以祭山神…高城俗所祭乃是日也."

제의가 있다"[41]고 파악하듯이 춘추제의와 구분되는 신상을 앞세우는 전승제의였다. 즉 오금잠제는 4월 상일(上日)에 재계하고 잠신에 제사하는 것을 시작으로 단오 전 3일에 이르러 3일 동안 크게 치제하며,[42] 국사성황제는 4월 15일에 대관령에서 영신(迎神)하여 부사(府司) 즉 읍치 성황사에 모셨다가 단오날을 전후한 시기에 치제하고 5월 6일에 송신(送神)하는 것으로 파악된다.[43] 이러한 제의구조는 이들 제의가 단오절과 연계된 전승제의였음을 시사하며, 아울러 춘추제의와 구분되는 전승제의였음을 시사한다.

또한 오금잠제는 『승람』에서 '고사(故事)'[44]로 파악되거니와 『승람』의 편찬과정을 염두에 둘 때 적어도 성종대 이전부터 치제되었음을 이해할 수 있다.[45] 국사성황제는 강릉의 읍지인 『임영지(臨瀛誌)』에서 영조 38년 호장(戶長)이 송신제를 주재하는 데서 파악되며,[46] 이 제의의 연원은 선조 36년 허균(許筠, 1569~1618)의 「대령산신찬병서(大嶺山神贊幷序)」에서 '산신제(山神祭)'로 파악되며,[47] 또한 성종 7년 남효온(南孝溫, 1454~1492)의 「유금강산기(遊金剛山記)」에서 '영동민속(嶺東民俗)'으로서 파악된다.[48] 이로써 영동지역의 단오제의는 적어도 성종 이전부터 읍치 성황제로 치제되었으며, 그 신상의 생성시기를 염두에 둘 때 성황제

41) 『臨瀛誌』 附風俗. "邑各有城隍祠 春秋享祀之 至於江陵 則享祀外別有異者."

42) 許穆, 『陟州志』 全, 社稷壇釁禮文. "古有烏金簪 風俗信鬼 或曰麗朝遺物 迨千年以王神祠之 以四月上日始齋祀簪神 至端午前三日 乃大祀三日."

43) 『臨瀛誌』 附風俗. "每年四月十五日 本府時任戶長 領率巫覡 詣大關嶺上 有神祠一間 戶長就神堂告由 令巫覡求神靈…謂之國師行次…官隷祇迎 歸安于城隍祠 至五月五日 巫覡等聚各色錦緞…令力健者奉之 以前行巫覡等作樂 隨之倡優輩 進雜戲 盡日出城南門 到巢鶴川罷嶺上奉來神木 則以其翌日燒火于城隍祠."

44) 『新增東國輿地勝覽』 三陟都護府, 風俗. "祭烏金簪."

45) 李泰鎭, 1980, 「「東國與地勝覽」 편찬의 歷史的 性格」, 『韓國古典심포지움』, 震檀學會, p.151.

46) 『臨瀛誌』 記事. "英廟壬午夏…是日乃五月五日國師拜送之日也."

47) 『惺所覆瓿藁』 卷14, 「大嶺山神贊幷序」. "歲癸卯夏 余在溟州 州人將以五月吉 迓大嶺神."

48) 『秋江先生文集』 卷5, 「遊金剛山記」. "嶺東民俗 每於三四五月中擇日迎巫 極辦水陸之味以祭山神."

시원은 고려 초에까지 소급될 수 있을 것이다.[49]

이렇게 볼 때, 선초 영동지역의 읍치의 성황제는 춘추제의와 전승제의로서 단오제의가 병행되고 있다. 즉 법제화된 춘추제의와 선초 이래 규제대상이었던 신상(神像)을 앞세우는 전승제의가 병행되고 있다는 특징을 갖는다. 이러한 양상은 전승제의를 규제하고 그에 대체하여 춘추제의를 이입함으로써 읍치 성황제를 관주도의 제의로 획일화하려던 대성황정책에도 불구하고 실제에서는 전승제의가 근절되지 않은 채 새로운 법제적 제의가 추가되는 양상으로 나타나고 있음을 보여준다. 『승람』에서 삼척의 오금잠제가 고사(故事)라는 이유로 관부(官府)로부터 직접 규제를 받지 않았다는 기록[50]은 전승제의가 지속되는 가운데 법제적 제의가 추가되었음을 보여주고 있다.

그러나 이들 전승제의는 16세기 후반에 이르러 강하게 규제되고 있다. 선조 9년(1576) 삼척부사 김효원(金孝元)은 오금잠을 철거하고 위판(位版)으로 대체하였고,[51] 효종 4년(1653) 부사 정언황(丁彦璜)은 오금잠제를 금지시켰고,[52] 효종 5년(1654) 부사 이지온(李之馧)은 오금잠을 철거하였다.[53] 이처럼 전승제의는 지방수령 즉 관에 의해 규제되고 있으며 그 규제는 신상의 철거에 집중되고 있다. 또한 이러한 규제는 반복적으로 규제되고 있다는 특징을 갖는다. 이러한 양상은 전승제의에 대한 규제가 신상 설치를 금지하는 정령(政令)에 근거를 두고 있으며, 아울러 수령의 자의적인 성향에 따라 규제되고 있음을 시사하고 있다.

이러한 규제의 특성으로 오금잠제는 신좌(神座)가 동요되는 것으로 파악된다. 신상인 오금잠은 『승람』에서 관아 동쪽 나무 밑에 보관되었다고

49) 李揆大, 1998, 「江陵 國師城隍祭와 鄕村社會의 變化」, 『역사민속학』 7, 역사민속학회.
50) 『新增東國輿地勝覽』 三陟都護府, 風俗. "祭烏金簪 … 遂成故事 官亦不禁."
51) 『陟州先生案』 府使金孝元. "〈通政〉乙亥十二月來 本府古有烏金簪…公下車曳出焚之 手書城隍位板而祭之 自此一邦晏然 社稷及各祭位版散置不敬矣 至是作祀奉安 上下賴安."
52) 許穆, 『陟州志』 全, 社稷壇釁禮文. "古有烏金簪…我孝宗四年癸巳 府使丁彦璜禁其祀."
53) 許穆, 『陟州志』 全, 社稷壇釁禮文. "我孝宗五年甲午 府使李之馧黜其像."

하며,[54] 선조 9년(1576)에는 성황사에 모셔졌고,[55] 현종 1년(1660)에는 신상이 석실(石室) 즉 사랑당(社郞堂)에 봉안되었다고 하였다.[56] 이렇듯 오금잠신의 신좌가 나무 밑 → 성황사 → 사랑당으로 바뀌고 있으며, 이러한 양상은 전승제의가 규제대상이 되면서 신좌가 성황사로부터 이탈되어 나타나는 현상으로 이해된다.

이에 비해 국사성황제는 성종 7년(1476) 남효온의 「유금강산기(遊金剛山記)」에서 그 신상이 산신(山神)으로 확인되며,[57] 선조 36년(1603) 허균의 「대령산신찬병서(大嶺山神贊并序)」에서 산신은 인격신으로 김유신(金庾信)이 설정되고,[58] 영조 38년(1762) 국사성황신(國師城隍神)이 설정되었다.[59] 즉 국사성황제의 신상이 산신 → 산신 · 김유신 → 선승 범일로 바뀌고 있음을 보여준다. 이처럼 신상이 바뀌는 현상도 신상을 금지하는 국가의 대성황정책 하에서 전승제의가 위축되면서 나타나는 양상으로 이해된다.

이렇듯 읍치 성황제로서 전승제의는 비록 법제적 제의인 춘추제의와 병행되었지만 국가의 대성황정책 하에서 일정하게 규제되면서 위축되고 있었으며, 16세기 후반에 이르면서 비록 수령의 자의적 성향에 따른 것이라는 특성을 갖기는 하지만 직접적으로 규제되면서 크게 위축되어 갔다. 이로부터 읍치의 성황제는 법제적 제의가 그 중심적 위치에 놓였으며, 전승제의는 법제적 제의에 종속되어 간 것으로 이해된다. 즉 춘추제의가 관주도의 제의였다면, 전승제의 또한 이를 전제로 하는 전승형태였

54) 『新增東國輿地勝覽』 三陟都護府, 風俗. "祭烏金簪 邑人盛簪小函 藏於治所東隅樹下 每遇端午吏民取出尊而祭之."

55) 주 51) 참조.

56) 許穆, 『陟州志』 全, 社稷壇釁禮文. "今簪閉於石室 謂之社郞堂 云簪失於壬辰兵亂 今閉簪非舊也 後人爲之."

57) 『秋江先生文集』 卷5, 「遊金剛山記」. "嶺東民俗 每於三四五月中擇日迎巫 極辦水陸之味以祭山神."

58) 『惺所覆瓿藁』 卷14, 「大嶺山神贊并序」. "歲癸卯夏 余在溟州 州人將以五月吉 迓大嶺神."

59) 『臨瀛誌』 記事. "英廟壬午夏…是日乃五月五日國師拜送之日也."

을 것으로 이해된다.

(2) 지배세력의 동향과 전승기반

읍치의 성황제는 읍치 공간에서 치제되는 제의로서 읍치의 주도세력과 불가분의 관계를 맺고 있다는 특성을 갖는다. 이로써 읍치사회의 변화와 그 주도세력의 존재양태는 성황제의 전승기반으로서 의미를 갖는다. 이러한 시각에서 선초 읍치 성황제의 전승기반을 살펴보고자 한다.

여말선초 강릉과 삼척지역의 지배세력은 재편되고 있었다. 다음은 실록 자료에서 발췌한 주민 성씨(姓氏) 편의 자료이다.

> 삼척 : 토성 4(진 · 김 · 심 · 박), 사성 1(진).
> 강릉 : 토성 6(김 · 최 · 함 · 박 · 곽 · 왕), 사성 1(옥), 속성 3(전: 정선에서 옴, 이: 평창에서 옴, 원: 원주에서 옴. 모두 향리).
> 양양 : 토성 2(김 · 이), 망성 4(손 · 박 · 하 · 정), 속성 3(장 · 임 · 윤).[60]

위에서 보듯 강릉과 삼척은 토성 중심의 사회에서 큰 변동은 없었던 것으로 보인다. 다만 강릉에서 정선 · 원주 · 평창 등 비교적 인근 지역으로부터 이주해 들어오는 속성(續姓)이 파악되며, 이들은 태종 13년(1413) 화재로 말미암아 시작되는 향교 중창사업에 동참하고 있다. 즉 감고(監考)에 토성인 강릉김씨 김지(金輊), 위판감조(位版監造)에 속성인 정선전씨 전우정(全遇禎) 등 토성과 속성이 함께 동참하고 있다.[61] 이로써 속성은 토성과 일정하게 연망을 이루면서 지배세력으로 자리잡은 것으로

60) 『世宗實錄』 卷153, 地理志, 江原道. 三陟. "土姓四 陳 · 金 · 沈 · 朴 賜姓一 秦 : 江陵. 土姓六 金 · 崔 · 朴 · 郭 · 咸 王 賜姓一 玉 續姓三 全旋善來 李平昌來 元原州來 皆鄕吏 : 襄陽. 土姓二 金 · 李 亡姓四 孫 · 朴 · 河 · 鄭 續姓三 張 · 林 · 尹."

61) 『江陵鄕校實記』 鄕校重建跋. "永樂十一年癸巳秋八月 日…監考 前奉訓郎京市署令 安自和 前宣務郎歙谷縣令 金輊…位版監造 生員 全遇禎 全遇一…."

보인다. 그리고 지배세력은 사회경제적 변화에 편승하여 분화되어 갔다. 한편으로는 유향소(留鄕所)를 중심으로 결집하여 향안(鄕案)질서를 구축하면서 양반사족으로 성장하였고, 다른 한편에서는 수령을 보좌하는 고유의 기능을 계승하면서 향리세력의 입지를 유지하였다. 그리고 양반사족들은 읍치 외곽에 세거지를 마련하면서 이주해 가는 추이를 보이고 있다. 읍치와 가까운 거리의 경방(經坊)에서 세거해 온 강릉김씨 김반석(金盤石, 1455~1522) 일가에서는 차남인 광헌(光軒)이 성산면 금산(琴山)에 임경당(臨鏡堂), 넷째 아들인 광복(光輻)이 노암(魯岩)에 보진재(保眞齋)로 분가하는 양상은 그 사례가 될 것이다.[62]

이와 같은 지배세력의 재편과정에서 파악되는 양반 사족들의 성향은 읍치 성황제의 전승기반으로서 취약성을 드러내고 있다. 강릉지방의 양반 사족은 불교를 좌도(左道)로 규정하고 있으며, 나아가 "미타존불도(彌陀尊佛道)" 즉 향도회(香徒會)의 승계를 단절하고 있다.[63] 또한 자신들의 사성(賜姓) 즉 '왕(王)'씨 성을 포기하고 복성(復姓)을 시도하고 있다.[64] 미타존불도는 나말여초에 결성되어 전승되어 온 향도회로서 이 지방의 지배세력에 의해 주도되었고, 사성 '왕'씨는 이미 나말여초에 명주호족(溟州豪族)[65]이었던 '김(金)'씨 일족에게 사여(賜與)되었다.[66] 이러한 점은 향도회와 사성이 그간에 지배세력의 사회적 입지를 확보 유지하는 유용한 기제였음을 시사한다. 이로써 여말신초에 이르러 지배세력은 그간에 자신들의 사회적 기반이었던 기제를 포기하고 있으며, 이러한 성향은

62) 江陵金氏大宗會, 1990, 『江陵金氏千二百年史』, pp.559~567.

63) 李揆大, 2000, 「朝鮮後期 江陵 彌陀契의 分析的 考察」, 『人文學報』 29, 강릉대학교 인문학연구소.

64) 『江陵金氏族譜』 乙丑譜(1565). "金輊 太祖卽位 承命與二兄復姓金氏."

65) 金杜珍, 1986, 「新羅下代 堀山門의 形成과 그 思想」, 『省谷論叢』 17.

66) 『高麗史』 列傳 卷5, 王順式. "順式遂遣長子守元歸款 賜姓王 仍賜田宅 又遣子長命 以卒六百入宿衛 後與子弟率其衆來朝 賜姓王 拜大匡 長命 賜命廉 拜元甫 小將官景 亦賜姓王 授大丞."

신왕조의 이념정책에 편승하려는 지배세력의 자세로 이해된다.

지배세력의 이러한 성향은 읍치 성황제와 무관하지 않은 것으로 이해된다. 향도회와 사성은 물론 성황제 역시 명주호족에 연원을 두고 생성된 기제이며,[67] 그 후예 즉 토호들에 의해 주도되었다는 공통점을 갖는다. 이 점에서 자신들의 기반이었던 사회적 기제를 포기하고 신왕조의 이념에 편승하려는 지배세력의 성향은 읍치 성황제에도 동일하게 적용되었을 것으로 이해된다. 더욱이 읍치 성황제는 관주도의 제의로 법제화되면서 토호들의 자의성이 배제되고 있었다. 이러한 상황에서 자신들의 입지가 투영된 읍치의 성황제를 주도하려는 지배세력의 성향이 견지되었다고 보기는 어렵다. 이러한 점은 읍치 성황제의 전승기반으로서 취약성을 드러내는 것으로 이해된다.

한편 읍치 성황제의 전승기반을 살필 수 있는 다음 자료가 주목된다.

> ① 오금잠을 제사한다. 읍인들이 잠을 작은 상자에 담아 치소의 동쪽 모퉁이 나무 아래 보관하였다가 매번 단오에 이민들이 찾아내어 제사한다.[68]
>
> ② 계묘년 여름에 내가 명주에 있는데 고을 사람들이 5월 길일을 맞이하여 대령신을 맞아들인다. 수리에게 물었더니 말하기를 신은 신라 대장군 김유신이라고 한다.[69]

---

67) 강릉과 삼척을 비롯한 영동지역의 전승제의는 羅末麗初에 생성되는 神像을 설정하고 있으며, 이들 신상은 "溟州豪族"과 밀접한 관계를 맺고 있다는 특성을 갖는다. 이러한 사실은 金宗彦 編, 『陟州誌』 上, 社稷壇釁禮文. "(追錄) 邑有金釵一服 自羅代百襲 封緘藏諸城隍祠 居民信奉之如神明" ; 『新增東國輿地勝覽』 三陟都護府, 風俗. "祭烏金簪…諺傳高麗太祖時物" ; 許穆, 『陟州志』 全, 社稷壇釁禮文. "古有烏金簪 風俗信鬼 或曰麗朝遺物 迨千年以王神祠之 以四月上日始齋祀簪神 至端午前三日 乃大祀三日" 등의 기록과 國師城隍神으로 설정되는 梵日은 810~889년까지 생존하였던 실존 인물이라는 점에서 살필 수 있으며, 특히 禪僧 범일은 명주호족과 檀越관계를 갖으면서 溟州 崛山寺를 중심으로 형성된 闍崛山門의 宗主였다.

68) 『新增東國輿地勝覽』 三陟都護府, 風俗. "祭烏金簪 邑人盛簪小函 藏於治所東隅樹下 每遇端午吏民取出尊而祭之."

③ 영조 임오년 여름…그 때 최광진이 호장을 맡고 있었는데 서리가 그를 불렀다. 이날은 5월 5일로 국사를 배송하는 날이었다. 호장은 성황사에 가서 일을 처리하고 있었다.[70]

④ 각 읍에는 성황사가 있는데 춘추로 향사한다. 강릉에서는 향사 외에 별도로 제사가 있는데, 매년 4월 15일 관아의 시임 호장이 무격들을 거느리고 대관령에 나아가는데, 정상에 있는 신사에 한 칸이 있고 호장이 신당에 나아가 고유하고 무격들로 하여금 수목에 신을 구하게 한다.[71]

이처럼 ①에서 이민(吏民)이 함께 제의에 참여하고, ②에서 수리(首吏)가 영신(迎神)을 주관하며, ③에서 시임(時任) 호장(戶長)이 송신(送神)을 주관하고 있으며, ④에서 시임 호장이 무격(巫覡)을 데리고 영신을 주관하고 있다. 이로써 선초 이래로 호장이 성황제를 주관하고 있는데서 읍치 성황제의 전승기반으로 호장을 수장(首長)으로 하는 향리(鄕吏)세력이 주목된다.

향리세력의 이러한 역할은 이들의 사회적 입지와 맞물려 있는 것으로 이해된다. 이들은 읍치를 정주공간으로 삼고 집단적으로 세거하였다.[72] 이로써 읍치의 성황제는 일차적으로 자신들의 생활공간에서 치제되는 제의라는 점에서 호장의 주도적 역할은 당위성을 갖는다. 아울러 호장의 역할은 직무로서 성격을 띠고 있다. 수령이 주재하도록 규정한 대성황정책 하에서 읍치의 성황제는 수령을 보좌하는 실무적 역할을 이행하는 호장의 직무가 아닐 수 없다. 또한 이러한 당위성에도 불구하고 호장의 역

69) 『惺所覆瓿藁』 卷14, 「大嶺山神贊幷序」. "歲癸卯夏 余在溟州 州人將以五月吉日 迓大嶺神 問之首吏 吏曰神卽新羅大將軍金公庾信也."

70) 『臨瀛誌』 卷1, 記事. "英祖壬午夏…時崔吏光振當戶長之任 胥吏招之 是日乃五月五日 國師拜送之日也 戶長方有事於城隍祠移時."

71) 『增修臨瀛誌』 全, 風俗. "邑各有城隍祠 春秋享祀之 至於江陵則享祀外別有異者 每年四月十五日 本府時任戶長 領率巫覡 詣大關嶺 嶺上有神祠一間 戶長就神堂告由 令巫覡求神於樹木."

72) 李樹健, 1984, 『韓國中世社會史硏究』, pp.414~424.

할은 전대 이래의 관행에 따른 것으로 이해된다. 즉 고려조에서 호장은 토호세력인 향리세력의 수장으로서 명실상부한 일향의 대표성을 띠었고, 이러한 입지를 전제로 읍치의 성황제를 주관하였던 것으로 이해된다.[73) 이로써 호장의 역할은 조선조로 계승된 것으로 이해된다.

그러나 조선조에 들어와 호장을 수장으로 하는 향리세력은 그 사회적 입지가 강등되어 갔다. 향리세력은 지배구조의 재편에 따라 관권우위의 정책 하에서 수령권에 종속되어 갔으며, 그 신분이 중인으로 강등되면서 양반사족의 구속을 받고 있었다.[74) 더욱이 양반사족들은 자신들의 결속을 기반으로 수령권과 제휴하여 이속(吏屬)의 인사권을 행사함으로써 구조적으로 향리세력을 지배하고 있었다. 이러한 지배구조 하에서 호장을 수장으로 하는 향리세력의 역할은 비록 읍치의 성황제를 주도하였지만 이들의 역할은 수령과 양반사회의 성향으로부터 자유로울 수 없었다고 하겠다. 이로써 읍치 성황제의 전승기반으로서 향리세력이 주목되지만, 그것은 보다 실무적 성격을 띠고 있으며 양반사회에 긴박됨으로써 매우 불안정한 양상을 보이고 있다고 하겠다.

이렇듯 선초 이래로 읍치 성황제의 전승기반은 매우 취약했다. 이는 무엇보다 조정의 대성황정책에 따라 일향 지배세력의 성황제에 대한 주도적 입지가 단절되는 데서 비롯되는 것이었다. 결국 새로운 지배이념에 대한 편향적 자세를 견지하였던 양반사족들의 성황제에 대한 주도적 입지는 단절되어 갔고, 호장을 수장으로 하는 향리세력의 주도적 역할이 설정되고 있으나 이 또한 매우 불안정한 것이었다. 이러한 양상은 읍치사회의 구조변화와 맞물린 성황제의 시대적 특성으로 이해될 수 있으며, 나아가 향리세력의 주도적 역할은 이들의 사회적 입지와 맞물려 부흥될 소

---

73) 金甲東, 1991, 「高麗時代의 城隍神仰과 地方統治」, 『韓國史硏究』 74, pp.17~23.
　김기덕, 1998, 「고려시대 城隍神에 대한 封爵과 淳昌의 「城隍大神事跡」 현판의 분석」, 『역사민속학』 7.

74) 韓相權, 1984, 「16·17세기 鄕約의 機構와 性格」, 『震檀學報』 58, pp.33~34.

지를 안고 있다고 하겠다.

4. 맺는말

이상으로 조선초기 국가의 대성황정책(對城隍政策)과 그 전개과정을 분석하고 이를 전제로 영동지역(嶺東地域)의 읍치 성황제의 변모양상을 살펴보았으며, 이로부터 조선전기 읍치 성황제의 특성을 파악하고자 하였다.

선초 읍치의 성황제는 일향(一鄕)의 공동체적 성격을 띤 전승제의였으며, 지방사회의 유일한 보편적 제의였다. 이에 대한 국가의 정책은 『홍무예제(洪武禮制)』에 근거한 것으로서 춘추로 정례화하고 수령이 행제(行祭)하는 관주도의 제의로 정형화하는 것이었으며, 전승제의의 관행을 전적으로 부정하고 여기에 정형화된 제의를 대체하여 이입하려는 특성을 갖는 것이었다. 이러한 정책적 특성은 성황제를 통치기제로 주목한 데서 비롯되는 것으로, 성황제에 투영되는 지방사회 토호세력의 자의성과 지역성을 배제하고 수령 중심의 통치 질서를 구축하려는 국가의 의도를 반영하는 것이었다.

이러한 성격의 대성황정책으로 읍치의 성황제는 사전(祀典)체계의 정비에 앞서 법제화되었고, 법제적 제의는 관주도의 춘추제의로 획일화하는 것이었다. 이를 위해 관련 부서의 철저한 이행이 촉구되었으며, 비록 일부지역에 한정된 것이지만 성황제를 소사(小祀)로 등제(等第)하였고, 각 도에 순심별감(巡審別監)을 파견하여 그 실상에 기초한 개선책을 마련하여 갔다. 이로써 법제적 제의로서 춘추제의는 일정하게 관철되어 갔지만, 성황제를 통치기제로 주목하는 대성황정책의 한계로 전승제의 관행 또한 근절되지 않은 채 계승되고 있었다.

선초의 대성황정책은 사전체계로 정비되어 갔으며, 이 과정에서 사직제(社稷祭)를 비롯한 지방에서 치제되는 법제적 제의는 다양해졌고, 이는 제의를 매개로 하는 통치기제가 다변화되고 있음을 의미하는 것이었다. 이러한 상황에서 이른바 '주현제(州縣祭)'로 규정되는 법제적 제의에 비해 상대적으로 읍치 성황제는 통치기제로서 기능은 약화되어 갔고, 이러한 조건에서 전승제의에 대한 규제는 오히려 완화되어 갔던 것으로 이해되었다.

선초 영동지역의 읍치 성황제는 국가의 대성황정책 하에서 변모되어 갔다. 읍치에 성황사가 정비되어 갔고, 읍치의 성황제는 법제적 제의로서 춘추제의가 정례화되면서 관주도의 제의로 정착되어 갔다. 아울러 전승제의로서 신상(神像)을 앞세우는 단오제의(端午祭儀)도 여전히 치제되고 있었다. 이러한 양상은 전승제의를 법제적 제의로 대체하려는 정책적 의도에도 불구하고 전승제의가 지속되면서 춘추제의가 추가되어 병행되는 구조로 이해되었다. 그러나 전승제의는 국가의 대성황정책 하에서 신상(神像)과 신좌(神座)가 동요되고 있었고, 16세기 후반에 이르러 비록 단속적이긴 하지만 수령의 직접적인 규제를 받으면서 크게 위축되어 갔다. 이로써 읍치 성황제는 법제적 제의인 춘추제의가 그 중심적 위치에 놓여갔으며, 전승제의는 관주도적 제의에 종속되어 간 것으로 파악되었다.

읍치 성황제의 이러한 변화는 전승기반의 변화와 맞물려 있다. 여말선초(麗末鮮初) 토성(土姓)과 속성(續姓)으로 구성되는 지배세력은 양반사족과 향리세력으로 분화되어 갔다. 이러한 재편과정에서 지배세력으로 성장한 양반사족은 그간에 자신들의 입지를 담보했던 사회적 기제(機制)를 포기하면서 조선의 지배이념에 편승하려는 자세를 견지하고 있었다. 이러한 성향은 읍치 성황제의 전승기반으로서 취약성을 드러내는 것이었다.

다음 읍치 성황제의 전승기반으로 호장(戶長)과 향리(鄕吏)세력이 주목된다. 읍치의 성황제는 호장이 주도하였으며, 이러한 역할은 일향(一鄕)의 대표성을 띠었던 이전 시대 호장의 역할이 계승되는 것으로 이해된다. 그러나 호장을 수장(首長)으로 하는 향리세력은 토호세력에서 분화되면서 수령권에 종속되어 갔으며, 또한 신분이 강등되면서 양반사족의 지배를 받고 있었다. 이러한 추세에서 호장의 역할은 비록 관행을 계승하였지만 보다 직무적 성격을 띠어 갔으며, 또한 수령과 양반사족의 성향으로부터 자유로울 수 없었다는 점에서 성황제의 전승기반은 매우 불안정한 것이었다고 하겠다.

요컨대 조선전기 읍치의 성황제는 조정의 대성황정책에 따라 관주도의 치제로 변모되어 갔으며, 호장을 수장으로 하는 향리세력의 주도적 역할은 보다 직무적 성격을 띠어 갔다. 이로써 읍치 성황제는 법제적인 제의로서 춘추제의가 그 중심적 위치에 놓였으며, 전승제의는 관주도의 제의에 종속되어 갔다. 영동지역 삼척에서 '오금잠제'가 고사로 인식되고, 강릉에서 '국사성황제'가 춘추제의 외에 별도의 제의로 인식되고 있는 것은 선초의 이러한 양상을 반영하는 것이었다고 하겠다. 이러한 양상은 성황제의 지방색이 배제되면서 그 공공성이 제고되는 추이로 이해될 수 있으며, 이러한 공공성의 제고는 이 시대의 특성으로 이해될 수 있다고 하겠다. 다만 성황제의 지방색은 그 전승기반으로서 향리세력의 입지와 맞물려 부흥될 소지를 안고 있다고 하겠다.

제2장

조선초기 강릉지방 재지사족과 사원세력의 갈등

1. 머리말

조선초기의 향촌통제책은 관주도(官主導)로 일관되게 추진되면서 군현제(郡縣制)의 개편과 외관제(外官制)의 정비를 비롯한 외형적인 기틀을 마련하고 있었지만, 향촌사회 내부의 질서개편은 여전히 과제로 남아 있었다.[1] 주지하듯이 선초의 향촌사회는 신왕조의 국책이었던 숭유억불이라는 지도이념의 변화에 직면하고 있었다. 이러한 변화는 물론 조선을 개창한 신진세력의 성리학 수용이라는 치자(治者)의 도(道)의 개종에 따른 것으로 향촌민의 정서에 기초한 것은 아니었지만, 기존의 향촌질서는 관주도의 향촌통제책에 의해 새로운 질서로 개편되고 있었다.

이 시기의 향촌사회질서의 재편문제는 비단 사회이념의 변화에 국한하는 문제는 아니었다. 여기에는 관주도의 향촌통제책과 생산력 발전에

1) 李存熙, 1990, 『朝鮮時代地方行政制度研究』, 일지사 ; 李樹健, 1989, 『朝鮮時代地方行政史』, 민음사.

따른 생산관계의 변화[2]와 지배세력의 교체[3] 등 제 문제가 맞물려 진행되고 있었으며, 무엇보다 재지세력의 존립기반은 크게 작용하고 있었다. 그리고 이러한 변화 요인은 서로 인과로 작용하여 향촌사회질서의 재편은 다양한 양상을 보이면서 지역적인 특성을 갖는다.

영동지방은 지정학적으로 왕조교체기의 급격한 정쟁의 외곽에 위치하여 향촌질서의 재편문제는 보다 내부적인 요인에 크게 영향을 받으면서 성리학적 향촌질서를 지향하고 있었다. 그러나 전대 왕조의 왕족이 이곳으로 유배되고 이어서 왕실의 호불(好佛) 성향을 배경으로 사원세력이 형성됨으로써 향촌사회질서의 개편은 결코 이와 무관할 수 없었던 것으로 이해된다. 더욱이 위의 두 가지의 사안은 비록 시차를 보이고 있지만 서로 상반되는 이념적 성향을 띠는 것이었으며, 특히 후자는 성리학적 향촌질서를 지향하는 재지사족의 이념적 성향과는 배치되는 것으로 향촌사회질서의 재편은 이에 무관할 수 없었다.

여기서는 이와 같은 시각에서 영동지방 불교의 사회적 실태[4]를 토대로 재지세력의 배불성향을 살펴보고자 한다. 영동지방의 상원사를 비롯한 제 사찰은 왕실의 호불성향과 대불교시책, 그리고 사원경제 등이 규명되면서 일찍부터 주목되었으며,[5] 영동지방의 대사찰인 상원사(上院寺)·월정사(月精寺)·건봉사(乾鳳寺) 등의 사지(寺誌)가 출간되기에 이르렀다.[6] 그러나 이러한 연구 성과에도 불구하고 중앙의 불교정책의 변화에 주목하여 온 연구 경향으로 향촌사회의 재지세력과의 관계는 여전히 과제로 남아 있으며, 이러한 과제는 불교의 사회적 기능과 전환기의

---

2) 李泰鎭, 1986, 『韓國社會史硏究』, 지식산업사.

3) 李樹健, 1984, 『韓國中世社會史硏究』, 일조각.

4) 李揆大, 1994, 「朝鮮初期 佛敎의 社會的 實態-嶺東地方의 寺院을 중심으로-」, 『國史館論叢』 56.

5) 金甲周, 1983, 『朝鮮時代 寺院經濟硏究』, 동화출판사 ; 韓㳓劤, 1993, 『儒敎政治와 佛敎』, 일조각 ; 李載昌, 1987, 「朝鮮時代 佛敎의 主體的 展開」, 『佛敎學報』 24 ; 崔承洵, 1974, 「關東地方 佛敎傳來考」, 『아카데미논총』 2.

6) 高城郡, 1990, 『乾鳳寺址地表調査報告書』 ; 韓國佛敎硏究院, 1977, 『月精寺 附上院寺』.

향촌사회 변화를 이해하는 실마리를 연다는 의미를 갖는다.

여기에서는 재지사족의 배불성향을 규명하기 위해 먼저 오대산 상원사를 중심으로 하는 사원세력의 형성과정을 분석하였으며, 이어서 사원세력에 대응한 재지세력의 동향으로서 사원경제의 재생산구조에 따른 사원세력과의 갈등관계를 정리하였다. 그리고 끝으로 재지세력이 보여준 배불성향과 그 한계를 지적하고 아울러 향촌질서의 재편과 관련하여 재지사족의 배불성격을 규명하고자 하였다. 그러나 여기에서는 철저하게 유자들의 입장에서 기술된 자료를 이용할 수밖에 없었으며, 아울러 상원사를 중심으로 하는 사원세력이 갖는 종파성을 규명하지 못하고 있다. 이러한 문제는 재지사족의 배불성향을 규정하는 하층민들의 종교적인 성향과 연계될 성질의 것이었다는 점에서 이 글의 한계로 지적될 수 있을 것이다.

2. 상원사 중심의 사원세력

조선의 건국이념은 성리학이었다. 조선의 건국을 주도한 신진세력은 성리학을 수용하면서 전대까지 융성을 누렸던 불교는 그 사회적 지위를 상실하였으며, 각 사원의 물적 · 인직기반은 크게 위축되었다. 태종 6년과 7년에 취해진 종파(宗派)의 통합과 이어서 세종 조에 추진된 선(禪) · 교(敎) 양종(兩宗)으로의 종파통합은 불교의 기반을 크게 위축하는 것이었다.[7] 그러나 조선초기의 신진세력의 이 같은 척불기류 속에서도 불교는 전통성에 힘입어 그 종교성을 보존할 수 있었으며, 종교 외적인 세속적인 권한은 크게 위축된 것은 사실이지만 그것마저도 신진세력의 척불기류와 대립국면을 빚었던 왕실의 호불성향에 힘입어 온존할 수 있었다.

7) 韓沽劤, 1993, 「世宗朝 禪敎兩宗에로의 재정비」, 『儒敎政治와 佛敎』, p.186.

조선초기 상원사는 국행수륙사(國行水陸寺)로 지정되었으며,[8] 이는 이후 척불기류 속에서 사세를 유지할 수 있었던 기제로서 의미를 갖는다. 선초의 척불책이 마무리되는 세종 6년 종파통합의 과정에서 상원사는 강원도 교종사원의 본산으로 지정되었는바, 그것은 전적으로 상원사가 국행수륙의 도량이라는 점이 반영된 것이었다.[9] 이로써 상원사는 국행수륙사로 지정되었던 데 힘입어 적어도 영동지방의 중심사찰로 그 지위를 확보할 수 있었으며, 이후 교계의 중심사찰로 발전할 수 있는 토대를 마련하였다 할 것이다.

물론 상원사가 사세를 유지할 수 있었던 이 같은 기제의 확보는 그 사찰이 갖는 종교적인 의미와 왕실의 비호를 토대로 하는 것이었다. 즉 상원사는 신라 성덕왕(聖德王) 4년 보천(寶川)과 효명(孝明)에 의해 진여원(眞如院)으로 창건된 이래 고승대덕(高僧大德)을 배출한 유서 깊은 사찰이었으며, 신라의 자장율사(慈藏律師) 이래로 문수보살(文殊菩薩)이 머무는 성스러운 땅으로서 오대신앙이라는 종교적 의미를 갖는 사찰이었다.[10] 이러한 명성에 힘입어 정종 2년에는 군주의 자리에서 물러나 있던 태조 이성계의 원찰이 되었으며,[11] 이로써 태조의 발원으로 상원사의 사자암(獅子菴)이 중창되었으며 그 낙성법회에 친임(親臨)한 태조의 순행에 뒤이어 상원사는 전조왕씨(前朝王氏)의 영혼을 위무하는 국행수륙사로 지정될 수 있었던 것이다.[12] 이렇듯 종교적인 상원사의 오대신앙과 현실적인 태조의 비호는 사세를 유지할 수 있었던 기제를 확보하는 배경이 되고 있다.

---

8) 『太宗實錄』 卷27, 太宗 14年 2月 庚戌條. "命李灌傳旨曰 觀音窟津關寺臺山上院寺巨濟見庵寺 行每年二月十五日水陸齋 今後行於五月十五日以爲式."

9) 『世宗實錄』 卷24, 世宗 6年 5月 癸酉條. "禮曹啓 江原道江陵上院寺 乃水陸社 革除未便 請革教宗 屬全羅道全州景福寺 於上院寺元屬田一百四十結 加給六十結 恒養僧一百 從之."

10) 『三國遺事』 卷3, 臺山五萬眞身條.

11) 『新增東國輿地勝覽』 卷44, 江陵大都護府 佛宇 獅子菴條. "權近記 建文三年春正月辛未 啓運神武太上王殿下 令內臣判內侍府事李得芬 命召參贊門下府事臣權近 傳旨若曰 予嘗聞江陵府之五臺山奇秀之稱 自古而著 思置願刹以植勝果久矣."

12) 尹武炳, 1958, 「國行水陸齋에對하여」, 『白性郁博士頌壽紀念佛敎學術論文集』, p.3.

상원사는 국행수륙사로 지정되면서 불사(佛寺)가 중창되고 국가로부터 국행수륙전(國行水陸田)이 지급되었으며,[13] 세종 조에 강원지방 교종 사원의 본산이 되면서 적어도 200결의 사전(寺田)과 항거승(恒居僧) 100명 규모의 사세(寺勢)를 유지할 수 있었다.[14] 이러한 규모는 조선초기 척불책이 사원의 물적기반을 축소하는 방향에서 진행되었으며, 더욱이 『경국대전』에서 불사의 신창(新創)과 중창(重創)이 억제되고 있음을 염두에 둔다면 상원사의 사세는 오히려 상대적으로 확장되는 의미를 갖는다고 볼 수 있을 것이다.[15]

정종 2년 태조의 원찰이 된 이래 상원사의 왕실과 인연은 계속되었다. 태조의 원찰이 된 이래 세종대에는 효령대군(孝寧大君)의 원찰로 지정되었으며,[16] 이어서 호불군주 세조의 치병을 기원하는 사찰로 지정되었으며, 예종 원년에는 다시 세조의 원찰로 이어진다. 비록 단속적이긴 하지만, 이 같은 왕실과의 인연은 신진세력의 척불기류 속에서 사세를 유지 내지 확장할 수 있었던 비호세력으로서 의미를 가지며, 이 같은 상원사에 대한 왕실의 비호는 호불군주 세조대에서 단적으로 살필 수 있다.

세조대 상원사의 사세확장은 왕실과의 인연에서 비롯된다. 상원사는 세조의 병환을 불력(佛力)을 빌어 치유하려던 세조 비 정희왕후(貞喜王后)와 이에 동조하였던 혜각존자(慧覺尊者) 신미(信眉)와 대선사(大禪師) 학열(學悅) 등의 도움으로 치유를 기원하는 사찰로 지정되었고,[17] 세조

13) 『經國大典』 卷2, 戶典 諸田條. "官屯田 · 馬田 · 院田 · 津夫田 · 氷夫田 · 守陵軍田 則自耕無稅 國行水陸田 · 祭享供上諸司菜田 · 內需司田 · 惠民署種藥田 竝無稅."

14) 『世宗實錄』 卷24, 世宗 6年 5月 癸酉條. "禮曹啓 江原道江陵上院寺 乃水陸社 革除未便 請革教宗 屬全羅道全州景福寺於上院寺 元屬田一百四十結 加給六十結 恒養僧一百 從之."

15) 『經國大典』 禮典 寺社條. "凡寺社勿新創 唯重修古基者 告兩宗 報本曹啓聞."

16) 『世祖實錄』 卷31, 世祖 9年 9月 癸未條. "且上院寺 非國家所創 乃孝寧願刹也."

17) 『拭疣集』 卷2, 上院寺重創記. "天順建元之八年四月 我世祖惠莊大王 不豫彌旬 太王太妃殿下憂懼 遣內官咨於慧覺尊者信眉大禪師學悅等 雖中外寺社 作法祝上皆然 于欲於名山勝地 創一伽藍 以爲別願之所…信眉等對曰 臺山 我國名山 而中臺上元 地德尤奇 僧徒結際 必有警枕之異."

10년 대선사 학열은 왕명으로 사원 중창의 역사를 주관하게 되었다.[18] 아울러 경상감사에 효유하여 미오백석(米五百石)이 강릉으로 이송되었고 제용감(濟用監)에서 포일천필(布一千匹)이 지급되어 그 재정이 확보되었으며, 이후 세조의 친제 상원사중창권선문(上院寺重創勸善文)이 반시되면서 종친과 재추 및 왕실로부터 시조오백석(施租五百石)이 확보됨으로써 그 부족한 경비를 구제할 수 있었다.[19] 이로써 상원사의 중창역사는 세조 11년 3월에 시작되어 이듬해에 완공을 보게 된다.[20]

이렇듯 왕실의 발원에서 비롯된 상원사의 중창은 국가적인 중창사업으로 확대되었으며, 불전의 낙성법회에는 세조를 비롯한 종친과 문무군료들이 참석하였으며 군주의 예불과 시종한 군료들의 막배(膜拜)가 있었고 승려들이 행궁에서 사은하는 의례도 거행되었으며, 이어서 낙성법회를 기념하는 과장(科場)이 베풀어졌다. 상원사에 대한 왕실의 비호는 여기에 그치는 것이 아니었다. 상원사는 불전(佛殿)을 중창한 이후 경상도 공물(貢物)의 대납권(代納權)을 왕실로부터 확보하여 불상을 조성할 수 있었으며,[21] 아울러 영동지방에서는 산산제언(蒜山堤堰)을 비롯한 종자 200여 석 규모의 사전이 왕실로부터 사급(賜給)되었으니,[22] 이 또한 왕실의 비호를 배경으로 가능한 것이었다. 요컨대 상원사는 왕실의 비호를 배경으로 불전과 조불 및 사전에 이르기까지 그 사세확장이 진행되고 있음을 볼 수 있다.

---

18) 『拭疣集』 卷2, 上院寺重創記. "太王太妃殿下傳旨 僧言允當 卽啓世祖 命僧學悅 主營締之務."

19) 『拭疣集』 卷2, 上院寺重創記. "諭慶尙監司 舟米五百石 運于江陵 濟用監出布一千匹 以資經始…世祖親製功德之疏頒示 宗親宰樞欽承聖旨 占出所有 仁粹王妃殿下 承兩殿注意之降益施租五百石 以濟其乏."

20) 『拭疣集』 卷2, 上院寺重創記. "始於乙酉三月 告訖於翼年丙戌."

21) 『世祖實錄』 卷31, 世祖 9年 9月 癸未條. "前此上院寺僧上言 僧就觀音現身之地 已創佛殿無主佛 願代納慶尙道貢物 造佛以安之 禮曹啓 不可有殿而無佛 請令戶曹 磨勘代納事 至是 上謂覽曰 予洞觀三界 當做無量功德 安肯創寺造佛 屑屑於小者乎."

22) 『成宗實錄』 卷187, 成宗 17年 正月 辛亥條. "記事官韓煦啓曰 臣嘗過江原道江陵 有一堤堰 陳荒已久 臣問於父老則云 蒜山堤堰也 初僧信眉受賜 因屬上院寺 占奪堤下 民田殆盡堤之內外 可種二百餘碩也."

여기에서 주목되는 점으로 상원사는 혜각존자 신미를 비롯한 대선사 학열 등 당시의 불교계를 대표하는 고승들에 의해 군왕의 질환을 치유하는 기도처로 지정되었으며, 이들에 의해 그 중창사업이 주관되었다. 이어서 이들은 상원사에 주석하였으며, 이로써 왕실의 호불세력을 배경으로 낙산사를 비롯한 영동지방의 제 사찰이 이들에 의해 중창되었다. 아울러 신미와 학열의 불제자들이 낙산사 · 삼화사 · 염양사 · 백암사 등 제 사찰에 배석하게 됨으로써 영동지방에서는 상원사를 중심으로 하는 사원세력이 형성되고 있었다.[23)]

상원사를 중심으로 형성되는 사원세력은 혜각존자 신미와 대선사 학열, 그리고 양수(良遂) · 의심(義心) · 숭덕(崇德) 등으로 확인되며, 이들이 앞서 살핀 바와 같이 세조를 비롯한 왕실과 긴밀한 관계를 유지하고 있었을 뿐 아니라 간경도감(刊經都監)을 설치하면서 추진된 불전언해사업에 중추적 역할을 담당하고 있었다.[24)] 즉 승 신미는 성종 10년경 그가 입적하기까지 제왕의 존숭을 받으면서 선덕(禪德) 사지(斯智) · 수미(守眉) · 대선사(大禪師) 학열(學悅) · 학조(學祖) · 인경사(寅慶寺) 홍준(弘濬) · 해초(海超) 등과 함께 불전언해에 중추적 역할을 수행했던 고승이었다.[25)] 이러한 점을 인정할 때, 당시 상원사는 교계의 중심사찰로 부각되고 있었으며, 상원사를 중심으로 형성되는 사원세력은 교계의 중심세력이었다고 할 것이다. 아울러 이들은 체계적인 불경의 정리와 언해와 간경을 주도함으로써 불교중흥을 모색하였으며, 이러한 활동은 왕실의 호불세력에 크게 의존하였다는 특성을 갖는다.

세조와 왕실의 호불성향에 힘입어 상원사는 교계의 중심적 위상을 확보할 수 있었거니와 이후 상원사의 이러한 위상은 연산 조에 이르기까지

23) 『成宗實錄』 卷104, 成宗 10年 5月 辛酉條. "司憲府執義金礪石等 上箚子…老僧學悅 夷居上院 乃於艶陽 · 洛山等寺 分置第子."

24) 李逢春, 1980, 「朝鮮前期 佛典諺解와 그 思想」, 『韓國佛敎學』 5, pp.45~49.

25) 李昊榮, 1976, 「僧 信眉에 대하여」, 『史學誌』 10, p.51.

지속될 수 있었던 것으로 보인다. 그것은 세조대에 확보할 수 있었던 영동지방을 중심으로 하는 경제적 기반이 온존할 수 있었던 데에 근거하며, 이러한 경제적 기반이 온존할 수 있었던 것도 왕실의 비호 하에서 가능한 것이었다. 상원사의 경제적 기반, 강릉부의 산산제언(蒜山堤堰)을 비롯한 사전은 호불군주 세조대를 지나면서 성리학적 사회질서를 지향하는 유신(儒臣)들에 의해 그 환속(還俗)이 강력히 제기되고 있었다.[26] 그러나 그때마다 유신들의 주장은 선대에서 결정된 일을 개변할 수 없다는 명분을 견지한 왕실의 비호에 부딪쳐 좌절되고 있음을 살필 수 있다.[27]

3. 재지사족과 사원세력의 갈등

(1) 정치적 갈등의 추이

선초 이래 왕실의 원찰로서 상원사는 종교적인 기제를 마련하면서 사세를 유지해 왔으며, 세조대에 이르러 상원사 중심의 사원세력이 영동지방에 형성되면서 교계의 중심사찰로 성장하였음은 앞에서 살핀 바 있다. 세조대 상원사의 사세확장은 교계의 염원이었던 불교중흥의 성격을 띠는 것으로 그 인적·물적 기반의 확장은 왕실이라는 특정한 지배집단의 비호를 배경으로 형성된 것이었다. 상원사의 사세확장은 이러한 성격을 띠면서 사원의 소재지를 중심으로 영동지방에 심대한 영향을 끼쳤으며, 그것은 지방사회의 토호층이나 일반 민의 불교적인 성향을 인정한다고 하더라도 유교적인 정치이념을 수용하여 그 윤리규범을 확립하려던 지

26) 이와 같은 기사는 『睿宗實錄』 卷3, 睿宗 元年 2月 乙卯條 ; 3月 丁亥條 등을 비롯해 『燕山君日記』 卷31, 燕山君 4年 閏11月 己卯條에 이르기까지 다수가 산견되고 있다.

27) 『成宗實錄』 卷88, 成宗 9年 正月 丁卯條. "御經筵 講訖 掌令朴叔達啓曰 江陵 有一堤堰 民蒙其利 久矣 世祖 以賜僧學悅 其民失利 至再上言訴之 上 以先王所賜 不允 古語云 三年無改於父之道…今欲改祖宗法度則固不可."

방사회의 동향과는 일정하게 괴리를 갖는 것이었다.

상원사의 사세확장은 사원의 소재지인 강릉부를 중심으로 하는 영동 지방에 크게 영향을 미치고 있었다. 그것은 먼저 사원세력과 강원도 관찰사를 비롯한 제 관읍 수령의 유화적인 자세에서 지적할 수 있다. 도백과 수령의 이러한 자세는 예종 즉위년 전 강원도 관찰사 김관(金瓘)을 국문하는 과정에서 잘 나타나 있다. 즉 전 관찰사 김종은 낙산사의 중창사업을 주관하였던 승 학열의 요구에 따라 그 필요한 재원을 제읍의 수령에게 지시하여 민원을 유발하면서까지 확보하였음을 인정하고 있으며, 그것은 그 중창사업에 협조하라는 세조의 유서와 왕실을 빙자한 승 학열의 강요에 의한 것임을 밝히고 있다. 아울러 사관(史官)은 김관이 도백의 위치에서 민막(民瘼)을 야기하면서까지 사원세력에 협조하고 이로써 승 학열의 도움을 얻어 품계(品階)가 승차하였음을 지적하고 있다.[28] 여기에서 관찰사를 비롯한 각 고을의 수령이 상원사에 유화적인 자세가 견지되고 있음을 볼 수 있다. 이러한 관계는 상원사가 추진한 식리활동에서도 극명하게 드러난다. 상원사는 경상도로부터 양질의 면포를 수입하여 강원도 일원에서 민간에 무역하는 식리활동을 전개하였으며,[29] 이러한 활동이 도백과 방백을 매개로 전개되면서 관부와 사원세력이 유착되고 있음을 살필 수 있다.

이처럼 관부와 사원세력의 유화적인 관계는 관행화되고 있었다. 즉 강원도에 임명되는 도백은 입경하면 먼저 사원세력을 방문하며, 지방

---

28) 『睿宗實錄』 卷2, 睿宗 卽位年 11月 乙丑條. “義禁府經歷許峻 執江原道觀察使金瓘以來 令承政院問曰 洛山寺造成之費 何濫收民間乎 瓘對曰 曾降諭書 洛山寺諸事 卿宜體予 視力盡心 雖一匏一索 勿煩民間 其後僧學悅 見臣親受事目曰 事目付物須一一備給 故其中易辦之物 令諸邑隨宜備給…學悅曰 永順君承傳言 役民至重 非監司所佃顓 故諭以勿煩民 自餘諸事 監司可以措置…臣不得已移文諸邑…史官曰…瓘 任分憂之責 當以救民爲急 乃不能隨事陳弊 務除民瘼 以爲吾寧得罪於民 毋得罪於悅 凡悅所求 雖無上旨 亦皆委曲成就之 後果以悅得 至二品 鄙夫.”

29) 『睿宗實錄』 卷4, 睿宗 元年 3月 丁亥條. “僧學悅 專心殖貨 多載綿布 令觀察使 分授諸邑 勒給民間 每一匹 償穀二石五斗.”

방백은 매일 사원세력에 문후한다는 지적에서 사원세력과 관부가 유착되고 있음을 살필 수 있다.[30] 나아가 이러한 지적은 상원사 중심의 사원세력이 관부를 압도하고 있음을 보여주는 것으로 그것이 왕실의 비호를 배경으로 하는 사원세력의 강요에 의한 것이었다 하더라도 현실적으로 관부와 사원세력이 유착되고 있음을 인정하지 않을 수 없다고 할 것이다.

사원세력과 재지사족 간의 정치적 갈등은 이로부터 비롯되는 것으로 도백과 수령들의 이러한 자세가 인정되는 한 지방사회의 토호나 일반 민의 성향은 배제될 수밖에 없었으며, 그것은 재지사족의 성향과도 배치되는 것이었다. 세조 12년 결성된 '금란반월회(金蘭半月會)'에서 살필 수 있는 강릉부 재지사족의 성향은 이념적으로 성리학을 지향하고 있었으며, 영남지방의 성리지풍(性理之風)과 중앙의 과거지풍(科擧之風)에 민감하게 교감[31]하면서 유교적 정치이념의 수용을 통한 입신출사와 향촌사회 내적으로 유교적인 윤리규범을 확고히 다져가고 있었다. 재지사족의 이러한 성향은 신왕조의 건국이념으로 성리학이 수용되는 데 따른 향촌사회 내적인 변화로 이해될 수 있다. 왕조 교체기에 처하여서도 토호층의 교체가 없었던 영동지방의 경우 재지사족의 이러한 성향은 자신들의 위상을 재정립하기 위한 필연적인 변화였다.

그러나 재지사족의 향촌사회 내적인 위상정립과 사회질서의 확립도 지방 방백과의 동반자적 위치에서 가능한 것이었으며, 관권우위의 중앙집권화 정책이 일관되게 추진되었던 점을 고려한다면 일차적으로 수령과의 관계정립은 재지사족의 입장에서 절실히 요구되는 것이었다. 그러나 상원사 중심의 사원세력과 유착되었던 도백과 수령의 친사원적인 자세

30) 『成宗實錄』 卷88, 成宗 9年 正月 戊辰條. "(李)則又啓曰… 臣聞 學悅氣勢甚盛 監司入境必先訪此僧 守令 日一問候."

31) 『嶺東地方金石文資料集』 II, 崔汝霖墓表. "公資性醇厚 自幼究學 稍長博考經史 聞見日進 旁治擧業 旣而專意實學 潛究性命之原 尤着力於朱子書 孜孜不已 嘗出入于佔畢金文忠公之門 期詡特深 與寒暄一 諸賢講論經義 頗有不得之妙 以經行薦."

는 재지사족의 정치적 입장과 전면적으로 배치되는 것이었으며, 더욱이 향촌사회에서 전개되었던 사원세력의 사세확장을 위한 제반활동은 재지사족이 지향하였던 유교적인 사회질서와는 적어도 이념적으로 배치되는 것이었다.

재지사족과 사원세력 간의 정치적 갈등은 이러한 양상이 장기간에 걸쳐서 진행되면서 심화되었으며, 이로부터 빚어지는 재지사족의 불만은 호불군주 세조대를 지나면서 2차례의 상서(上書) 형태로 표출되고 있다. 즉 예종 원년 윤2월 강원도 보안도(保安道) 찰방(察訪) 김종(金鐘)의 등장건(等狀件)[32]과 동년 3월 전상서(前尙瑞) 주부(注簿) 최소남(崔召南)[33]·생원(生員) 김윤신(金潤身)·선략장군(宣略將軍) 남윤문(南允文)[34] 등 10여 인의 상서건(上書件)이 그것이다. 물론 세조대에서도 재지사족의 사원세력에 대한 불만을 내연하고 있었다. 즉 세조가 상원사의 낙성법회에 참석하고 그 자리에서 과장을 열었을 때,[35] 강릉부 재지사족이 보여준 과거응시를 기피하였던 자세와,[36] 영월의 단종을 애도하였던 자세,[37] 그리고 세조가 상원사를 순행한 후 어승마(御乘馬)가 충실치 못하다는 이유로 어가를 시종하던 강원도 도사(都事) 최응현(崔應賢)을 구금하였는바,[38] 최응현은 강릉지방의 배불성향을 갖는 재지사족의 결사체인 금란반월회

32) 『睿宗實錄』 卷4, 睿宗 元年 閏2月 庚辰條. "先是 江原道保安道察訪金鐘 據驛吏申義澄等狀告 馳啓 僧學悅侍奉等 稱有舊例 勒騎驛馬 或枉道 或留置寺社."

33) 『睿宗實錄』 卷4, 睿宗 元年 3月 丁亥條. "江陵人前尙瑞注簿崔召南等十餘人 上書陳貢案不便事及僧學悅 假托因緣 專事殖貨等事."

34) 『睿宗實錄』 卷3, 睿宗 元年 2月 乙卯條. "江原道江陵人 宣略將軍南允文 生員金潤身等作書 付府人全崙以進 其略曰…."

35) 『世祖實錄』 卷38, 世祖 12년 閏3月 戊子條. "幸上院寺…上還行宮 命叔舟繼禧思愼 詣文科試場 參試."

36) 『嶺東地方金石文資料集』 II, 崔汝霖墓表. "逮光廟受禪 旋憂身痾 祈佛於五臺山 頒示萬科 府使金公季衡應選 公曰五不聞忠臣不事二之義乎 遂杜門韜晦."

37) 『母山墳史』, 春軒公諱洙墓碣銘.

38) 『世祖實錄』 卷38, 世祖 12年 閏3月 庚寅條. "駕至江陵之末叱橋 以御乘馬不揀擇…名囚江原道都事崔應賢察訪元孝哉."

의 사석(師席)에 있던 인물이었고[39] 그의 구금이 상원사를 순행한 직후에 있었으며 또한 그는 강릉의 경계를 벗어나면서 방면되었던 사실[40] 등이 재지사족의 배불성향과 관련하여 생각되는 바, 적어도 재지사족의 불만이 내연하고 있었다고 할 것이다.

호불군주 세조대에 내연하던 사원세력과 재지세력 간의 갈등은 예종 즉위 벽두에 사원세력의 비위를 규탄하는 상서형태로 표출된다. 찰방 김종의 상서건은 사원세력이 역마와 역리를 불법적으로 이용하고 있음을 지적하였던 것으로 그는 이로 인해 군주의 친국을 거쳐 참수형에 이르는 사건이었다.[41] 이어서 개진된 강릉부 재지사족의 상서는 사족의 공의(共議)를 토대로 사원세력의 불법적인 경제활동을 지적한 것으로 역시 소두(疏頭) 최소남(崔召南)이 추국(推鞫)당하는 사건으로 전개되었으며, 사원세력과 재지사족의 입장이 모두 불문에 부쳐지는 결과로 매듭이 지어지고 있다.[42] 결국 재지사족의 입장이 철저히 배제되면서 사원세력의 입장이 비호되고 있음을 보여준다.

예종 즉위 벽두에 개진되었던 재지사족의 입장이 이렇게 귀결됨으로

---

39) 『三五儕記』 金蘭半月會序. "名曰金蘭半月會 以睡軒癡翁 嘗後師席."

40) 『世祖實錄』 卷38, 世祖 12年 閏3月 庚寅條. "次于橫城之實味院 釋得琳應賢等."

41) 『睿宗實錄』 卷4, 睿宗 元年 閏2月 庚辰條. "江原道保安道察訪金鐘 據驛吏申義澄等狀告馳啓 僧學悅侍奉等 稱有舊例 勒騎驛馬 或枉道 或留置寺社 令驛吏 喂養過驛 或至七八日人馬疲困 驛路殘弊 請自今 依六典及各年受教 僧人鋪馬 須待文憑及給 其不照驗 擅自枉道者 勿給 上覽之 命召鐘 又遣宦官于洛山寺 問學悅 悅 爲書以啓曰 臣之下來也 洛山監役僧良遂 · 義心 · 崇德等 與臣 俱騎鋪馬 至上院寺 設水陸齋 後到洛山寺 臣令崇德等 輸安東官 鐘 崇德等 發原州神林驛 由堤川直達安東 此非枉道…鐘對曰 臣無所議 但保護驛路臣之職也 杖二十餘下 但號曰 義澄殺人 義澄殺人 傳曰 先王之時 無有如是言者 今汝謂予幼沖 而言之若此 若年幼甚於予 則必操縱在掌握而後已也 傳于承政院曰 鐘欺君之罪 照律以啓 政院啓 律當斬 御書傳旨義禁府曰 察訪金鐘 甘我年幼 毁我先王之法…阿附宗宰 身自僥倖 强取驛吏之招 又嘗親問之時 隱而不對 罪不可赦 肆命斬首 以戒後來 仍命梟首三日 禁錮子孫…遂斬之 梟首于雲從街."

42) 『睿宗實錄』 卷4, 睿宗 元年 3月 丁亥條. "江陵人前尙瑞注簿崔召南等十餘人 上書陳貢案不便事及僧學悅 假托因緣 專事殖貨等事 上覽之 馳諭江原道觀察使趙瑾 拿致召南 令政院鞫之 召南曰…有違僧道 故臣與鄕人南允文等 共議以啓 上覽之 傳曰 予雖求言 汝豈無可言之事 而言僧家事乎 予欲置法 然既求其言 又從而罪之 予不忍焉 遂赦召南而不問學悅."

써 향촌사회 내적으로 재지사족의 정치적 입장은 크게 위축될 수밖에 없었으며, 상원사를 중심으로 하는 사원세력의 정치적 영향력은 관부와의 유착된 구도 하에서 여전히 향촌사회 내적으로 확대되고 있었다. 예종 조 이후 강원도에 부임하는 신임 관찰사와 방백이 승 학열을 문후하고 양인의 가사가 철거되어 전지로 전용되고 양인의 삭발[43]이 강요되고 있음은 사원세력의 물적 · 인적 기반이 확대되면서 이제 유교적 윤리규범에 기초한 향촌질서가 혼돈되면서 사원세력이 향촌사회를 압도하고 있음을 보여준다고 하겠다.

물론 이로써 재지사족과 사원세력 간의 갈등이 불식된 것은 아니다. 사원세력의 사세확장이 관부와 유착된 구도 하에서 전개되면서 재지사족의 입장이 철저히 배제되고 있었고 유교적인 윤리규범에 기초한 향촌질서가 혼돈되는 상황에서 성리학으로 교양된 재지사족의 불만이 불식될 수는 없었다. 더욱이 이러한 정치적 구도는 수령권과의 동반자적 위상을 정립하여 향촌사회 운영의 주도적 입지를 확보하려는 재지사족의 정치적 구도와는 전면으로 배치되는 것이었다. 그러나 예종 조 상서건이 있은 이후 재지사족의 입장이 공식적으로 개진된 것은 확인되지 않는다. 이는 재지사족의 입장에서 사원세력에 대한 왕실의 비호에 부딪치면서 그 한계를 인식한 데 따른 결과로 보여지며, 따라서 갈등은 잠재되어 내연하고 있었다고 하겠다.

이렇듯 지방사회에서는 그 정치적 입지를 확보하려던 재지사족의 배불 움직임이 내연하는 소강상태에 빠져들게 되었다고 하더라도 그것은 중앙의 조신들에게는 호불군주 세조대를 지나면서 척불 내지 불교의 종교 외적인 강제를 규탄할 수 있는 빌미를 제공하였다는 의미를 갖는다. 예종 조에서 성종 · 연산 조에 이르면서 나타나는 이칙, 최번, 김려석, 박

43) 『成宗實錄』 卷104, 成宗 10年 5月 己未條. "司憲府啓 江陵艷陽寺依止僧弘智 削髮良民禹孫 旣還俗定役後 因仍率居罪金自義等三人家舍撤去 其田地或奪耕 或抑換 或令陳荒成賂罪."

숙달, 윤민, 이성덕, 정창손, 최한후, 이덕숭, 김작, 이인석, 한조 등의 상계가 그것이며,[44] 이 밖에도 사헌부,[45] 홍문관[46] 등에서도 상원사의 작폐가 거론되고 있으며, 그것은 민생안정과 치도의 확립이라는 성격을 띠면서 이어지고 있었다. 이와 같은 조신(朝臣)들의 배불성향이 상원사에 집중되었던 것은 상원사가 왕실의 비호를 배경으로 교계의 중심사찰로 부각되었던 데에 기인하는 것으로 보이며, 여기에 예종 조에 강릉부 재지사족의 상계한 내용은 조신들의 배불성향을 뒷받침하는 호재로 수용되었던 것이다. 그러나 중앙의 조신들의 배불상계에도 불구하고 예종을 비롯한 성종은 전대에 이루어진 조처를 3년 내에는 개체할 수 없다는 명분 아래 사원세력의 비호는 지속적이었고 이로써 호불성향의 왕실과 배불성향의 조신 간에 대립국면은 지속적으로 이어지고 있었다.

이렇듯 강릉부 재지사족의 배불상서는 민생안정과 치도확립의 자세를 견지한 중앙 조신들의 동의를 얻고 있었지만 군주와 왕실의 사원세력에 대한 비호는 지속적으로 이어지고 있었다. 이러한 가운데 지방사회에서 사원세력과 관부의 유착관계는 지속되면서 재지사족과 사원세력의 갈등은 재지사족의 피해의식 속에서 내연하면서 심화되고 있었다. 이러한 갈등은 관주도의 향촌통제책 하에서 향촌사회 내적으로 자신들의 사회적 위상을 확립하려는 재지사족의 입장에서 우선적으로 극복해야 할 과제였다. 그리고 그것은 감사를 비롯한 방백과의 정치적 관계를 정립함으로써 가능한 것이었으며, 이를 위해 관부와 유착된 사원세력은 배제되어야 할 대상이었다. 강릉부에서 재지사족의 이러한 정치적 관계는 16세기 초반에 이르러서 구체화되고 있으며, 그것은 예종 조 재지사족의 상서에 소

44) 『成宗實錄』 卷68, 成宗 7年 6月 丁酉條; 9年 正月 丁卯條; 9年 正月 戊辰條; 9年 7月 癸未條; 10年 5月 辛酉條; 10年 6月 壬辰條; 11年 5月 庚寅條; 11年 5月 丙申條; 11年 5月 戊戌條; 11年 5月 己亥條; 11年 5月 庚子條; 17年 正月 辛亥條; 『燕山君日記』 卷31, 燕山君 4年 閏11月 己卯條.

45) 『成宗實錄』 卷104, 成宗 10年 5月 癸亥條; 10年 5月 辛酉條; 卷117, 成宗 11年 5月 辛丑條.

46) 『燕山君日記』 卷31, 燕山君 4年 閏11月 己卯條.

두(疏頭)였던 김윤신(金潤身)이 정덕년간(正德年間)[47]에 향촌사회 운영을 위한 향령(鄕令)을 마련하여 운용하고 있음에서 살필 수 있다.[48]

(2) 경제적 갈등의 추이

주지하듯이 조선초기 배불책은 종파의 통합과 병행하여 사원의 경제적 기반을 축소하는 방향으로 전개되었다. 상원사도 이러한 경향에서 예외는 아니었지만, 종교적인 기제를 확보하면서 경제적 기반은 온존할 수 있었다. 세조대에 이르러서는 호불성향의 왕실의 비호를 배경으로 교계의 중심사찰로 부각되면서 경제적 기반은 크게 확장되었다. 물론 상원사의 경제적 기반이 반드시 사원의 소재지에 확보된 것은 아니지만, 세조대에 확보된 재지적 경제기반은 그 어느 시기보다도 크게 비중을 갖는 것이었다.

상원사가 교계의 중심사찰로 부각되면서 확보한 재지적 경제기반은 크게 세 가지 유형으로 대별된다. 먼저 세조 13년에 사급(賜給)된 강릉부 산산제언(蒜山堤堰)을 비롯한 사전(寺田)이 그것이다.[49] 제언으로서의 기능을 상실하였던 산산제언과 그 주위의 민전(民田)으로 구성된 사전은 당시 상원사에 주석하고 있던 승 신미(信眉)의 요청에 의해 지급되었으며, 이후 승 학열(學悅)로 이어지면서 상원사의 중요한 경제기반을 이루고 있다. 다른 하나의 유형으로 상원사는 염분(鹽盆)과 어장(漁場)을 확보하고 있었다. 염분과 어장은 상원사에 주석하였던 승 신미와 학열의 문도들이 배치되었던 양양의 낙산사를 중심으로 확보되었으며,[50] 국가로

47) 『江陵金氏玉街派譜』, 金潤身條. “正德年間 謝官歸鄕 著鄕令一篇 一鄕至今遵行.”

48) 『關東邑誌』 卷6, 江陵府邑誌 風俗條. “鄕人執義金潤身 謝病歸鄕 爲鄕座首 著鄕令一篇.”

49) 『世祖實錄』 卷44, 世祖 13年 11月 戊子條. “傳旨戶曹 賜江陵府蒜山堤堰于慧覺尊者信眉 眉時住江陵臺山上元寺 故有是命.”

50) 『成宗實錄』 卷120, 成宗 11年 8月 丙辰條. “洛山寺僧 爲一道巨害 禁民採海 民尤苦之 海菜之類 猶可也 至於禁人捕魚 使其奴婢 專擅其利 轉販致富.”

부터 면세의 혜택[51]을 누림으로써 재지적 경제기반을 이루고 있었다.

끝으로 강원도 전역에서 전개된 식리(殖利)활동을 들 수 있다. 상원사의 식리활동은 경상도로부터 양질의 면포를 무역하여 강원도 전역에 배포하고 토산물로 상환하는 형태로 전개되었다.[52] 당시 상원사는 불전(佛殿)을 중창한 이후 조불(造佛)을 위한 재정을 마련하기 위해 조정으로부터 경상도 공납권(貢納權)을 확보하고 있었다.[53] 이로부터 식리활동에서 요구되는 양질의 면포를 용이하게 구할 수 있었으며, 아울러 강원도의 영동지방은 면포의 생산원료인 마의 불산(不産)지대[54]로 면포의 수요가 일정하게 형성될 수 있었다는 점에서 식리활동은 상원사의 재지적 경제기반으로서 의미를 갖는 것이었다.

상원사를 중심으로 하는 사원세력의 이와 같은 재지적 경제기반은 왕실의 비호를 배경으로 형성되었으며, 이 점은 그 경제기반이 상원사가 세조의 치병을 위한 기도사찰로 지정되면서 형성되었다는데서 분명해진다. 또한 그 운영에 있어서도 왕실의 비호를 배경으로 관찰사를 비롯한 제 수령과의 유착된 구도 하에서 전개되었다. 이렇듯 그 경제기반이 재지적 성격을 가지면서도 재지세력과 무관하게 형성되고 운영되었으며, 그 경제기반의 형성과 운영을 둘러싸고 전개된 사원세력과 재지세력의 갈등구도는 이로부터 형성되었다고 보여진다.

여기서 사원세력의 경제기반의 형성과 운용을 둘러싸고 제기되는 갈등의 추이를 재지사족의 입장을 통해 살펴보고자 한다. 앞서 지적하였듯이 재지사족의 입장은 호불군주 세조대를 지나면서 강릉부 재지사족 10

51) 『睿宗實錄』 卷3, 睿宗 元年 2月 己亥條. "傳旨戶曹曰 江陵府蒜山堤堰 給上元寺 且免雜役及鹽盆稅."

52) 『燕山君日記』 卷25, 燕山君 3年 7月 乙卯條. "洪貴達曰…臣聞學悅托爲佛事 囑監司請以綿布散給民間 責貿油蜜 監司承順分定諸邑 令民輸納于學悅."

53) 『世祖實錄』 卷31, 世祖 9年 9月 癸未條. "前此上院寺僧上言 僧就觀音現身之地 已創佛殿無主佛 願代納慶尙道貢物 造佛以安之 禮曹啓 不可有殿而無佛 請令戶曹 磨勘代納事 至是上謂覽曰 予洞觀三界 當做無量功德 安肯創寺造佛 屑屑於小者乎."

54) 『備邊司謄錄』 卷253, 高宗 8年 3月 25日. "嶺東諸邑 麻農非宜 布貴如帛."

여 인의 상서에서 개진되고 있으며, 그 내용은 다음과 같다.

> 강원도 강릉인 선략장군 남윤문 생원 김윤신 등이 상서를 작성하여 부인 전륜에 부쳐 진달하였으며, 그 대략은 다음과 같다.… 승 학열은 연화를 칭탁하여 재화를 늘리는 것만 일로 삼아 민간에 작폐하니 백성들이 심히 고통스럽게 여깁니다. 또 세조께서 일찍이 본부 진전을 승 신미에게 사급하셨는데, 신미는 이것을 학열에게 주었습니다. 학열이 개간하기를 꺼려하여 마침내 이 전지를 빙자하여 70여 석을 파종할 만한 민수전을 탈점하니 백성들이 자못 근심하고 걱정합니다. 또 염양사에서 영서 진부에 이르는 사이에 다수의 창고를 설치하고 노적하기에 이르렀으니 생민의 피해가 이루 말할 수 없습니다.[55]

이처럼 상서(上書) 형태로 개진된 강릉부 재지사족의 입장은 사원경제 즉 식리활동과 사전인 산산제언에 모아지면서 사전이 확보되는 과정에서 야기된 탈법성이 보다 구체적으로 지적되고 있다. 즉 승 신미의 요청에 의해 사급된 산산제언은 그것이 진전으로 표현되고 있으며, 이는 제언의 개간을 전제로 하는 사전임을 의미한다. 그러나 사원세력은 그 개간을 방치한 채, 제언의 사급을 빙자하여 종자 70여 석을 파종할 만한 규모의 민전을 탈점하고 있음이 지적되고 있다. 아울러 식리활동과 창고경영에서 드러나는 사원세력의 탐욕성이 개연적으로 지적되고 있다.

이러한 재지사족의 입장은 소두 최소남의 국문과정에서 좀 더 구체화되고 있다. 예종 원년 2월 을묘(乙卯)에 개진된 재지사족의 상서 건에 대하여 승정원에서는 국왕의 명으로 동년 3월 정해(丁亥)에 소두 최소남을

55) 『睿宗實錄』 卷3, 睿宗 元年 2月 乙卯條. "江原道江陵人 宣略將軍南允文 生員金潤身等作書 付府人全崙以進 其略曰…僧學悅 托爲緣化 專事貨殖 作弊民間 民甚苦之 且世祖 嘗以本府陳田 賜僧信眉 眉以給悅 悅憚於開墾 遂憑此田 奪民水田可種七十餘碩之地 民頗嗷嗷 又於艶陽寺及嶺西珍富之間 多置倉庫 至有露積 生民被害 不可勝言."

나치(拿致)하여 국문하기에 이른다. 전 상서주부 최소남은 국문과정에서 다음과 같이 진술하고 있다.

> 승 학열이 식화에 전심하여 면포를 많이 싣고 관찰사로 하여금 제읍에 분정하게 하고, 강제로 민간에 분급하여 면포 1필마다 곡식 2석 5두로 상환케 하고, 기한을 정하여 독납하고 빈핍하여 갚지 못하는 자는 이식을 계산하여 받았습니다. 또 본부의 제언 안에 평민이 세전하는 70여 석을 파종할 만한 전지를 탈점하여 경작하니 백성들이 농사를 잃을 뿐 아니라 제언 아래의 수전이 관개할 수 없으니, 백성들이 억울함을 품고 있습니다. 또 제언의 북쪽에서 염양사 · 진부역 등에 이르는 곳에 많은 창고를 경영하여 승도에 어긋남이 있기 때문에 신(최소남)과 향인 남윤문 등이 함께 의논하여 상계하였습니다.[56)]

이로부터 상원사는 식리활동에 면포를 이용하고 그것은 관부와 유착된 구도 하에 운영되면서 강제성을 띠었음이 지적되고 있으며, 산산제언이 사급되고 민전이 탈점됨으로서 관개시설의 이용이 억제되며 백성들이 생업을 잃고 있음이 지적되고 있다. 이처럼 사원경제의 운영은 그 탈법성과 강제성으로 인해 백성들의 원성을 야기하며, 승도(僧道)에 어긋나는 것으로 재지사족에 의해 지적되고 있다. 끝으로 이번 상서가 재지사족의 공의(共議)로 상계되었음을 밝히고 있다.

이처럼 사원경제의 확장에 대한 재지사족의 입장은 그 형성과 운영과정에서 야기된 탈법성과 강제성에 따른 민간침탈과 그에 따른 향촌사회

---

56) 『睿宗實錄』 卷4, 睿宗 元年 3月 丁亥條. “江陵人前尙瑞注簿崔召南等十餘人 上書陳貢案不便事及僧學悅 假托因緣 專事殖貨等事 上覽之 馳諭江原道觀察使趙瑾 拿致召南 令政院鞫之 召南曰 僧學悅 專心殖貨 多載綿布 令觀察使 分授諸邑 勒給民間 每一匹 償穀二石五斗 刻期督納 貧乏未償者 則計利取息 且本府堤堰內 平民世傳七十餘石播種之田 奪而耕之 非獨民失農業 堤下水田 未得灌漑 民皆含冤 又堤堰之北及艶陽寺珍寶驛等之 多營倉庫 有違僧道 故臣與鄕人南允文等 共議以啓.”

의 동요로 그에 대한 대응책을 호소하는 것이었지만, 사족의 입장이 관철되는 대응논리는 언급되지는 않고 있다. 그러나 대응논리가 직접적으로 거론되지 않았다 하더라도 사원경제의 탈법성과 강제성이 인정될 때, 자연스럽게 사전의 환속과 식리활동의 엄금으로 이어질 성질의 것이었다는 점에서 재지사족의 입장은 향촌사회 내적인 사원경제를 배제하고 있음을 분명히 하고 있다고 하겠다.

요컨대 재지사족의 입장에서 사원의 재지적 경제기반의 형성과 재생산구조는 일차적으로 민간에 대한 탈법적이고 강제적인 수탈을 수반함으로써 하층민의 동요를 야기하는 것이었으며, 더욱이 사원의 경제활동이 관부와의 결탁된 구도 하에서 장기간에 걸쳐 진행됨으로써 향촌사회 내적인 재지사족의 경제적 입지를 실추시키는 것이었다. 이러한 점에서 사원세력의 경제활동은 자신들의 재지적 경제기반을 위협하는 요인으로 인식되고 있었으며, 사원세력과의 경제적 갈등은 이러한 인식을 토대로 자신들의 경제적 입지를 확보하려는 노력의 일환이었다고 할 것이다.

그러나 재지사족의 상서와 소두의 국문과정에서 사원경제의 탈법성과 강제성이 개진되고 있었지만 최소남과 학열 즉 재지사족과 사원세력의 행동이 모두 불문에 부쳐지는 형태로 종결[57]됨으로써 재지사족의 입장이 조정으로부터 좌절되고 있음을 보여준다. 이로써 향촌사회에서 재지사족의 입지는 상대적으로 한층 위축됨으로써 사원경제의 활동여건은 한층 강화될 수 있었다. 이는 예종 즉위년 강원도 보안도 찰방 김종의 상서 건이 김종의 참수형으로 마무리된 이후로 사원세력이 더욱 방자해졌다고 지적[58]되는 점이나 이후 연산 조에 이르기까지 단 한 차례도 재지사족의 입장이 공식적으로 개진된 바 없다는 데서 이후 사원의 경제적 활

57) 『睿宗實錄』 卷4, 睿宗 元年 3月 丁亥條. “上覽之 傳曰 予雖求言 汝豈無可言之事 而言僧家事乎 予欲置法 然旣求其言 又從而罪之 予不忍焉 遂赦召南而不問學悅.”

58) 『睿宗實錄』 卷4, 睿宗 元年 3月 丁亥條. “及金鐘受罪 悅 益恣.”

동은 한층 강화되고 있음을 보여준다.

이처럼 예종 조에 재지사족의 배불성향의 상서가 개진된 이후 상대적으로 사원세력의 경제활동은 강화되고 있었음을 성종 10년 사헌부의 상계를 통해 살필 수 있다.

> 강릉 염양사에 의지하고 있는 승 홍지는 양민 우손을 삭발하였다가 이미 환속시켜 정역한 후에도 그대로 솔거한 죄, 김자의 등 3인의 가사를 철거하고 그 전지를 혹은 탈경하고 혹은 강제로 바꾸거나 황폐해지게 하여 뇌물을 받은 죄, 사채를 상환치 못한 자의 소를 탈취한 죄, 본사의 사산에 자의로 금표를 설정하여 금벌한 죄, 양반의 자제와 전지를 다투다가 함부로 구타한 죄, 소 · 말 · 개 등을 사내에서 기른 죄, 타인의 마전에 인수한 죄, 사채를 분급할 때 수채인을 사사로이 경종에 부역시키고 혹 소목을 수납한 죄,…작폐가 다단한 데 이는 모두 승 학열이 시킨 바이다.[59)]

이 내용은 사원경제의 내용을 규명한다기보다는 염양사의 승 홍지의 불법성을 지적하는 내용이다. 그러나 양인(良人)의 삭발이 자행되고 가사가 철거되는 상황이나 양반자제와 직접적으로 충돌을 빚고 있으며, 식리활동에서 강제성이 지적되고 있는 점 등은 사원세력의 경제활동이 향촌사회 내적으로 한층 강화되고 있음을 보여주는데는 충분한 자료라고 하겠다. 아울러 염양사는 부의 중심지인 화부산에 위치하여 민간을 상대로 하는 사원의 경제활동에 중심적인 역할을 맡아 왔던 것으로 보인다.

이처럼 상원사를 중심으로 하는 사원세력의 경제활동은 예종 조 재지

59) 『成宗實錄』 卷104, 成宗 10年 5月 己未條. “司憲府啓 江陵艷陽寺依止僧弘智 削髮良民禹孫 既還俗定役後 因仍率居罪金自義等三人家舍撤去 其田地或奪耕 或抑換 或令陳荒成賂罪 私債未納人處 牛隻奪取罪 本寺四山 擅自立標禁伐罪 與兩班子弟 爭田擅自歐打罪 狗兒牛馬寺內竝畜罪 他人麻田開溝引水罪 私債分給時 私役受債人耕種 或燒木收納罪…作弊多端 皆是學悅所使.”

사족의 상서 건이 있은 이후로 오히려 강화되고 있었지만, 예종 조 이후 재지사족의 입장이 직접적으로 개진된 것은 없다. 그러나 재지사족의 입장은 사원경제의 실상을 파악하여 왕실의 호불성향을 억제하고 치도를 확립하려던 조신들에 의해 간접적으로 개진되고 있었다. 성종 7년 6월 경연에서 지평(持平) 박숙달(朴叔達)에 의해 산산제언의 환속과 승려의 환속이 상계되고 있으며,[60] 동왕 9년 정월 경연에서 동지사(同知事) 임원준(任元濬)에 의해 역시 산산제언의 환속이 주청되고 있다.[61] 그리고 동왕 10년 5월 사헌부의 상계에서는 산산제언의 환속과 식리활동의 엄금이 주청되고 있다.[62] 그러나 삼사와 언관들에 의해 산산제언의 환속[63]과 식리활동의 금지,[64] 승려의 의법단죄[65] 등으로 모아지면서 상언되었으나, 그 어느 경우에도 조종(祖宗)의 법도를 개체할 수 없다는 명분을 견지한 국왕의 일관된 자세로 관철되지 못한 가운데 적어도 연산 조에 이르기까지 사원의 경제활동은 지속되었으며, 이로써 재지사족과의 경제적 갈등은 심화되고 있었다.

60) 『成宗實錄』 卷68, 成宗 7年 6月 丁酉條. "御經筵 持平朴叔達 啓曰大抵僧人 以淸淨寡欲爲道 近來僧徒 多殖貨利 爲民弊 如學悅 · 學祖 · 信眉 · 雪俊 等 其殖利尤甚…請還築其堤 弟子僧四十歲以下者 盡令還俗則可充一鎭精卒矣."

61) 『成宗實錄』 卷88, 成宗 9年 正月 丁卯條. "同知事任元濬曰 學悅 侵奪民田多矣 今宜還奪之 使民蒙其利矣."

62) 『成宗實錄』 卷104, 成宗 10年 5月 己未條. "司憲府啓 江陵艷陽寺依止僧弘智…律該從重決杖一百 還俗 當差奪取田地牛雙還主 且蒜山堤堰內 久遠民田 各還其主."

63) 『成宗實錄』 卷68, 成宗 7年 6月 丁酉條; 卷88, 成宗 9年 正月 丁卯條; 同年 戊辰條; 卷94, 成宗 9年 7月 癸未條; 卷104, 成宗 10年 5月 己未條; 同年 辛酉條; 同年 癸亥條; 卷105, 成宗 10年 6月 壬辰條; 卷117, 成宗 11年 5月 乙酉條; 同年 庚寅條; 同年 丙申條; 同年 戊戌條; 同年 庚子條; 同年 辛丑條; 卷187, 成宗 17年 正月 辛亥條; 『燕山君日記』 卷31, 燕山君 4年 閏11月 己卯條 등에서 확인된다.

64) 『成宗實錄』 卷104, 成宗 10年 5月 己未條; 同年 辛酉條; 同年 癸亥條; 卷117, 成宗 11年 5月 乙酉條 등에서 확인된다.

65) 『成宗實錄』 卷104, 成宗 10年 5月 己未條; 同年 辛酉條; 同年 癸亥條; 『燕山君日記』 卷31, 燕山君 4年 閏11月 己卯條 등에서 확인된다.

4. 재지사족의 배불성격

앞절에서 세조대에 전개되었던 재지사족과 사원세력 간의 갈등의 추이를 살펴보았다. 여기에서 상원사 중심의 사원세력에 의해 사세가 확장되면서 사원세력과 재지사족 간의 대립구도가 형성되었고 이로부터 갈등을 빚으면서 재지사족의 배불성향은 심화되고 있었다. 그러나 재지사족의 배불성향은 반드시 세조대에 형성된 것은 아니었다. 그것은 이미 조선의 건국과 궤를 같이하고 있었다.

영동지방의 웅부였던 강릉부 재지세력은 여말선초의 격변기를 거치면서 이념적 성향의 변화를 보이고 있다. 그렇다고 재지세력의 교체가 있었던 것은 아니며, 다만 그들의 이념적 성향이 바뀌고 있었다. 이러한 변화를 신라 말 입강(入江)한 이래 강릉부 토성(土姓)[66]이었던 강릉김씨(江陵金氏)의 동향에서 살필 수 있으며, 이는 조선의 건국이념이 성리학으로 설정되는 데 따른 지방사회의 내적인 변화로 이해된다.

강릉부의 거성이었던 강릉김씨는 여말선초에 향리의 위치에서 분화하면서 재지사족으로 위상을 정립하고 있음은 이미 밝혀진 바 있거니와[67] 이들은 나말여초에 태조 왕건과 우호적인 관계를 정립[68]하면서 그 일족인 강릉김씨 7대손 김예(金乂)는 '왕'씨로 사성(賜姓)되고 있었다.[69] 그리고 김예의 사성은 이후 13대손 김지(金輊, 1363~1425)에 의해 이의가 제기되는 시기까지 별 무리 없이 수용되고 있었다. 이 기간은 고려 왕조의 흥망과 같이하며, 이 시기에 사성은 그 사회적 의미를 갖는 것이었다

66) 『世宗實錄地理志』 卷153, 江陵大都護府條. "土姓六 金 · 崔 · 朴 · 郭 · 咸 · 王 賜姓一玉 續姓三 全旌善來 李平昌來 元原州來 皆鄕吏."

67) 李樹健, 1984, 「高麗後期 支配勢力과 土姓」, 『韓國中世社會史硏究』, p.296.

68) 『高麗史節要』 卷1, 太祖 5年 7月. "(太祖 5年) 秋七月 溟州將軍順式降附 初王以順式不服患之 侍郞權說 曰父而詔子 兄而訓弟 天理也 順式父許越 今爲僧在內院 宜遣往諭之 王從之 順式遂遣長子守元歸款 賜姓王給田宅."

69) 『江陵金氏世譜』 卷1, 金乂條. "佐高麗太祖…太祖納其女爲妃 賜姓王氏 至十二世孫輊 我太祖壬申命復本姓."

고 보여진다. 즉 왕조사회에서 임금의 성을 사성한다는 것은 적어도 그 사회에서 왕족에 버금가는 사회적 지위를 보장받는 것을 의미하는 것이라 할 때, 당시 지방의 호족이었던 강릉김씨의 입장에서 사성은 그들의 사회적 위상을 내외에서 상승시키는데 결정적인 역할을 하였다고 할 것이다. 그러나 사성의 사회적 의미는 중앙의 정치적인 변화와 맞물려 항상적인 것은 될 수 없었겠지만, 적어도 향촌사회 내적으로는 그들이 재지적 기반을 유지하기 위한 안전장치로서의 사회적 의미는 충분하였을 것으로 보이며, 이러한 점이 7대에 걸쳐 사성이 수용되고 있었던 연유라고 생각된다.

강릉김씨 김예가 사성을 받은 이래 13대손인 김지는 본래의 성인 '金'으로 복성(復姓)을 청원하고 있으며, 태조 이성계로부터 복성을 성취하고 있다.[70] 여기서 복성의 청원은 적어도 사성이 갖는 사회적인 의미의 상실에서 비롯되는 것으로 보이며, 그것은 조선초의 정치 · 사회적인 변화에 기인하는 것으로 보여진다. 여말선초(麗末鮮初)에 우왕(禑王)과 창왕(昌王)의 출생시비(出生是非)를 명분으로 하는 정치적인 사건이 발생되고 있었으며, 그로 인하여 우왕이 강릉으로 안치되었다가 처형되었고,[71] 공양왕(恭讓王)이 강릉과 인근한 삼척으로 유배되어 사망한 사건[72]은 사성이 향촌사회 내에서마저도 그들의 사회적인 위상의 보장을 위한 장치가 될 수 없었던 점을 시사하는 사회적인 변화로 보아야 할 것이다.

중앙에서의 정치적 상황의 변화는 향촌 내적인 변화로 이어질 수 있는 성질을 다분히 내포하고 있었다고 보여진다. 이 점에서 김지 계열의 복성 추진은 사성이 그들의 사회적인 지위를 보장하기보다는 오히려 위협하는

70) 『關東邑誌』, 江陵府誌 附姓氏條. "王 麗太祖納侍中金人之女 賜姓王 後十三代至我太祖命復金姓 或云後改爲王氏."

71) 『高麗史節要』 卷34, 恭讓王1. "戊寅 遷禑于江陵府…議曰 禑 · 昌 本非王氏 不可以奉宗祀又有天子之名 當廢假立眞…旣以安置江陵…遣政堂文學徐均衡于江陵 誅禑."

72) 『高麗史節要』 卷35, 恭讓王. "辛卯 王遜于原州 尋移杆城郡 封恭讓君 後三年甲戌 薨于三陟府 後追封恭讓王."

요인이 될 수 있었다는 상황에서 비롯되는 것이었다고 할 것이며, 그것은 이들이 향촌사회에서 누려온 지배세력으로서의 지위를 위협하는 요인이 아닐 수 없었을 것이다. 복성의 추진은 이와 같은 향촌사회의 내 · 외적인 변화에 기인하는 그들의 자구적인 노력의 일환이었다고 보여진다.

한편 성씨의 복성을 추진하였던 김지는 강릉지방의 향학을 시창(始創)함으로써 "명주흥학지원(溟州興學之源)"으로 평가되고 있다는 점이 주목된다.[73] 여기에서의 향학은 새 왕조의 통치이념으로 수용되었던 신유학을 가리키는 것이며, 이는 그가 홍원현감(洪原縣監) 등의 관직으로부터 물러나 강릉으로 귀향한 이후 향학을 진흥시키고 있었던 점에서 이해되는 부분이다. 김지의 이러한 활동은 그가 주도한 성씨의 환원이 단순한 복성이 아닌 이념적인 변화를 수반하고 있었음을 보여주는 것으로, 그것은 새 왕조의 지배이념이었던 신유학의 수용을 의미하는 것이며, 그것은 향교의 중창을 통해 구현되고 있었다. 이로써 김지의 복성은 신유학의 수용과 적어도 병행되고 있었음을 보여주고 있다. 김지의 복성과 신유학의 수용은 일차적으로 자신들의 새 왕조에 출사하기 위해 필수적으로 요구되었던 변화였으며, 그것은 이 지방의 재지세력이 이족(吏族)에서 사족(士族)으로 신분을 상승시켜 가고 있음을 보여주는 것이다.

여말선초에 김지의 복성과 신유학의 수용은 왕조 교체라는 전환기적 상황에서의 자구적인 노력을 보여주는 것이다. 아울러 강릉지방의 재지세력이 자신들의 입지를 재정립하고 있음을 보여주는 것이며, 이는 후속될 성리학적 향촌질서의 확립을 위한 토대를 마련하는 과정이기도 한 것이었다.

이상에서 살핀 바와 같이 강릉부 재지사족의 성향은 조선의 개국 벽두부터 신유학으로 전환되고 있었다. 이러한 성향은 오랫동안 불교와 적합성을 가졌던 사회질서와 단절로 이어질 것이었다는 점에서 재지사족의

73) 『江陵金氏世譜』 卷1, 金輊條.

배불성향을 살필 수 있다. 그러나 재지사족의 이러한 성향이 곧 불교의 배척으로 이어진 것은 아니었다. 그것은 그들 스스로 불교적인 사회질서에 익숙해 있었으며,[74] 그들이 수용하고 있다는 신유학도 초보적인 단계에 머물러 있을 수밖에 없었다는 한계를 가지고 있으며, 더욱이 하층민에게서 불교적인 사회질서는 더 한층 익숙한 것이었다는 점에서이다.[75] 따라서 재지사족의 배불성향은 새로운 사회이념으로서 신유학을 수용하는 데 따른 반사적인 것이었을 뿐, 불교의 종교적인 의미는 여전히 인정되고 있었다고 보아야 할 것이다.

그러나 중앙에서의 조직적인 불교탄압과 지방에서 재지사족의 이러한 자세는 사원세력의 사회적인 지위가 퇴락하고 있음에는 분명하다고 하겠다. 이러한 추세는 태종 11년(1411) 향교를 중수하는 토목공사에 승려를 동원하는 계획[76]을 구상하고 있었던 점에서 드러나고 있다. 더욱이 사원 승려의 이 같은 사회적 지위는 재지사족의 신유학에 대한 이해가 심화되고 그에 따른 향촌사회의 공동체적 질서가 재편됨에 따라 급속히 변화되었다고 하겠다.

---

74) 재지세력의 불교적인 생활상은 다음에서 살필 수 있다. 李穀, 『稼亭集』 卷2, 「高麗國江陵府艷陽禪寺重興記」. "昔吾泰定甲子 葬先母江陵城北 旣葬 欲營佛寺 以追冥福 近墓得古廢寺 曰艷陽 經營 今乃克有成 奉佛有殿 居僧有堂 又屋其傍 以處聖僧 上棟下宇 不侈不陋 吾又無子 齒將衰暮 且當盡捨所有奴婢田土 充其常住 永爲修心祝釐之所… 觀今之世 嗜利之輩 見有簿產 紛然爭奪 奪人福田 爲己利窟 至使像設塵埃 院落荊棘者多矣 吾創若是 庶託 文士 具其本末 鑱之于石用戒 後來而垂無極…朴君之於父母 凡可以養生送死者 旣竭其力而盡其誠 猶以爲不足 則歸于佛 薦福於冥冥而無所不爲 其致異應宜也… 朴君名澄 江陵人 始以才名 貢有司 登科第仕 有廉能聲 累官至三品."

75) 許穆, 『陟州誌』 全, 行呂氏鄕約條. "其略曰 夫祭也者 盡誠敬交 神明 洋洋 如在者也 有誠有神 無誠神不享 禮曰 君子有 終身之喪 忌日之謂也 今吾鄕流俗 遇忌日 則必盛辦酒食 日中而祭 招致鄕黨族類 飮醉爲事 不思誠敬 事死如事生 事亡如事存之意 古之祭者 祭必受福 今之祭者 必受殃 自今以後 一從朱子家禮 晨以祭 祭必潔誠 招賓飮醉者 一切禁斷 有不從鄕約者 黜鄕.

76) 『江陵鄕校實記』 鄕校重建跋. "鄕人郭居完 與諸生署名供狀曰 吾曹各出一丁 且募遊手僧徒 仍以校屬田粮 供餽而役之 則不可不勞而功之 願使君勿殫勞民費財 爲後學報監司取旨而營之可也 予聞斯言 而心固然之."

한편 재지사족의 신유학에 대한 이해는 한층 심화되고 있었다. 세조 12년에 결성되는 금란반월회(金蘭半月會)는 강릉부의 사족계회로 신유학에 대한 이해가 한층 심화되고 있음을 보여준다. 그들은 영남사림과 일정하게 교감을 이루면서 성리학에 대한 이해를 심화해 가고 있었다.[77] 이처럼 성리학에 대한 이해가 한층 심화되면서 이들은 유교적인 이념에 입각한 향촌질서를 모색하고 있었으며, 이는 상대적으로 불교적인 향촌질서를 벗어나려는 작업이었다는 점에서 재지사족의 배불적인 성향은 한층 강화되었다고 하겠다. 금란반월회의 구성원이었던 김윤신(金潤身)에 의해 '향령(鄕令)'[78]이 규정되고 향사례(鄕射禮)와 향음주례(鄕飮酒禮)[79]가 이행되고 있었던 점은 이제 성리학적 이념에 입각한 향촌질서가 모색되고 있음을 보여준다.

세조대에 야기되는 사원세력과 재지사족 간의 갈등은 재지사족의 이러한 성향을 배경으로 이해된다. 상원사가 호불성향을 갖는 왕실과 연계되면서 형성된 사원세력은 관부와 유착된 구도 하에서 강원도 전역과 특히 강릉부를 중심으로 하는 영동지방에서 사원경제의 운영을 전개하고 있었고, 이러한 사원세력의 재지적 활동은 재지사족의 성향과 전면적으로 배치되는 것이었다. 일차적으로 사원세력과 관부와 유착적인 구도는 성리학적 이념에 입각한 향촌질서의 수립을 위해 수령과의 동반자적 관계를 모색하려는 재지사족의 정치적 입장에 전적으로 배치되는 것이다. 또한 사원경제의 민간침탈은 그 자체로 하층민의 동요를 야기하면서 향촌질서를 왜곡하는 것이었으며, 아울러 자신들의 재지적 경제기반이 크게 위축당하는 것이었던 점에서 공존할 수 없는 성질의 것이었다.

---

77) 『嶺東地方金石文資料集』 II, 崔汝霖墓表. "公資性醇厚 自幼究學 稍長博考經史 聞見日進 旁治擧業 旣而專意實學 潛究性命之原 尤着力於朱子書 孜孜不已 嘗出入于佔畢金文忠公之門 期詡特深 與寒暄一蠹諸賢講論經義 頗有不得之妙 以經行薦."

78) 『關東邑誌』 卷6, 江陵府邑誌 風俗條. "鄕人執義金潤身 謝病歸鄕 爲鄕座首 著鄕令一篇."

79) 『江陵鄕賢祠十二先生行錄』 金潤身條. "晩年謝官歸鄕時 府伯設鄕飮酒禮鄕射禮 邀先生爲儐相."

이러한 상황에서 재지사족의 배불성향은 한층 강화되었으며, 급기야 상서형태로 표출되었던 것이다. 그러나 여기에는 재지사족의 분명한 한계가 있었다. 그 하나는 세조대에는 재지사족의 입장표명이 없었다는 점이다. 이는 군주의 호불성향에 따른 재지사족의 한계였으며, 예종 조 단 한 차례의 입장표명이 좌절되면서 더 이상의 직접적인 입장표명이 없었던 점도 이러한 한계로 지적될 수 있다. 다음으로 재지사족의 입장은 사원세력의 불법성에 한정되고 있을 뿐, 불교 자체를 부정한 것은 아니었다는 점이다. 즉 불교철학적인 논리성에 대한 비판이나 사원 자체를 부정하는 비판은 제기되지 않고 있다는 점이다. 사원세력의 불법적인 행동이 승도에 벗어난다는 지적도 결국은 승도를 인정하고 있음을 시사하는 것이라 하겠으며, 그 자체를 부정하는 것은 아니었다. 이 점은 향촌사회 내적으로 불교의 전통적인 종교성이 폭넓게 인식되고 있었으며, 더욱이 하층민의 생활에는 재지사족보다 불교적인 관습이 훨씬 보편적일 수 있었다는 점에 기인하는 한계라 하겠다.[80]

5. 맺는말

이상에서 조선초기 강릉부 재지사족의 배불성향을 향촌질서의 재편과 관련하여 살펴보았다.

선초의 억불기조 하에서 상원사는 왕실의 비호를 배경으로 종교적 기제를 확보함으로서 일정하게 사세를 유지할 수 있었다. 호불군주 세조대에 이르러서는 군주의 불예를 치유하는 기양사찰로 지정되면서 상원사는 불사의 중창을 비롯한 경제기반의 확장과 항거승의 확대 등 사세가 유례없이 확장될 수 있었다. 세조대 상원사의 사세확장은 왕실의 호불세력

80) 李揆大, 1994, 「朝鮮初期 佛敎의 社會的 實態-嶺東地方의 寺院을 중심으로-」, 『國史館論叢』 56, pp.139~147.

을 배경으로 혜각존자 신미와 대선사 학열 등에 의해 주관되었다. 이후 교계의 고승인 이들이 상원사에 주석하고 그 문도들이 영동지방의 제 사찰에 배속됨으로써 영동지방에서는 상원사를 중심으로 하는 사원세력이 형성되기에 이르렀으며, 이들이 세조대에 설치된 간경도감을 구심점으로 왕실의 호불세력과 긴밀한 관계를 유지하면서 불교중흥의 염원을 구현하였던 점에서 상원사는 교계의 중심사찰로 부각될 수 있었다.

강릉부를 중심으로 하는 영동지방의 향촌사회는 상원사의 사세확장에 크게 영향을 받는다. 상원사 사원세력의 형성은 사원경제의 확장을 수반하였으며, 그것은 재지적 성격을 강하게 띠는 것으로 무려 30여 년 이상 재생산되면서 향촌사회에 크게 영향을 미치고 있었다. 이 같은 사원경제의 재생산구조는 신유학을 수용하면서 이에 입각한 향촌질서와 입신출사를 지향하였던 재지사족의 이념적 성향에 전혀 배치되는 것이었다. 이로부터 사원경제의 재생산구조를 둘러싸고 사원세력과 재지세력 간에 갈등구도가 형성되고 있었다.

강릉부 재지사족의 배불상서에서 표출된 사원세력과의 정치적 갈등은 관부와 결탁된 사원경제의 재생산구조 하에서 사원세력이 향촌사회를 압도하면서 제기된 것이었다. 관우위의 향촌통제책 하에 향촌사회의 지배세력으로서 절실히 요구되었던 수령권과의 관계에서 재지사족의 정치적 입지가 약화되는 데 따른 것이었다. 그러나 이 같은 재지사족의 입장이 왕실의 호불세력에 의해 좌절됨으로써 사원세력의 향촌사회 내적인 정치적 입지는 오히려 강화되었으며, 이로써 재지사족과의 갈등은 내연하는 상태에서 심화되고 있었다.

다음으로 강릉부 재지사족의 배불상서에서 표출된 사원세력과의 경제적 갈등은 사원경제의 재생산구조에서 야기되는 탈법성에 기인하는 것이었다. 사전의 사급과 점탈이 병행되고 어장과 식리활동이 강제성을 띠면서 이는 향촌사회의 동요를 야기하는 민간침탈로 귀결되고 있었다. 더욱이 사원경제의 재생산구조가 장기화되면서 자신들의 경제적 기반을 위협하는 요인으로 인식되고 있었다. 그러나 재지사족의 이러한 경제적 입장도 역시 왕실의 호불세력에 의해 좌절됨으로써 사원경제는 확대 재생산될 수 있었으며, 재지사족의 경제적 입지는 크게 위축되면서 사원세력과의 갈등은 내연하면서 심화되고 있었다.

이상에서 본 바와 같이 상원사 중심의 사원세력이 영동지방에 형성되면서 강릉부 재지사족은 일정하게 배불성향을 견지하고 있었다. 그리고 그것은 일차적으로 신유학을 지향하는 자신들의 이념적 성향에 전혀 배치되는 것이었다는 데 기인한다. 그러나 재지사족의 이념적 성향에도 불구하고 그들의 배불활동은 사원세력과 사원경제의 재생산구조에서 야기되는 탈법성에 한정되고 있을 뿐, 불교의 종교적 · 철학적 의미마저 부정하는 것은 아니었다. 이러한 재지사족의 배불성향은 그 이념적 성향에도 불구하고 현실적으로 불교와 융합된 사회구조 하에 그들의 재지적 기반이 놓여 있었다는 데서 오는 한계였으며, 아울러 사원세력이 왕실의 비호를 배경으로 형성되고 이로 말미암아 사원경제가 확대 재생산되면서 향촌사회 내적인 재지사족의 정치적 · 경제적 입지가 상대적으로 위축되는 데 따른 것이었다.

요컨대 강릉부 재지사족의 배불성향은 향촌사회의 운영구도 하에서 이해되는 것이었으며, 그것은 왕실이라는 특정집단에 의해 형성된 사원세력으로 말미암아 사족의 재지적 성향이 저해되면서 야기된 것이었으며, 재지사족이 추구하였던 성리학적 향촌질서는 사원세력이 약화되는 연산조 이후 그 운영기제를 마련하면서 확산되고 있음을 살필 수 있었다.

제3장

16세기 후반 율곡과 강릉사림의 향촌질서 모색

1. 머리말

주지하듯이 강릉은 율곡(栗谷) 이이(李珥)의 출생지이다. 이 사실은 강릉지역에 율곡에 대한 추모정서가 상대적으로 강하게 형성되어 전승되는 기반이 되었다. 이 지방의 송담서원(松譚書院)은 율곡을 봉사하는 서원으로서 그의 학맥과 추모정서를 담아내는 중심적 기제였으며, 문중(門中)과 당색이 지방사회 운영의 중심축 기능을 하던 시기에 이 지역 각 문중의 성향이 노론에 치우치는 편향적 성향도 이러한 추모정서에 기반을 두고 있다고 하겠다.[1)]

그러나 이러한 추모활동의 제 양상이 주목받고 있음에도 불구하고 오히려 당대에서 율곡과 이 지역의 사림들의 교유관계는 여전히 과제로 남아 있는 실정이다. 이러한 과제는 다분히 이 지역에서 생성된 자료에 의존해야 한다는 점에서 자료적 한계에서 비롯되는 것이었다. 그

1) 이규대, 2001, 「17세기 강릉사림의 율곡 추모활동의 추이」, 『율곡제와 향토문화』, 율곡교육원.

럼에도 이 과제가 주목되어야 하는 점은 16세기가 갖는 시대적 특성에 기인하는 것으로, 이 시기의 시대적 특성이 지방사회에서 어떻게 투영되고 있는가를 검증할 수 있는 단서가 마련될 수 있으리라는 기대 때문이다.

16세기 중·후반은 새로운 사회질서가 정착되는 시기이다. 이른바 '사림정치'가 열리면서 그에 따른 사회질서가 구축되는 시기이다. 그간에 구축된 관주도적 운영질서는 건국 초기의 효용성에도 불구하고 사회경제적 발전에 직면하여 한계가 노정되면서 사회폐단을 야기하였고, 이에 직면하여 성리학적 소양과 중소 지주적 기반을 갖춘 사림파에 의해 추동된 새로운 질서는 강한 사회 개혁적 성향을 띠고 있었다.[2)]

사림파는 인습(因習)과 구제(舊制)를 혁거하여 새로운 통치질서를 수립하고, 한편으로 새로운 윤리의식에 기초한 향촌사회질서를 모색하려는 성향을 견지해 왔다. 그러나 이러한 개혁의지는 현실적으로 훈(勳)·척신(戚臣)의 수구적 자세에 직면하여 좌절과 재기를 거듭하였고, 이로 말미암아 현안으로 부각된 사회적 폐단은 이들이 집권하기까지 한층 심화되는 양상을 띠어 가고 있었다. 그러나 이들의 개혁적 성향과 비리에 대한 비판의식은 학문·사상적인 면에서 '도(道)'와 '이(理)'의 중요성에 대한 확신으로 연결지어졌으며, 이황(李滉)과 이이(李珥)로 상징되는 도학(道學) 세계는 강한 현실 대응력을 갖추면서 사회개혁의 주도세력으로 성장하여 갔다.[3)] 율곡 이이는 새로운 질서의 중심에서 자신의 시대를 중쇠기로 규정하고 사회적 구폐와 비리의 혁거는 물론 정심(正心)을 치자(治者)의 근본으로 삼는 위민정치를 주도하여 붕당정치의 기틀을 마련해 갔으며, 이 시기의 사회개혁은 조선 전 시기를 규정하고 있다는 점에서 의미를 갖는다.[4)]

2) 이태진, 1986, 「16세기 한국사의 이해방향」, 『韓國社會史硏究』, pp.291~303.
3) 이태진, 1985, 「조선시대의 정치적 갈등과 그 해결」, 『조선시대 정치사의 재조명』, p.39.
4) 이 연보는 향호 최운우의 문집인 『香湖先生集』에 수록된 것을 이용함.

여기서는 율곡 이이와 강릉지방 사림의 교유관계와 그 결과로써 파악되는 향촌운영질서를 살펴보고자 한다. 이를 위해 먼저 향호(香湖) 최운우(崔雲遇, 1532~1605)의 연보(年譜)에서 파악되는 율곡 이이의 교유관계를 주목하고 그 특성을 파악함으로써 두 사람의 학문 사상과 지방사림의 풍토를 이해하는 실마리를 마련하고자 한다. 다음으로 강릉지방에서 실시된 「연곡향약(連谷鄕約)」을 분석하여 지방사림이 지향했던 향촌질서를 이해하고, 여기에 두 사람의 교유관계가 어떻게 투영되고 있는가를 검증하여 이들이 모색하였던 향촌사회 안정책을 이해하고자 한다. 이로써 강릉지방이 율곡 이이의 출생지면서도 지역사림들과의 교유관계, 그리고 그에 따른 향촌사회 운영질서가 주목받지 못하고 있는 지역사적 한계를 극복하면서 아울러 이 시기의 중앙 사림계의 변화가 지방사회에 투영되는 양상을 이해하고자 한다.

2. 율곡과 강릉사림의 교유관계

(1) 연보에서 본 향호의 교유관계

『향호선생집(香湖先生集)』은 1905년 후손에 의해 편찬된 향호(香湖) 최운우(崔雲遇)의 문집으로 숙종 9년(1683)에 완성된 연보(年譜)와 가장(家狀)을 기초로 편집되었다.[5] 이 문집은 목판 인쇄본으로 첫머리에 연보를 수록하고, 이어서 권1에서는 시(詩) 17편, 소(疏) 1편, 서(書) 9편, 서(序) 1편, 잠(箴) 1편, 잡저(雜著) 2편, 제문(祭文) 2편을 수록하였고, 이어서 권2는 부록편으로 시(詩) 14편, 서(書) 23편, 서(序) 2편, 오봉서원창건사실(五峯書院創建事實), 향현록(鄕賢錄), 도산문현록(陶山門賢錄), 가장

5) 『香湖先生集』 年譜. "肅宗大王癸亥年譜及家狀成…今上光武甲辰文集成."

(家狀), 묘표(墓表), 비음기(碑陰記)로 구분하여 관련기사를 수록하였고 끝으로 발문(跋文) 3편이 수록되었다.

향호 최운우는 1532년(중종 27)에 출생하여 1605년(선조 38)에 74세로 사망하였다. 12세에 참판(參判) 김광진(金光軫)으로부터 『대학(大學)』을 수학하였고, 17세에 강릉김씨 김창수(金昌壽)의 여(女)인 강릉김씨를 부인으로 맞이하였으며, 20세에는 처남인 김덕장(金德璋)과 함께 학문을 배우고 익혔으며 21세에 생원(生員)에 올랐다.[6] 이렇듯 생원에 오르기까지 향호는 오로지 강릉지역에서 학문을 강구하고 지식과 덕성을 연마하였다는 특징을 갖는다.

22세에는 반궁(泮宮)에서 성리학에 전념하면서 덕계(德溪) 오건(吳健)·대해(大海) 황응청(黃應淸) 등과 교유하였고,[7] 23세에 예안(禮安)의 도산서원(陶山書院)에서 퇴계(退溪)를 알현하고 학문하는 방법을 수학하였으며, 극재(克齋) 정유일(鄭惟一)과 교유하였다.[8] 이러한 향호의 행적은 그가 당시의 사상적 조류였던 주자중심의 성리학을 중시하였던 퇴계의 영향을 강하게 받고 있음을 보여준다.[9]

향호는 25세에 강릉의 오봉서원 건립에 주역으로 동참하고 있다. 서원의 건립은 영·호남에 서원이 다수 건립되고 있다는 시대적인 상황인식에 기반을 두고 있었고,[10] 여기에 칠봉(七峯) 함헌(咸軒)이 명나라에 서장관으로 다녀오면서 구해 온 오도자(吳道子)가 모사한 공부자(孔夫子)의 진상(眞像)이 확보되고 있다는 사실로 추동되었다.[11] 이 서

6) 위의 책, "受大學于參判金公光軫…春聘夫人金氏…先生聘翁金公昌壽…與金公德璋約會…先生二十一歲 春中生員."

7) 위의 책, "在泮宮專治性理之學 德溪吳公建·大海黃公應淸 皆傾心結交焉."

8) 위의 책, "先生二十三歲 謁退溪先生于禮安之陶山 得聞爲學之方…年友克齋鄭公惟一贈詩."

9) 고영진, 1999, 『조선시대 사상사를 어떻게 볼 것인가』, pp.86~87 참조.

10) 『嶺東地方鄕土史硏究資料叢書』 2, 五峰書院記. "我國西南多建書院 吾鄕素稱文獻盍亦建乎."

11) 위의 책, "明宗大王七年壬子 七峯咸公軒 以書狀官朝皇明 以千金購得 吳道子摸孔夫子眞像 而歸."

원 건립에 칠봉 함헌 · 수림(秀林) 최수장(崔壽將) · 광천(廣川) 최운원(崔雲遠) · 향호 최운우 · 전교수(前敎授) 최덕령(崔德玲) · 진사(進士) 권대균(權大均) · 생원(生員) 심엄(沈淹) 등이 주역으로 활동하였고,[12] 여기에 향호의 동참은 그가 당시 영남에서 서원문화를 주도하였던 퇴계의 문인이었던 데 기인하는 것으로 보인다. 이러한 점은 향호의 중개로 서원의 준공을 기해 퇴계의 시작(詩作)이 전해져 서원에 게판(揭板)된 사실에서 살필 수 있다.[13]

이후 향호는 40세에 이르기까지 태학과 오봉서원 그리고 본가(本家)의 향호정(香湖亭)을 오가면서 독서생활을 하였다. 25세에 태학에 머물렀으며 잠시 귀향하여서는 김자온(金子溫) · 최사결(崔士潔) 등과 오대산을 유람하고 「유산록(遊山錄)」을 남겼다.[14] 26세에는 태학에 머물렀으며, 30세에는 오봉서원에서 강릉사림 남경초(南景初) · 심여호(沈汝浩) 등과 학문을 닦고 연구하였고, 36세에는 금강산 표훈사(表訓寺)에서 독서하였다.[15] 특히 이 무렵 율곡 이이와의 교유가 빈번하였으며,[16] 39세에는 강릉사림 장여필(張汝弼) · 최성중(崔盛仲) 등과 청학동(青鶴洞)을 유람하였다.[17] 이렇듯 40세에 이르기까지 독서하는 생활로 일관하였으며, 이 시기에 오봉서원에서 강론하고 아울러 향리의 사림들과 산행을 하고 있다는 사실은 향호의 주자 성리학에 경도된 학문적 성향이 향리에 파급되고 있음을 시사하는 것으로 이해될 수 있을 것이다.

---

12) 위의 책, "十年乙卯 咸公以利川府使病退 爲本府教授 是年秋秀林崔壽將廣川崔雲遠香湖崔雲遇 往訪…與前教授崔德玲進士權大均生員沈淹 偕往卜基."

13) 위의 책, "先生二十五歲 創建五峰書院奉安先聖眞影 先生與七峰咸公軒…至翌年功告成 退溪先生作詩以美之."

14) 위의 책, "四月與金子溫 · 崔士潔 作五臺之遊 有遊山錄 是年居泮宮."

15) 위의 책, "先生三十歲 在五峰書院與諸友講學 有與南景初沈汝浩酬唱詩."

16) 장을 달리하여 살피고자 한다. 여기서 간략하게 정리하면, 27세에 율곡이 퇴계를 알현하고 방문하였으며, 29세에 율곡을 방문하였으며, 38세에 북평으로 율곡을 방문하였으며, 40세에 율곡이 서신을 보내왔다.

17) 위의 책, "先生三十九歲 四月與張汝弼 · 崔盛仲遊青鶴洞."

향호의 40세에서 60세에 이르는 시기의 생활은 출사(出仕)와 환향(還鄕)으로 점철된 시기였다. 40세에 선공감역(繕工監役)에 천배(薦拜)되면서 시작된 출사는 64세에 횡성현감(橫城縣監)으로 제수되기까지 24년 동안 12차례의 출사와 귀향을 거듭하였다. 즉 43세에 준원전참봉(濬源殿參奉)으로 이배(移拜)되었으나 강릉부사의 출사를 권하고 있는 점으로 보아 부임하지 않은 것으로 보이며, 45세에 강릉참봉(康陵參奉)에 제수되었으나 상을 당하여 부임하지 않았고, 50세에 선릉참봉(宣陵參奉)에 전배(轉拜)되었다가 얼마 안 되어 귀향하였다. 51세에 능공직(陵供職)에 나갔고, 52세에는 왕자사부(王子師傅), 53세에 연은지명(延恩之命)을 받았다가 겨울철에 송경(松京) 목청전참봉(穆淸殿參奉)으로 자리를 옮겼고, 54세에 연은전(延恩殿)에 전직(殿直)으로 있다가 모부인(母夫人)의 환우로 귀향하였다가 다시 55세에 상경하여 직무를 성실히 행하였다. 59세에 사포서별좌(司圃署別座), 60세에 공사(公事)로 송경(松京)을 다녀왔으며, 61세에 임진왜란으로 대가(大駕)가 서쪽으로 천도함에 이르러 도우려 하였으나 이루지 못하였고, 64세에 횡성현감에 제수되었다가 이듬해에 사직하고 귀향하였다.[18)]

이렇듯 그의 관직행로는 주로 전직(殿直)과 능참봉(陵參奉)에 제수되면서 출사와 환향으로 점철되었으며, 여기에는 그가 양자로 영입되면서 친 · 양부모의 봉양이 그 원인이 되었던 것으로 파악된다. 이로써 그는 12차례의 출사에도 불구하고 그의 공직생활은 짧은 기간에 불과했으며, 그의 행적은 45세 때의 상서(上書)와 51세 때 상소(上疏) 그리고 사림들과의 교유가 보다 특징적이라 할 수 있겠다.

그는 선조 9년(1576)에 영의정 노수신(盧守愼)에게 강릉지방의 읍폐(邑弊)를 상서(上書)하였으며, 동왕 15년(1582)에는 제릉(諸陵)의 입석(立石) · 신덕왕후(神德王后)의 천릉(遷陵) · 학교사(學校事) 등에 대한 상소

18) 위의 책, 연보 참조.

를 올렸다.[19] 이 점은 그의 개혁적 성향을 반영하는 것으로 이해된다. 전자가 고향에 머물 때 향촌사회의 안정책을 염두에 둔 읍폐의 개혁을 주장한 것이었다면, 후자는 능참봉·전직 등으로 이어지는 그의 관직행로에서 파악되는 현황에 근거하여 미비점이나 폐해를 개혁하려는 성향을 보이고 있다고 하겠다.

그리고 이 무렵 그는 사계의 사림들과 교유한 사실을 살필 수 있다. 율곡 이이와 송강(松岡) 조사수(趙士秀)가 향호의 출사를 권고하였고, 52세에는 송강(松江) 정철(鄭澈)이 향호정을 방문하였고, 3월에는 율곡을 방문하여 수일 동안 머물면서 함께 호연정(浩然亭)에 올랐고, 또한 11월에는 국가의 근본이 되는 방책을 작성하여 율곡에게 보냈다. 55세에는 우계(牛溪) 성혼(成渾)을 방문하였다가 귀향하였으며, 58세에는 우계가 서신을 보내왔다. 60세에는 공사로 송경(松京)을 향할 즈음에 우계가 위로하는 서신을 보내왔고, 또한 7월에는 송강이 강계로 나간다는 소식을 듣고 위로의 서신을 보냈다. 62세에는 송강이 서신을 보내왔으며, 63세에는 한강(寒岡) 정구(鄭逑)와 서신을 주고받았다. 71세에는 우계가 삭탈되었다는 소식에 위로의 편지를 보냈고, 72세에는 약포(藥圃) 정탁(鄭琢)과 서신을 주고받으면서 『현토심경(懸吐心經)』을 빌려보았다.[20]

(2) 율곡과 향호의 교유관계

『향호선생집(香湖先生集)』에 수록된 향호의 연보에는 율곡 이이와 교유관계가 비교적 소상하게 기술되고 있다. 이를 정리하면 다음과 같다.

---

19) 위의 책, "先生四十五歲 上書于盧相國守愼陳江陵邑弊…五十一歲 覲上疏請諸陵立石及神德王后遷陵及學校事."
20) 위의 책, 연보 참조.

연보에 나타난 율곡과의 교유관계[21)]

23세 퇴계를 예안의 도산에서 알현하였다. 爲學之方을 得聞하고 돌아왔다.
24세 율곡이 서울서부터 강릉 북평에 이르렀을 때 향호가 찾아가 道義之交를 맺었다.
27세 23세로 율곡이 도산에서 퇴계를 알현하고 돌아 와 강릉 香湖亭을 다녀갔다. 율곡의 방문에 앞서 향호는 春秋를 抄寫하였는데 그와 더불어 강론하고자 함이었다.
29세 봄에 율곡을 방문하였다.
38세 11월에 북평으로 율곡을 방문하였다. 이때에 율곡은 外王母의 상을 당하여 북평에 돌아와 있었고 향호는 찾아가서 疑義를 강론하였다.
40세 9월에 율곡의 편지를 받았다. 율곡은 이때 郡邑을 맡아 다스리면서 편지를 보냈는데, 향호는 경포에서 유희할 것을 약속하였다.
45세 향호가 親老를 이유로 仕進에 뜻을 두지 않자 율곡과 松岡 趙士秀 등 여러 사람들이 출사하지 않음을 걱정하는 시를 보내왔다.
51세 偸薄해진 士習을 바로잡기 위해 贊成 율곡 이이가 條上한 「學校模範」을 中外에 반포하여 준용할 것을 요청하는 上疏를 올렸다.
52세 3월에 율곡을 방문하여 수일 동안 머물면서 함께 浩然亭에 올랐는데 酬唱詩가 있다. 11월에 율곡에게 편지를 보냈는데, 兵備·漕運·鎭 등과 민심이 진실로 국가 근본의 방책임을 논하였다.
53세 율곡의 부음을 듣고 달려가 곡을 하였다.

위의 자료에서 율곡과 향호의 교유는 20대에서 처음으로 파악된다. 물론 두 사람이 모두 강릉지방에서 출생하였고 또한 이들의 학행(學行)으로 보아 서로 익히 알고 있었을 터이지만, 이들은 20대에 서로가 퇴계를

21) 위의 책, 연보를 이용하여 작성함.

알현하는 시기를 전후하여 교유가 긴밀하였음을 살필 수 있다.

율곡보다 4년이 연배였던 향호는 1554년(명종 9) 23세로 도산을 방문하여 퇴계를 알현하고 학문하는 방법을 수학하였고, 이듬해 강릉 북평촌에 머무는 율곡을 찾아가 도의지교(道義之交)를 맺었다고 파악된다.[22] 그리고 다시 이듬해인 1556년에는 강릉지방의 오봉서원의 건립을 두고 향호는 퇴계와 교신한 것으로 파악된다. 즉 오봉서원이 건립되면서 향호는 그 준공 사실을 퇴계에게 전하였고, 퇴계는 서원의 발전을 기원하는 시작(詩作)을 보내와 서원건립을 함께 축하하고 있다.[23]

그리고 주지하듯이 율곡은 1558년(명종 13)에 23세의 나이로 도산으로 퇴계를 알현하였고 돌아오는 길에 강릉의 향호정(香湖亭)으로 향호를 방문하고 있다.[24] 이 같은 사실은 향호와 퇴계의 관계 그리고 향호와 율곡의 관계로 미루어 볼 때, 향호는 어떤 형태로든 율곡이 퇴계를 알현하도록 추동하였을 것으로 보이며, 나아가 향호는 율곡과 퇴계의 만남을 중개하였을 것으로 짐작해 볼 수 있다. 1560년 향호가 율곡을 다시 방문하고 있는 것도 이러한 관계의 개연성을 시사하는 것으로 볼 수 있다.[25]

이 무렵의 교유에서 향호가 율곡이 방문하기에 앞서 『춘추(春秋)』를 초사(抄寫)하였다가 함께 강론하였다는 점이 주목된다.[26] 이 점은 서로가 서로의 방문을 예견하고 있음을 시사하거니와 아울러 이들의 관심사가 『춘추』로 상징되는 성리학 본연의 심성론에 충실하려는 성향을 띠고 있으며,[27] 이 점도 퇴계의 방문을 계기로 이루어진 이들의 교유가 지방사회의 사림문화 진달로 이어지고 있음을 보여준다고 하겠다.

22) 위의 책, "先生二十四歲 栗谷先生李珥 自京至北坪 先生往從之托 爲道義之交."
23) 『蓬西遺稿』 卷3, 五峰略記. "香湖公爲呈五峰圖于退溪先生 先生有詩而許之曰 人材淵藪古臨瀛 闢學邱山澗石淸 降聖千年名已近 乞靈今日敎將明."
24) 『香湖先生集』 年譜. "先生二十七歲 栗谷謁退溪先生 還過香湖亭."
25) 위의 책, "先生二十九歲 春訪栗谷 有贈詩."
26) 위의 책, "先生二十七歲…先是先生抄寫春秋 至是與栗谷講論商定."
27) 고영진, 1995, 「조선사회의 정치 · 사상적 변화와 시기구분」, 『역사와 현실』 18, p.90 참조.

다음으로 두 사람의 교유는 30대 중반에서 파악된다. 율곡이 1569년(선조 2) 34세로 외조모의 병환으로 강릉 북평촌에 머물렀던 시기에 두 사람의 교유가 확인된다. 이 무렵의 교유는 적어도 세 가지 유형으로 정리될 수 있다. 먼저 향호가 율곡을 방문하여 서로 의의(疑義)를 강론한 것으로 파악된다. 다음 이들은 1년을 차이로 두고 청학산(青鶴山)을 유람하고 있다. 이 무렵 율곡은 향리(鄕里)의 향선생(鄕先生)이었던 임경당(臨鏡堂) 김열(金說)을 방문하여 호송설(護松說)을 짓는 한편, 그해 4월에는 박대유(朴大宥), 장여필(張汝弼), 권표장(權表丈), 권신(權愼) 등과 연곡(連谷)의 무진정(無盡亭)을 경유하여 청학산을 유람하였고,[28] 향호는 그 이듬해인 1570년(선조 3) 39세 되던 해 4월에 장여필 · 최성중(崔盛仲) 등과 청학산을 유람하였다.[29] 다음 1571년(선조 4) 율곡은 청주목사(清州牧使)로 재직하면서 9월에 향호에게 서신을 보냈고, 이에 대해 향호는 경포에서 만날 것을 약속하였던 것으로 기록되고 있다.[30]

이 무렵 향호는 1566년(명종 21) 향호정(香湖亭)을 마련하여 이곳에 주로 머물며 태학과 오봉서원을 오가면서 독서로 일관하였으며, 이 점에서 두 사람의 학문적 교유는 오봉서원을 매개로 지역에 확산되는 계기가 되었을 것으로 볼 수 있다. 물론 이들이 1년을 시차로 두고 유람한 청학동 유람도 지역사림들과 함께하였다는 점에서 두 사람의 학문적 성향이 이 지역에 확산되는 계기가 되었다고 할 수 있다. 이런 점에서 이들의 30대에서 교유는 지역사림의 학문적 성향과 관련하여 의미를 갖는다고 할 수 있으며, 율곡이 청주목사 재직 시 서신왕래는 이 시기를 전후하여 퇴계의 부음이 전해졌음을 감안하더라도 향호가 선공감역(繕工監役)에 천배(薦拜)되어 처음으로 출사(出仕)가 이루어진 사실과 무관하지 않을 것으로 짐작된다.[31]

---

28)『栗谷全書』卷13, 遊青鶴山記, 대동문화연구원.

29)『香湖先生集』年譜. "先生三十九歲 四月與張汝弼崔盛仲 遊青鶴洞."

30) 위의 책, "先生四十歲…九月見栗谷書 栗谷時宰郡邑寄書 先生約遊鏡浦."

40대 이후 두 사람의 교유는 세 가지로 파악된다. 먼저 향호가 45세 되던 해에 향호의 출사를 권장하는 증시(贈詩)가 있었고,[32] 51세에는 율곡의 「학교모범(學校模範)」을 중외에 반포하여 준용할 것을 소청하는 향호의 상소가 있었고,[33] 52세에는 향호가 율곡을 방문하여 함께 호연정(浩然亭)에 오르면서 수일 동안 머물렀으며,[34] 같은 해 11월에는 병비(兵備)·조운(漕運)·진(鎭) 등의 시무책(時務策)과 민심을 국가의 근본으로 강조하는 서신을 향호가 율곡에게 보내고 있다.[35]

이렇듯 이 시기 두 사람의 교유는 사로(仕路)의 진퇴(進退)와 사회개혁을 위한 시무책(時務策)이 주요 관심사였다고 할 수 있다. 앞서 살폈듯이 향호는 12차례나 출사하였으나 부모의 부양을 사유로 그때마다 짧은 관직생활이었다. 더욱이 45세에는 사진(仕進)에 뜻이 없음을 천명하기까지 하였다. 이에 향호의 출사는 이들의 주요 관심사가 되었으며, 율곡을 비롯하여 일송(一松) 심희수(沈喜壽)·송강(松岡) 조사수(趙士秀)[36]·이녕(李甯)[37] 등의 출사를 권장하는 서신과 증시는 이를 보여주고 있다. 1582년(선조 15) 율곡이 「학교모범」을 지어 올리자 그 해에 향호는 그것을 중외에 반포하고 준용하자는 소청을 올리고 있으며, 이어서 율곡이 '시무육조(時務六條)'를 작성하던 시기인 1583년(선조 16)에 향호는 국본지책(國本之策)에 대한 자신의 견해를 피력하여 율곡에게 서신을 보내고 있다. 이렇듯 50대 초반에서 파악되는 향호의 상소와 서신은 두 사람이 시무책을 공유하고 있었음을 보여준다.

---

31) 위의 책, "先生四十歲…十二月薦拜繕工監役."

32) 위의 책, "先生四十五歲…栗谷趙松岡士秀諸先生 皆贈詩致意憫其不起."

33) 위의 책, "先生五十一歲…覲上疏請…末云伏見贊成臣李珥 條上學校模範 而批答曰教官各以其意教之 爲教官者 其意果出於正 能以正道誨之 則堯舜君民之志 無非皆自此學中基也云云."

34) 위의 책, "先生五十二歲…三月訪栗谷數日共登浩然亭."

35) 위의 책, "先生五十二歲…十一月貽書栗谷 論兵備漕運鎭 民心固國本之策."

36) 위의 책, "先生以親老無意仕進 栗谷·趙松岡士秀 皆贈詩致意憫其不起."

37) 위의 책, "李公甯貽書勸起."

3. 강릉사림의 향촌질서 모색

주지하듯이 율곡은 조정의 향약시행 논의에서 "선양민(先養民) 후교화(後敎化)"를 앞세워 끝내 관주도의 획일적 시행을 반대하였다.[38] 그러면서도 이 시기의 향촌사회의 안정책으로서 그는 여러 편의 향약을 지었으며, 그것들은 구체적인 시행목적과 운영형태에서 특징을 갖는다.[39] 여기서는 강릉지방에서 시행된 향약자료를 분석하여 율곡 향약과의 상관성을 검토하고 아울러 그 특성을 파악함으로써 율곡 이이와 강릉사림들이 모색해 온 향촌질서의 성격을 이해하고자 한다.

(1) 향약의 조직과 운영

여말선초 강릉지방의 토호들은 신왕조의 이념정책에 편승하는 경향을 보이는 한편으로 자신들이 향촌 입지를 유지하기 위한 기제를 마련하여 운영해 왔다. 향교건립[40]과 주자가례(朱子家禮)의 구현,[41] 학계(學契)의 조직[42] 등이 전자로 이해된다면 유향소(留鄕所)[43]·사마소(司馬所)[44]·향령(鄕令)의 운영[45] 등은 후자에 해당되는 기제로 이해된다.

16세기 사상계의 변화추이에 영향을 받으면서 강릉지방의 사림 역시

---

38) 『栗谷全書』 卷29, 經筵日記 今上七年二月條. "臣意以爲行鄕約大早也 養民爲先敎民爲後."

39) 金武鎭, 1983, 「栗谷 鄕約의 社會的 性格」, 『學林』 5, 연세대학교 사학연구회.
韓永愚, 1983, 『朝鮮前期 社會思想硏究』, 지식산업사, pp.89~114.

40) 『江陵鄕校實記』 沿革. "太宗十三年癸巳 江陵大都護府判官李孟常 因江陵多士六十八人供狀 聞于朝 重建于舊址 有跋文."

41) 李揆大, 1994, 「朝鮮初期 佛敎의 社會的 實態-嶺東地方 寺院을 중심으로-」, 『國史館論叢』 56, pp.143~144.

42) 『金蘭半月會世系圖』. 成化丙戌臨瀛之文人三五儕.

43) 方東仁·李揆大, 1989, 『嶺東地方 鄕土史硏究資料叢書』 1, 鄕約文. "鄕所專掌糾檢吏民風俗者."

44) 『東湖勝覽』 卷3, 司馬所 自洪武壬申以來 建置於邑府近地 爲一鄕諸司馬宴遊之所.

45) 『江陵金氏玉街派譜』 金潤身. 正德年間 謝官歸鄕 著鄕令一篇 一鄕至今遵行.

이기심성론과 왕도정치의 구현이라는 진보적인 성향을 보이고 있다. 그리고 이러한 성리학의 이해를 기반으로 오봉서원을 건립하여 자신들의 구심체로 삼고 한편으로 향약을 마련하여 향촌사회의 운영질서를 모색하였음은 현전하는 『향약문(鄕約文)』을 통해 파악된다.[46]

이 향약자료는 겉표지에 "崇禎後四壬戌三月改衣"라 하였고, 속표지에는 "萬曆二十八年十月日 鄕約抄文一件連谷"이라 기록되어 있다.[47] 이로써 이 향약은 1862년(철종 13)에 개의(改衣)된 것으로서 1600년(선조 33)에 연곡에서 초문(抄文)된 『향약문』이라는 사실을 살필 수 있다. 여기에 도약정을 역임한 향호 최운우는 1605년(선조 38)까지 생존하였던 점으로 보아 이 향약은 적어도 1600년(선조 33)을 전후한 시기에 운영되었음을 짐작할 수 있다.

이 시기의 향약조직은 다음의 직임 구성을 통해 살필 수 있다. 〈표 1〉은 『향약문』의 말미에 기록된 직임구성을 발췌한 것으로, 도약정 1인, 부약정 2인, 도유사 2인, 현약장 1인, 현유사 1인으로 모두 7인으로 구성되고 있다.

〈표 1〉 향약조직의 직임구성[48]

직임	직함	성명
① 都約正	前縣監	崔雲遇
② 副約正	同知	權 協
③ 副約正	座首	金景鎭
④ 都有司	進士	金自漢
⑤ 都有司	別監	○○○
⑥ 縣約長	奉事	崔雲嶸
⑦ 縣有司	幼學	朴○楙

46) 方東仁 · 李揆大 編, 1989, 『嶺東地方 鄕土史硏究資料叢書』 1, (연곡)鄕約文.
47) 위의 책, (연곡)鄕約文 참조.
48) 위의 책, 鄕約文에서 발췌함.

위의 직임조직은 향약 운영상의 몇 가지 특성을 시사하고 있다. 먼저 조직상의 특성을 보여준다. ①~⑤의 조직이 강릉지방 전역을 통할하는 조직이라면 ⑥과 ⑦은 강릉의 속현(屬縣)이었던 연곡현(連谷縣)을 주관하는 직임이었음을 시사한다. 즉 이 『향약문』은 연곡에서 초문(抄文)된 것으로 ⑥의 '현약장(縣約長)'과 ⑦의 '현유사(縣有司)'는 강릉의 속현이었던 연곡현의 직임인 것이다. 이 점이 인정된다면 이 시기의 향약은 강릉 즉 일향(一鄕)을 통할하는 조직이었으며, 그러면서 주현(主縣)인 본읍(本邑)과 속현이었던 연곡과 옥계(玉溪)를 단위조직으로 구성하였다는 특성을 갖는다고 하겠다.[49]

다음은 유향소(留鄕所)의 좌수(座首)와 별감(別監)이 향약조직의 '부약정'과 '도유사'에 올라 있다는 점이다. 좌수와 별감은 유향소의 수장이다. 유향소는 향안(鄕案)을 비치하고 그것을 폐쇄적으로 운영하면서 향권(鄕權)을 장악하였던 재지사족으로 구성된 사회조직으로서 성격을 띠고 있으며, 한편으로는 수령을 보좌하는 사회조직의 성격을 띠고 있었다. 이로써 좌수와 별감이 향약조직의 '부약정'과 '도유사'에 차정되었다는 사실은 향약조직이 유향소 조직의 우위에 놓여 있음을 시사한다. 향약조직에서 유향소의 역할로 이민(吏民)의 풍속을 규정하고 특히 향리(鄕吏)세력의 발호를 규제하도록 규정하고 있는 점도 그 위상을 시사하는 것으로 이해될 수 있다.[50]

다음은 향호 최운우가 향약조직의 수장인 도약정을 맡고 있다는 점이다. 이 점은 율곡과 평생토록 교유를 지속해 온 향호였다는 점에서 이러한 교유관계를 토대로 향약이 입안되고 운영되었을 것임을 시사하며, 향약자료에 율곡이 작성한 『해주일향약속(海州一鄕約束)』의 내용이 수용

---

49) 『世宗實錄』 卷153, 地理誌. "江陵大都護府…屬縣二 連谷縣…羽溪縣."

50) 方東仁 · 李揆大, 1989, 『嶺東地方 鄕土史硏究資料叢書』 1, 鄕約文. "鄕所專掌糾檢吏民風俗者."

51) 여기서는 1958년 성균관대학교 대동문화연구원에서 출간한 『율곡전서』에 수록된 「해주일향약속」을 이용하였다.

되고 있다는 점은 이를 반증한다고 하겠다.[51]

(2) 향약의 내용과 성격

이 시기의 향약은 4대 덕목을 제시하고 각 덕목에 해당되는 실천항목을 비교적 상세하게 규정하고 있다. 먼저 「덕업상권」조에서는 '덕(德)'과 '업(業)'으로 구분하여 각각 22개 항목과 12개 항목의 행동규범을 예시하고 있다. 이러한 체제와 내용은 전적으로 『주자증손여씨향약(朱子增損呂氏鄕約)』을 원용하고 있다.[52] 다만 이러한 행동규범은 각자 진수(進修)하고 서로 권면(勸勉)하도록 강조하면서 각별한 자는 '약장'→'도약정'→'관'→'조정'에 보고하도록 운영세칙을 별도로 규정하여 관부(官府)와 연계되고 있다는 특징을 보이고 있다.[53]

다음 「과실상규」조에서는 의를 범하는 행동을 규정한 6가지 항목, 약속을 범하는 행동을 규정한 4가지 항목, 수신을 범하는 행동을 규정한 5가지 항목을 제시하고 있다.[54] 이러한 내용은 전적으로 『주자증손여씨향약』을 원용하고 있으며, 다만 악적(惡籍)을 비치하는 항목이 배제되고 있다.

「과실상규」조의 "부록(附錄)"에서는 상(上)·차상(次上)·중(中)·하벌(下罰) 등 4등급의 벌칙 즉 손도(損徒)·제마수(齊馬首)·만좌면책(滿座面責)·주일분(酒一盆) 등을 규정하고 그 운영세칙을 마련하고 있다.[55] 그리고 각 등급에 해당하는 과실행위가 규정되고 있는바, 상벌에서는 14개 항목, 차상벌에서는 10개 항목, 중벌에서는 4개 항목, 하벌에서는 4개 항목이 제시되고 있다. 이러한 "부록"의 내용은 전적으로 율곡의 『해주일

---

52) 여기서 「주자증손여씨향약」은 1976년 단국대학교부설 동양학연구소에서 출간한 『여씨향약언해』에 수록된 一石本 「주자증손여씨향약언해」를 이용하였다.

53) 方東仁·李揆大 編, 1989, 『嶺東地方 鄕土史硏究資料叢書』 1, (연곡)鄕約文. "同約之人各自進修 互相勸勉 其中表表卓異者 約長申于都約正 都約正報于官 以致轉達于朝."

54) 위의 책, "犯義之過六…犯約之過四…不修之過五."

55) 위의 책, "施罰之際罰有四等."

향약속』을 원용하고 있으며, 다만 '고관치죄(告官治罪)'가 배제되고 있다는 특징을 보이고 있다.

다음 「예속상교」조에서는 존자(尊者)·장자(長者)·적자(敵者)·소자(少者)·유자(幼者) 등 연령 차이를 기준으로 상호 응대하는 행동양식을 규정하고,[56] '길사(吉事)'·'흉사(凶事)'·'경례(慶禮)'·'조(弔)·상례(喪禮)' 등 5개 영역의 행동지침이 마련되고 있다. 이러한 내용은 『주자증손여씨향약』에서 지역 실정에 맞추어 간략하게 발췌하였다.

그리고 「예속상교」조의 "부록(附錄)"에서는 '춘추 강신례(講信禮)', '성주(城主)와의 의례'·'연만(年滿)한 향원(鄕員)에 대한 예우'가 규정되고 있으며, 이러한 내용은 전적으로 『해주일향약속』의 규정을 수용하고 있다.

다음 「환난상휼」조에서는 '수화(水火)'·'도적(盜賊)'·'질병(疾病)'·'사상(死喪)'·'고약(孤弱)'·'무왕(誣枉)'·'빈핍(貧乏)' 등 7개 항목이 제시되고 약장(約長)이 주관하도록 규정되고 있다. 이러한 내용은 『주자증손여씨향약』의 내용을 원용하고 있다.

그리고 「환난상휼」조의 "별조(別條)"에서는 이민풍속(吏民風俗)을 규검하는 향소(鄕所)의 역할,[57] 벌칙의 적용시기, 진폐제해(陳弊除害)를 위해 약중(約中)에서 성주(城主)에게 개진한다는 3개의 항목을 두고 있다.[58] 또한 "약회지례(約會之禮)"를 규정하여 좌차(座次)의 배열과 의례를 규정하고 유사가 약속을 항독(杭讀)하며 아울러 좌중을 문란하게 하거나 조정(朝廷)·주현(州縣)의 득실을 논하자는 자, 남의 과오를 들추어내는 자 등을 규검하도록 규정하고 있다. 이러한 "별조"와 "약회지례"의 내용은 『해주일향약속』에서 발췌하였다.

---

56) 위의 책, "尊幼輩行凡五等."

57) 위의 책, "鄕所專掌糾檢吏民風俗者 若有鄕吏官屬 汎濫用事 作弊民間 凌辱品官者 告官治罪 可治罪而不治者 則鄕所有罰 若城主不信鄕所之言 而吏輩官屬之罪關重 則一鄕齊會立庭請罪."

58) 위의 책, "如有陳弊除害等項事 宜約中詳其條列 開陳于城主."

이상에서 정리한 바와 같이 1600년을 전후하여 입안된 향약은 『주자증손여씨향약』과 율곡의 『해주일향약속』을 원용하여 내용을 구성하였다. 전자를 원용하여 4대 덕목으로 제시되는 행동규범이 향약의 본문에 해당한다면, 후자를 원용한 "별조"와 "부록"은 그 운영규정으로서 의미를 갖는다.

본문에 해당되는 4대 덕목은 원론적으로 주자향약을 수용하였지만 전적인 것은 아니었다. 「덕업상권」조에서 '덕'과 '업'은 지고한 목표로서 전적으로 수용된 반면에, 「예속상교」에서는 존유배(尊幼輩)의 행동규정이 선언적으로 제시되었을 뿐 이들의 상호관계가 길 · 흉 · 경 · 조사에 적용되는 규정은 생략되고 있다. 「과실상규」조에서도 3가지 유형의 과실이 원론적으로 제시되고 있으나 보다 구체적인 규정은 "부록"의 벌칙조항에서 제시되고 있으며, 「환난상휼」조에서도 7가지 유형이 제시되고 있으나 관부와의 관계 설정은 부록으로 제시되고 있다.

이렇듯 본문에 해당하는 내용은 '덕'과 '업'에서 보듯이 지고한 목표설정이라는 원론적 차원에서는 주자향약을 전적으로 수용하고 있다. 예속, 과실, 환난 등에서도 이러한 점이 반영되었으나 당대의 풍속과 관행을 감안하여 첨삭되었으며, 그것은 내용을 보다 단순화하여 원론적 의미를 강조하면서 운영상에서 제기되는 관행과의 충돌관계를 줄이려는 의도에서 비롯된 것으로 이해된다.

다음 "부록"과 "별조"의 내용은 춘추(春秋) 강신례(講信禮), 약회(約會)의 의례(儀禮), 성주(城主)와의 관계, 벌칙(罰則), 향소(鄕所)의 역할 등을 규정한 것으로서 보다 현실성을 띠고 있다. 이러한 내용은 크게 두 가지로 대별된다. 먼저 수신제가(修身齊家) 차원의 개인의 역할이 강조되고 있으며, 이를 토대로 상호간의 갈등을 조장할 수 있는 요인을 제거하여 결속을 도모하려는 데 목적을 둔 내용들이 강조되고 있다. 예컨대 이러한 특성은 「과실상규」조의 부록으로 제시된 '벌칙'에서 부자 · 형제 · 부부 · 이웃간의 관계를 문란하게 하는 행위와 관부와의 관계에서 사리

(私利)를 추구하는 행위가 상벌(上罰)로 규정되며, 강신례와 약회에서 실의(失儀)하는 행위가 차상벌(次上罰)로 규정되는데서 살필 수 있다.

이어서 수령(守令)과의 의례(儀禮)관계를 규정하여 수령의 통치권을 전제하면서도 자신들의 향권(鄕權)을 강화하려는 내용이 강조되고 있다. 예컨대 성주(城主)와의 의례는 출관익일(出官翌日) · 체거시(遞去時) · 재관시(在官時)의 경조사(慶弔事) · 세시(歲時) 등으로 나누어 자세하게 규정하여 관권우위(官權優位)의 의례를 전제하고 있다.[59] 그러면서도 향소(鄕所)의 이민(吏民) 풍속을 규검하는 역할을 향약조직에서 독려하면서 특히 향리(鄕吏)와 관속(官屬)의 민간에 대한 작폐(作弊)와 품관(品官) 능욕에 대해서는 고관치죄(告官治罪)하도록 규정하고 이에 대해 수령이 향소를 불신하는 경우 향소가 직접 치죄하고 나아가 일향(一鄕)이 제회(齊會)하여 입정(立庭)하는 형태의 물리적 시위를 명문화하고 있다.[60] 이러한 규정은 치향지인(治鄕之人)으로서 향리 관속의 통제를 포함하는 향권을 행사하려는 재지세력의 성향을 보이는 것이었다고 이해된다.

4. 맺는말

이상에서 율곡의 출생지라는 특별한 의미를 갖는 강릉지방에서 그와 이 지방 사림들과의 교유관계를 파악하고 나아가 이들의 교유관계가 갖는 지방사적 의미를 이해하고자 하였다. 이를 위해 향호의 연보자료를 이용하여 율곡과 향호의 교유관계를 파악하고, 이를 기반으로 입안된 향약

59) 方東仁 · 李揆大 編, 1989, 『嶺東地方 鄕土史硏究資料叢書』 1, 鄕約文. "城主出官翌日 鄕人參座目者 一齊聚會具長刺 禮見再拜 遞去時 各持壺果餞別于路上 亦具長刺 在官時…歲時…."

60) 方東仁 · 李揆大 編, 위의 책, 鄕約文. "若有鄕吏官屬 汎濫用事 作弊民間 凌辱品官者 告官治罪 可治罪而不治者 則鄕所有罰 若城主不信鄕所之言 而吏輩官屬之罪關重 則一鄕齊會立庭請罪."

자료를 통해 이들이 구상하였던 향촌사회의 운영질서와 그 특성을 이해하고자 하였다.

향호 최운우는 강릉최씨로 1532년(중종 27)에 율곡과 동향(同鄕)에서 출생하였다. 율곡보다 4년 연배인 그는 21세에 생원(生員)에 오르기까지 전적으로 향리에서 학문을 강마하였으며 이후 성균관에서 사림들과 교유하면서 학문 수학하였다. 그리고 23세에는 도산(陶山)으로 퇴계 이황을 알현하고 '위학지방(爲學之方)'을 득문(得聞)하였으며 이곳의 문인들과 교유하였다.

향호와 율곡의 교유는 이 무렵부터 파악된다. 향호는 퇴계를 알현한 이듬해 강릉에 머무는 율곡을 방문하여 비로소 교유를 맺었고, 율곡은 이로부터 3년 후 퇴계를 알현하였으며 역시 귀향길에 강릉으로 향호를 방문하였다. 그리고 향호는 율곡이 퇴계를 알현하기 직전에도 강릉 오봉서원(五峰書院)의 건립을 두고 퇴계와 교신하고 있었다. 이런 점에서 이 무렵 향호와 율곡의 교유는 향호가 율곡의 알현을 추동하는 양상이었음을 시사하며, 이 점은 '위학지방'으로 상징되는 이들의 학문적 성향을 반영하는 것으로 이해된다.

이들의 30대에서의 교유는 율곡이 강릉을 찾은 시기에 향호가 방문하여 의의(疑義)를 강론하는 형식으로 이루어졌다. 이 시기 율곡은 임경당(臨鏡堂) 김열(金說)을 방문하여 '호송설(護松說)'을 지었고, 지역 사림들과 청학산(青鶴山)을 유람하고 「유청학산기(遊青鶴山記)」를 남겼으며, 향호는 성균관과 오봉서원 그리고 향호정을 오가며 독서생활을 하면서 율곡과는 1년의 시차를 두고 역시 지역사림들과 청학산을 유람하였다. 이러한 양상은 두 사람의 교유에서 주목되는 학풍이 지역사회에 확산되는 계기가 되고 있다는 점에서 의미를 갖는 것으로 이해된다.

이들의 40대에서의 교유는 서신왕래와 상호방문으로 이루어졌으며 향호의 출사와 시무책이 주된 관심사였다. 향호의 관직생활이 약 12차례의 출사와 환향(還鄕)으로 이어지면서 율곡을 비롯하여 일송 심희수 · 송강

조사수 · 이녕 등은 출사를 권고하는 입장에 있었으며, 능참봉(陵參奉)과 전직(殿直) 등의 재직시에는 제릉(諸陵)의 입석(立石)과 천릉(遷陵)을 주청하는 상소를 올렸고 재향시에는 강릉지방의 읍폐(邑弊)를 상서(上書)하는 등 개혁적인 성향을 보여주고 있다. 그가 올린 상소에는 율곡의 「학교모범」을 준용하자는 청원이 포함되고 있으며, 율곡이 "시무육조(時務六條)"를 준비하던 시기에 병비(兵備) · 조운(漕運) · 진(鎭) 등의 시무책과 민심을 국본(國本)으로 강조하는 서신을 율곡에게 보내고 있다. 이렇듯 이 무렵 두 사람의 교유는 사회 개혁적 성향을 기저로 하는 시무책이 주된 관심사였음을 보여준다.

한편 1600년을 전후한 시기에 강릉지방에서 운영된 향약은 『주자증손여씨향약』과 율곡의 『해주일향약속』을 원용하여 입안되었으며 조직의 수장인 도약정(都約正)을 향호가 역임하였다. 이 점에서 당시의 향약은 향호와 율곡의 교유를 토대로 모색된 향촌사회 안정책이었다고 할 수 있다.

이 시기의 향약조직은 강릉지방의 주현과 속현을 운영단위로 설정하고 있으며, 수령을 보좌하는 기능을 가졌던 유향소(留鄕所)의 수장인 좌수(座首)와 별감(別監)을 각각 향약조직의 부약정(副約正)과 도유사(都有司)로 차정함으로써 재지세력의 입지를 대변하는 위상을 확보하고 있다는 특징을 보이고 있다. 향약 내용은 먼저 4대 덕목을 중심으로 제시된 행동규범은 『주자증손여씨향약』을 전적으로 수용하고 있으며 지고(至高)한 목표설정이라는 원론적인 의미를 갖는다. 다만 예속, 과실, 환난 등 3대 덕목에서는 지역사회의 풍속과 관행을 고려하여 첨삭이 이루어졌으며, 그것은 내용을 보다 단순화하여 원론적 의미를 강조하면서 운영상에서 제기되는 갈등관계를 줄이려는 의도에서 비롯된 것으로 이해된다.

이 시기 향약의 보다 특징적인 요소는 율곡의 『해주일향약속』에서 원용한 "부록"과 "별조"의 내용으로서 율곡과 향호가 구상했던 향촌사회 운영질서를 보여준다. 먼저 벌칙을 4등급으로 규정하고 부부 · 부모 · 형제 · 친인척 관계에서 과실을 규제하여 생활 질서를 정립하고, 이를 토대로 상호간의 갈등관계를 조장하는 행위를 규제하고, 나아가 자신들의 공론을 창출하여 향촌사회 운영의 중심축으로 삼으려는 성향을 담고 있다. 그리고 수령권과 관계설정을 명확히 규정하여 관권의 우위를 인정하면서도 자신들의 향권을 확보하려는 성향을 보이고 있으며, 향리와 관속의 작폐와 능욕행위를 유향소를 통해 규제하고 이와 관련한 수령의 독선에 대해서는 물리적 실력행사를 명문화함으로써 치향지인(治鄕之人)으로서 자신들의 입지를 확보하려는 성향을 보이고 있다.

제2부 재지사족 중심의 운영질서 구현

제2부 재지사족 중심의 운영질서 구현

제1장 조선후기 강릉지방 약국계의 조직과 운영

제2장 조선후기 문중서원의 건립과 향전의 양상

제3장 선비전주이씨행장을 통해 본 여성의 생활상

제1장

조선후기 강릉지방 약국계의 조직과 운영

1. 머리말

조선후기 향촌사회를 이해하려는 노력은 여러 방면에 걸쳐서 이루어져 왔다. 1980년대 접어들어 지방자치에 대한 사회적 욕구와 병행하여 향촌사회 운영구조의 변동문제가 새로운 연구 과제로 부각되면서 신분직역제를 비롯해서 향안과 향약, 서원과 양사제, 친족과 종회, 동계와 동약 등 사회경제적 제반 사안들이 활발하게 연구되기에 이르렀다.

이러한 연구 성과는 괄목할 만한 것으로, 이제 향촌사회의 지배체제를 천착하기에 이르렀다고 할 것이다.[1] 그러나 이러한 연구 성과에도 불구하고 공간적 · 시간적 사상들이 총체적으로 노정되는 향촌사회의 성격을 규정하기에는 여전히 미흡한 실정이다. 이러한 점은 그간의 연구가 자료에 크게 제약을 받으면서 향촌지배세력의 동향을 파악하는 데 주안점을

1) 이와 같은 연구 성과는 다음에서 잘 정리되어 있다. 金仁杰, 1987, 「조선후기 신분사연구 현황」, 『韓國中世社會解體期의 諸問題』(下) ; 金俊亨, 1986, 「朝鮮後期 身分制 · 鄕村秩序의 研究現況과 '국사' 教科書의 內容分析」, 『歷史教育』 39.

두었던 데서 오는 한계로 지적될 수 있다. 이러한 한계는 분야간의 연구 성과를 연관짓는 작업과 새로운 주제의 개발 작업을 통해 극복할 수 있으리라 전망할 수 있다.

여기에서는 이러한 시각에서 조선후기 강릉지방에서 결성된 약국계와 약국의 운영 실태를 분석하여 향촌지배세력의 동향을 살펴보고자 한다. 이를 위해 먼저 약국계의 조직을 분석하여 그 주도세력을 확인하고자 하며, 아울러 약국의 조직과 설립경위를 추적하여 그 성격을 규명해 보고자 한다. 다음으로 약국의 운영 실태를 분석하여 약국의 성격과 주도세력의 성향이 변모하는 양상을 규명하고자 한다. 이 같은 작업을 통해 조선후기 강릉지방 지배세력의 동향과 향촌사회상의 일단을 이해하고자 하였다.

2. 약국계의 결성과 약국의 설립

(1) 약국계 결성의 사회적 배경

강릉지방에서 약국계가 창계된 시기는 선조 36년(1603)이며,[2] 그 설립 동기는 『약계입의(藥契立議)』에서 잘 나타난다. 강릉은 영외(嶺外)에 위치하여 무의무약(無醫無藥)한 관계로 비록 효자도 그 지친(至親)의 질병에 속수무책으로 천명을 기다릴 뿐이라 하여 지역적 의료한계를 극복하려는 의도에서 약국계가 결성되었으며,[3] 궁극적으로 질병을 치료하여 인명을 구제하는데 설립 목적을 두고 있다.[4] 이처럼 활인명(活人命)에

---

2) 『藥契仙案』 『藥契立議』, 皇明萬曆紀元之三十一年.
3) 위의 책, "人之有疾病 固所難免 古昔聖人 制爲醫藥 以濟其夭死 其來尙矣 惟我江陵 一府 僻在嶺外 無醫無藥 凡疾病之至 雖孝子之於其親 未免束手 待天命而已."
4) 위의 책, "此契之設 原爲治療疾病 以濟其夭札."

목적을 둔 약국계는 그 실천 수단으로써 약국을 설치 운영하여 계원을 비롯한 일향(一鄕)의 의료 활동을 전담하면서 약 200여 년 동안 지속되었다.

그러면 약국계는 어떤 자들에 의하여 조직되었는가? 자료상에서는 동지(同志)로 나타날 뿐이며,[5] 그 「범례」에서는 제생(濟生)에 뜻을 같이하는 자는 추입(追入)을 허용하도록 규정하고 있을 뿐 별도의 자격은 규정하지 않았다.[6] 다만 숙종 21년(1695)의 완의(完議)에서 계원은 25명을 넘지 못하도록 규정함으로써 그 규모를 살필 수 있을 뿐이다.[7]

따라서 계원의 성분은 『약계선안(藥契仙案)』에 첨부된 좌목에 의거해 살펴 볼 수밖에 없으며, 〈표 1〉에서 보이는 바와 같이 계원은 품직을 가진 재지사족(在地士族)들로 구성되고 있다.

〈표 1〉 藥局契員의 職役分析表[8]

職 役	名	職 役	名	職 役	名	職 役	名
監 察	1	僉 知	7	忠義衛	3	正	1
司 藝	1	幼 學	12	縣 監	3	別 坐	1
巡察使	1	直 長	5	僉 正	2	及 第	1
察 訪	1	司 果	2	主 簿	4	判 事	1
護 軍	1	展 力	1	奉 事	3	?	6
參 奉	5	老 職	1	生 員	5		
進 士	10	訓 導	4	參 義	2		
同 知	2	忠順衛	1	佐 郞	1		
						計	88

5) 위의 책, "今玆藥局之立 原爲活人名而設也 凡我同志可不勖哉."

6) 『藥契仙案』「凡例」, "此契之設 原爲治療疾病 以濟其夭札 契外或爲親癠 或爲己病 或有意於 濟生者 追入不妨."

7) 『藥契立議』, 乙亥五月十六日. "入參禮時完議 契員毋過二十五員 而如有追入之員 契員旣滿 則切勿許入事."

8) 〈표 1〉은 『藥契仙案』의 座目에서 정리하였음.

즉 창립 계원으로부터 88명을 한정하여 분석한 결과 57명이 품직을 갖고 있으며, 생원과 진사가 15명, 불확실한 자가 6명, 유학(幼學)이 12명으로 나타나고 있다. 이로써 약국계의 결성은 강릉지방의 사족층을 중심으로 이루어졌음을 볼 수 있다. 다시 성씨별로 분석해 보면, 〈표 2〉에서와 보는 바와 같이 江陵金氏, 江陵崔氏, 江陵朴氏, 江陵咸氏 등 강릉을 본관으로 하는 성씨들이 창립 계원이라 할 25명 중 17명으로 68%(A)를 차지하고 있으며, 선안(仙案)에 등재된 전체 계원 207명 중 146명으로 약 71%를 차지하고 있다.

그리고 〈표 2〉에서 보듯이 三陟沈氏, 安東權氏 등 선초에 강릉으로 이주해 온 씨족들도 창계 당시부터 참여하고 있음을 살필 수 있다. 또한 창립 계원이 아니었던 성씨들의 추입이 허용되었음을 살필 수 있다. 〈표 2〉에서 보듯이 黃, 曹, 於, 高, 楊, 姜, 閔氏 등은 적어도 창계 당시 계원은 아니었으며, 창계 후 추입된 계원임을 살필 수 있다. 이들 또한 첨정(僉正) 어인각(於仁却), 첨정 황정(黃珽), 충순위(忠順衛) 조철(曹哲) 등에서 보듯이 일향의 사족망(士族網)에 위치하였다고 할 것이다.

〈표 2〉 契員姓氏別 分析表[9]

姓 氏	名(A)	名(B)	姓 氏	名(A)	名(B)
江陵崔氏	9	65	三陟沈氏	2	17
江陵金氏	3	68	安東權氏	3	10
江陵朴氏	4	11	李氏	1	8
江陵咸氏	1	2	辛氏	1	4
黃氏		6	鄭氏	1	4
曹氏		6	高氏		2
於氏		1	姜氏		1
楊氏		1	驪興閔氏		1

9) 〈표 2〉는 『藥局仙案』의 座目에서 정리함.

이로써 약국계는 강릉을 관향으로 하는 세거씨족과 선초에 입강(入江)한 씨족들로서 일향의 사족망에 위치한 자들에 의해 결성되었으며, 선안에 등재된 전체 계원 중에서 약 71%가 강릉을 관향으로 갖은 세거씨족이었다는 사실은 창립 계원 후손들의 승입이 이루어졌음을 시사하며, 아울러 사족망에 오른 여타 성씨들의 추입 또한 허용되고 있었음을 시사한다고 하겠다.

한편 재지사족들에 의해 약국계가 결성되었다는 사실은 이들이 지방사회 의료 활동의 운영주체로서 역할을 자임하고 있는 것이었다. 이제 이들의 역할이 갖는 의미를 선초 이래로 국가의 지방의료정책과 관련하여 살펴보고자 한다.[10]

선초 지방의료정책은 태조 2년 전라도안찰사 김희선(金希善)이 건의한 내용에서 살필 수 있다.[11] 즉 각 도에 의학교수 1명을 파견하고 도내의 각 계수관에는 의원을 설치하며, 이곳을 중심으로 의생을 양성하고 약재를 확보하여 구료활동을 전개하는 것을 근간으로 삼고 있다. 그리고 의생은 양반자제 중에서 선발하며 그 중에서 뛰어난 자를 교도(敎導)로 삼고 의학교수와 함께 향약·혜민·경험방의 학습을 주관하며, 채약정부(採藥丁夫)를 정하여 향약재(鄕藥材)를 때맞추어 채취하되 교수관이 동행하도록 규정하고 있다. 이로써 각 계수관에 설치된 의원을 명실상부한 지방사회의 의료 기구로 삼으려는 것이었다고 하겠다.

이러한 건의는 그대로 정책에 반영되어 시행되었던 것으로 보인다. 제도좌우계수관(諸道左右界首官)에 의국(醫局)을 설치하여 제약(劑藥) 발매(發賣)하도록 함으로써 실질적으로 계수관 중심의 의료 정책이 정착되고

10) 조선초기의 醫療制度에 대한 기왕의 연구는 金斗鍾, 1981, 『韓國醫學史』; 孫弘烈, 1982, 「조선시대의 醫療制度-선초 醫療機構의 설치를 중심으로-」, 『歷史教育』 30·31; 李建衡, 1975, 「朝鮮王朝의 醫療機構와 그 政策」, 『大邱教大論文集』 10; 權丙卓, 1986, 『藥令市研究』 등이 있다.

11) 『太祖實錄』 卷3, 太祖 2年 正月 乙亥條. "外方無通曉醫藥者 乞於各道 遣醫學教授一員 每於界首官 置一醫院 選取兩班子弟 以爲生徒 擇其識者謹厚者 定爲教導 令習鄕藥惠民經驗方 教授官同行講勸 定屬採藥丁夫 以時採取藥材 依方劑造 有得病者 隨卽救療."

있음을 살필 수 있으며,[12] 중앙의 삼의사(三醫司)에 의생방(醫生房)을 설치하고 지방 의생들의 교육을 강화함으로써 의료 활동의 질적인 향상을 도모하고 있음을 살필 수 있다.[13]

그러나 계수관에 설치된 의원 중심의 의료 체계는 군현단위로 확장되어 갈 소지를 안고 있었다. 팔도체제가 정비되면서 계수관의 역할은 폐지되어 갔으며, 자생(自生)과 종양약재(種養藥材)로 구분되는 의약재의 공물분정(貢物分定) 역시 그 품목과 수량이 군현단위로 파악되었다.[14] 세조 7년 각 도의 군적(軍籍), 호적(戶籍)을 개정하고자 10개의 사목(事目)을 정한 가운데 유수부(留守府) 20명, 대도호부(大都護府)·목관(牧官)·도호부(都護府)는 각 15명, 지관(知官) 이하는 10명으로 의율(醫律)을 담당하는 정원이 군현단위로 파악되고 있으며,[15] 성종 3년에는 각 군현의 의학생도의 학업은 전적으로 수령에게 위임되었으며,[16] 의생의 교육은 실제적으로 각 군현의 교수와 훈도가 겸장하도록 규정하고 있다.[17]

이러한 양상을 거쳐 『경국대전(經國大典)』에서 유수부·대도호부·목에는 각 14명, 도호부에는 각 12명, 군에는 각 10명, 현에는 각 8명의 의생을 확보하도록 규정되며,[18] 채약정부 역시 목(牧) 이상 5명, 도호부 4명, 군(郡) 3명, 현(縣) 2명으로 정원이 규정되고 있다.[19] 또한 향약재의 채취법, 건정법(乾正法) 등은 약효와 직결된다는 점에서 채약정부는 타역(他役)이 면제되며 부자간에 그 업(業)이 세전(世傳)되도록 규정함으로

12) 『端宗實錄』 卷1, 端宗 卽位年 5月 丁巳條.
13) 『世祖實錄』 卷24, 世祖 7年 5月 壬申條. "今外方生徒 不隷本業 雖出身至於劑藥治病 皆未精熟 誠爲未便 請今依司譯院例 三司各立醫生房."
14) 金斗鐘, 위의 책, pp.206~214 참조.
15) 『世祖實錄』 卷25, 世祖 7年 7月 壬戌條. "一諸邑醫律學 無定額 因此閑役者頗多 留守府醫律學幷二十 大都護府牧官 都護府十五 知官以下一十 以此定額."
16) 『成宗實錄』 卷16, 成宗 3年 3月 庚戌條. "各官醫學生徒 令守令專委習業 監司巡行 考講勸懲."
17) 『大典續錄』 禮典 奬勸條. "外方醫生 教授訓導兼掌教訓 觀察使考講."
18) 『經國大典』 卷3, 禮典 生徒條.
19) 위의 책, 卷4, 兵典 雜類條.

써 부역제에 의거해 운영되었음을 볼 수 있다.[20)]

이처럼 조선전기 지방의료정책은 계수관에 설치되는 의원 중심 체계에서 군현단위의 의원 체계로 확장되어 갔으며, 그것은 의생의 양성과 향약재의 확보를 근간으로 하는 관주도적인 의료 체계였다. 양반 자제 중에서 선발되는 의생의 양성은 수령의 직임으로 정제되었으며, 향약재의 확보는 부역제에 기반을 두고 그 업을 세습토록 함으로써 그 효를 기하고자 하였다.

이러한 양상을 염두에 두면, 강릉지방의 재지사족들이 약국계를 설립하고 있다는 사실은 이들이 의료체계의 운영주체로서 역할을 자임하고 있음을 시사한다. 그리고 그것은 관주도적 의료 체계의 한계를 극복하려는 의도에서 비롯되는 것으로 이해될 수 있다. 약국계에서 설립한 약국을 중심으로 의생이 양성되고 있으며, 향약재의 채취 또한 부역제의 의거해 확보되고 있다는 점에서 관주도적으로 운영되었던 의원과 약국계에서 운영한 약국이 별개가 아니라는 점을 살필 수 있다.

이제 재지사족들이 이러한 역할을 자임할 수 있었던 배경을 몇 가지 점에서 살펴보고자 한다. 첫째, 임란 이전에 이미 품관(品官)이 의생(醫生)의 치병활동의 근만(勤慢)을 검찰하고 있었다는 점이다. 연산군 3년 지방에 만연한 질병의 대책을 논의하면서 관찰사로 하여금 각 관읍의 의생을 거리의 원근을 참자하여 설정한 몇 개의 장소에 모아서 치방(治方)을 강습한 후 각 관읍으로 돌려보내 치료를 담당케 하고 있다.[21)] 또한 각 관읍 의생들의 치병활동의 근만은 사안을 잘 알고 품계가 높은 품관 중에서 선발된 감고(監考)에 의하여 검찰되었으며, 검찰에 마음 쓰지 않는 자는 논죄하도록 규정하고 있다.[22)] 이는 중앙의료기구에 비해 상

20) 『大典續錄』 禮典 奬勵條. "藥夫父子 毋定他役 世傳其業."

21) 『燕山君日記』 卷27, 燕山君 3年 9月 丁卯條. "且令觀察使 量諸邑道里遠近 定都會數處 聚諸邑醫生解文者 講習治方 成就後分遣治療."

22) 위의 책, 卷27, 燕山君 3年 9月 丁卯條. "且每面以事知秩高品官定監考 檢察醫生治病勤慢

대적으로 열악했던 지방의 의료 활동을 활성화시키고 그 실효성을 제고하기 위한 조처로서 향촌사회에서 실질적으로 영향력을 행사할 수 있는 품관의 검찰 역할에 기대하는 중앙의 조처였다. 이처럼 임란 이전에 이미 지방사회 의료 활동에서 재지사족의 역할이 일정하게 기대되고 있었다는 점에서 이들의 역할은 약국계 형태로 발전될 소지를 안고 있었다고 하겠다.

둘째, 약국계가 결성되는 시기가 선조 36년(1603)이라는 점이 주목된다. 이 시기는 임란 직후로서 향촌의 복구와 안정이 요망되던 시기였으며, 이러한 역할은 일차적으로 향촌사회의 지배층이었던 재지사족에게 절실할 수밖에 없었다고 하겠다. 물론 관주도적 역할이 배제되는 것은 아니지만, 강릉지방의 재지사족들은 이러한 역할에 보다 적극적이었다고 보여진다.

이 지방 재지사족들은 약국계의 결성보다 3년 앞선 시기인 선조 33년(1600)에 율곡의 『해주일향약속』을 원용한 향규(鄕規)를 운영하여 자신들 중심의 향촌질서를 재정립하려는 의지를 실천하고 있으며, 여기에서도 질병에 대하여서는 의약과 치료를 위한 비용을 상호 돕도록 규정하고 있다.[23] 이러한 질병 치료에 대한 관심은 약국계의 결성으로 구체화되어 간다고 볼 수 있다. 물론 그 취지는 향노(鄕老)에 대한 공양과 지친(至親)에 대한 효를 강조하는 것이었고, 구체적으로는 약국을 설립하고 각종 의료 기구를 갖추는 것이었다.[24]

향규의 임원조직에서 도유사를 맡고 있는 진사 김자한(金自漢)이 약국계의 계원으로 파악되고 있다. 이 점에서 향규와 약국계가 동시기의 재지사족들에 의해 구상되고 실현되었음을 살필 수 있으며, 향규의 운영

不用心檢察者論罪 每節季考其差病多少 審藥醫生治病有效者 或加資或賞物或復戶 無實效者 或降資或論罪."

23) 『連谷鄕約文』. "疾病小則遣人問之 甚則爲訪醫藥 貧則助其養疾之費."

24) 『參同契添補錢節目』. "成節日立規式 一以供鄕老歲饌之儀 一以助本契濟勝之具."

이 자신들의 결속과 관부와의 관계정립에 주안점을 둔 향촌질서의 재정립을 위한 것이라면, 약국계의 운영은 활인명(活人命)을 통한 향촌사회 안정책으로서 의미를 갖는 것이었다고 할 것이다. 요컨대 약국계는 임란 직후 재지사족들의 자구적인 향촌사회 안정책이었다고 할 수 있겠다.

셋째로 재지사족 입장에서 약국계를 통한 약국의 운영을 활성화하는 것은 공물 즉 진공약재(進貢藥材)의 확보책일 수 있었다는 점을 지적할 수 있다. 물론 진공약재는 수령의 책임 하에 향리들의 실무적 역할에 의해 확보되었을 것이다. 그러나 이러한 원론적 이해에도 불구하고 공물의 비납은 일향(一鄕)의 향권(鄕權)을 장악하고 있었던 재지사족의 입장에서 무관할 수 없었다. 그리고 이 시기는 조정으로부터 대공수미법(代貢收米法)에 대한 논의가 활발하게 전개되면서 지역에 따라서는 사대동(私大同)이 활발하게 추진되고 있었지만,[25] 강원도 일원에서는 여전히 현물로서 진공약재가 비납되었던 것으로 보인다. 즉 영조 때 편찬되는 이 지방의 읍지인 『임영지』에서도 여전히 진공약재의 종류와 수량이 구체적으로 파악되고 있다.[26]

비록 대동법 시행과정에서 전결수(田結數)가 삼남에 비해 적었던 강원도에서는 하나같이 그 시행을 원하고 있었다고 하지만,[27] 약국계가 결성될 당시까지는 적어도 현물로서 공물이 비납된 것으로 보는 것이 순리일 것 같다. 이러한 상황에서 수령권과 상보적 입장에서 일향의 향권을 주도하였던 재지사족들에게서 진공약재를 확보하는 것은 결국 자신들과 무관할 수 없는 사안이었다는 점 또한 약국계가 결성되는 시대적 배경으로 작용하고 있었다고 하겠다.

---

25) 代貢收米에 대해서는 高錫珪, 1985, 「16 · 17세기 貢納制 개혁의 방향」, 『韓國史論』 12를 참조.

26) 『臨瀛誌』 卷1, 進貢藥材.

27) 『仁祖實錄』 卷2, 仁祖 元年 7月 乙未條.

(2) 약국의 설립과 조직

약국계는 활인명(活人命)을 위한 약국을 설치 운영하였다. 여기서 약국은 이 시기에 비로소 설치되는 것은 아니었다고 보여진다. 앞서 살펴본 것처럼 선초에 계수관 체제가 해체되면서 군현단위에는 어떤 형태로든 약국이 설치되었을 것으로 짐작되며, 약국은 주민들의 의료 활동은 물론 각종 공물로서 약재를 비납하는 역할을 이행하였을 것으로 짐작된다. 이런 점에서 약국계의 결성은 약국의 기능을 활성화시키려는 취지에서 비롯되었다고 할 수 있다.

이 점에서 약국은 사국(私局)에 대비되는 공국(公局)의 성격을 갖는다.[28] 즉 약국은 계원들만을 위한 조직이 될 수 없으며, 적어도 일향의 공익을 추구하는 조직이었다. 이와 같은 약국의 성격은 일차적으로 그 운영을 책임지고 있는 약국계의 조직이 공공성을 확보하고 있다는 데서 살필 수 있다. 즉 약국계의 계장과 유사는 계원들과 유향소가 함께 논의하여 차정하고, 이어서 관에 고하여 정탈하도록 규정하고 있으며,[29] 또한 이들의 활동 상황은 유향소에서 1인을 정하여 검칙하도록 규정하고 있다. 이러한 약국계의 공공성은 곧 당시 약국이 공국의 성격을 띠고 있었음을 시사하고 있다.

다음으로 약국계가 결성되면서 필요한 재원이 각 리(里) 단위에서 미두(米斗)로 수합되고 있으며,[30] 약재의 채취에 종사하는 사환(使喚)들이 잡역의 일환으로 취역함으로써 부역제에 의거해 운영되고 있다는 점도 역시 약국이 공국의 성격을 띠고 있음을 시사한다고 하겠다.[31] 약국계가

---

28) 『參同契添補錢節目』. "中年以來 境內私局這這間出 劑用無難."
29) 『藥契仙案』「凡例」. "契長有司差出時 契中人與鄕所同議備望 告于官府定奪."
30) 『藥契立議』「凡例」. "唐材及土地不產之藥 必須貿來 其價則先於各里收出米斗 以爲價本 其後則收儲藥價米 以資貿用."
31) 『藥局契田案』. "使喚貳名除雜役恒定 一名常紙十五卷 一名炭九石."

해체되는 시기에 계재(契材)가 삼학궁(三學宮)으로 복정되는 것도 약국의 공국으로서 성격에 기인하는 것이라 하겠다.[32)]

약국 내의 인적 구성을 보면, 의관(醫官)·의생(醫生)·약간(藥干)·고직(庫直) 등이 배속되었으며, 이들에게는 일정하게 생활비가 제공되었던 것으로 파악된다.[33)] 먼저 의관은 이들 중 수장이었을 것으로 보이며, 약국 내에서 의료 활동을 비롯해 제약발매나 의생의 교육 등 실무적 역할을 주관하였을 것으로 보인다. 다만 그 명칭은 의관이라 하나 잡과나 취재에 의해 선발된 기술관이었는지는 분명하지 않다.[34)] 〈표 3〉에서 보는 것처럼 역대 의관은 9명으로 파악되며, 이들은 일반 계원들과 마찬가지로 품직을 가졌으며, 좌목에서 계원들과 같은 반열에 기재되는 점으로 보아 의학에 관한 전문지식을 갖춘 양반 신분 중에서 임명되었을 것으로 추정된다.

〈표 3〉 歷代醫官名[35)]

品職	姓名	品職	姓名	品職	姓名
直長	崔無起	許通	咸胤栢	參奉	崔奇鎭
展力	朴禧吉	老職	崔秀奉		朴文彬
司果	崔英俊	司果	崔應濟		李命奎

다음 의생은 의업을 연마하는 자들로서 의예술의 연마 정도에 따라 수생도(首生徒), 지차생도(之次生徒), 지지차생도(之之次生徒) 등 3등급으로 구분되고 있다.[36)] 이들 의생은 전업적으로 의예술을 연마할 수 있도

32) 『參同契帖』. "新修參同契帖顚末, 其契物則自來淸簡 有若干田土傳…幸玆仁候莅府 廉勤威惠 蘇完興繕 凡所施 爲謀始圖永 內以三學宮卜定…."

33) 『藥契立議』「凡例」. "醫官及醫生藥干庫直等 料食藥價有剩之後 量宜題給."

34) 『經國大典』 卷1, 吏典 京官職.

35) 『藥契仙案』에서 정리함.

36) 『藥局契田案』. "首生徒料租一朔陸斗 之次生徒料租一朔伍斗 之之次生徒料租一朔肆斗."

록 관부로부터 다른 일체의 부역이 면제되고 있다.[37] 다만 몇 명의 의생이 배속되었는지는 알 수 없으나 『경국대전』에서 도호부는 12명의 의생을 두도록 규정되고 있어 미루어 짐작될 뿐이다.[38] 그리고 의업은 양반 신분에서 기피하는 경향을 보이고 있었던 점에서,[39] 이들 의생의 신분은 중인이나 양민 중에서 의예술에 소질이 있고 적어도 문자해득이 가능한 자들이었을 것으로 짐작된다.

다음으로 약간(藥干)과 고직(庫直)이 배속되어 있다. 이들은 관부로부터 약국으로 지급된 약전(藥田)을 이용하여 약재를 파종하고 재배하고 갈무리하는 전 과정의 노역에 종사하였던 것으로 파악된다.[40] 그리고 이들은 관부로부터 그 역이 지정되었으며 그들의 활동상황은 약국계 유사에 의해 점검되어 계장에게 보고되었던 것으로 파악된다.[41]

이상에서 살핀 바와 같이 약국계의 결성으로 약국이 활성화되는 계기를 맞은 것으로 파악되며, 공국(公局)으로서 성격을 띠었던 약국에는 의관 · 의생 · 약한 · 고직 등이 배속되었던 것으로 파악되었다. 이들은 의관을 중심으로 의료 활동의 실무적 역할에 종사하였다. 즉 의생의 습업, 약재의 재배 및 관리, 제약발매 등 실무적 역할에 종사하였다. 그리고 이들은 관부로부터 다른 역을 면제 받아 전업적으로 의업에 종사할 수 있었으며, 아울러 이들의 활동상황의 근만은 약국계 계장의 의해 점검되고 통제되었다.

37) 『藥契立議』「凡例」. "年少生徒等 告官除他役 永屬局中 以責傳習之效."

38) 『經國大典』 卷3, 禮典 生徒條.

39) 李成茂, 1978, 「朝鮮前期 中人層의 成立問題」, 『東洋學』 8, p.280 참조.

40) 『藥契立議』「凡例」. "府給藥田 令庫直藥干等 及時種治各種藥材."

41) 위의 책, 「凡例」. "府定藥干庫直等 毋得那移 有頉則擇勤幹 有實人卽速充定 考其勤慢 有司告契長罰治."

3. 약국계의 운영과 기능의 변화

(1) 약국계의 운영

앞절에서 약국계는 선조 36년(1603)에 결성되었고, 그 구성원은 강릉 지역의 재지사족들이었음을 살펴보았다. 이제 여기서는 약국계의 운영 실태를 파악하여 그 구조적 특성을 이해하고자 한다.

약국계 계원은 초창기에는 몇 명이었는지 알 수 없으나 숙종 21년(1695)에는 25명을 넘지 못하도록 규정을 마련하고 있다. 이 점은 그동안 계원 후손들의 승입(承入)이 이루어졌고, 또한 뜻을 같이하는 자들의 추입(追入)도 허용되고 있었음을 의미한다고 할 수 있다. 이로써 초창기에는 계원의 승입과 추입이 비교적 개방적이었으나 17세기 말엽에 이르면서 제한적인 양상을 띠고 있다고 할 수 있겠다. 그리고 헌종 9년(1843)에 이르러 약국계는 참동계(參同契)라는 이름으로 바뀌고 있다. 이러한 명칭의 변화는 그간의 약국계의 본질이 바뀌는 것으로 이해되며, 이 시기까지 좌목에 등재된 전체 계원은 302명으로 파악된다. 이 숫자는 약 240여 년간 운영되어 온 약국계의 전체 계원을 의미하는 것으로 이해된다.

약국계의 직임조직은 문서상에서 계수(契首) 1인, 계장(契長) 2인, 유사(有司) 2인의 성씨와 수결이 파악되고 있으며, 양식으로 보아 기재 순서는 그 위상을 반영하는 것으로 보인다. 즉 먼저 계수가 제일 상단에 기재되었으며, 줄을 바꾸고 상단으로부터 한 글자 낮추어 계장을 기재하였으며, 다시 줄을 바꾸고 상단으로부터 두 글자 낮추어 유사를 기재하였다.[42]

그리고 「범례」 즉 계의 규정상에서는 계장 2인은 일향에서 존중받는 어른을 추대하며,[43] 계장을 추대할 때에는 계원들과 향소가 함께 논의하

42) 위의 책, 참조.
43) 위의 책, 「凡例」. "契長則推鄕長尊卲者二人."

여 비망을 갖추어 관부에 보고하면 수령이 차정하도록 규정하고 있다.[44] 이러한 규정은 유사 4인에게도 동일하게 적용되었던 것으로 보인다. 다만 유사는 항시 4인을 선발하여 두고 그 중 2인씩 매년 무매·출납·수저 등의 제반사를 전담하도록 규정하고 있다.[45] 그리고 이와 같은 제반사는 향소 1인이 예겸(例兼)하여 검칙하도록 규정하고 있다.[46]

여기서 주목되는 향소 1인이 유향소의 좌수인지는 분명치 않으나, 앞서 적기한 계수 1인은 그 자격이 별도로 규정되지 않으면서 계장에 우선하는 위치에 기록되는 점으로 보아 유향소 좌수를 의미하는 것으로 파악된다. 이 밖에 재경인(在京人) 일원(一員)과 오현(五縣) 및 각 면 유사가 임명되었던 것으로 파악되며, 오현 및 각 면 유사는 계장과 유사가 함께 논의하여 임명하는 것으로 규정하고 있다.

이처럼 약국계의 직임은 계수 1인, 계장 2인, 항정유사 4인, 재경인 1인, 오현 및 각 면의 유사를 두고 있으며, 그 역할로 보아 계장과 유사가 그 운영체계의 중심에 있다고 할 수 있다. 계장과 유사가 약국계 운영의 실무적 역할을 이행하였으며, 계수는 이들의 활동을 검칙하는 역할을 이행하였고, 재경인을 비롯한 오현과 각 면 유사는 약재를 수합하여 확보하는 역할을 주로 이행하였던 것으로 파악된다.[47]

이로써 계장과 유사의 선출규정에 비추어 보면 약국계는 일차적으로 향소 즉 유향소의 규제를 받고 있다고 하겠다. 이 점은 유향소의 좌수가 예겸하는 계수가 계장보다 상위로 위상이 설정되는 데서 살필 수 있다. 그리고 약국계는 수령권의 규제 하에 놓여 있다고 할 수 있다. 이것은 계장이 비록 향중 공론에 따라 추대되는 형식을 취하고 있지만 최종적으로 수령에 의해 임명되고 있다는 점에서 살필 수 있다. 결국 약국계는 수령

44) 위의 책, 「凡例」. "契長有司差出時 契中人與鄕所同議備望 告于府官定奪."
45) 위의 책, 「凡例」. "恒定有司四人 擇勤幹者二人 逐年輪廻 專掌貿買出納收儲等事."
46) 위의 책, 「凡例」. "鄕所一人 例兼檢飭."
47) 위의 책, 「凡例」. "在京人一員 專掌唐材及此地不產藥 貿聚事."

권의 규제를 받고 있으며, 일향의 향권 즉 주도권을 장악하고 있었던 유향소의 예하로 그 위상이 설정된다고 할 수 있겠다.

한편 이러한 조직상의 위상에도 불구하고 약국계의 강신회(講信會)는 그 운영을 위한 중심 기구였던 것으로 파악된다. 강신회는 춘추로 열렸으며, 계원들의 공론을 수렴하는 회의체로서 계원 각자가 호과(壺果)를 지참하고 참석하였으며, 까닭 없이 불참하는 자는 1회 불참에 술 반동이, 2회 불참에 술 1동이, 3회 불참에 제마수라는 벌책이 부과되었다.[48] 이러한 강제규정은 회의체로서 그 공공성을 확보하려는 의도에서 비롯되는 것으로 이해된다.

강신회의 활동사항은 자료상에서 파악되는 「범례」에서 살필 수 있다. 인조 26년(1648)에 작성된 자료에서 「범례」는 24개 항목으로 파악된다. 여기에는 초기에 결정된 내용과 후대에 시세변동으로 추가되는 내용이 함께 수록된 것으로 보여진다. 이 내용을 구분해 보면, 먼저 설립취지를 밝힌 내용이 1개 항목, 약재의 수합 및 약가와 제조량에 대한 내용이 9개 항목, 약국계 직임에 대한 내용이 5개 항목, 약국의 운영에 관한 내용이 9개 항목으로 구성되어 있다. 이를 다시 대별해 보면, 설립 취지와 약국계의 직임조직에 대한 내용 6개 항목을 제외하면 18개 항목이 약국의 운영과 관련된 내용이라 할 수 있겠다.

이로써 춘추로 열리는 강신회에서는 약국에 비치되는 방서와 약구, 약가의 책정, 제조량의 제한, 약재의 채취와 무역, 의생의 양성 등 약국의 운영과 직임의 차정 및 체임,[49] 위약자의 처벌[50] 등 조직의 운영이 주된 관심사였음을 살필 수 있다. 그리고 이를 위해 강신회에서는 제반 규정을 제정하고 개정하는 권한을 가졌으며, 아울러 위약자의 규제와 처벌권

48) 위의 책, 「凡例」. "契員各持壺果春秋講信 無故一不參酒半盆 二不參一盆 三不參齊馬首."
49) 『藥契仙案』「凡例」. "契長有司差定時 契中人與鄕所同議備望 凡契長有司 不從約條 濫費藥 料及私用局中之物者 遞任後 生徵論罰."
50) 위의 책, 戊子十二月日 契中申明立規. "其中若自以爲應用妄料 而移給他人 則出契事."

도 가졌던 것으로 파악된다.

이러한 양상은 약국계가 갖는 자율성이라 하겠다. 비록 직제 상에서는 향소와 수령의 규제를 받고 있었지만, 약국계는 약국의 운영주체로서 일정하게 자율성을 확보하고 있었다고 하겠다. 이러한 자율성은 약국계의 계원들이 적어도 치향지인(治鄕之人)의 반열에 있는 재지사족들이었고, 그 직임조직 역시 일향의 대표성을 띠고 있었던 데서 비롯되는 것이었다고 할 수 있다. 그리고 계원들이 부담하는 의무규정도 이러한 자율성의 기반이 되었다고 보여진다. 즉 계원들은 초기에 약재를 무역하기 위해 각 리 단위로부터 미두(米斗)를 수렴하였으며,[51] 약재를 채취할 때마다 필요한 노동력으로 장노(壯奴) 1명씩을 제공했으며,[52] 당·향 약재를 취득한 계원은 반드시 약국으로 보내어 수합하도록 규정하고 있다.[53]

그러나 이러한 자율성은 적어도 관권 우위의 질서를 전제로 하는 것이었다. 예컨대 시약량(施藥量)을 규정하면서 수령에 대해서는 계원보다 예우하는 특혜가 규정되고 있다. 즉 계원들은 계원이 아닌 자들에 비해 약가와 시약량에서 일정하게 특혜를 갖도록 규정하고 있으며, 수령에게는 계원보다 2~3배 정도를 예우하는 특혜를 규정하고 있다.[54] 다만 계원과 계장, 유사, 수령 어느 경우에도 약국운영의 재원이 여유가 없는 경우에는 이 특혜 규정은 시행하지 않는 것으로 규정하고 있다.[55]

이러한 양상은 약국계의 운영과정에서 재지사족과 수령권의 관계가 일정하게 투영되고 있음을 의미하는 것으로, 그것은 17세기 향촌사회에서 나타나는 재지사족과 수령권의 전형적인 길항과 유착관계로 이해될

51) 위의 책, 「凡例」. "其價 則先於各里 收出米斗 以爲價本."
52) 위의 책, 「凡例」. "契中之人 各出壯奴一名 稟于局中."
53) 위의 책, 「凡例」. "契中人 得唐鄕材者 一切送于局中."
54) 위의 책, 「凡例」. "契中人親癠及契長有司 逐月一服外 其餘則依他納價…雖府官二三服外 依他受價."
55) 위의 책, 「凡例」. "設局後財用有裕 則依此條施行 財用未敷之 先則府官契員亦納價."

수 있다. 그리고 이 같은 재지사족의 자율적 성향은 약국계와 동시기에 시행되었던 강릉지방의 향규에서도 살필 수 있다. 즉 수령권에 대해서는 관권우위의 질서를 규정하면서도 수령의 횡포에 대해서는 관아에 입정(立廷)하여 물리적으로 자신들의 입장을 관철하도록 규정하고 있다.[56)]

(2) 약국계의 기능

이제 여기서는 약국계의 기능을 실태적으로 파악해 보고자 하며, 이로써 약국운영의 주체로서 역할을 이해하고자 한다. 이를 위해 먼저 약국의 체제정비와 의생의 양성, 약재의 확보 방안, 약가의 산정 등으로 구분하여 살펴보고자 한다.

1) 약국의 정비와 의생의 양성

앞서 살핀 것처럼 조선전기 지방사회의 의료 활동은 관주도적으로 이루어졌다. 태조 2년에는 각 도에 파견된 의학교수를 중심으로 계수관에 의원을 설치하고 의생을 양성하였으며, 세조 7년에는 지방 의생의 질적인 향상을 꾀하기 위한 방책으로 중앙에 의생방(醫生房)을 설치하여 교육을 강화하기도 하였다. 계수관이 혁파된 이후 의생의 양성은 각 고을의 수령에게 위임되었으며, 그 교육은 교수와 훈도가 겸장하도록 규정하고 있다.[57)]

임란 직후 약국은 약국계가 결성되면서 그 체제가 정비되는 것으로 파악된다. 먼저 의료 활동에 필수적인 각종 방서(方書)를 비롯해 제반 약구

---

56) 『嶺東地方鄉土史研究資料叢書』 鄉約文. "若城主不信鄉所之言 而吏輩官屬之罪 關重則一鄉齊會 立廷請罪."

57) 이 책의 제2부 제1장 참조.

(藥具)가 갖추어지고 있다. 본초(本草)·정전(正傳)·화제(和劑) 등 치병과 채약에 필수적인 방서들이 비치되고, 지역에서 찾아보기 어려운 방서들은 경성(京城)으로부터 구입해서라도 비치하도록 규정하고 있다.[58] 또한 지역에서 생산되는 약재 즉 향약을 권장하기 위해 편찬된 『향약방』·『향약집성방』·『구급방』과 같은 방서들이 비치되었을 것으로 보이며,[59] 광해군 5년 11월 『동의보감(東醫寶鑑)』의 초간본이 완성된 이후 이 책이 입수되어 비치되고 있음을 살필 수 있다.[60]

그리고 이러한 방서들을 타인에게 빌려주는 행위는 일체 금지되었다.[61] 이 밖에도 약첩지(藥帖紙)는 약국에 비치된 미포(米布)로서 수시로 구입하도록 하였고,[62] 약궤·약평·협도 등 일체 필요한 도구들은 힘닿는 대로 수합하여 비치하였다.[63] 또한 염분(鹽盆) 1좌(坐)와 선박 1척을 약국에 배속하여 이용하도록 하였으며,[64] 관부로부터 약전을 확보하고 있다.[65]

약국에는 의관·의생·약간·고직 등 인적 구성이 갖추어졌던 것으로 파악된다. 의관과 의생이 직접 의료 활동을 하였다면, 약간과 고직은 약재를 재배하거나 채취하는 역할을 담당하면서 약국에 상근하였다.[66] 이들에게는 일정하게 요식(料食)이 지급됨으로서 자신들의 역할에 전업적으로 종사하여 그 전문성을 제고해 갔던 것으로 파악되며,[67] 특히 의생을 비롯하여 약간과 고직은 관부의 지원을 받아 일체 타역이 면제되는 것

58) 『藥契仙案』「凡例」. "如本草·正傳·和劑等 及他方書 求於有處 置諸局中 此地無有 則購於京城以來."

59) 『大典續錄』 卷3, 禮典 奬勸條. "外方醫生…其所讀醫書 鄕藥方·和劑方·鄕藥集成方·救急方 觀察使隨官印出分給."

60) 『藥契仙案』「凡例」. "其中東醫寶鑑乙 一切勿入他手."

61) 위의 책, 「凡例」. "局中方書 毋借他人爲乎矣."

62) 위의 책, 「凡例」. "藥帖紙 則以局儲米布 隨便貿用."

63) 위의 책, 「凡例」. "藥枰藥櫃夾刀 凡一應所需之物 隨力收合."

64) 위의 책, 「凡例」. "鹽盆一坐舡一隻 永爲定屬 以補局用事."

65) 위의 책, 「凡例」. 府給藥田.

66) 위의 책, 「凡例」. 府給藥田. "令庫直藥干等 及時種治 各種藥材."

67) 위의 책, 「凡例」. "醫官及醫生藥干庫直等 料食藥價有剩之後 量宜題給."

으로 보아 부역제에 근거하여 배속되었음을 알 수 있으며,[68] 이들은 공사(公私)를 막론하고 일체 임의로 사역시켜서는 안 되는 것으로 규제하고 있다.[69]

의관의 역할에 대해서는 「범례」에서 규정된 내용이 없다. 다만 좌목에서 10명의 의관 명단이 확인될 뿐이다. 여기서 의관의 명단이 약국계 계원들과 함께 좌목에 등재되고 있다는 점과 이들이 각종 품계를 갖고 있다는 점에서 의료 행위에 관한 전문적 지식을 갖춘 재지사족 중에서 그 역할을 담당하였을 것으로 보인다. 이렇게 볼 때, 의관은 약국 운영의 실무적 역할을 총체적으로 관장하였을 것으로 보인다. 다만 의관의 역할은 계규의 철저한 이행이라는 특성을 가졌을 것으로 이해된다.

다음으로 약국에서 의생이 양성되었다는 점이다. 의생은 '수생도', '지차생도', '지지차생도' 등으로 구분되는 점에서 그 수학 정도에 따라서 계제(階梯)를 두었으며, 약국에 비치된 방서를 중심으로 의학지식을 연마하였을 것으로 보인다. 그리고 이를 위해 여타의 역이 면제되고 있는 점으로 보아 이들은 적어도 평민 이상의 신분으로서 문자가 터득되고 의예에 소질을 갖는 자들 중에서 차출되었을 것으로 보인다.

의생은 의예를 연마하는 생도이면서 제약 발매를 비롯한 의료 활동을 담당하였던 것으로 파악된다.[70] 물론 이러한 역할은 '수생도' 중심으로 가능하였을 것이고, 이들의 의료 활동은 임상적 처방을 비롯하여 해부, 생리 및 병리설 등에 이르기까지 폭넓은 전문성을 갖추었을 것으로 짐작된다. 다만 이들의 제약 발매는 계규에 규정되는 약가와 시약량의 범주에서 이루어졌을 것으로 짐작된다.

68) 위의 책, 「凡例」. "年少生徒等 告官除他役 永屬局中 以責傳習之效."
69) 위의 책, 「凡例」. "新到任及正至齊干外 雖大賓行次時 一切勿爲使喚."
70) 위의 책, 「凡例」. "劑藥生徒等 若或拘於人情 怯於彼怒 不徒此規 而任意劑給 則未捧之價 當徵於次知生徒爲齊."

2) 약가(藥價)와 시약량(施藥量)의 산정

여기서는 약국계 기능을 약가와 시약량의 산정을 중심으로 살펴보고자 한다. 먼저 약의 가격 산정 기준에 대해서는 별도의 규정이 파악되지 않는다. 다만 평상시에 약의 가격은 경중(京中)의 그것에 비해 배사(倍蓰)에 이르렀다고 하여 비교적 비싼 가격으로 산정되었을 것으로 보인다.[71] 이렇듯 약의 가격은 분명하게 파악되지 못하지만, 고가의 약재에 대해서는 별도의 규정을 구체적으로 마련하여 운영하였다.

이러한 양상은 지방에서 쉽게 채취되는 향약의 가격은 비교적 저렴한 가격으로 운영되었을 것으로 짐작하게 하며, 이 경우 별도의 규정이 마련되지 않은 것을 보면 약국에서 의료인들에 의해 그 가격이 산정되었을 것으로 짐작된다. 그러나 무역에 의존하여 구입하는 당재(唐材)나 고가의 생·숙지황에 대해서는 별도의 규정이 마련되어 그에 준하여 운영되었던 것으로 파악된다.

생·숙지황은 『고사촬요(攷事撮要)』에 수록된 약가를 기준으로 산정되고 있다. 『고사촬요』는 명종 9년에 어숙권(魚叔權)이 조관대부(朝官大夫)로부터 속거향사(俗居鄕士)에 이르기까지 일상으로 알아두어야 할 의료 상식을 정리한 것으로 광해군 5년의 인쇄본에는 생약과 숙약의 단위당 가치가 상세히 제시되고 있다.[72] 즉 생·숙지황의 약가는 『고사촬요』의 약가를 준거로 삼되 그 양은 절반으로 하고 그 가격은 1배로 산정하여 결국 4배에 준하는 가격으로 운영되었다고 할 수 있다.[73]

향약과 당재 및 생·숙지황과 같은 고가의 약재에 대한 별도의 약가 산정의 원칙에도 불구하고 그것은 시세에 따라 가변적이었다. 예컨대 병자호란을 당하여 당재(唐材)의 무역이 어려워진 상황에서 약가는 전일에

71) 위의 책, 「凡例」. "藥局藥價之貴 雖在平時 比京中倍蓰."

72) "生藥每一兩本國價値 熟藥一服價値"(金斗鐘, 『韓國醫藥史』, p.354.)

73) 『藥契仙案』「凡例」. "依攷事撮要所載之價 折量加一倍."

비하여 십 배 이상으로 등귀하였다고 하였다.[74] 이로 말미암아 약가를 지참하지 않고 약을 구하는 자들에 대한 규제가 한층 강화되고 있음을 보여주고 있다.[75] 약재 확보의 난이도에 따라 약가의 산정이 가변적이었음을 보여주고 있다.

한편 이러한 약가산정 기준을 원칙으로 적용하되, 계원들과 수령에 대해서는 단서조항이 마련되고 있다. 그것은 이들에게 『고사촬요』의 약가를 그대로 적용한다는 것이었다.[76] 이러한 특혜는 계원들에게는 매달 1복(服)에 한정하고,[77] 수령에게는 2~3복에 한정하는 것으로 규정하고 있다.[78] 그러나 어느 경우에도 약국의 설립 이후 재용에 여유가 없을 때는 이 단서조항은 효력이 정지되었으며, 절량가일배수(折量加一倍數)라는 약가책정의 원칙을 준용하도록 하여 약국의 안정적 운영이 고려되고 있음을 볼 수 있다.[79]

인조 26년(1648)에는 위에서 언급한 특혜조항을 확대하는 방향에서 개정이 이루어지고 있다. 즉 계원들은 매달 1복을 『고사촬요』의 가격에 준해 구입할 수 있었으나, 계원 본인과 처자의 질병에는 1년에 5복을 같은 방식으로 더 구입할 수 있도록 규정이 마련되고 있다.[80] 그리고 그 이상의 약을 구입할 때에는 절량가일배(折量加一倍)의 가격 기준을 준용하도록 규정하고 있다.

이러한 양상은 약국계가 결성된 지 40여 년이 경과하면서 당초 약국

---

74) 위의 책, 「凡例」. "今則唐路阻隔 貿得尤難 凡材之貴 十倍於前日是去乙等 典賣收價等事乙 不可如前輕忽."

75) 위의 책, 「凡例」. "今以後 不持價求藥者 一切不給事."

76) 위의 책, 「凡例」. "契員則依攷事撮要藥價."

77) 위의 책, 「凡例」. "契中人親療及契長有司 逐月各溢服外 其餘則依他價貿用."

78) 위의 책, 「凡例」. "雖府官二三服外 依他受價."

79) 위의 책, 「凡例」. "設局後 財用有裕 則依條施行 財用未敷之 先則府官契員 亦納價取用 而依撮要加一倍數."

80) 위의 책, 「凡例」. "今後乙良 契中之人 若有當身病患及妻子病患 則一年劑給五服 而過此則依他納價."

이 갖는 공국의 성격에도 불구하고 계원들의 특혜가 확대되고 있음을 시사하고 있다. 약국계 계원들의 계층적 성향을 일정하게 반영하고 있다고 하겠다. 이러한 계층적 성향은 을해년에 계칙이 개정되면서 계원은 25인을 넘지 못하도록 하는 규정과 무관하지 않은 것으로 보인다.[81)]

즉 당초 취지를 같이 하는 자들은 동참할 수 있다고 하였던 개방적 성향에 비추어 보면 25인으로 한정하는 계칙의 개정은 그 폐쇄성을 반영하는 것으로 이해되며, 이러한 폐쇄성은 곧 계층적 성향이 강화되는 경향과 맞물려 있는 것으로 보인다. 그리고 이러한 경향은 점차로 약국이 갖는 공국의 성격이 변질될 수 있음을 시사하는 대목으로 주목된다고 하겠다.[82)]

이처럼 약가의 산정은 『고사촬요』에 명기된 가격을 기준으로 재산정되었으며, 지방에서 채취가 용이한 향약과 당재를 비롯한 고가의 약재로 구분하여 책정되었다. 당재와 생·숙지황 같은 고가이거나 귀한 약재의 약가는 『고사촬요』의 약가를 기준으로 '절량가일배'라는 계칙을 마련하여 준용하였다. 다만 여기에는 일정하게 신분적 특혜가 반영되고 있으며, 이러한 특혜는 후대에 이르면서 강화되는 추세를 보이고 있다. 이러한 경향은 공국으로서 약국의 성격이 변질되는 요인으로 작용하고 있음을 살필 수 있었다.

3) 약재의 확보 방안

전통의학에서 약재는 향재와 당재로 구분된다. 향재의 확보 방안은 야생하는 것을 채취하거나 이른바 약전에서 종양하였으며, 향재라고 하더라도 그 지방에서 생산되지 않는 것은 당재와 마찬가지로 매입해 들이는 것으로 확보되었다. 여기서는 이러한 분류방식에 따라 그 실상을 파악해

81) 위의 책, 乙亥五月十六日 入參禮時 完議. "契員毋過二十五員 而如有追入之員 契員旣滿則切勿許入事."

82) 『新修參同稧帖顚末』. "中年以來 境內私局這這間出 劑用無難故因掇藥料 而契名尙存."

보고자 한다.

먼저 자생약재의 채취에 대하여 살펴보고자 한다. 이 지방에서 자생하는 약재는 약 100여 종으로 파악되고 있으며, 이들 약재는 그 절기에 맞추어 채취되었다.[83] 여기서 절기는 약재의 채취시기를 의미하는 것으로 그것은 춘등(春等), 추등(秋等), 동등(冬等), 납등(臘等)으로 구분되는 진공약재의 납부시기가 참고가 될 수 있다.[84] 이렇듯 연중 이루어지는 약재의 채취를 위한 노동력은 계원들이 부담하였다.[85] 즉 장노(壯奴) 1명씩을 내어 이행하도록 규정하고 있으며, 이들은 사환(使喚) 내지 약한(藥漢)으로 불렸던 것으로 파악된다.[86]

이들 사환의 규모는 〈표 4〉와 같다.

〈표 4〉 藥局使喚의 규모[87]

地域	姓名	名
局底	禮龍, 繼善, 信奉, 仁興, 三云	5
資可谷	永贊	1
沙火	莫奉, 萬石, 壽善, 萬賢, 伯伊(紙), 順立	6
連谷吐谷	二云, 二善(炭), 奉三, 毛善, 金壽金	5
城山	加八里	1
香湖	金汝元, 士立, 信立	3
丘井	彥立, 李順奉, 金自先, 金自元	4
朴月	愛日	1
大和介金村	金起石	1
計		27

83) 『藥契立議』「凡例」. "此地所產藥材 幾至百餘種 趂節採取."

84) 『關東邑誌』 江陵. 進貢藥材.

85) 『藥契立議』「凡例」. "毋令失時採取之日 契中之人 各出壯奴一名."

86) 위의 책, 藥局使喚都數置付. 己卯正月 日 藥漢改修定. 이전 글에서는 사환과 약한을 별도로 파악하였으나 여기서는 이들이 같은 인물임을 밝혀 둔다.

87) 위의 책, '藥局使喚都數置付' 에서 정리함.

〈표 4〉에서 보는 바와 같이 약국 사환의 규모는 27명으로 파악된다. 이들의 지역 내에서 분포상황을 살펴보면, 약국에 상주하는 인원이 5명이었으며, 사화면(沙火面, 현재 ; 사천면)에 6명, 연곡면(連谷面, 현재 ; 연곡면)의 토곡(吐谷, 현재 ; 퇴곡리)에 5명, 구정면(丘井面, 현재 ; 구정면)에 4명, 향호리(香湖里, 현재 ; 주문진읍 향호리)에 3명, 그리고 자가곡면(資可谷面, 현재 ; 입암동) · 성산면(城山面, 현재 ; 성산면) · 박월리(朴月里, 현재 ; 장현동) · 대화개금촌(大和介金村, 현재 ; 평창군 대화면)에 각각 1명씩 두고 있다. 이러한 지역 내적인 분포는 강릉부의 읍치를 중심으로 할 때 북쪽으로 4개 지역, 남쪽으로 2개 지역, 서쪽으로 3개 지역으로 정리될 수 있으며, 약한의 인원수로 보아 연곡면과 사화면 그리고 구정면에 약재채취의 비중이 두어지고 있었음을 볼 수 있다.

이들 사환은 약국에서 그 명단을 파악하여 관리하였으며,[88] 사망을 비롯하여 결원이 발생할 경우에는 그 지역에서 대역이 정해져 충원되었다.[89] 또한 이들은 모두 자생약재의 채취에 종사하였으나 이들 중 2명은 약국에서 필요로 하는 탄(炭)과 상지(常紙)를 조달하기 위해 여타의 잡역이 면제되고 있었다.[90] 그리고 이들 사환에 대한 관부와 계장, 유사의 임의적인 사사로운 사역은 금지되고 있었다.[91]

이러한 양상은 자생약재의 채취는 약국 운영의 성과와 직결되는 문제라는 점에서 그 역을 담당하는 약한은 여타의 잡역이 면제되어 전업적으로 종사할 수 있었다. 그리고 이들이 채취한 약재는 그 분량을 밝혀 가장 많은 양을 기준으로 삼도록 규정함으로써 다량의 약재를 확보하려는 의미를 갖는 것이었다고 할 수 있겠다.[92] 그리고 자생약재의 채취는 강릉

88) 위의 책, 「凡例」. "契中之人 各出壯奴一名 稟於局中."
89) 위의 책, 藥局使喚都數置付. 己卯正月 日 "藥漢改修定 山採 連各香湖 金禮吉代乙萬 李重宅代想觀 野採藥漢 沙火方洞 沈伐其代莫童."
90) 위의 책, 「凡例」. "使喚貳名除雜役恒定 一名常紙拾伍卷 一名炭玖石."
91) 위의 책, 「凡例」. "局中下人 本局公事外 契長有司 毋得以私事任意使喚."
92) 위의 책, 「凡例」. "某藥則某人採取 採訖來納于局中 以多爲限."

을 중심으로 하는 근처 읍의 약재도 수합되었으니,[93] 여기에는 오현 유사(有司)의 역할이 기대되었다.

다음으로 약재의 확보방안으로 약전(藥田)이 설치되어 운영되었다. 약전은 "부급약전(府給藥田)"이라 하여 관아로부터 지급된 것으로 파악되며,[94] 이는 국가의 의료 체계에서도 구급의약을 확보하기 위해 약전이 설치되었던 것으로 보아 약재확보를 위한 필수적인 조처였던 것으로 파악된다.[95] 약전을 이용한 종양약재의 생산 활동은 약간(藥干)·고직(庫直) 등이 전담하였으며,[96] 이들에게는 일정량의 요식(料食)이 지급되었던 것으로 파악된다.

여기서 주목되는 약간과 고직은 약국에서 상근하는 요원으로 분류될 수 있으며, 앞서 야생 약재의 채취를 담당하였던 약한과 구별되는 전문요원이라 할 수 있겠다. 그리고 이른바 종양약재는 『세종실록지리지』에서 도 단위로 파악되는 품종으로 악실(惡實)·생지황(生地黃)·마자(麻子)·황규자(黃葵子)·자소(紫蘇)·황국(黃菊)·백편두(白扁豆)·대황(大黃)·흑두(黑豆)·율설(栗楔)·형개(荊芥)·박하(薄荷) 등이었을 것으로 보인다.[97]

다음으로 이 지방에서 생산되지 않는 향재와 당재는 매입하여 확보하였다.[98] 약재의 매입활동은 전적으로 약국계의 계장과 유사의 주도로 진행되었다.[99] 향재는 물론 당재를 매입하기 위해 계장과 유사는 정(正)·지(至) 사신 즉 사신처(使臣處)에 찾아가 부탁하도록 계칙으로 규정하고 있으며,[100] 이때 직임으로 선정된 재경인(在京人) 1인이 그 안내역을 맡

93) 위의 책, 「凡例」. "方伯前及隣邑亦爲呈文收合."
94) 『藥契立議』 「凡例」. 府給藥田.
95) 『中宗實錄』 卷105, 中宗 39年 11月 丙申條. "藥田之治 本爲種藥 以須救急之用."
96) 『藥契立議』 「凡例」. 府給藥田. "令庫直藥干等 及時種治 各種藥材."
97) 金斗鐘, 1981, 『韓國醫學史』, p.213.
98) 『藥契立議』 「凡例」. "此地不產藥材 必須貿來."
99) 위의 책, 「凡例」. "契長…有司… 專掌貿買出納收儲等事."
100) 위의 책, 「凡例」. "每年正至使臣處 親往懇囑."

은 것으로 파악된다. 이로보아 약재의 확보는 주로 서울로부터 매입되었을 것으로 이해된다.

이러한 약재의 매입을 위해 요구되는 재원은 창계 초기에는 각 리 단위로 미두를 수합하여 마련되었고, 이후로는 약재 발매를 통해 비축되는 약가미(藥價米)로서 충당된 것으로 파악된다.[101] 또한 재원을 마련하기 위한 방편으로 식리활동을 전개하였으며,[102] 약국계 소유의 토지를 마련하고 그로부터 생산량을 확보하여 재원으로 활용하였으며 「약국전안(藥局田案)」에서 파악되는 토지의 소유양태는 다음과 같다.

〈표 5〉 藥局契의 土地 규모[103]

土地名	規模	收穫量
靑良百十九畓	貳拾卜肆束	壹石落只
楡川五十一畓	陸卜陸束	壹石落只
逑里十一田	捌卜伍束	壹石落只
法界五十二畓	貳卜肆束	貳斗落只
丁豆몰乷十五田	拾壹卜伍束	壹石落只

〈표 5〉에서 나타나는 바와 같이 약국계는 답(畓) 29복(卜) 4속(束), 전(田) 15복 3속의 토지를 소유하였으며, 이 토지에서 매년 4석 2두의 미(米)가 수확되고 있다. 또한 무매(貿買)에 필요한 미는 식리활동을 통해 확보되기도 하였다. 그리고 이를 재원으로 약가를 비롯하여 그 운반을 위한 비용이 지출된 것으로 파악된다.[104]

---

101) 『藥契仙案』「凡例」. "唐材及土地不產之藥 必須貿來 其價則各里收出米斗 以爲價本 其後則 收儲藥價米 以資貿用."

102) 『藥契立議』「凡例」. "局中長利段置 受食之人 累年不償."

103) 『藥局契田案』. "局基田台俊里元屯田壹石落 代逑里十一田八卜五束壹石落只 換捧基坐田也"에서 局基, 元屯田과 逑里田이 교환이 있음을 알 수 있다.

104) 『藥契仙案』「凡例」. "唐材貿易 卜物太價 量卜之輕重 以局中所儲米布 量宜題給."

한편 19세기에 이르러 약국의 운영을 위한 재정에 압박을 받고 있음을 살필 수 있다. 순조 31년(1831) 약국에서 품달한 「소지(所志)」에 의하면 식리전(殖利錢)이 본전(本錢)과 이전(利錢)의 합전(合錢)이 9냥(兩) 9전(錢) 7분(分)인데 수식지인(受食之人)이 이사하여 파호됨에 따라 그 환수가 불가능해졌고, 이를 해결하고자 관부에 입지성급(立旨成給)을 소청하고 있음을 볼 수 있다.105) 또한 장리(長利)의 수식지인이 식리곡(殖利穀)을 상환하지 못하는 실정이 자못 심하여 약국의 노력만으로 징수하기 어려운 실정을 밝히고 있다.106) 또한 약가채(藥價債)도 지적되고 있다. 병의 위급함을 빙자하여 먼저 약을 제급(劑給)한 자의 약가의 불상채(不償債)가 지적되고 있다.107)

이러한 양상은 곧 약국의 운영에서 재정을 압박하는 요인이 되었던 것으로 보이며, 순조 8년(1808),108) 동왕 11년(1811),109) 동왕 22년(1822),110) 동왕 31년(1831),111) 고종 17년(1880),112) 동왕 43년(1906)113)으로 이어지는 토지 매매문기는 결국 약국의 재정을 보전하려는 방책이었음을 시사한다고 보겠다. 이러한 재정적 추이는 약국계가 단절되는 직접적인 요인이 된 것으로 파악되며,114) 결국 경내(境內)의 사국

105) 『所志』 北二里面居藥局釗. "右謹陳所志矣段 矣宅所受結還 殖利錢本九兩四錢九分 利錢四錢八分 合錢九兩九錢七分是乎 所以移居次破戶 則同結還錢 不可不拔本是乎乙置 憑考次 立旨成給之地爲只爲 行下向教是事."

106) 『藥契仙案』「凡例」. "局中長利段置 受食之人 累年不償 多至十餘石者 比比有之 本局號令 萬無徵之努 極爲痛惋爲昆 今以後 不償甚者乙良 官告其名移錄 還上爲齊."

107) 위의 책, 「凡例」. "求藥之人 病急稱云 間或有不給元價 而經先劑去者 甚至於經不償債…自今以後 不持價求藥者 一切不給事."

108) 「嘉慶十三年戊辰十一月二十日崔奴已丑前明文」.

109) 「嘉慶十六年辛未正月十二日藥局有司幼學金學矩前明文」.

110) 「道光二年壬午正月十九日朴奴元奉前明文」.

111) 「道光十一年辛卯十二月二十一日朴奴福創前明文」.

112) 「光緒六年庚辰正月十二日藥局契有司幼學權鏞前明文」.

113) 「光武拾年丙午十二月初一日藥局契前明文」.

114) 『藥契仙案』「凡例」. "古則有藥 故名亦隨之 今旣無藥則其義何據…此契亦今世之參同也."

(私局)의 출현을 가져왔으며,[115] 사족으로서 약국의 경영은 천장부(賤丈夫)의 농단이라 하여 그 명분을 잃음으로써 약국계는 더 이상 존속될 수 없었던 것으로 파악된다.[116]

4. 맺는말

이상에서 조선후기 강릉지방에 설립되었던 약국계의 조직과 기능 그리고 그 운영상의 특성을 파악하고, 이를 통해 재지사족 중심의 지방사회 운영구조를 밝혀 보고자 하였다.

강릉지방의 약국계는 임란 직후인 1603년 재지사족을 중심으로 결성되었으며, 무의무약(無醫無藥)한 지역적 의료 한계를 극복하고 활인명(活人命)을 통해 향촌사회의 안정을 도모하려는 재지사족들의 의지가 결집된 것이었다. 그리고 재지사족의 이러한 동향은 중앙에 비해 상대적으로 열악했던 지방사회의 의료 활동에서 그 질적인 향상을 도모하기 위해 재지사족의 역할을 기대하였던 중앙정부의 지방의료정책을 배경으로 하는 것이었다.

약국계는 그 목적 이행을 위해 약국을 설립 운영하였다. 약국의 설립은 이미 선초 이래로 관주도적으로 운영되어 오던 것을 활성화하는 형태였으며, 이제 약국계의 출현은 약국의 운영주체가 관주도에서 재지사족 중심으로 전환되고 있음을 의미하는 것이었다. 이로써 약국은 향촌사회 공공의 이익을 대변하는 공국(公局)으로서의 성격을 갖는 것이었다.

약국계의 운영조직은 유향소의 좌수(座首)가 계수(契首)를 예겸(例兼)하여 약국의 운영 전반을 검칙하였으며, 약국계를 대표하는 계장과 유사의 임명은 계원의 중론과 좌수가 동의 비망하여 수령이 정탈하였으며, 계

115) 『新修參同稧帖顚末』. "中年以來 境內私局這這間出 劑用無難故因掇藥料 而契名尙存."
116) 위의 책, "今京鄕間 所謂藥局云者 無異於賤丈夫壟斷焉 猝然聞之者 寧不訝惑耶."

장과 유사가 임명하는 오현(五縣)의 유사와 각 면 유사를 두고 있다. 이로써 그 운영조직은 비록 관부의 영향을 크게 받고 있었으나, 약국계의 운영은 춘추강신회를 중심으로 형성되는 계원의 공론에 크게 의존하는 것이었다. 즉 춘추강신회는 계규의 제정과 계원의 처벌, 약국의 운영규정 등의 제반 운영규정의 제정권을 확보하고 있었으며, 이로써 약국계의 운영은 재지사족의 공론을 중심으로 자치적인 성향을 확보하고 있었다.

약국계에서 주도하는 약국의 주요 기능은 의생의 양성, 약재의 확보, 약가의 산정 등으로 파악되었으며, 이를 위해 약국에는 각종 약구(藥具)를 비롯하여 『향약집성방』, 『동의보감』과 같은 방서들이 비치되었다. 계원 중에서 차정되는 의관은 약국의 업무를 총괄하면서 의생의 교육을 전담하였으며, 의생은 지방민의 의료를 직접 담당하였고 의학의 습득 정도에 따라 3등급의 구분을 두었으며, 이들에게는 일정하게 요식(料食)이 지급되었다.

약재는 채취(採取), 종양(種養), 무역(貿易) 등의 방법으로 조달되었다. 약재의 채취 · 종양 · 관리 등의 역할을 담당하는 약한(藥漢)과 고직(庫直)은 부역제에 의거해 동원되었으며, 약한은 계원들의 출력으로 이루어졌으며, 관부에서 지급되는 약전을 이용하여 종양약재의 재배를 전담하였던 고직은 그 전문성을 위해 여타의 역이 면제되었다. 그리고 당재(唐材)와 지역에서 생산되지 않는 약재는 경내의 수합미와 약가미 그리고 식리전을 저본으로 무역을 통해 구입하여 확보하였으며, 계장과 유사의 주도로 이루어지는 당재의 무역은 정지사(正至使) 즉 사신 행렬에 의뢰하여 이루어졌으며, 이때 재경인(在京人)은 그 선도적 역할을 이행하였던 것으로 파악된다.

약가는 『고사촬요』에 제시된 약가를 기준으로 산정되었으며, 생 · 숙지황이나 당재와 같은 귀한 약재는 향약재와 달리 '절량가일배' 를 원칙으로 산정되었다. 이러한 원칙에도 불구하고 약재 확보의 난이도에 따라 약가의 산정은 유동적이었던 것으로 파악되었다. 한편 수령 · 계원들은 비록 귀한 약재라고 하더라도 한 달에 1복에 한해서 『고사촬요』의 약가를 그대로 적용하도록 하여 비계원에 비해 상대적으로 특혜가 마련되고 있다.

한편 재지사족 중심의 약국계의 운영은 보수화되어 가면서 약국이 갖는 공국의 성격이 탈색되어 가는 것으로 이해되었다. 인조 26년(1648)에 계원이 받는 특혜가 계원과 처자로 확대되고 그 시약량도 1년에 5복으로 확대되고 있으며, 물론 수령에 대한 예우도 확대되고 있다. 이러한 상황에서 숙종 21년(1695)에는 계원은 25명을 넘지 못하도록 하여 그 추입을 제한하고 있다.

18세기 말엽에 이르면서 약가채(藥價債)가 누적되고, 약재 무역의 저본인 식리전(殖利錢)이 상환되지 못하는 상황이 발생하면서 약국 운영은 위기에 직면하였고, 19세기 초반에 몇 차례에 걸쳐 토지를 방매하였던 것도 이와 관련이 있는 것으로 파악되었다. 이러한 상황에서 달리 대책이 마련되지 못하고 약국이 폐쇄되는 양상은 곧 재지사족 중심의 향촌운영 질서가 한계에 봉착하고 있음을 의미한다고 하겠다.

제2장
조선후기 문중서원의 건립과 향전의 양상
-강릉지방의 '河南齋是非'를 중심으로-

1. 머리말

조선시대 서원(書院)과 사우(祠宇)의 연구는 일찍부터 제도사적인 차원에서 주목된 이래 시기적 변화상, 정치·사회적 기능, 문중화 경향 그리고 국가의 서원정책 등이 설명되기에 이르렀으며, 나아가 그 역사적 성격을 규명하기 위한 연구의 방향이 제시되고 있는 실정이다.[1)]

근래에 수목되는 조선후기 서원의 문중화 경향은 향촌사회 지배구조의 변화와 맞물린 것으로 이해되고 있다.[2)] 즉 양란을 경과하면서 복구되었던 재지사족(在地士族)의 향안(鄕案) 조직은 사회경제적 변화에 편승하

1) 서원과 사우에 대한 연구사적 정리로는 다음을 참고할 수 있다.
李秉烋, 1981, 「書院과 朋黨」, 『韓國史硏究入門』.
高錫珪, 1987, 「朝鮮書院·祠宇에 대한 연구의 추이와 그 성격」, 『外大史學』 1.
鄭萬祚, 1987, 「書院과 黨爭」, 『韓國史硏究入門』 제2판.
_____, 1995, 「最近 書院硏究 動向에 관한 檢討」, 『韓國學論叢』 18.
2) 李海濬, 1991, 「朝鮮後期 서원연구와 향촌사회사」, 『韓國史論』 21.
_____, 1992, 「조선후기 門中書院 발달의 추이」, 『許善道敎授停年紀念韓國史學論叢』.
_____, 1993, 「朝鮮後期 門中書院 硏究-全南지역 事例를 中心으로-」, 국민대 박사학위논문.

여 해체위기에 직면해 갔으며, 이러한 상황에서 향권(鄕權)을 염두에 둔 재지사족들의 동향은 보다 다양한 양상을 보이고 있었다. 재지사족들은 자신들의 거주지를 중심으로 족적(族的)기반을 확보하여 갔으며, 나아가 족규(族規)를 마련하여 문중의 결성과 족보의 편찬을 추진하면서 그 족적 기반을 강화하였던 것으로 이해되고 있다. 아울러 사족들의 장수강학(藏修講學)의 장인 서원과 사우에 대하여 강하게 집착하였으며, 이러한 성향은 서원과 사우가 중앙의 붕당정치와 연계되면서 훨씬 지속적이면서도 강하게 나타나고 있었다. 이른바 문중서원은 이러한 향촌사회의 지배구조의 변화와 재지사족의 성향을 배경으로 설정되는 것으로 이해된다.

아울러 서원의 문중화 경향은 17세기 후반 이후부터 비롯되는 서원·사우의 남설(濫設) 현상의 배경으로 이해되고 있으며, 이로써 사림의 장수강학과 선현봉사(先賢奉祀)하는 서원의 본래적 기능이 변질되어 상풍패속(傷風敗俗)하는 요인으로 인식되면서 국가의 서원정책의 변화를 불러오는 원인으로 이해되고 있다.[3] 그러나 서원의 정제성을 확립하려는 국가의 서원정책에도 불구하고 사림(士林)의 공론(公論)이 존중되고 그에 따라 정치가 좌우되는 당시의 정치풍토 하에서 지방의 사림세력을 대상으로 자파(自派)의 당세(黨勢)를 부식하고 확장하려는 당파세력 간의 경쟁적 성향은 서원의 남설에 또다른 원인이 되었으며,[4] 향촌사회의 사림들은 이에 편승하여 문중서원을 증설해 간 것으로 이해되고 있다.

그러나 문중서원에 대한 이러한 포괄적인 이해에도 불구하고 그 구체적 양상은 더 많은 설명을 필요로 하고 있다. 비록 문중서원이라 하더라도 그 건립과 조직은 서원의 본래적 기능과 일향(一鄕) 사림들의 공론을 표방할 때 가능할 수 있었다. 그러나 문중서원은 원천적으로 이러한 일반적인 요건을 충족하기에는 한계를 가질 수밖에 없었고, 그것은 향촌지배구조의 변화에 직면하여 문중조직이 강화되는 추이 속에서 한층 난제

3) 李海濬, 1994, 「조선후기 서원의 성격변화와 서원정책」, 『裵鍾茂總長退任紀念史學論叢』.
4) 鄭萬祚, 1989, 「朝鮮朝 書院의 정치사회적 역할」, 『韓國史學』 10.

가 아닐 수 없었다. 이러한 상황에서 문중서원의 건립은 구체적으로 어떻게 가능할 수 있었을까? 이러한 문제는 향촌사회의 역학구도 하에서 진행될 수밖에 없었다는 점에서 많은 사례가 적출될 수 있을 것이다. 따라서 이러한 문제에 대한 포괄적인 이해는 결국 그 구체적 실상을 토대로 하여 귀납적 방법으로 정리될 수 있을 것이고, 더욱이 문중서원의 건립을 둘러싸고 야기되는 치열한 향전의 양상도 이러한 구도에서 정리될 수 있을 것이다.

여기에서는 이러한 시각에서 조선후기 강릉지방의 문중서원의 건립과 이를 둘러싼 사림 문중 간의 갈등양상 즉 "하남재시비(河南齋是非)"를 규명하고자 한다. 이를 통해 일문(一門)의 입장에서 문중서원의 건립과 조직이 어떻게 추진될 수 있었는가? 즉 서원이 문중의 세력기반의 증대와 어떻게 연계되고 있는가를 이해하고자 한다. 아울러 이와 맞물린 사림 문중 간에 야기된 향전(鄕戰)의 구체적 실상이 어떻게 진행되는가를 이해하고자 한다. 이로써 향촌사회에서 서원이 어떤 위상으로 존재하였는가를 이해하고, 나아가 향촌사회 지배세력의 동향과 그 지배구조에 대한 이해를 심화하고자 한다.

강릉지방은 노론(老論)·소론(少論)의 모체인 서인의 세력기반이었다. 이 점은 강릉지방이 율곡 이이의 출생지라는 점이 강하게 부각되면서 비롯된다. 즉 인조 2년(1624) 그를 봉사하는 송담서원(松潭書院)이 건립되고 다시 현종 1년(1660) 사액서원(賜額書院)으로 지정되는 과정은 적어도 일향의 공론을 배경으로 추진되었다는 점에서 이러한 성향을 살필 수 있다.[5] 이후 중앙의 서인세력이 노론·소론으로 분기되고 향촌사회에서 문중의 결성이 촉진되면서 각 문중은 그 입지를 토대로 노론·소론으로 분파되어 중앙의 벌열세력과 연계되어 간 것으로 이해된다. 이러한 양상은 남인을 표방하였던 안동권씨(安東權氏)의 색목(色目)에서 분

5) 『嶺東地方金石文資料集』 I, 松潭書院廟庭碑.

명해진다.[6] 이렇듯 소위 "하남재시비"는 강릉지방 사림의 이러한 양상과 역학구도를 배경으로 하고 있다.

그리고 여기에서 이용된 주 자료는 『하남재지(河南齋志)』이다.[7] 단행본으로 묶여진 이 자료는 18세기 중엽 시비가 논쟁될 당시에 작성된 정문(呈文), 서간문(書簡文), 문집(文集), 축문(祝文), 기문(記文), 홀기(忽記), 상서(上書) 등을 이용하여 소위 "하남재시비" 전말을 연대기적으로 정리한 것이다. 현재로서는 당시 사림의 동향과 성향, 그리고 소위 향전의 양상을 파악할 수 있는 유일한 자료로서 가치를 갖는다. 다만 이 자료는 시비의 당사자 입장에서 정리되어 상대세력의 성향과 동향을 직접적으로 보여주지 못하고 있다는 한계를 갖는다. 그러나 그러함에도 불구하고 당시 시비의 전개양상을 개괄하는데는 모자람이 없는 가치있는 자료로서 중요한 의미를 갖는다. 이러한 점은 본고에서 일문의 입장에서 하남재를 어떻게 발전시키고자 하였는가에 중점을 두고 여기에 대응세력의 동향을 대비함으로써 그 전개과정을 살펴보고자 하였던 이유가 되었다.

2. 삼척심씨의 문중서원 건립추이

(1) 삼척심씨의 하남재 건립

숙종 10년(1684)에 건립된 강릉지방의 하남재(河南齋)는 이정부자(二程夫子) 즉 정명도(程明道) · 정이천(程伊川) 형제의 영정(影幀)을 봉안(奉

6) 『嶺東地方鄉土史硏究資料叢書』 II, 道東祠實記. "愚伏先生 宰江陵三載 敎化大行 庠序規模 婚喪儀節 自玆而明 後之人 將俎豆薦祼報其德 而未遑矣…定基于連谷面退谷 退谷卽權氏之菟裘之鄕…曰今立祠之意 正欲同色 自私之樣 非人民報功之意."

7) 『河南齋志』는 가로 15cm, 세로 23cm에 전체 187페이지로 구성되어 있다.

安)하는 영당(影堂)이다.[8] 이 영정은 강릉지방 삼척심씨(三陟沈氏) 일문(一門)의 현조(顯祖) 어촌(漁村) 심언광(沈彦光)이 중종 32년(1537) 명나라 사신의 접반사(接伴使)로 활약할 당시 구득한 것이었다.[9] 즉 당시 어촌 심언광은 이조판서로서 명사(明使) 공용경(龔用卿)과 오희맹(吳希孟)의 관반사(館伴使)로 활동하였으며,[10] 이들로부터 구득한 영정은 이듬해 어촌이 삭탈관직되어 낙향함으로써 강릉으로 유입된 것으로 보인다.[11] 하남재의 건립 주체는 강릉지방 삼척심씨 일문이었다. 어촌 심언광이 낙향한 이래로 영정은 심씨 일문에 보장(保藏)되어 전승되었고, 하남재의 건립은 영정이 강릉으로 유입된 지 140여 년이 경과한 시점에서 어촌의 6대손 심징(沈澄)[12] · 7대손 심세강(沈世綱)[13] 등을 중심으로 하는 후손들에 의해 주도되었다.

숙종 10년 삼척심씨 일문의 하남재 건립 동기는 두 가지 측면에서 살펴진다. 먼저 강릉지방 심씨 일문의 문중적 입지와 직결되어 있다. 고려 공민왕 때 삼척으로 낙향한 심동노(沈東老)를 시조로 하는 삼척심씨의 일족이 강릉으로 이주하는 시기는 조선초기였다.[14] 이들은 강릉으로 이주한 이래로 이 지방의 토성(土姓)과 혼인을 맺고 있으며, 입강시조(入江始祖)로부터 4대 심준(沈濬)이 성종 20년(1489)에 문과에 급제하고, 5대 심언광(沈彦光)이 중종 8년(1513), 심언경(沈彦慶)이 동왕 11년(1516)

8) 『河南齋志』, 河南影堂事蹟. "崇禎紀元之五十年 我肅宗大王十年甲子…築小屋於鏡浦臺西河南洞 奉安兩程夫子影幀."

9) 『宋子大全』 卷145, 二程先生畵像閣記. "漁村沈公諱彦光 奉使觀周 求得河南二程夫子像."

10) 『嶺東地方金石文資料集』 I, 沈彦光神道碑. "丙申受關西警邊使之命 竣事未還 拜吏曹判書 適堂皇明學士龔用卿吳希盟 來頒慶詔 承命館待周旋酬唱."

11) 『嶺東地方金石文資料集』 I, 沈彦光神道碑. "戊戌以有臺劾斥退田里."

12) 『三陟沈氏世譜』 卷3, 沈世綱條. "公以詩文鳴世 屢擧未第 與伯父(沈澄; 筆者 註)義谷 從遊於尤菴門下 受得河南程夫子影堂記."

13) 『河南齋志』, 河南影堂事蹟. "毅宗皇帝崇禎紀元之五十年 我肅宗大王十年甲子 沈世綱 · 鵬瑞 · 世緯 · 世縝等 築小屋於鏡浦臺西河南洞 奉安兩程夫子影幀."

14) 『三陟沈氏世譜』 卷3, 原連條. "原連(我太祖開國初 屢徵不起)-明德(墓江陵府西 城山面 濟民院 配江陵金氏 父參軍乙琛 外祖令同正於邦寶)."

에 연이어 문과에 급제하여 출사(出仕)하였다.[15] 특히 어촌 심언광(1487~1540)은 중종 2년(1507) 사마(司馬)에 그리고 동왕 8년(1513)에는 명경과(明經科)로 등과(登科)하였으며, 동왕 8년 한림원(翰林院) 검열(檢閱)로 천입(薦入)된 이래 경성교수(鏡城教授), 병(兵)·예조좌랑(禮曹佐郎), 홍문수찬(弘文修撰), 이조좌랑(吏曹佐郎), 사간원정원(司諫院正言), 강원도사(江原都事), 지평(持平), 충청도사(忠淸都事), 공(工)·병(兵)·이조정랑(吏曹正郎), 사복사첨정(司僕寺僉正), 경성판관(鏡城判官), 장령(掌令), 교리(校理), 직제학(直提學), 사헌집의(司憲執義), 예문응교(藝文應教) 등을 두루 역임하였으며,[16] 이어서 동왕 31년(1536) 관서경변사(關西警邊使)로 임명되어 관서지방에 파견되어 있었으며, 이듬해에는 이조판서에 제수되면서 곧바로 명사(明使)의 관반(館伴)으로 임명되었던 것으로 보인다.

이로써 강릉지방에 입향한 삼척심씨 일문은 성종 20년(1489) 심준의 출사로부터 중종 33년(1538) 어촌 심언광이 퇴관하기까지 비록 단속(斷續)은 있었겠지만, 2대에 걸쳐 3인이 50여 년 동안 관원으로 활약하고 있음을 살필 수 있다. 이로부터 삼척심씨 일문은 물적·인적 기반을 확보하면서 향촌사회의 사족(士族)의 반열에 오를 수 있었을 것이며, 아울러 강릉지방 토성과 혼인을 맺으면서 현족(顯族)의 지위를 확보할 수 있었을 것이다.

---

15) 『三陟沈氏世譜』

入江始祖 原連—明德—忠甫—文桂

- 灌
  - 彦弼
  - 彦誠
- 濬(成宗丙午進士己酉文科三等歷戶曹佐郎兼知製教)
  - 彦慶 (中宗庚午生進俱中丙子文科歷正言獻納持平掌令…)
  - 彦良
  - 彦光 (中宗丁卯進士癸酉文科歷翰林湖堂文章應教吏議大司成直提學…)

16) 『嶺東地方金石文資料集』 I, 沈彦光神道碑. “丁卯中司馬癸酉登明經科薦入翰林拜檢閱轉奉教己卯冬坐黨禍貶鏡城教授久之拜兵禮二曹佐郎尋除弘文修撰吏曹佐郎司諫院正言出爲江原都事召拜持平遷忠淸都事改工兵吏曹正郎司僕寺僉正除鏡城判官入爲掌令改校理丙戌遭金夫人喪闋連連除校理典翰直提學間爲司憲執義藝文應教改淸選也.”

그러나 어촌 심언광은 중종 33년 삭탈관직되었다. 즉 동왕 32년 김안노(金安老)의 유배에 연루됨으로써 대간(臺諫)의 탄핵을 받아 삭탈관직되었으며, 심언경 또한 같은 사건으로 파직되었다.[17] 이로써 양인은 낙향한 이래 다시 관직에 서용되지 못하였다. 이후 삼척심씨 일문은 숙종 10년에 이르러 어촌 심언광이 복권(復權)되기까지,[18] 즉 어촌 심언광으로부터 6~7대손에 이르기까지 관원을 배출하지 못하고 있다. 이러한 양상은 어촌 심언광과 적연(磧淵) 심언경이 파직된 것과 무관하지 않을 것이다. 즉 현조의 금고(禁錮) 상태가 무려 140여 년간 지속됨으로써 그 후손들이 출사가 여의치 못하였음을 보여 준다고 할 것이다.

이로써 삼척심씨 일문의 입지는 크게 위축되었을 것으로 보인다. 비록 선조 36년(1603) 강릉지방의 재지사족들로 구성된 약국계(藥局稧)에서 어촌 심언광의 직계 후손들이 6대에 걸쳐 동참함으로써, 삼척심씨 일문이 향촌사회의 사족의 반열에 놓여 있음을 살필 수 있지만,[19] 현조의 금고상태가 지속되는 상황에서 그 후손들의 입지는 위축될 수밖에 없었을 것이고, 더욱이 그러한 양상이 140여 년간 지속되면서 그 후손들의 출사가 어려웠다면 삼척심씨 일문의 재지적 기반마저도 동요되지 않을 수 없었을 것이다. 이러한 상황에서 심씨 일문의 현조 어촌 심언광의 복권은 문중적 과제가 되었으며, 어촌이 구득한 두 정부자의 영정을 봉안하는 하남재의 건립은 어촌의 복권과 맞물린 심씨 일문의 문중적 현안일 수 있었던 것이다.

다음으로 하남재 건립의 직접적인 계기는 심씨 일문과 중앙의 노론세력이 연계된 데서 찾을 수 있다. 즉 2차 예송(禮訟)으로 함경도 덕원(德源)으로 유배되었던 서인의 영수(領袖) 우암(尤菴) 송시열(宋時烈)이 숙종 5년

17) 『臨瀛誌』 卷3, 叢話. "沈漁村爲都憲時 安老方熾 欲殺張玉父子 羅織甚酷 漁村力救之 得免陳宇之死 亦力爭不得因是交厚遂褱黜 爲咸鏡監司 其秋安老果敗 漁村之兄 彥慶罷官 其年冬…卒削官以去 其家傳如是."

18) 『嶺東地方金石文資料集』 I, 沈彥光神道碑. "遂奪官放歸 歿後百四十五年 肅宗甲子特命 還其職牒伸其幽枉."

19) 李揆大, 1988, 「朝鮮後期 藥局稧의 一考察」, 『又仁金龍德博士停年紀念史學論叢』, p.273.

(1679) 거제도로 이배(移配)되었으며, 우암은 북으로부터 남천(南遷)하는 도중에 강릉을 경유하면서 심씨 일문을 예방하였던 데서 비롯된다.[20] 당시 심씨 일문은 어촌 심언광이 구득한 이정부자(二程夫子) 즉 정명도(程明道)·정이천(程伊川)의 영정(影幀)을 보장(保藏)하고 있었으며, 우암의 예방은 이 영정에 관심을 보인 것이었다. 이러한 사정은 우암이 이배되기 직전에 『주자대전차의(朱子大典箚疑)』와 『이정전서(二程全書)』의 편차를 분류한 『정서분류(程書分類)』를 편찬하고 주자언설(朱子言說)의 정론(定論)을 제시하여 주자도통체계(朱子道統體系)를 정립하고자 하였던 점을 염두에 둘 때,[21] 주자가 극찬한 이정부자의 영정은 우암으로서도 관심사가 되지 않을 수 없었을 것으로 짐작된다. 또한 도통계승의 궁극적인 목표가 세도(世道)의 실현이라는 점을 염두에 둘 때, 우암의 예방은 심씨 일문을 중심으로 이 지방에 자파를 부식하려는 정치적 의도를 배제하기 어려울 것이다.

심씨 일문은 우암의 예방을 계기로 자신들의 현조 어촌 심언광의 신원을 계획하였던 것으로 보인다. 어촌의 6대손인 심징(沈澄)은 경신출척(庚申黜陟)으로 서인이 재집권하게 되자 3차례에 걸쳐 그 신원을 탄원하는 상소를 올리고 있으며, 그 결과 숙종 10년에 이르러 그 직첩이 환급되었다.[22] 어촌의 복권과 관련하여 심씨 일문에서 좌상 민정중(閔鼎重)과 우상 이상진(李尙眞)을 앞세우고 있는 것도 당시의 복권이 노론세력과 연계되어 가능하였음을 보여주는 대목이라 할 수 있다. 이로써 심씨 일문은 우암의 예방을 계기로 중앙의 노론세력과 관계를 유지함으로써 현조 어촌 심언광의 신원을 성사시킬 수 있었다고 할 수 있다. 숙종 10년 어촌 심언광의 복권은 심씨 일문의 입장에서 그간에 가문의 입지를 구속하였

20) 『河南齋志』, 河南影堂事蹟. "先是尤菴先生 被謫自北南遷時 歷過于此 見其山川形勝 寄友人書曰 山如朱晦 海若鄒聖云云 則此是 遺躅之地 故追配."

21) 金駿錫, 1988, 「17世紀 畿湖朱子學의 동향-宋時烈의 「道統」계승 운동-」, 『孫寶基博士停年紀念韓國史學論叢』, p.382.

22) 『三陟沈氏世譜』 卷3, 沈澄條. "肅宗甲子西紀一六八四年 五代孫澄 上言駕前 其時左相閔鼎重右相李尙眞 皆以不可不伸白 獻議而猶未蒙允 至於三呈 自上還給職牒."

던 문제가 해소된 것으로 그 문중적 기반이 강화되는 의미를 갖으며, 아울러 중앙의 노론세력과 유대관계를 맺음으로써 문중의 새로운 입지를 확보하는 의미를 갖는다.

심씨 일문은 어촌의 복권에 이어 영정을 봉안하는 하남재 건립을 시도하였으며, 하남재의 건립 시기는 숙종 10년으로 어촌의 복권과 동시기로 파악되고 있다. 즉 영정의 구득경위를 염두에 둘 때, 하남재의 건립은 어촌 심언광의 복권을 전제로 가능한 것이었으며, 하남재의 건립은 어촌 심언광의 복권과 병행된 작업이었음을 시사한다. 그리고 이러한 점은 하남재 건립을 위해 심씨 일문이 우암을 중심으로 하는 노론세력과 교감을 이루고 있다는 데서 살필 수 있다.[23]

즉 이 시기에 어촌의 6, 7대손인 심징과 심세강(沈世綱) 등은 하남재의 건립을 위해 우암 · 도원(道源) 송규렴(宋奎濂) 등과 수차례에 걸쳐 교신하고 있음이 확인되는 바,[24] 이는 하남재 건립을 위한 것이었다고 보이며, 아울러 심씨 일문의 요청에 따라 우암과 도원 사이에서도 즉 노론세력 내부에서도 사우의 사체(事體)문제에 대한 논의가 신중하게 진행되고 있음을 살필 수 있다.[25] 이로써 숙종 10년 강릉지방 심씨 일문의 하남재 건립은 현조 어촌 심언광의 복권에 이은 것이었으며, 어촌의 복권에 이은 하남재의 건립은 심씨 일문과 중앙 노론세력이 연계됨으로써 가능한 것이었음을 살필 수 있다.

요컨대 심씨 일문의 하남재 건립은 어촌 심언광의 복권에 이은 것이었으며, 어촌의 복권이 서인세력의 지원에 크게 힘입은 것이었듯이 하남

---

23) 『河南齋志』, 答宋道源奎濂 ; 『宋子大典』 卷30, 54章. "洪始乃悔之曰 李文靖眞聖人也 此則今河南事難保 其不如龍潭 故去歲沈上舍之來請文也 重其然諾 盖以此也 今又千里專書以申前意 則其勤至矣 終不可孤負 故草送斯文."

24) 『河南齋志』, 答沈上舍世綱書.

25) 『河南齋志』, 答宋道源奎濂 ; 『宋子大全』 卷30, 54章. "享祀一款終不擧論 盖此享祀之需出於何處 若是私備 則事體近瀆 若請於官家 則官家必以不係祀典爲難也 此未可知也 愚意莫如依朱子閣 奉先聖像率子弟瞻拜例爲之 則旣伸尊敬之儀 而無公私煩擾矣."

재 건립 또한 그 연장선상에서 추진되었음을 살필 수 있다. 아울러 어촌 심언광의 복권이 심씨 일문의 문중적 기반과 입지를 강화하는 의미를 갖는다면, 하남재는 그 문중적 기반과 입지를 반영하는 상징적 기제였으며, 심씨 일문의 입지를 보장할 수 있는 새로운 기제로서 의미를 갖는다.

(2) 하남재의 문중서원화 경향

숙종 10년 어촌 심언광의 복권이 성사되자 심씨 일문은 어촌이 구득한 양정부자의 영정을 봉안하기 위한 사우의 건립을 추진하였다. 사우의 건립은 표면적으로는 양정부자의 영정을 봉안하려는 것이었지만, 어촌 심언광이 영정을 구득하였고 어촌의 복권에 이어 진행되었다는 점에서 심씨 일문의 입지와 직결되는 사안으로서 성격을 띠고 있었다.

그리고 사우의 건립은 어촌 심언광의 복권의 연장선상에 놓여 있었고, 이것은 심씨 일문이 노론세력과 연계구도 하에서 추진하고 있음을 의미한다. 즉 일반적으로 사우의 건립은 일향 사림의 공론을 토대로 하고, 다시 산림세력과 연계하여 추진될 때 가장 이상적일 수 있다. 그러나 심씨 일문의 사우 건립은 어촌의 복권이 그러하듯 일문의 입지가 반영된 사안으로서 추진되었으며, 아울러 향촌사회의 공론보다는 중앙의 노론세력과 연계되어 추진되고 있음을 의미하는 것이다.

어촌의 7대손 심세강은 사우를 건립하려는 의사를 우암에게 전하여 그 지원을 요청하였고, 이로써 심씨 일문은 우암으로부터 그 지원을 약속받은 것으로 보인다.[26] 이러한 과정은 심씨 일문이 사우 건립을 계획하면서 그 명분을 노론세력으로부터 확보하려는 성향을 반영하는 것이고, 그 명분은 곧 사우의 사체(事體)를 규정하는 것이었다. 그러나 사체 규정은 양자 사

26) 『河南齋志』, 答宋道源奎濂 ; 『宋子大典』 卷30, 54章. "洪始乃悔之日 李文靖眞聖人也 此則今河南事難保 其不如龍潭 故去歲沈上舍之來請文也 重其然諾 盖以此也 今又千里專書以申前意 則其勤至矣 終不可孤負 故草送斯文."

이에서 논의된 바 없으며, 보다 서인세력의 입장에서 규정되고 있다. 즉 우암은 도원에게 보내는 서간문에서 향사(享祀)의 재원을 사적으로 갖출 경우 성현에 대한 근독(近瀆)이 우려되고, 관가로부터 확보하려고 할 경우 사전(祀典)에 벗어난다는 이유로 말미암아 소요가 우려된다는 점을 지적하고 있다.[27] 심씨 일문의 사우 건립으로 말미암아 야기될 공사간의 번요(煩擾)를 우려하는 노론세력의 이러한 입장이 반영되면서 사우의 사체는 가숙(家塾) 즉 사숙(私塾)으로 규정되었다.[28] 이러한 점은 보다 노론세력의 내부조정에 의해 사우의 사체가 규정되고 있음을 시사하는 것이다.

노론세력의 입장이 반영되면서 사우의 사체는 가숙으로 규정되었고, 그것은 율곡 이이가 건립한 주자사(朱子祠)를 그 모범으로 수용하여 먼저 영정을 봉안하고 자제들과 함께 첨배(瞻拜)하는 가숙의 형태를 의미하는 것이었다.[29] 이러한 결정은 노론세력의 내부조정에 의해 정리된 것이었지만, 심씨 일문의 입장에서는 만족스럽지 못한 것이었다.[30] 즉 사우의 사체가 가숙으로 규정됨으로써 현실적으로 그 건립을 위한 재원을 문중 외적으로 확보하는데는 명분론적으로 한계를 갖는 것이었으며, 나아가 가숙이 비록 현덕(賢德)을 숭상하는 사우의 본래의 기능을 확보하는 것이었다고 하더라도 사인(士人)의 장수처(藏修處)로서 공공성의 확보라는 점에서는 취약한 것이었다. 심씨 일문의 만족스럽지 못한 이러한 입장은 우암이 도원에게 보낸 서간문에서 심씨 일문의 이해를 촉구하고 나선 데서 살필 수 있다.

그러나 비록 심씨 일문의 이러한 입장에도 불구하고 가숙의 건립은 일

---

27) 『河南齋志』, 答宋道源奎濂 ; 『宋子大典』 卷30, 54章. "享祀一款終不擧論 盖此享祀之需出於何處 若是私備 則事體近瀆 若請於官家 則官家必以不係祀典爲難也 此未可知也 愚意莫如依朱子閣 奉先聖像率子弟瞻拜例爲之 則旣伸尊敬之儀 而無公私煩擾矣."

28) 『影堂記歷』, 奉安朱夫子影幀 小敍. "而至盖鄕人沈氏之所奉來 權藏于沈氏之私塾."

29) 『河南齋志』, 答宋道源奎濂 ; 『宋子大典』 卷30, 54章. "愚意莫如依朱子閣 奉先聖像率子弟瞻拜例爲之 則旣伸尊敬之儀 而無公私煩擾矣."

30) 『河南齋志』, 答宋道源奎濂 ; 『宋子大典』 卷30, 54章. "以此警欬於沈氏 而方以不尊儒賢 謗言溢世 故不敢復爲開口 盖慮添此一材料 以助衆口 故不敢也 君須以此意微通于沈氏 而此紙還送可也."

문의 입지를 강화하는 의미를 갖는 것이었다. 즉 노론세력으로부터 심씨 일문의 가학(家學)의 정통성이 인정되고 있다는 점이다. 이러한 점은 숙종 14년 우암의 「이정선생화상각기(二程先生畵像閣記)」와 "역무이등운곡(歷武夷登雲谷)" 이라는 편액,[31] 그리고 동춘당 송준길의 "양몽(養蒙)", "양수(養秀)", "양정(養正)" 이라는 당액(堂額)이 심씨 일문에 전해짐으로써 확인되고 있다.[32] 이를 좀 더 구체적으로 살펴보면, 그것은 숙종 14년 우암이 지은 「이정선생화상각기」에서 분명하게 드러나고 있다. 즉 우암의 기문(記文)은 세 가지 내용으로 정리되는 바, 먼저 이정부자의 진영(眞影)이 심씨 일문에 상전된 내력을 기술하고 있으며,[33] 다음은 어촌이 영정을 구득한 뜻을 규정하는 것이었다. 즉 중종조의 기묘명현(己卯名賢)들은 『근사록(近思錄)』에 수록된 이정부자의 가언선행(嘉言善行)을 토론과 경연강설(經筵講說)의 근거로 삼았음을 밝히고 어촌이 영정을 구득한 뜻도 이러한 기묘인의 입장과 일치하는 것으로 규정하고 있다.[34] 끝으로 어촌의 후손이 영정을 보장(保藏)해 온 노고를 치하하는 내용이다.[35] 즉 후손들이 영정을 보장한 사실이야말로 이정부자의 '경(敬)'의 철학을 칭송한 주자의 도를 계승하는 소치로 규정하고 있는 것이다. 이로써 노론의 영수 우암에 의해 주자적 도통관(道通觀)의 계승이라는 차원에서 심씨 일문의 가학의 정통성이 정립되고 있으며, 그것은 사우 즉 하남재 건립의 당위성을 추인하는 것이기도 하였다.

31) 『河南齋志』, 河南影堂事蹟. "毅宗皇帝崇禎紀元之五十年 我肅宗大王十年甲子 沈世綱・鵬瑞・世緯・世縝等 築小屋於鏡浦臺西河南洞 奉安兩程夫子影幀時 尤菴宋先生時烈 撰影堂記文書影堂扁額及養秀・養正齋 又書歷武夷登雲谷六字."

32) 『河南齋志』, 河南影堂事蹟. "且同春宋先生浚吉書養蒙・養秀・養正三堂額."

33) 『宋子大典』 卷145, 二程先生畵像閣記. "漁村沈公諱彥光 奉事觀周 求得河南二程夫子像以來藏之 于鏡浦臺上後幾年 而六世孫世綱等 以臺東有河南村 築小屋奉安二像."

34) 『宋子大典』 卷145, 二程先生畵像閣記. "…余惟漁村實中宗朝己卯人 己卯諸賢專尙近思錄 夫二夫子之嘉言善行 皆萃於此書 當時諸賢之相與討 論及經筵講說 皆自此書中出來 則漁村之獨求二像以來者 亦可見其意之所在也…."

35) 『宋子大典』 卷145, 二程先生畵像閣記. "其子孫葆藏相傳 已是難事 而于今 尊奉事體 益以隆重 此又可尙也…此實漁村子孫之所當知者."

한편 숙종 10년(1684) 하남재가 건립된 이후 심씨 일문과 서인세력과의 관계는 중앙의 빈번한 정쟁과 맞물려 나타나고 있다. 즉 중앙의 노론세력이 동왕 15년(1689) 기사환국으로 축출되었던 시기에 심씨 일문의 동향은 확인되지 않는다. 다만 이 기간 동안 심씨 일문은 자제들과 함께 첨배(瞻拜)를 준행하였을 것으로 짐작된다. 다시 노론세력이 동왕 20년(1694) 갑술환국으로 재집권한 상황에서 심씨 일문은 그간의 노론세력과의 관계를 토대로 가숙으로 성격이 규정되는 하남재의 발전을 모색한 것으로 나타나고 있다.

즉 심씨 일문은 동왕 24년(1698)에 우암과 어촌을 하남재에 추배(追配)하려는 동향을 보이고 있으며, 이는 무엇보다 사사(賜死)되었던 우암이 갑술환국으로 복권된 데 크게 영향을 받은 것으로 보인다. 어촌의 6대손 심징(沈澄)은 양인을 추배하는 것이 하남재의 사체(事體)에 어떠하겠는가에 대해 화양문중(華陽門中)에 의사를 타진하고 있으며,[36] 이에 따라 화양문인, 즉 한수재(寒水齋) 권상하(權尙夏) · 치천(痴川) 이지렴(李之濂) · 사은(四隱) 이담(李橝) · 후곡(後谷) 송규창(宋奎昌) 등이 그 적부를 논의하고 있음을 살필 수 있다.[37] 이러한 논의의 결과는 동왕 23년 감찰(監察) 이담의 "답심생원징서(答沈生員澄書)"와 함께 추배를 위한 축문이 전달됨으로써 사실상 인정되고 있음을 살필 수 있다.[38]

화양문인의 논의 과정에서 주목되는 것은 양인의 추배는 하남재가 원

36) 『河南齋志』, 華陽門人語錄. "沈斯文澄曰 河南影堂旣是老先生事業…何幸天日重明聖恩快悟 旣復先生之官職…則以先生追配於影堂事體如何…而吾祖實是己卯之士類 則吾祖同配亦如何."

37) 『河南齋志』, 華陽門人語錄. "寒水齋 權掌令尙夏曰…二公皆不失於程氏之淵源 今公顧不足爲己卯之聞人耶 云漁村之日後追配宜矣 至於先生之陞配 不必問諸而後奉行矣 痴川李正郎之濂曰 …以此觀之 漁村實己卯士類且影主人 此後追配不亦可乎 四隱李監察橝曰…先生之配東 漁村之配西 豈不合當乎…後谷宋參奉奎昌曰…遠近章甫或有藏修之人 則與同藏修可也 不然則長作沈氏家之塾亦宜矣."

38) 『河南齋志』, 答沈生員澄書. "所須文字 與同門諸友 爛慢相議 續成留置者久矣 玆因索便呈送耳 追配祝亦依教草送 而文不如意 惟俟取捨之如何耳 只此秋序侍下加慶 伏惟兄照下謹謝狀 丁丑八月望弟橝."

근장포의 장수처로 기능할 수 있을 때 가능하다는 후곡 송규창의 지적이다.[39] 즉 가숙에 우암을 추배하는 것은 사체의 문제가 제기될 수 있다는 것이고, 적어도 하남재가 가숙의 한계를 탈피하여 사림의 장수처로서 공공성을 확보할 때 우암의 추배가 가능할 수 있다는 것이다. 이러한 점에서 심씨 일문이 양인의 추배를 추진하였던 것은 다름 아닌 하남재를 서원으로 발전시키려는 의도의 반영이었다고 할 것이다. 물론 하남재의 양인 추배는 명분론적으로 이들의 학문적 연원이 종주조정(宗朱祖程)을 이어가는 도학적 정통성을 갖는다는 점에서 가능한 것이었다. 그리고 이러한 도학적 정통성의 계승이라는 명분의 확보는 하남재가 비록 가숙이었지만, 이제 도학의 정통을 이어갈 사림들의 장수처 즉 서원으로서 기능할 수 있는 기반을 확보하였다는 의미를 갖는 것이었다.

이처럼 심씨 일문은 하남재에 우암과 어촌의 추배를 추진함으로써 가숙을 사림의 장수처 즉 서원으로서 발전시키고자 하였으며, 이 또한 화양문인의 지원에 힘입어 양인의 추배를 추진함으로써 하남재는 "다사초집(多士稍集) 원양파성(院樣頗成)"으로 사족의 장수처 즉 '하남서원'으로 일정하게 기능할 수 있었다.[40] 더욱이 우암을 추배하여 하남재의 서원화가 가능하였다면, 자신들의 현조 어촌 심언광을 우암과 함께 추배함으로써 하남서원은 소위 문중서원으로서 기능할 명분을 확보하였다고 할 것이다.

한편 심씨 일문이 하남재에 양인을 추배한 사실이 노론세력의 지원 하에 가숙을 문중서원으로 발전시키기 위한 명분을 확보하는 것이었다면, 양인을 추배한 이후 나타나는 심씨 일문의 몇 가지 동향은 문중서원의 운영을 실천하기 위한 문중의 내적인 결속과 그 외양을 갖추려는 성향을 띤

39) 『河南齋志』, 華陽門人語錄. "後谷宋參奉奎昌曰 昔年以河南影堂事 更稟於老先生 則答曰 愚意莫如依朱子閣 奉先聖率子弟瞻拜例爲之 而遠近章甫或有藏修之人 則與同藏修可也 不然則長作沈氏家之塾亦宜矣 勿令醜正之徒 混雜於其間也 云先生微意 則於此可知 而貴鄕願徒之人 或果有某某耶."

40) 『河南齋志』, 河南齋辨誣記實(六月二十二日). "奉議于華陽門人 追配老先生與漁村先生於東西壁者 寒水齋·痴川·四隱·後谷諸先生所立議 則末學後生詎敢容喙於其間耶 自是之後 爲沈氏家塾 而近年以來 遠近章甫間 多有藏修之人 多士稍集 院樣頗成."

것이었다. 먼저 양인을 추배한 직후 제정되는 "입규(立規)"는 문중의 내적인 결속을 도모하는 족규적(族規的) 성격을 띤 것으로, 비록 하남재는 가숙이었지만 서원의 의례에 준하는 운영규칙이 마련되고 있다.

〈표 1〉 하남재의 운영규칙[41]

一. 惟我影堂建立 豈偶然哉 昔朱夫子嘗立先聖司 率子弟朝夕瞻拜 以寓尊敬之誠 我東先儒亦多有行之者 而栗谷先生 亦立朱子祠於石潭 率門人焚香拜謁 則家塾之設古也 粤在嘉靖年間 吾先祖爲館伴求得兩程畵像 以來藏之家矣 肅宗甲子築祠宇於河南洞中 奉安影幀 其後十五年戊寅 以尤菴漁村追配其意不淺淺也 幸望一家諸族 十分勉旃無墜先訓也
一. 盖此享祀一款 旣不係祀典 則不可輕 先爲之依朱子閣奉先聖像 率子弟瞻拜例爲之 一. 朔望焚香 有司三人及執事二人爲之 而執禮 則東唱兼之 贊者 則謁者兼之事 一. 春秋仲月中丁 則一依書院丁享例 焚香告祝 瞻拜於文恭祠宇 時享後而執禮一人 東西唱各一人 贊謁各一人分排事 大祝一人 一. 冬至正朔 則無祝文合焚香 而執事一依丁日例 行禮事 一. 焚香後 退于外庭 行相揖禮事 一. 或有遠近章甫及文蔭官長 瞻謁之道 則俱東西唱一依焚香例爲之事 一. 朔望焚香時 有司外執事二人 諸族中以正間次第知委爲之 而若有違令之人 則二朔損徒不參於一 家會集 又徵租官二斗 以爲添補事
一. 正間次第時 或身病有故 則使子弟代行 又無了弟 則雖請於諸族中代行行禮俾無出于施罰之地事 一. 正間次第 則過一年后 歲首改正間行之 而今年如是 明年亦如是 永久遵行事 一. 影堂各樣等事 豈凡忽爲之乎 此是吾先世創立尊慕之事 爲其子孫者 其於尊祖尊賢之道 不可凡視 一一着力施行事 一. 凡此藏修之人 衣冠整齊言語詳愼 不法不動非禮勿聽 只以一敬字爲主宰毋墜我先世創立之意事 一. 影堂雖曰吾家家塾 旣是齋所 則凡大小會集 一切嚴飭事 一. 禁其浮雜之類 切勿出入 毋至煩撓之境事

41) 『河南齋志』, 立規.

〈표 1〉에서 보는 것처럼 "입규"는 모두 14개 조항으로 마련되고 있다. 이를 다시 세 부분으로 구분하면 앞의 〈표 1〉과 같다. 즉 먼저 하남재의 연혁을 밝히고 그 취지를 현조의 유훈(遺訓)으로 계승할 것을 강조하는 부분이다. 다음으로 하남재의 운영을 서원의 의례에 준해 항식화한 부분으로 6개 항목으로 구성되어 있다. 즉 춘추중월정일(春秋仲月丁日)의 분향(焚香)은 서원의 정향례(丁享例)에 준하며, 삭망(朔望)·춘추(春秋)·동지(冬至)·정월(正月)의 분향례를 항식화하도록 규정함으로써 하남재를 서원으로 발전시키려는 성향을 분명하게 드러내고 있다. 아울러 그 운영을 위한 직제로서 유사(有司) 3인과 집사(執事) 2인을 족척으로 차정하고 일정 기간을 나누어 맡아 운영하도록 규정함으로써 족척중심의 운영구조를 지향하고 있다. 다음으로 그 운영규칙의 준행을 강제하는 내용으로 7개 항목으로 구성되어 있다. 즉 직임은 일정 기간을 나누어 맡아 운영하되 그 위령자(僞令者) 대해서는 2삭손도(二朔損徒)와 조관(租官) 2두(斗)를 규정하여 그 준행을 강제하고 있으며, 아울러 족인은 물론 사림에 대해서도 그 준행의 강제를 규정하고 있다.

이처럼 양인의 추배 직후에 마련되는 "입규"는 하남재가 서원을 표방하면서 마련된 것으로 심씨 일문의 하남재를 서원으로 발전시키려는 성향을 분명히 드러내는 것이었으며, 그것은 무엇보다 족척으로 차정되는 직임의 역할을 규정하고 일정 기간 나누어 맡아 운영함으로써 족척의 내적인 결속을 도모하는 소위 족규적인 성격을 갖는 것이었다. 이러한 점도 당시 심씨 일문이 추구한 서원화 작업이 문중서원을 분명히 표방하고 있음을 보여주는 대목이라 할 것이다.

다음으로 우암과 어촌의 추배를 추진함으로써 하남재가 사림의 장수처로서 기능할 명분을 확보한 심씨 일문은 이와 병행하여 소위 '하남재 유생'을 중심으로 재회(齋會)를 구성함으로써 그 외양을 갖추어 갔다.[42]

---

42) 『河南齋志』, 河南齋辨誣記實(丁酉正月二十五日). "以驪江之議發簡南北 齋會于本齋."

이러한 사실은 위의 "입규"에서 장수지인(藏修之人)에 대한 규제조항과 대소집회(大小集會)에 대한 규정이 마련되고 있는 데서 살필 수 있다.

하남재의 재회는 장수지인으로 구성된 하남재 운영의 중심적 기구이다. 이러한 점은 정유(丁酉)에 태학으로부터 주부자 영정을 하남재로 봉안하고자 할 때, 재회로부터 그 사안의 추진을 위한 공론이 수렴되고 있다는 점에서 살필 수 있다.[43] 그러나 하남재의 재회는 이처럼 그 운영의 중심적 기구였지만, 그에 앞서 서원의 건립에서 일차적으로 일향 사림의 향론 즉 공론의 확보가 요구된다는 점에서 심씨 일문이 추진한 재회의 구성은 그 일단을 확보하는 의미를 갖는 것이 아닐 수 없다.[44] 더욱이 당시 서원의 건립은 심씨 일문의 입장에서 추진되었고 서인세력의 지원에 힘입은 것이었던 점에서 재회의 구성은 향촌사회 내적으로 그 기반을 확보하는 기제로서 의미를 갖는 것이었다.

이상에서 정리한 바와 같이 심씨 일문은 노론세력의 지원 하에 하남재를 건립한 이래로 그 연장선상에서 하남재를 서원으로 발전시키려는 성향을 보이고 있었다. 숙종 15년 심씨 일문이 추진한 우암의 추배는 하남재를 서원으로 발전시키기 위한 명분을 확보하는 작업이었으며, 아울러 자신들의 현조 어촌 심언광을 우암과 함께 추배함으로써 문중서원의 건립을 지향하고 있었다. 또한 노론세력의 지원 하에 양인의 추배를 추진한 심씨 일문은 족규적인 성격을 띤 하남재의 운영규칙과 하남재 운영의 중심기구로서 재회를 구성함으로써 소위 하남서원의 발족을 위한 족척의 결속과 외양을 갖추어 갔다.

43) 『河南齋志』, 河南齋辨誣記實(丁酉正月二十五日). "以驪江之議(筆者 註; 朱夫子影幀 奉安件) 發簡南北 齋會于本齋."

44) 『河南齋志』, 刱廢本末. "通文 伏以鄙鄉沈氏之 假名河南 僞設書院 道內想已聞知矣."

3. 시비(是非)의 발단과 전개

(1) 시비의 발단

앞에서 하남재의 문중서원화 경향을 살펴보았으며 심씨 일문의 이러한 성향은 이후 지속되었을 것으로 보인다. 이러한 사정은 영조 37년 현조 어촌 심언광이 "문공(文恭)"이라는 시호(諡號)를 받는 데서 살필 수 있다.[45] 심씨 일문의 시호 요청이 어떤 과정으로 추진되었는가는 분명하지 않지만, 그간의 정황을 미루어 볼 때 시호의 추증은 노론계 세력과의 연계 하에 추진되었을 것이다. 그리고 일문의 입장에서 시호의 추증이 실현됨으로써 일문의 입지는 훨씬 강화되었다고 보아야 할 것이고, 이러한 문중의 입지는 곧바로 문중서원의 건립으로 이어질 수 있었을 것이다.

소위 '하남재시비'는 하남서원의 건립을 배경으로 하며, 그것은 하남재에 봉안되었던 우암의 영정을 울진현(蔚珍縣) 옥계영당(玉溪影堂)으로 이봉(移奉)한 데서 비롯되었다.[46] 우암 영정의 이봉은 재유사(齋有司) 심상현(沈尙顯)과 울진의 주원댁(朱元宅)의 논의에서 비롯되었으며, 그것은 표면적으로 그간에 소실되었던 옥계영당을 복원하는 계기를 마련하려는 데 목적을 두고 있었다.[47] 심씨 일문의 이러한 성향은 옥계영당 역시 우암이 남천(南遷)할 때 역숙(歷宿)하였던 인연으로 건립된 영당으로서 하남재와 유사한 건립동기를 갖는다는 점과 아울러 영당을 건립한 울진현의 주가(朱家)와는 족척(族戚)관계에 있었던 점이 고려되었을 것으로 보인다.

---

45) 『嶺東地方金石文資料集』 I, 沈彦光神道碑. "英祖辛巳 贈諡文恭."

46) 『河南齋志』, 河南齋辨誣記實(丁酉四月日). "以沈尙顯之陪去 蔚珍縣玉溪影堂 所奉尤菴影幀事."

47) 『河南齋志』, 河南齋辨誣記實(丁酉四月日). "盖玉溪影堂 庚申年 遭變於不悅之徒 而到今重建者也 使本縣儒生朱元宅 相議於沈尙顯."

아울러 영정의 이봉은 그 과정에서 중앙의 노론계 산림세력과 밀접한 관계를 유지하고 있다. 즉 우암영정은 울진유생 주원댁과 하남재의 재유사 심상현의 주도로 경원장(京院長) 송덕상(宋德相)의 재가를 얻어 진행되었으며, 뿐만 아니라 영정은 차동(車洞)의 교리(校理) 송환억(宋煥億)의 집에서 낙동(駱洞)의 진사(進士) 송헌규(宋獻圭) 등의 노론세력이 동참한 가운데 개모(改模)되었으며, 이후 태학의 여러 유생들이 지송(祗送)하는 가운데 옥계영당으로 이봉되었다.[48] 이로써 우암영정을 옥계영당으로 이봉하려는 심씨 일문의 입장은 중앙의 노론계 산림세력의 지지를 얻고 있음을 반영한다고 할 것이고, 이러한 심씨 일문의 입지는 동시기에 하남재를 하남서원으로 발전시키려는 입장과 무관할 수 없었다고 할 것이다. 즉 중앙의 노론계 산림세력의 지원에 힘입어 하남재를 문중서원으로 발전시키려는 심씨 일문의 입장에서 우암영정의 이봉은 노론세력에 대한 명분제고라는 의미를 갖는 것이었다.

소위 '하남재시비'의 발단은 정조 1년(1777) 강릉지방의 남촌유생 16인이 우암영정의 이봉을 반대하는 정소(呈訴)를 경원장 송덕상에게 내면서 비롯되었다.[49] 이들의 표면적 이유는 다음과 같다. 먼저 옥계영당은 조변(遭變)으로 영정의 봉안처가 될 수 없음에도 불구하고 재유사 심상현이 향촌사림과 경원장을 기만하고 이를 진행시켰다는 것이었다. 따라서 우암영정은 환봉(還奉)되어야 하며, 그 환봉처는 강릉지방의 기존의 서원인 송담(松潭)이나 오봉(五峯)이 되어야 한다는 것이었다.[50] 이러한 내용은 표면적으로 재유사의 독단적 · 기만적 행동을 문제 삼는 것이었

48) 『河南齋志』, 河南齋辨誣記實(丁酉四月日). "使本縣儒生朱元宅 相議於沈尙顯 同爲上京 奉稟萬山後 改模於車洞宋校理煥億宅 駱洞宋進士獻圭亦爲同參 發行時 祗送于東郊太學 皆爲祗送者."

49) 『河南齋志』, 河南齋辨誣記實(丁酉四月日). "南村儒生沈世翰等十六人 謂以沈尙顯欺瞞山林 潛陪影眞於遭變不當奉之地."

50) 『河南齋志』, 河南齋辨誣記實(六月十九日). "金弼圭等十餘人 又以自蔚還奉影幀 不可權藏於河南之意…若其權安老先生影幀 則本邑之丘山 有孔夫子影堂 松潭有栗谷書院 似不必權藏於河南 故又此治送儒生云云."

지만 실은 영정의 이봉을 그 논의부터 경원장의 재가에 이르기까지 이봉 절차의 전 과정을 부정하는 것이었다.

여기서 주목되는 것은 시비의 발단이 비록 우암영정의 이봉에 이의가 제기되면서 비롯되었으나 그것은 재유사의 기만성을 기화로 하남재를 서원으로 발전시키려는 심씨 일문의 문중서원 건립을 저지하려는 의도를 내포한 것이었다. 이러한 점은 시비의 쟁점이 곧바로 영정의 환봉처 선정문제로 전이되는데서 살필 수 있다. 즉 영정의 환봉처 선정문제는 곧 하남재의 위상을 기존의 서원과 차별화하려는 의도에서 비롯된 것이었고, 그것은 하남서원의 건립과 직결되는 사안으로서 성격을 띠고 있었다.

상서(上書)를 접한 경원장의 제사(題辭)는 다음과 같은 것이었다. 즉 재유사의 독단적 기만적 행동이라는 지적에 대해서는 그 의혹을 해명하여 영정의 개모와 이봉을 기정사실로 인정하고 있으며, 다만 울진현 유생들의 동의를 얻을 수 있다면 영정을 환봉할 수 있을 것이라는 점을 밝혀 그 타협점을 모색하고 있다. 그리고 환봉될 경우 영정은 하남재에 봉안하는 것이 마땅하다는 점을 명확히 밝힘으로써 심씨 일문의 입지를 보강하는 것이었다.[51] 아울러 16인의 발론이 심씨 일문의 하남재를 발전시키려는 의도를 저해하려는 것으로 규정하고, 이후 향전(鄕戰)·유전(儒戰)의 양상으로 확산될 소지가 있음을 지적하여 차후 재론된다면 법승(法繩)으로 처리할 것임을 분명히 밝혀 그 분쟁의 소지를 차단하려는 의지를 보이고 있다.[52]

51) 『河南齋志』, 河南齋辨誣記實(六月十五日). "丈席題辭 今覽書辭 其所謂潛陪云云 全然脫空 但蔚儒來京 以圖模畵等事 同爲奉陪下去 中路徑往 雖曰事勢此涉小失 乃使尊被謗 是可歎也…聞已送儒請奉還云 蔚儒如持難 不爲奉還則已矣 如或以鄙言奉來 則松潭五峰俱非可奉之所 依前鄙書 奉于河南齋中至可至可."

52) 『河南齋志』, 河南齋辨誣記實(六月十五日). "竊念 此事乃是鄕戰之漸也 不可不嚴懲 而鄕戰儒戰 自有朝家禁令 今若不奉影幀於河南 而奉於他所 則是乃欲沮戲河南齋事之計也 若爾則當報營本官 以法重繩之外無他道 以此知悉爲可."

요컨대 하남재시비는 심씨 일문의 문중서원의 건립을 둘러싸고 향촌사림이 분기되면서 야기된 갈등이었다. 그리고 만산 송덕상 즉 노론계 산림세력에 의해 비록 남촌유생들의 주장이 부분적으로 수용되기는 하였지만, 그 환봉처의 결정문제에서 산림세력은 심씨 일문의 입장을 지원하는 입장에서 하남재에 우암영정을 권장(權藏)하는 것으로 귀결되면서 분기된 향촌사림 간의 갈등은 증폭될 소지를 안고 있었다. 더욱이 같은 시기에 심씨 일문은 하남재의 서원화를 위한 작업의 일환으로서 주부자영정(朱夫子影幀)의 봉안을 새롭게 추진하였고,[53] 이 사안은 우암영정의 환봉처 문제와 겹치게 됨으로써 분기된 사림 간의 갈등은 확대되어 갈 소지를 안고 있었다.

여기서 심씨 일문의 문중서원의 건립을 둘러싸고 야기된 향촌사림의 분기양상을 살펴보고자 한다. 먼저 하남서원을 건립하려는 사림세력은 하남재의 재회(齋會)의 구성원으로서 소위 "하남재유생(河南齋儒生)" 또는 "북촌유생(北村儒生)"으로 구분되고 있다.

> 丁酉正月二十五日 以驪江之議發簡南北 齋會于本齋 齋有司沈尙顯·沈煥·沈世翰·崔遇昌·李衡白·曺允赫·沈瀉·沈尙頲·權漢仁·沈爀·沈尙穎·辛有寧·曺允振·辛喆寧·沈炫·崔震元·沈德祖·沈榮祖等十七人 呈單 李心白·朴宗赫·朴時赫·李如愚等四人.[54]

이처럼 하남재 유생은 심씨 일문을 중심으로 향촌사회에서 북촌에 거주하는 유생으로 구성되었으며, 이들은 산림의 장석(丈席) 송운평(宋雲坪)·경원장(京院長) 송덕상(宋德相)과 연계된 데서 노론계 산림과 연계

---

53) 『河南齋志』, 河南齋辨誣記實(丙申冬). "驪江金執義亮行曰 旣有尤菴老先生 歷武夷登雲谷六字之題 則朱夫子幷奉 事理當然 且晦庵影眞一本 方奉于中學矣 以此意告于山長後 與邑中諸章甫 齋會相議 斯速奉行宜云云 故微稟于山長以來."

54) 『河南齋志』, 河南齋辨誣記實.

된 향촌 사림세력이었으며, 이들은 재유사(齋有司) 심상현(沈相顯)을 비롯한 심씨 일문이 주류를 이루면서 여기에 타성(他姓)들이 동참하고 있는 양상이다.

다음으로 심씨 일문의 문중서원 건립을 저지하려는 성향을 띤 사림세력은 소위 "남촌유생(南村儒生)"으로 구분되고 있다.

> 金衡鎭·沈世翰·閔百祚·金弼圭·金倸·朴敦中·鄭履儉·金澤純·權漢準·崔振祖·李澤徵·閔之敬·崔英煥·崔贊億·崔慶演·尹周翰·金一雲·崔泰貞·朴漢紹·閔重億·崔逵漸·金叫闓.[55]

이처럼 이들은 상대적으로 남촌유생으로 구분되었으며, 김형진(金衡鎭)을 비롯한 강릉김씨와 최진조(崔振祖)를 비롯한 강릉최씨가 주류를 이루고 있으며, 이들은 산림의 김상철(金相喆)·윤휴(尹鑴)[56] 등과 연계되는데서 보듯 소론과 남인계 사림세력[57]과 연계된 향촌사림세력이었다. 특히 강릉김씨 김형진을 중심으로 하는 이들은 오봉서원의 중심세력이었으며, 이 점은 김미·박돈중·최규점 등이 오봉서원의 중심인물로 활동하는데서 살필 수 있다.[58]

이상에서 살핀 바와 같이 문중서원의 건립을 둘러싸고 야기된 향촌사림의 분기는 남촌유생과 북촌유생으로 구분되듯 지역적인 분기양상을 보이고 있고, 아울러 노론과 소론으로 구분되어 당색에 따른 분기양상을 보이고 있다. 이러한 양상은 비록 향촌사림의 분기가 문중서원의 건립을 둘러싼 문중 간의 역학관계에서 비롯된 것이라 하더라도 여기에

---

55) 『河南齋志』, 河南齋歷代一覽表.

56) 『河南齋志』, 呈宋萬山德相單. "而始以河南影幀 謂之僞程子 末乃曰 尤菴以賊稱鑴 故吾則以賊稱沈尙顯云云."

57) 『河南齋志』, 呈宋萬山單. "前後作拏之輩 盡是南少 而衡鎭爲魁首."

58) 『五峰書院實記』, 附七峯別廟沿革. "齋任崔逵漸從金喆徵之議."

지역적 · 당색적 이해관계가 함께 표면화되고 있으며, 아울러 이로 말미암아 그 갈등관계가 증폭될 소지를 안고 있음을 반영하는 것이라 할 것이다.

(2) 시비의 전개

소위 '하남재시비'는 심씨 일문의 문중서원 건립을 둘러싸고 야기된 강릉지방 사림 간의 갈등으로서 〈표 2〉에서 보듯이 정유(丁酉)~임인년(壬寅年), 즉 정조 1년에서 6년까지 지속되었고, 사림 간의 갈등은 산림을 상대로 각기 자신들의 입장과 주장을 관철시키려는 구도 하에서 전개되었다. 이러한 양상은 다음 〈표 2〉에서 확연히 드러나고 있다. 즉 하남재 유생들의 상서는 전체 41건으로 파악되며, 이러한 상서가 상대세력의 상서에 맞물려 있음을 감안할 때 남촌유생들이 낸 상서를 합치면 80여 건에 이르렀을 것이고, 이를 다시 상서에 답하는 산림의 제사(題辭)를 고려한다면 무려 160여 건에 달했을 것으로 추정된다. 이러한 양상은 그 자체로 사림 간의 갈등이 산림을 상대로 자신들의 입장을 관철시키기 위한 구도 하에서 전개되었음을 보여주는 것이거니와 아울러 그 갈등이 치열했음을 반영하는 것이라 할 것이다.

이러한 구도 하에서 전개된 향촌사림 간의 갈등은 정조 1년과 2년에 집중되고 있다. 하남재 유생들이 산림에게 정소한 상서는 동왕 1년에 21건, 2년에 11건으로 전체 41건 중 약 78%에 해당하는 비중을 갖는다. 그리고 동왕 4년과 6년은 관부(官府)에 정소하는 상서가 중심을 이루는 것과 대비되는 이러한 양상은 당시 심씨 일문의 문중서원 건립이 노론계 산림의 지원 하에 이 시기에 이르러 급진전되고 있었던 데서 비롯되는 것이었다.

〈표 2〉 정조 1~6년까지의 정소(呈訴) 양상

번호	날 짜	정 문	정소인
1	甲午	(堂宇重修)	沈尙顯
2	丙申 十二月	(京掌議 差定)	沈尙顯
3	丁酉 二月 日	呈本府使(時倅柳義養)	影堂儒生 沈尙顯 外 24人
4	丁酉 二月 二十五日	呈巡相文(監司金履素)	儒生 沈相顯 外 52人
5	丁酉 二月 二十八日	自本齋通文于太學	本齋
6	丁酉 正月 十五日	(驪江之議)	李心白 等 4人
7	丁酉 三月 日	(影幀移奉, 玉溪影堂)	沈尙顯
8	丁酉 四月	(都有司, 別有司 差定)	沈尙顯
9	丁酉 五月 初二日	太學回通	太學 掌議 沈□□ 有司 崔□□
10	丁酉 五月 初四日	京掌議通文	京掌議
11	丁酉 六月 初一日	李澤徵上山長宋祭酒乞免重修都有司書	李澤徵
12	?	萬山丈席答李澤徵書	萬山
13	?	李澤徵再上丈席書	李澤徵
14	?	丈席再答李澤徵書	萬山
15	?	李澤徵三上丈席書	李澤徵
16	?	丈席三答李澤徵書	萬山
17	丁酉 六月 十五日	(影幀移奉, 玉溪影堂)	沈尙顯
18	丁酉 六月 十九日	(影幀還奉)	金弼圭 等十餘人
19	丁酉 六月 二十二日	齋有司上書及儒生呈文	儒生
20	丁酉 七月 初二日	河南齋儒生等上書	河南齋儒生
21	丁酉 七月 日	上書	沈尙顯
22	丁酉 七月 二十七日	儒生曺允赫等上書	河南齋儒生 四十一人
23	丁酉 七月 二十七日	沈煥等上書	門中 十五人
24	戊戌 四月 二十四日	呈宋萬山德相單	儒生 李吉懋 外 29人
25	戊戌 五月 日	呈本府文(時倅柳義養)	化民 沈勳 外 7人
26	戊戌 五月 二十八日	呈京院長金達淳單	儒生 李吉懋 外 42人
27	戊戌 六月 十四日	呈宋萬山單	河南齋儒生 沈尙顯
28	戊戌 六月 十七日	呈宋萬山單	河南齋儒生 沈尙顯
29	戊戌 六月 二十四日	呈宋萬山單	河南齋儒生 沈尙顯
30	戊戌 六月 日	呈本府文(時倅柳義養)	化民沈贊武 等 8人
31	戊戌 六月 日	呈本府文(時倅柳義養)	化民沈贊武 等 14人
32	戊戌 閏六月 日	呈巡相文	儒生沈尙顯 等 7人
33	戊戌 閏六月 日	呈巡相文	儒生沈尙顯 等 18人
34	戊戌 八月 十八日	呈宋萬山單	世下生 沈尙顯
35	戊戌 十月 十三日	呈宋萬山單	沈煥 等 6人
36	庚子 五月 日	呈巡相文	幼學 沈勳 等 9人
37	庚子 七月 初六日	呈本府文(時倅任希簡)	河南齋有司 沈勳 等 2人
38	庚子 七月 日	呈巡相文	河南儒生 沈點 等 5人
39	庚子 八月 日	呈本府文(時倅任希簡)	化民沈勳 等 4人
40	壬寅 三月 日	呈巡相文	儒生沈黙 等 13人
41	壬寅 三月 日	呈巡相文	儒生沈黙 等 12人

즉 심씨 일문은 정조 1년(1777) 주부자영정(朱夫子影幀)을 충주의 운곡서원(雲谷書院)으로부터 이봉하여 하남재에 봉안하였다. 영조 말년(1776) 당시 집의(執義)에 올랐던 여강(驪江) 김량행(金亮行)의 발의에 따른 것으로, 하남재에는 이미 "역무이등운곡(歷武夷登雲谷)"이라는 우암의 제호가 확보되어 있는 상황에서 영정을 봉안하는 것은 사리에 마땅하다는 지적을 하고 있다.[59] 이처럼 하남재의 주부자영정의 봉안은 주자학의 적통을 계승한다는 명분을 제고하는 의미를 갖는 것이었고, 재유사 심상현을 중심으로 하는 심씨 일문은 여강의 발의 내용을 추진하기 위해 수렴된 하남재 유생들의 공의(公議)를 토대로 산장(山長) 만산(萬山)의 재가를 얻음으로서 영정을 봉안할 수 있었다.[60] 그리고 그것은 심씨 일문의 문중서원 건립을 위한 마지막 정비작업이었다.

그러나 주부자영정은 소위 여강의 주장에서 보듯 노론세력의 지원에 전적으로 힘입은 것이었다. 비록 하남재의 재회(齋會)를 통해 여론을 수렴하였다지만, 그것은 하남재 유생들의 의견에 불과했을 뿐 향촌사림이 분기된 상황에서 일향의 공론일 수 없었다. 이러한 점에서 주부자영정의 봉안은 심씨 일문의 입장에서 명분을 제고하는 의미를 갖는 것이었지만, 그것은 향촌사림이 분기된 상황에서 또 하나의 갈등을 빚는 원인이 되었으며, 적어도 그것은 문중서원의 건립을 위한 마지막 정비작업이었기에 그 갈등 또한 그만큼 극렬하게 전개될 소지를 인고 있었다.[61]

더욱이 심씨 일문은 주부자영정의 봉안과 함께 영당을 중건하는 작업

59) 『河南齋志』, 呈宋萬山單. "本府之北有河南洞 洞之東有武夷 南有雲谷 故尤菴老先生 特書歷武夷登雲谷 六大字留置矣 年前進拜驪湖丈席時 以此稟告 則答曰 老先生書此六字 似非偶然 稟議萬山 通于邑中 奉安朱夫子影幀 尤好云云."

60) 『河南齋志』, 河南齋辨誣記實. "丁酉(정조 1년 ; 1777)三月 以多士僉議 無有異同 驪江下教 十分勤懇之由 自本齋上書于山長萬山閣下 則題曰 驪湖之論 正合愚意 無容更議 但中學所奉 朱夫子影幀 前冬已移奉 櫃藏於忠州地雲谷書院云 須自本齋通文于雲谷爲宜 鄙亦以此意 書諭于雲院之儒矣 云云故先自京掌議 發通于雲谷書院."

61) 『河南齋志』, 呈京院長金達淳單. "今不必更爲提籲 而間有不悅之徒 無端起鬪 詆毁河南 不有餘力 轉及於朱夫子影幀奉來之時極矣."

을 병행하고 있었다. 이를 위한 재원을 확보하는 방책으로 순상(巡相) 김이소(金履素)에게 정문(呈文)하여 미(米) 3포와 조태(租太) 각 5포를 확보하였으며,[62] 이어서 태학에 발통(發通)하여 도내 열읍(列邑) 교(校)·원(院)으로부터 구재(鳩財)하는 방책을 강구할 수 있었다. 즉 도내의 여러 고을의 사림들로부터 재력을 수합하려는 통문은 태학으로부터 강원도의 수학궁(首學宮)인 원주향교에 전해졌고, 다시 원주향교로부터 도내 각 고을의 교·원으로 전통(轉通)하는 형식을 취하고 있다.[63] 이로써 심씨 일문은 영당을 중수하기 위한 일정한 재원을 확보할 수 있었지만, 이러한 재원확보 방식도 순상과 태학이라는 보다 향촌 외적인 측면의 지원에 힘입은 것이었다. 이로써 이러한 재원 확보방식은 향촌사림이 분기된 상황에서 그 갈등을 심화하는 새로운 기폭제가 되고 있었다.

이처럼 향론(鄕論)이 분기된 상황에도 불구하고 하남서원 건립은 일관되게 진행되었으며, 그것도 일정하게 관부의 지원을 확보함으로써 마무리 단계에 접어들고 있었다. 그리고 이러한 추진력은 무엇보다 노론계 산림의 지원에 전적으로 힘입은 데서 가능할 수 있었다. 그러나 하남서원의 건립이 마무리 단계에 접어드는 상황변화에 병행하여 그것을 저지하려는 남촌유생들의 행동 또한 극한 상황으로 치닫고 있었다. 즉 남촌유생들은 ① 영정의 진위문제 즉 양정부자 영정의 위화(僞畵)문제,[64] ② 기문(記文)의 진위문제 즉 하남재의 건립에 붙인 우암 기문의 위문(僞文)문제,[65] ③ 위판(位板)의 사조(私造)문제, 즉 배향된 우암과 어촌의 위패가

62) 『河南齋志』, 河南齋辨誣記實. "丁酉二月二十五日 以重修時 扶助事沈相顯等 呈文于巡相金履素…題曰…米三包租太各五包 題給俾補繕役之."

63) 『河南齋志』, 河南齋辨誣記實. "丁酉二月二十八日 自本齋通文于太學…丁酉五月初二日 太學回通…玆以發通於本道首學宮原州鄕校 列邑士林同心合力 鳩聚財力扶護顧助之意 使之轉通於道內列邑校院 俾完重修之役."

64) 『河南齋志』, 呈京院長金達淳單(戊戌五月二十八日). "在於程夫子影幀眞假 而豈振祖以爲影幀着網巾爲違端 故屢次詰問 而所答如一."

65) 『河南齋志』, 呈巡相文(戊戌閏六月日). "衡鎭投單中 謂先生記文 何足取以爲證云者 其果成說乎 以先生手蹟 猶不足爲證 小子後生於何考德 其爲背斥先生之罪一也."

사사로이 조작되었다는 문제를 제기하였으며,[66] ④ 우암영정의 이봉의 기만성 문제와 그 환봉처 문제, 즉 영정을 울진의 옥계영당으로 옮겨 봉안하려던 재유사 심상현의 기만 · 독단성에 대한 문제와, 영정의 환봉처는 마땅히 기존의 송담 · 오봉서원이 마땅하는 주장이 여전히 제기되고 있었으며,[67] ⑤ 영당을 중수하면서 임의로 하남서원이라 호칭하는 이유는 무엇인가?[68] 등의 새로운 문제를 제기하고 있다.

이러한 남촌유생들의 주장은 사계명현의 영정을 봉안하는 것과 서원을 건립하는 것은 사림의 공동의 관심사로서 일향(一鄕)의 공론에 의거해 추진되어야 마땅하다는 명분론에 입각한 것이었다.[69] 따라서 그간에 심씨 일문에 의해 추진된 영정의 봉안과 서원의 건립은 사사로이 추진된 것으로서 인정될 수 없다는 논리를 바탕에 둔 것이었다. ④, ⑤는 앞에서 지적한 바와 같이 기존의 송담 · 오봉서원과 하남재를 차별화하여 서원의 건립을 저지하려는 성향을 반영한 것이라면, ①, ②, ③은 하남재에 봉안된 영정의 육색(肉色) · 복제(服制)를 문제 삼아 그것을 위화로 판명함으로써 하남재 건립의 당위성과 그 존립 자체를 부정하여 하남재를 기반으로 서원을 건립하려는 심씨 일문의 의도를 저지하려는 입장을 반영하는 것이었다.[70] 즉 심씨 일문의 문중서원 건립이 마무리 단계에 접어들

---

66) 『河南齋志』, 呈宋萬山單(戊戌六月十七日). “千萬意外 白太學發關杳實之中 有沈相顯前後欺瞞儒賢 私立位板 敢請書院 而甚至於京掌議者 百端飾詐 通文於太學 執綱面稟堂上發關兩道 使之陪去 有此葛藤爲言 聞不勝驚惶罔措置身無地.”

67) 『河南齋志』, 呈宋萬山德相單(戊戌四月二十四日). “奉安之後 陪來館儒 以埋安舊本出視 辨僞之意發論 則沈氏以埋安年久之 故猶以爲難 而諸生咸諾 以此告由出而奉審 則雖已洗草典刑 猶存肉色依微 而冠服之色 隱映可辨 且於兩眞上面 明道伊川字痕可稽 故仍爲櫃藏于堂中 漁村公位板 謹依指教 姑以紙屛隔間 前日紛紜之端 庶乎可息.”

68) 『河南齋志』, 丈席三答李澤徵書. “此不過數間影堂 而未及創建院宇 則先稱河南書院重修而有若自初有院者何耶.”

69) 『河南齋志』, 丈席三答李澤徵書. “旣有刱院之意 則此何等事體 當初影幀求得 雖是漁村公事業 一國章甫 固當共公尊仰 決非沈氏一門之私事 況在同鄕士林…何不使一鄕多士知之…何不通議鄕中與同志者 共之耶.”

70) 『河南齋志』, 呈宋萬山德相單(戊戌四月二十四日). “前日沮戲河南之類 公然起鬪 而其中金衡鎭尤爲悖慢 挺身揚言曰 不可奉安於河南 中道遮行 使不得前進 甚至於手執鞭扑毆打太

었던 것과는 대조적으로 남촌유생들의 행동은 하남재의 존립 자체를 부정하는 성향을 띠면서 사림 간의 공존의 한계를 넘어서고 있었다.

이에 대응한 심씨 일문의 입장은 산림의 지교(指敎)에 의거한 것이었다는 주장으로 일관되었다. 즉 ④에 대해서는 만산 송덕상의 권장(權藏)에 따른 것이었으며, ⑤는 그간에 이미 한수재(寒水齋) · 치천(痴川) · 사은(四隱) · 후곡(後谷) 등 산림의 지교에 따라 이미 사림들의 장수처로 기능하였다는 점을 강조하였다. ①, ②, ③에 대해서는 비록 그간에 영정을 개모(改模)한 것은 사실이지만, 이 또한 장석(丈席)의 재가와 산림의 지원에 힘입어 정당하게 진행된 것임을 강조하여 그 진화(眞畵) · 진문(眞文)임을 규명하고자 하였다. 아울러 이러한 사실에 대해 이의를 제기하는 남촌유생들과 그 주장을 무정(誣呈) 또는 구무배(搆誣輩)로 규정하였으며,[71] 경원장 또한 남촌유생들의 성향을 향전기습(鄕戰氣習)이나 유전(儒戰) · 향전(鄕戰)으로 규정하고 있었다.[72]

이로써 이제 분기된 사림 간의 갈등은 양자의 존립 자체를 부정하는 양상으로 극렬하게 전개되었음을 살필 수 있거니와, 이러한 갈등은 위에서 열거한 ①~⑤의 문제를 중심으로 향론을 주도하기 위한 입지를 확보하려는 양상으로 발전하면서 향촌사회 내적으로도 치열한 논쟁을 불러일으켰다. 그리고 이러한 성향은 남촌유생들의 행동에서 보다 분명하게 드러나고 있다. 즉 하남재 유생들이 자신들의 집회장소로 하남재를 이용하였던 데 비해 남촌유생들은 자신들의 집회장소로 교궁(校宮)을 이용하고 있었으며, 남촌유생들의 이러한 성향은 소위 교궁이 갖는 공공성에 의

學守僕 衣冠裂破 擔軍戰股退步 影轝幾乎顚仆 伊時危懷之狀 曷可盡達 且於本校明倫堂權奉之際 衡鎭突出於座 凶言悖說 無所不至 而始以河南影幀 謂之僞程夫子."

71) 『河南齋志』, 呈宋萬山單(戊戌六月十七日). "此無他故向日 凶徒金衡鎭之作變於朱夫子影幀奉去時 太學齋儒 從所見稟目於國子長 儒林通文於執綱 則衡鎭大段生恸 備路貰三十兩送崔英煥 · 振祖 · 閔之敬等 百方構誣於丈席及驪湖與太學營門云云."

72) 『河南齋志』, 同日沈煥等上書. "此輩今不可以士類責之 卽速呈稟於巡營本府 以爲依鄕戰律嚴治之地宜當."

거해 적어도 자신들의 입장과 입론을 관철시키려는 의도를 반영하는 것이었다고 할 것이다.[73)]

두 세력 간에 갈등이 증폭되면서 야기된 부비전(浮費錢)의 마련을 위한 교궁의 전결(田結) 가용문제,[74)] 향교의 수임(首任) 조영기(曺永祺)와 송담서원의 수임 심찬무(沈贊武)의 문책문제,[75)] 영정의 이송을 위해 선정된 수직(守直)과 수복(首僕)에 대한 남벌문제[76)] 등도 또한 향론을 주도하려는 성향을 반영하는 것이었으며, 아울러 이러한 성향은 양 세력의 중심인물이 각기 다른 세력의 여론에 따라 유적(儒籍)과 청금록(靑衿錄)에서 삭적된 사실[77)]에서 보다 분명하게 드러나고 있다. 이처럼 향론을 주도하기 위한 입지를 확보하려는 성향은 분명 양측이 모두 갖는 성향이었지만, 심씨 일문이 산림으로부터 그 기반을 확보하려던 상황에서 보다 향촌의 공론에 집착하였던 남촌유생들에게서 강하게 드러나는 성향이었다.

한편 사림 간의 분기와 갈등이 심화되면서 그것을 중재하려는 향촌사회 내적인 동향이 주목된다. 이 중재역할은 그간에 하남재의 중수도유사(重修都有司)로 차정되었던 정언(正言) 이택징(李澤徵)이 자임하였다.[78)] 그가 〈표 2〉의 11~16에서 보는 바와 같이 산장 송덕상에게 중수도유사를 사임하였으며, 양 세력의 집회의 장소로 교궁을 선택한 것은 모두 중

73) 『河南齋志』, 呈宋萬山德相單(戊戌四月二十四日). “衡鎭輩 猶復跳踉 一邊人崔贊僖 · 崔慶演 · 崔振祖等 三儒投單校宮 仍卽齋會 方定二儒生崔振祖 · 閔之慶 送京云.”

74) 『河南齋志』, 河南齋辨誣記實(七月). “欲送三人 馬貰浮費幷三十兩錢 及三奴責出於三學宮 故進士朴宗赫等 以不可之意 呈單云云 日前齋會 又欲治送儒生 越接賣田之說 狼藉云.”

75) 『河南齋志』, 河南齋辨誣記實(七月十二日). “又以松潭首任沈贊武 以尙顯門長 不善指敎 無數驅迫 鄕校首任曺永祺 則無端斥之 盖妄杖云云.”

76) 『河南齋志』, 河南齋辨誣記實(七月十六日). “及其發行院任 則備給轝卒首僕已逃走矣 沈爀聞之招詰逃由 則僕厥言內 南村儒生十六人 一聲嚴分付曰 汝若陪去 則當重杖於十六家 汝其可生乎云.”

77) 『河南齋志』, 同日沈煥等上書. “兩單題辭十分嚴截 故先自儒林論罰 八月大祭入齋時 多士僉議以不顧公義 徒循已私之罪 割閔百祚 · 金倈 · 朴敦中 · 權漢準等四名於校籍 又以割去於靑衿錄之意 通文于松潭 盖只割四人者纖魁之意也.”

78) 『河南齋志』, 河南齋辨誣記實(丁酉四月). “丁酉四月 爲營始役 以正言李澤徵重修都有司望 以幼學權漢仁 · 曺允赫別有司望 受爲字於山長 卽傳望單.”

재를 위한 객관성과 공정성을 유지하려는 시도였다는 점에서 의미를 갖는다. 정언 이택징의 이러한 중재역할은 앞서 살핀 ①~⑤의 문제를 규명하려는 형식으로 진행되었다. 즉 먼저 자신이 하남재를 방문하여 재유사와 함께 문답식으로 위 문제의 진위를 규명하고자 하였으며,[79] 이어서 양 세력이 합석하는 교궁집회를 주선하여 역시 문답식으로 그 해결의 실마리를 찾고자 하였다.[80]

정언 이택징의 이러한 중재역할은 향촌사림 간의 갈등이 심화되는 상황에서 적어도 사림 간의 공존을 모색하는 의미를 갖는 것이었다. 그러나 심씨 일문의 문중서원 건립을 둘러싼 소위 '하남재시비'는 노론계 산림의 영향이 개입되면서 비롯된 것으로서 향촌사회 사림의 자정노력에 의해 해결되기는 어려운 것이었다. 이러한 상황에서 향촌사회 내적인 자정노력은 양쪽의 입장만 확인하였을 뿐 그 어떤 해결책도 마련하지 못하였으며, 이로써 소위 '하남재시비'는 향촌사회 내적인 자정노력의 한계에 직면하고 있었으며, 이로부터 갈등의 양상은 조정(朝廷)·영문(營門)·관부(官府)에 투단(投單)하는 형태로 전개되면서 사림 간에 서로의 존재를 부정하는 양상으로 발전되어 갔다.

(3) 시비의 결말

〈표 2〉의 30~41에서 보는 바와 같이 무술년 후반부터 경자, 임인년에 이르는 시기의 하남재 유생들의 정소는 관부에 상서하는 양상을 띠고 있다.[81] 이러한 양상은 향촌사림 간의 갈등이 이제 관부를 상대로 자신들의

---

79) 『河南齋志』, 河南齋辨誣記實(丁酉月日). "丁酉月日李正言澤徵 始到河南影堂 瞻拜奉審時 兩有司及沈尚顯·沈爀 同參瞻拜後 退坐齋軒曰 今日所見 爲先多有相左於在原州時所聞矣 齋有司問曰 何端某事也 澤徵答曰 吾之所聞 則曰影幀改模畵手 則沈尙坤 扁額筆跡則請受於過客 記文文字 則沈氏先世之所搆出也…."

80) 『河南齋志』, 河南齋辨誣記實(七月). "同月日齋會于鄉校于與士林問答."

81) 『河南齋志』, 刱廢本末. "噫斯文大是非 積年岐異 三馳道通四呈賢關一設疏廳 而反爲有力

입장을 관철시키려는 구도 하에서 전개되고 있음을 반영하는 것이며, 아울러 비록 그간에 산림의 장석(丈席)을 상대로 자신들의 입장을 관철시키려는 갈등구도와 병행된 것이었지만,[82] 점차 그 갈등구도가 전이되고 있음을 의미한다. 이러한 점은 적어도 사림 간의 자율성의 한계를 벗어나는 것으로서 이제 향촌사림 간의 갈등이 심화되고 있음을 시사하는 것이다.

이러한 갈등구도는 남촌유생들이 자신들의 입장을 관부 즉 태학(太學)·영문(營門)에 상서하면서 비롯되었으며, 여기서 제기된 문제는 앞서 지적한 ①~⑤로서 소위 위화(僞畵)·위문(僞文)·위판(僞板)의 문제였다. 즉 남촌유생들의 이러한 주장은 하남재에 주부자영정이 봉안되면서 제기된 것으로, 일차적으로 하남재의 존립명분을 부정하여 주부자영정의 봉안을 저지하려는 것이었으며, 이로써 주부자영정의 봉안을 주도한 하남재의 재유사 심상현의 유림에 대한 기만성을 드러내어 그 부도덕성을 강조하고 나아가 그것을 토대로 하남재를 하남서원으로 발전시키려는 심씨 일문의 문중서원 건립을 저지하려는 것이었다.[83]

남촌유생들의 상서를 접한 태학의 입장은 단호한 것이었다. 즉 위화·위문·위판의 문제는 사계의 존립기반인 도덕성과 명분론에 직결되는 사안이라는 인식 하에 그 진위는 철저히 규명되어야 할 것이라는 입장을 견지하였으며, 아울러 이 문제를 향전(鄕戰)의 기습(氣習)을 띤 것으로 인식함으로써 향전율(鄕戰律)로 처리할 것이라는 입장을 분명히 견지하고 있었다.[84] 이로써 향촌사림 간의 갈등은 관부로부터 실사 받는 양상

者之排抑沮搪 未得出場矣."

82)『河南齋志』, 呈宋萬山單(戊戌六月十七日). "此無他故 向日凶徒金衡鎭之作變於朱夫子影幀奉去時 太學齋儒從所見稟目於國子長 儒林通文於執綱 則衡鎭大段生梆 備路貫三十兩送崔英煥·崔振祖·閔之敬等 百方搆誣於丈席及驪湖與太學營門云云."

83)『河南齋志』, 呈宋萬山單(戊戌六月十七日). "千萬意外 自太學發關査實之中 有沈尙顯前後欺瞞儒賢 私立位板敢請書院 而甚至於京掌議者 百端飾詐 通文於太學執綱 面稟堂上 發關兩道 使之陪去 有此葛藤爲言聞 不勝驚惶 罔措置身無地 而凡以士爲名者 將被欺瞞儒賢之律 則更何顔立於世乎."

84)『河南齋志』, 呈京院長金達淳單(戊戌五月二十八日). "(題辭) 彼此之各持瑕疵 交臂來呈 眞

으로 발전하였으며, 태학의 입장에 따라 정조 2년(1778) 6월에 강원감사와 강릉부사에 의해 실사작업이 진행되었다.

한편 이 시기에 실사를 받게 된 심씨 일문의 대응책은 두 가지 양상으로 나타난다. 먼저 〈표 2〉의 25~26에서 보는 바와 같이 그 실사를 주관하는 태학 · 순상 · 부사에게 상서하여 자신들의 입장을 정소하는 것이었으며, 〈표 2〉의 27~29에서 보듯이 산림의 장석에게 상서하여 그 대응책을 모색하려는 것이었다. 즉 관부의 실사소식은 하남재 유생들에 의해 만산 송덕상에게 전언되었고, 이에 따른 만산의 입장은 사안의 성격으로 보아 일차 조사로 그칠 수 있음을 예견하고 이번 조사를 그간의 무원(誣寃)을 변신(辨伸)할 수 있는 계기로 삼고자 하였으며, 이를 위해 국자장(國子長)과 부사(府使)에게 그간의 무원을 상세하게 논변할 것을 제사(題辭)에서 언급하고 있다.[85] 심씨 일문의 조사에 임하는 자세는 이로부터 크게 영향을 받은 것으로 이해된다.

당시 실사작업은 강릉부사 유의양(柳義養,[86] 1776~1778)에 의해 주도되었다. 그리고 그 조사결과는 개조(改造)된 위패를 문제 삼음으로써 어촌과 우암의 위패는 갑오(甲午) 즉 영조 50년(1774)에 사조(私造)된 것으로 판명되면서 위패를 사조한 목수를 포함해 심씨 일문의 3인이 구속되었으며,[87] 아울러 정부자영정과 우암의 기문에 대한 남촌유생들의 주장은 날조된 것으로 판명하여 보고 되었다.[88] 이렇듯 조사결과는 비록 남

是鄕戰氣習良欲掩耳 而至於影幀位板事 所係至重 明査嚴處 不容但已 而太學實難遙度其事 狀巡營及本官 自當明辨 痛覈罪人 斯得而此事立落 只在於程夫子影幀眞假 而豈振祖以爲影幀着網巾爲違端 故屢次詰問 而所答如一 此事之眞僞立落在."

85) 『河南齋志』, 呈宋萬山單(戊戌六月十七日). "(題辭) 此則道伯府伯及國子長 皆被其誣辭 不可不一番査實 辨彼之誣 伸此之寃矣 今日除去千言萬語 只明爲辨晰於國子長 又詳細論辨於本府査實時 以爲眞是非露出之地宜當."

86) 『關東邑誌』, 江陵先生案. "府使柳義養 通政 丙申十二月到任 戊戌十一月大司諫移拜."

87) 『河南齋志』, 呈宋萬山單(戊戌六月二十四日). "官家因彼輩中金一雲單辭 招致崔泰貞 或囚或放 大張刑具 嚴覈其曲折 則泰貞㤼於威風 公然納曰 果是私造於甲午爲言 故其翌日招致沈尙頲 · 沈黯 · 沈範祖等三人 誘問曰 汝等若以甲午納供 則汝兄與門長可生 而若與泰貞相左 則來頭之事不可測言 爲先嚴囚汝等矣云云."

촌유생들의 주장이 부분적으로 인정되었으나, 양자간의 진실성과 도덕성을 문제 삼음으로써 피차간의 득실을 인정하는 선에서 마무리되었다. 즉 태학으로부터 이 문제에 대한 더 이상의 조사요구는 없었으며 감사와 부사의 처결로 일단락될 수 있었다.[89] 그리고 이러한 사안의 처결은 앞서 장석의 예견을 염두에 둘 때 노론계 산림의 심씨 일문에 대한 지원이 있었음을 시사하는 것으로 볼 수 있을 것이다.

그러나 당시의 이러한 조사결과는 관부의 공식적인 입장의 표명이었지만, 그것은 양측이 곧바로 자신들의 입장을 만회하려는 성향을 보임으로서 새로운 갈등의 시발점이 되고 있었다. 즉 심씨 일문은 〈표 2〉의 30~35에서 보는 바와 같이 산림의 장석과 연통하면서[90] 이미 구속된 4인을 방면하고 위패의 사조를 신원하려는 상서를 순상과 부사에게 지속해서 정소하였으며, 반면에 남촌유생들은 위화 · 위문의 문제를 천문(天門)에 상소하려는 경향을 보이고 있었다.[91] 또한 이처럼 양측은 자신들의 입장을 관철하려는 데 강한 집착을 보이면서 한편으로 상대의 동향을 예의 주시하여 그 의도를 무산시키려는 양상을 야기하였으며, 이러한 양상은 소위 하남재시비가 처결되는 정조 6년에 이르기까지 무려 5년여 간 지속되었다.

이 기간 동안 남촌유생들의 천문에 대한 상소는 3차례 이상 시도된 것으로 파악된다. 그 중 앞선 2차례의 상소는 향촌에서 소유(疏儒)를 선정하고 이들이 상경하여 천문에 정소하고자 시도하였으나, 그때마다 심씨

---

88) 『河南齋志』, 呈宋萬山單(戊戌六月二十四日). "且兩程影幀網巾道袍之說言之 官家摘奸時已爲明白脫空 則渠輩造作虛謊 胥動反覆之說 可以知之也."

89) 『河南齋志』, 呈宋萬山單(戊戌六月二十四日). "(題辭) 私造云云 非爲影堂之 有記文明白 故要國子長行關 一番行查 以爲彼此俱得辨 之地矣 江陵官長之 因崔泰貞招辭 不爲招致沈門頭頭諸人 只招其年少蒙騃者數三人 捧其招而論報者 有不敢知如是…愚以爲此不過一巡使一府使查處事 當此朝家多事之時 何可以此等事 至於上疏耶 雖上疏政院 必却而不捧 亦必無益云云矣."

90) 『河南齋志』, 呈宋萬山單(戊戌六月二十四日). "旣以一門之事 則實年少三人之所知…伏願丈席下量裁察 特以更查之意 題下千萬祈懇之至."

91) 『河南齋志』, 呈宋萬山單(戊戌六月二十四日). "而崔振祖唱說於江陵曰 萬山痛切諸沈之所爲 今方上疏天門云云."

일문과 연계된 노론세력의 영향력 행사로 무산되었으며, 마지막 상소는 남촌유생의 중심인물인 김형진이 독자적으로 정소한 것이었다. 먼저 향촌사회에서 소유(疏儒)로 선정된 민중억(閔重億)·최진조(崔振祖)의 상소는 송환억(宋煥億) 등 노론계 산림세력의 저지로 천문에 전달하지 못한 채 그 차선책으로 성균관 대사성 유당(柳戇)에게 전달되었다. 이로써 하남재의 문제는 대사성 유당의 요구에 따라 또 한 차례 실사되었다. 즉 대사성 유당은 강원감사 이형규(李亨逵)에게 실사를 행회(行會)하였고, 강원감사는 강릉부사 유의양과 양양부사 이진항(李鎭恒)을 사관(査官)으로 임명함으로써 실사가 착수되었다.[92]

그러나 두 사관의 조사활동이 어떤 양상으로 진행되었는가는 분명하지 않다. 다만 그 결과는 강릉부사 유의양이 다시 조사관에 임명되는 점으로 보아 앞서의 조사결과에 크게 의존하였을 것으로 보인다. 이 점은 앞서의 조사결과에 따라 구속되었던 심씨 일문의 3인이 8삭 동안 체수(滯囚)되었다는 점과[93] 아울러 정조 3년(1779) 강릉부사 정상인(鄭象仁)의 보고에 대한 감영의 제사(題辭)에서 하남재의 시비문제가 다시 거론된다면 향전율로 처리할 것임을 천명하고 있는 데서 살필 수 있다.[94]

이상의 2차례에 걸친 조사결과에서 보듯이 남촌유생들의 주장은 비록 부분적으로 관철되었지만, 소기의 성과를 얻지 못하였다고 할 것이다. 이러한 점은 차후 하남사가 제기되면 향전율로 처결할 것이라는 영제(營

92) 『河南齋志』, 假臨瀛誌. "自太學定齋儒 陪忠州雲谷書院所藏朱夫子影幀 移奉于所謂河南成均館關文來到亦德相指揮也 於是金衡鎭慨然發憤 先以朱夫子眞影 不可奉於僞院之意 通諭士林 及其影幀下來之日 中路力爭 奉入黌堂 使不得直進河南 力勢不敵爲彼所奪 於是士林定疏儒閔重億·崔振祖 上京而爲煥億輩所沮遏 未得上聞退 訴於賢關 大司成柳戇 行會本道監司李亨逵 以本府府使柳義養·襄陽府使李鎭恒定査官 詣河南詳查以報 而終未出場士林又送疏儒崔贊億·崔逵漸等 上京又未免空還."

93) 『河南齋志』, 呈巡相文(庚子五月 日). "前府使柳公 亦先廳衡鎭之欺媢 不無理外低昂之端而生等之一門 將被罔測之禍 八朔滯囚 聞者驚駭矣."

94) 『河南齋志』, 呈巡相文(庚子五月 日). "昨年春 府使鄭公 敎于衡鎭曰 此事實非營 本府所當之者 收其彼此事情于營門 則營門論理 知委於南北儒生曰 此後若以河南事攻擊 則當用鄉戰之律云."

題)에서 극명하게 시사되고 있다. 그리고 이러한 양상은 무엇보다 심씨 일문과 연계된 노론계 산림세력의 영향력이 행사되는데서 비롯되는 것이었다. 이러한 점은 남촌유생들의 천문에 대한 상소가 노론계 산림의 저해를 받으면서 좌절되고 있음에서 살필 수 있다. 한편 이러한 상황에서도 남촌유생들의 행동에 대해서는 실제 어떠한 처벌도 가해지지 않고 있다는 점이다. 이러한 양상은 일차적으로 사림 간의 분기양상을 더 이상 확대하지 않으려는 관부의 의도를 반영하는 것일 수 있으며, 아울러 향촌사회 사림의 공론이 아닌 노론계 산림의 지원에 힘입어 문중서원을 건립하려는 심씨 일문의 취약성에서 비롯되는 것이라 할 수 있을 것이다.

이렇듯 남촌유생들의 투단(投單)에도 불구하고 심씨 일문의 문중서원이 온존할 수 있었던 것으로 보이며, 그것은 노론계 산림세력의 지원에 크게 힘입은 것이었다. 그러나 이러한 양상은 정조 4년(1780)에 이르러 새로운 양상으로 발전하고 있었다. 즉 〈표 2〉의 36에서 심씨 일문은 남촌유생의 중심인물인 김형진의 처벌을 강력히 요청하였음에도 불구하고, 〈표 2〉의 37~39에서는 오히려 하남재에 봉안된 주부자영정을 다시 본래의 소장처인 충주의 운곡서원으로 환봉하라는 영제(營題)가 표명되고 있음을 살필 수 있다. 이러한 감영의 조처는 물론 남촌유생들의 요구에서 비롯되는 것이었다. 그리고 이러한 양상은 그간에 심씨 일문이 남촌유생들의 격렬한 반대를 무릅쓰고 충주의 운곡서원으로부터 이송해 온 사실을 염두에 둘 때, 남촌유생들의 입장이 크게 반영되고 있음을 보여준다. 또한 주부자영정을 봉안하여 주자학의 적통을 계승한다는 명분을 제고함으로써 문중서원 건립을 성사시키려던 심씨 일문의 입장에서 그것은 매우 명분이 취약해지는 조처가 아닐 수 없었다.

그러나 이러한 감영의 조처에도 불구하고 그것은 사림 간의 갈등을 진화하려는 감영의 입장을 반영하는 것이었다. 이로써 심씨 일문이 목적하는 문중서원의 존립에는 크게 영향을 받지 않을 수 있었으며, 더욱이 서원의 건립은 사림의 자율의 영역이었다는 점에서 더욱 그러하다. 오히려 심씨 일문은 주부자영정의 환봉조처를 시행하기 위한 의례를 감영과 부사에게 요구함으로써 하남서원의 위상을 제고하려는 의도를 보이고 있었으며, 심씨 일문의 이러한 성향 또한 노론계 산림세력과 조율을 거쳐 표명되었음을 살필 수 있다.[95]

이처럼 남촌유생들의 정소에 따른 관부의 실사로 하남재의 위패 사조 판정과 주부자영정의 환봉조처가 단행되었으나, 이러한 조처는 그 자체로 매듭짓는 것일 뿐이었다. 이로써 하남서원은 여전히 양정부자의 영정을 봉안하는 영당과 사림의 장수처로서 기능할 수 있었고, 더욱이 남촌유생 김형진에 대해서는 심씨 일문으로부터 성현의 영당을 매도한 행동에 대하여 그 치죄를 촉구하는 상서가 정소되고 있었다.[96] 물론 심씨 일문의 이러한 움직임이 노론계 산림과 유착되어 있다는 점에서 남촌유생의 입장에서 간과하기 어려운 것이었다. 그리고 이러한 상황에서 최찬억(崔贊億)·최진조(崔振祖) 등이 소유(疏儒)로 선정되어 상경하여 상소를 시도하였으나 역시 아무런 성과 없이 무위에 그쳤으며,[97] 이 또한 남촌유생들의 상소활동이 여전히 심씨 일문과 연계된 노론계 산림의 영향으로 성사되지 못하고 있음을 반영하는 것이었다.

이러한 상황에서 남촌유생의 중심인물이었던 김형진의 상소가 천청에 상소되었다. 즉 정조 5년(1781) 김형진의 상소는 그의 아들 규혼(叫閽)을 통해 천청(天聽) 즉 대각(臺閣)에 진달되었다.[98] 이 점은 김형진의 상소가

95) 『河南齋志』, 呈本府文 時倅任希簡(庚子七月初六日). “大抵戊戌年陪來事 初以驪湖金參判立論 稟告于萬山宋判書 終以兩山林指敎 自成均館發關于公忠·江原兩道…則今之還奉亦當告由于山林 呈書于大學通文于雲谷 以使雲谷院儒 稟告于山長….”

96) 『河南齋志』, 呈巡相文(戊戌閏六月 日). “以先生手蹟 猶不足爲證 小子後生 於何考德 其爲背斥先正之罪一也…其爲侮弄先正之罪二也…其爲譏嘲兩程侮淩尤菴之罪三也…其淩辱尊德之罪四也…其爲放恣無嚴之罪五也…其爲不敬先賢之罪六也…其爲悖慢侮賢之罪七也…其爲褻慢先賢之罪也…其爲東民所共嚴誅之罪九也…其爲武斷之罪十也.”

97) 『河南齋志』, 假臨瀛誌. “大司成柳贇 行會本道監司李亨逵 以本府府使柳義養·襄陽府使李鎭恒定査官 詣河南詳査以報 而終未出場 士林又送疏儒崔贊億·崔逵漸等 上京又未免空還.”

98) 『河南齋志』, 假臨瀛誌. “金衡鎭不勝慷慨 獨自封章 送子叫閽 未及登聞 適臺閣有言至徹 天聽特令該曹行査 本道從長稟處 道臣金憙 以本府府使李晉圭春川府使李邦榮杆城郡守趙瀅鎭

독자적으로 은밀하게 진행되었음을 보여주는 것으로, 그간에 남촌유생들의 공개적인 상소가 노론계 산림의 영향으로 좌절된 데서 비롯된 것으로 보인다. 이로써 소위 하남재시비는 조령(朝令)에 따라 행사(行査)되는 새로운 국면을 맞았으며, 즉 김형진의 상소를 접한 대각에서는 해조(該曹)를 거쳐 강원감사에게 행사토록 지시하였고, 이에 따라 강원감사 김희(金熹)는 강릉부사 이진규(李晉圭)·춘천부사 이방영(李邦榮)·간성군수 조영진(趙濚鎭) 등을 사관으로 임명하였다. 그리고 그간에 분기된 사림 간에 쟁점화되었던 위화·위판·위문 등의 문제와 재유사 심상현의 기만성 문제는 조령에 따라 다시금 실사되는 상황을 맞게 되었다. 아울러 여기서 주목되는 것은 그간에 하남재 즉 심씨 일문의 후원세력으로서 활약하였던 만산 송덕상이 정조 4년(1780) 홍국영의 실각과 맞물린 파천으로,[99] 이러한 산림세력의 변화는 하남사의 실사와 무관할 수 없었다. 즉 심씨 일문이 제기한 사관(查官)의 선정문제는 이러한 영향을 반영하는 것으로 볼 수 있다.[100]

이렇듯 산림세력의 변화와 맞물린 정세변화는 조령에 따른 하남사의 조사결과에 크게 영향을 미친 것으로 보인다. 즉 세 사관의 조사결과는 하남재에 봉안된 이정부자(二程夫子)의 영정은 위화, 우암과 어촌의 위패는 사조, 우암의 기문과 필적은 위서로 귀결되었으며, 그리고 하남재는 위당으로 귀결되었나. 아울러 산림세력의 변화와 맞물린 정세변화가 반영된 조사결과에 대한 심씨 일문의 재심요청에도 불구하고 그 결과는 그대로 조정에 보고되었다.[101] 한편 이러한 보고에 기초한 정조 6년(1782) 4월 조

爲三查官."

99) 崔鳳永, 1994, 「壬午禍變과 英祖末·正祖初의 政治勢力」, 『朝鮮後期 黨爭의 綜合的 檢討』, pp.290~291.

100) 『河南齋志』, 呈巡相文(壬寅 三月 日). "大抵查覈官杆城郡守 與金衡鎭親切往復之狀 生等之所見知也 今之查實論報 只摭衡鎭輩平日常道之言 而無一執公於兩間也."

101) 『河南齋志』, 呈巡相文(壬寅 三月 日). "生意以此意稟達於本府城主 茲敢以筆跡本紙 跋涉裹足 仰籲於按節之下 伏乞詳賜鑑燭後 特爲別定公明查官 一一更查 以爲明正處決之地 千萬祈懇之至."

정의 처분은 재(齋)와 원(院)의 훼철, 위화, 위서, 위패의 세초매안으로 귀결되었으며,[102] 뿐만 아니라 하남재의 재유사 심상현은 평안도 희천(熙川)으로 유배되었으며, 그간의 방백과 수령을 추고(推考)하는 것이었다.[103]

이처럼 위화 · 위문 · 위패문제가 제기되면서 관부에 투단하는 양상으로 비화되었던 향촌사림 간의 분쟁은 조령에 따라 처결됨으로써 일단락되었다. 그러나 이와 같은 조정의 처결은 그 진위의 판정에 기초한 것이었다고 하더라도, 그것은 세 사관의 선정과정에서 드러나듯 산림세력의 변화와 맞물린 정세변화에 편승한 결론의 도출이었다. 이러한 양상은 무엇보다 심씨 일문의 문중서원 건립이 보다 산림의 지원에 의존하였고 그로부터 제기되었던 사림 간의 갈등 또한 산림세력과 연계하여 대처해 온 데서 비롯되는 것이었지만, 산림세력의 변화가 예상될 때 다시금 향촌사회에서 재론의 소지를 남기는 한계를 갖는 것이었다.

이러한 점은 조정의 처결이 집행되면서 보여준 남촌유생들의 동향에서 살필 수 있다. 즉 조정의 처결에 힘입어 향촌사회에서 입장이 보다 강화된 남촌유생들은 그 후속조처로서 하남재 유생들을 유적(儒籍)에서 삭적하고 있으며,[104] 아울러 하남재 유생들의 작기(作氣)를 예방하는 차원에서 도내 장보(章甫)의 공의(公議)를 확보할 것을 기약하고 있었던 데서 살필 수 있다.[105]

102) 『河南齋志』, 假臨瀛誌. "以本府府使李晉圭春川府使李邦榮杆城郡守趙滢鎭爲三查官 辨別眞贗後 一依朝令 毁撤齋宇兩程像及諸位版 一併洗草埋安 朱夫子眞影 移配于五峰孔夫子影堂 沈相顯極邊遠竄 士論快之是 壬寅四月也."

103) 『河南齋志』, 栤廢本末. "最初設施謀主 沈氏中魁尙顯 則自朝家 今已投界于平安道熙川 其時方伯守令 以不能禁斷 從重推考."

104) 『河南齋志』, 栤廢本末. "其在義理所在 不可無士林論罪 故朱夫子影眞奉安之日 多士發論 沈氏中 名在儒籍者 皆已鐫削 他姓之力扶諸沈血附僞院者 亦皆付罰削籍."

105) 『河南齋志』, 栤廢本末. "彼當慙悳退縮悔罪不暇 而猶懷怨怏 終不順受 間有肆然作氣者 畢竟欲與尙顯同歸 此何等世道也 是則不獨爲斯文亂賊 抑未免爲朝家之罪人 今秋科場 必有道內諸章甫之公議 伏願僉尊預知此事 辨別陰陽 勸懲淑慝 千萬幸甚."

4. 맺는말

이상에서 강릉지방의 문중서원의 건립과 이를 둘러싼 사림 문중 간의 갈등인 소위 "하남재시비"를 해명하고자 하였다. 이를 통해 서원의 건립과 조직이 어떻게 문중의 세력기반으로 연계되고 있는가? 그리고 사림 문중 간에 야기된 향전의 양상이 어떻게 진행되고 있는가를 규명하여 향촌사회 지배구조와 지배세력의 동향을 이해하고자 하였다.

강릉지방에서 숙종 10년(1684)에 건립된 하남재는 어촌 심언광이 구득한 양정부자(兩程夫子)의 영정을 봉안하는 영당(影堂)이었고, 그 건립 주체는 어촌의 후손 즉 강릉지방의 심씨 일문이었다. 그리고 하남재는 심씨 일문의 현조(顯祖) 어촌의 복권의 연장선상에서 건립됨으로서 일문의 입지를 강화하는 기제로서 의미를 갖는 것이었다.

심씨 일문은 현조 어촌이 삭탈관직된 지 140여 년이 지난 숙종 10년에 복권을 추진하였으며, 그것은 숙종 5년(1679) 노론의 영수 우암 송시열과 심씨 일문이 연계되면서 그 계기가 마련되었다. 즉 우암 송시열은 제2차 예송으로 함경도 덕원으로 유배되었다가 다시 거제도로 이배(移配)되어 남천(南遷)하는 중에 강릉에서 역숙(歷宿)하였으며, 당시 우암은 양정부자의 영정에 관심을 보여 그것을 소장하였던 심씨 일가를 방문하였고, 이를 계기로 심씨 일문은 숙종 10년 경신출척으로 노론이 재집권하자 일문의 숙원이었던 현조 어촌의 복권을 추진하였고, 아울러 복권이 성사되면서 그 연장선상에서 하남재를 건립하였던 것이다.

하남재의 사체(事體)는 가숙(家塾)이었다. 즉 하남재는 심씨 일문과 노론세력 사이에 진행된 사체논의 과정에서 보다 노론세력의 입장이 반영되면서 율곡의 주자사(朱子祠)를 모범으로 하는 심씨 일문의 가숙으로 규정되었다. 이러한 결정은 그 이상을 기대하였던 심씨 일문의 입장에서 만족스럽지 못한 것이었지만 숙종 14년(1688)에 우암 송시열의 기문(記文)과 편액(篇額) · 동춘당 송준길의 당액(堂額) 등이 전해짐으로써 심씨 일문에 수용되었다. 그리고 이것은 양정부자의 학문을 계승하는 심씨 일문의 가학의 정통성을 노론세력으로부터 인정받는다는 의미를 갖는 것이었다. 이러한 점은 하남재 건립의 당위성을 추인하는 것이었으며, 아울러 하남재는 비록 가숙이었지만 심씨 일문의 입지를 담보하는 기제로서 의미를 갖는 것이었다.

하남재 건립 이후 심씨 일문은 하남재를 문중서원으로 발전시키려는 성향을 일정하게 견지하고 있었고, 그것은 숙종 24년(1698) 우암과 어촌의 추배(追配)로 구체화되었다. 물론 양인의 추배는 화양문인(華陽門人)과 사체논의를 통해 가능할 수 있었고, 이들로부터 양인의 학문적 연원이 종주조정(宗朱祖程)으로 평가됨으로써 실현될 수 있었다. 이로써 하남재는 양인을 추배하여 그 학문적 정통성을 잇는 적통을 세우고 그것을 계승하는 사림들의 강학 · 장수처로서 기능할 수 있는 명분을 확보할 수 있었다. 즉 그간의 하남재는 가숙으로서 자제들과 함께 첨배(瞻拜)하는 양상이었다면 이제 양인의 추배는 서원의 기능과 문중의 입지가 함께 중대되는 문중서원, 즉 하남서원으로서 기능할 수 있는 요건을 확보하는 것이었다.

아울러 심씨 일문은 양인을 추배하면서 소위 '입규(立規)'를 제정하여 서원의 예에 준하는 하남재 운영규칙을 마련하여 준행하고 있으며, 그 운영의 중심기구인 '재회(齋會)'를 구성하고 유사(有司)와 집사(執事)를 두는 새로운 직제를 구성하고 있다. 심씨 일문의 이러한 동향은 하남재를 하남서원으로 발전시키려는 성향을 분명히 드러내는 것이었지만, 하남재의 운영규칙은 족규적(族規的)인 성격을 강하게 띠고 있었고 또한 재회를 비롯한 직임의 구성에서도 심씨 일문의 족척이 중심을 이룸으로써 문중서원으로서의 성격을 분명히 견지하고 있었다.

이로써 하남서원, 즉 문중서원 건립은 향촌사회 내외적으로 심씨 일문의 입지를 강화하는 기제로서 의미를 갖는다. 먼저 심씨 일문은 문중서원을 매개로 강학 장수하는 향촌사림을 확보하고 이를 세력기반으로 향촌사회 내적인 입지를 강화할 수 있었으며, 나아가 문중서원을 매개로 중앙의 노론계 산림과 연계됨으로써 그 정치적 입지를 일정하게 확보할 수 있었다. 요컨대 심씨 일문의 문중서원 건립은 소위 일향(一鄕)의 향권(鄕權)의 향배(向背), 즉 향권을 주도할 수 있는 세력기반의 확보를 의미하는 것이 아닐 수 없었다. 물론 이러한 입지는 문중 간의 역학관계를 전제로 하는 것이지만, 적어도 문중서원은 심씨 일문의 입지를 강화하는 기제였고, 나아가 일향의 향권을 주도하는 입지를 담보할 수 있는 기제로서 의미를 갖는 것이었다.

심씨 일문의 하남서원 건립이 이러한 효과를 기대한 것이었다면, 소위 '하남재시비' 는 심씨 일문의 의도를 저지하려는 성향이 향중(鄕中)의 사림 문중 간에 표면화되면서 빚어진 갈등 즉 향전(鄕戰)이었다. 즉 향권의 향배를 염두에 둔 사림 문중 간의 갈등이었으며, 여기에 당색이 작용하고 있었다. 그러나 정조 1년(1777)에 야기된 향전의 표면적 양상은 명분론의 시비형태로 전개되었다. 심씨 일문은 노론세력의 지원 하에 양정부자-주부자-우암과 어촌으로 이어지는 영정과 위패를 봉안하여 그 학통을 정립함으로써 서원건립의 명분을 제고하려는 성향을 보였고, 이에 대응한 사림 문중들은 위화 · 위패 · 위문 문제를 제기하여 서원건립의 명분을 저지하려는 성향을 보였다. 즉 심씨 일문이 노론계 산림으로부터 서원건립의 명분을 확보하고자 하였다면, 사림 문중의 문제제기는 일향의 공론을 앞세워 그 명분을 저지하려는 것이었다.

아울러 하남서원의 건립을 둘러싼 사림 문중 간의 갈등은 노론계 산림의 영수를 상대로 각자의 입장을 개진하는 구도에서 전개되었다. 그러나 이러한 구도에서 사림 문중의 문제제기는 향전의 양상을 띤 불순한 기도로 평가되면서 번번이 좌절되었고, 비록 태학으로부터 교원(校院)의 정제성(定制性)과 관련하여 도(道) · 관부(官府)를 통한 2차례의 실사가 진행되었으나 역시 노론세력의 영향으로 좌절되었다. 이러한 양상은 무려 4년여에 걸쳐 진행되었으며, 물론 그간에 향촌사회 내적으로 중재노력은 있었지만 양자간의 갈등은 서로의 입지와 존립을 부정하는 극렬한 양상으로 전개되면서 자정노력의 한계를 넘어서고 있었다.

한편 이러한 상황에서도 심씨 일문은 노론세력과 태학의 지원 하에 관부와 도내 일원의 향교와 서원의 재정적 지원에 힘입어 사우(祠宇)를 개축하여 하남서원의 외양을 갖추면서 문중서원 건립을 마무리하고 있었다. 이에 이르러 사림 문중의 문제제기는 정조 5년(1781) 천청(天廳)에 상소하는 형태로 전이되었고, 이로써 상황은 반전되는 국면을 맞게 되었다. 사림 문중 간의 갈등은 그간에 산림을 통한 문제해결 방식에서 이제 법승(法繩)에 의존하는 양상으로 전이되었고, 이러한 양상은 정조 4년 노론세력의 영수 송덕상이 파천되면서 야기된 산림세력의 변화에 편승하는 것이었다.

즉 사림 문중의 상소가 천청에 진달되고, 이에 따라 해조(該曹)로부터 세 명의 사관(査官)이 차정되어 제기된 문제의 진위를 가리는 실사가 진행되었다. 그 결과 하남재의 영정 · 기문 · 위판은 위화 · 위문 · 위판으로 판명되었고 하남재는 위당으로 결정되었다. 이로써 하남재는 훼철되고 그간에 문중서원 건립을 주도하였던 도유사는 평안도 희천으로 유배되었고, 그간에 방백 · 수령은 추고(推考)되면서 시비는 종결되었다.

이렇듯 '하남재시비' 는 비록 표면적으로 문중서원의 건립을 둘러싼 명분론의 시비형태로 전개되었지만, 그것은 적어도 서원이 사림 문중의 세력기반의 구심적 기능을 구축함으로써 일향의 향권의 향배를 염두에 둔 사림 문중 간의 갈등이었다. 그리고 '하남재시비' 의 종결의 의미는 일향의 공론을 토대로 기존 향권의 평형을 유지하려는 일향의 사림 문중의 보수적 성향을 반영하는 것이었다. 아울러 이처럼 사림 문중의 향촌사회 내적인 입지는 산림과 당색의 문제에 우선하고 있음을 보여주는 것이었지만, 그것은 그 시비의 종결과정에서 나타나듯 산림세력의 동향에 크게 영향을 받고 있음을 보여주고 있다.

제3장

선비전주이씨행장을 통해 본 여성의 생활상

1. 머리말

조선시대 여성의 생활사는 가족제도 특질의 변화와 관련하여 보다 깊이 있는 이해를 모색하려는 경향을 띠어 왔다.[1] 조선 사회는 성리학에 대한 이해와 농업경제의 발전을 기반으로 16세기를 경과하면서 성리학적 사회질서로 재편되어 갔고, 이러한 질서는 17, 8세기 사회경제적 변화에 직면하여 예론의 심화 발전에 힘입어 기층사회에 이르기까지 확산되어 갔다. 이러한 사회구조의 변화와 맞물린 가족제도의 특질을 규명하는 작업은 이 시기 여성 생활사 연구를 선도해 왔다.

조선후기 여성 생활사는 부계 친족중심의 가족제도의 특질을 전제로 여성에 대한 규제와 억압이 규명되었으며, 출산과 육아를 비롯해 봉제사(奉祭祀)・접빈객(接賓客), 그리고 자녀교육・가사노동・가정관리에 이르기까지 그 역할론이 강조되어 왔다. 그리고 근년에 이르면서 일기・분

1) 이순구, 2005, 「전근대 여성사 연구의 현황과 과제」, 『한국사연구 50년』, 이화여자대학교 한국문화연구원.

재기 · 호적 · 행장 · 문집 · 족보 · 소설류 등 다양한 자료가 활용되면서 신분 · 계층별로 구체적 양태를 파악하여 다양한 주제 개발과 그 의미를 규명하려는 경향을 보이고 있다.

조선후기 여성 생활사는 16세기 여성 생활사 연구 성과의 연장선상에서 이해되는 경향이 짙다. 16세기 가족제도의 특질은 일찍부터 주목되었고,[2] 근래에 이르면서 재산 · 제사 · 가계상속,[3] 혼 · 상례[4] 등의 주제가 여성사적 시각에서 개별적인 검증이 이루어지고, 나아가 재주권(財主權) 공유를 둘러싼 부인권(婦人權)[5]과 총부권(冢婦權)[6]의 변화 등이 규명되면서 여성의 사회적 입지와 지위문제가 귀납적으로 정리되고 있다. 그리고 이러한 성과는 조선후기 여성 생활사를 규정하는 논거가 되고 있으며, 여기에는 16세기의 부계 친족중심의 가족제도가 후기사회에 이르면서 사회저변에 이르기까지 고착화된다는 사실에 토대를 두고 있다.

이로써 조선후기 여성 생활사 연구는 16세기에 대한 연구의 한계를 그대로 안고 있으며, 여성의 입지와 위상이 전조(前朝)보다 열악해졌는가? 조선후기 여성 생활사의 특질은 어떻게 설명될 수 있는가? 라는 보다 원론적인 문제는 여전히 과제로 남아 있는 실정이다. 한편으로 근래에는 이러한 문제의식에 기초하여 여성에 대한 규제와 억압에 편중된 연구시각을 지양하고 보다 구체적인 생활 양태에 근거하여 사회경제적 변화와 맞

2) 崔在錫, 1972, 「朝鮮時代 相續制에 關한 硏究」, 『歷史學報』 53 · 54合集 ; 李光奎, 1976, 「朝鮮王朝時代의 財産相續」, 『韓國學報』 3.

3) 이수건, 1992, 「조선전기의 사회변동과 상속제도」, 『한국친족제도연구』 ; 이순구, 2005, 「조선시대 가족제도의 변화와 여성」, 『한국고전여성문학연구』 10 ; 김경숙, 2000, 「16세기 사대부 집안의 제사설행과 그 성격」, 『한국학보』 98.

4) 이순구, 1991, 「조선초기 모상복제의 변화과정」, 『청계학보』 3, 1991 ; 김경숙, 2001, 「16세기 사대부가의 喪祭禮와 廬墓生活」, 『國史館論叢』 97 ; 金素銀, 2001, 「16세기 兩班家의 婚姻과 家族關係」, 『國史館論叢』 97 ; 장병인, 1999, 「조선전기 혼인제도를 통해 본 여성의 지위」, 『우리역사의 7가지 풍경』.

5) 조은, 2000, 「가부장적 질서화와 부인권의 약화」, 『한국여성학』 제16권 2호.

6) 李舜九, 1996, 「朝鮮中期 冢婦權과 立後의 강화」, 『古文書硏究』 9 · 10.

물린 역동적인 생활상,[7] 시대질서를 체득하고 주체적으로 실천하는 생활상,[8] 성리학 자체를 연구하여 자신의 의식세계를 넓혀가는 생활상[9] 등을 규명하여 보다 발전적 입장에서 여성사를 정립하고 나아가 시대적 특질을 규명하려는 경향을 보이고 있는 실정이다.

여기서는 이러한 연구 성과에 힘입어 강릉지역에서 발굴된 『선비전주이씨행장(先妣全州李氏行狀)』 자료를 주목하고자 한다. 먼저 자료의 성격과 특성을 파악하고, 이를 토대로 전주이씨의 생애를 재구성하고,[10] 이를 통해 조선후기 여성의 생활 일상을 이해하고자 한다. 특히 이 시기의 보편화된 사회질서의 체득에서 나오는 여성의 보다 역동적이고 주체적인 삶의 실천이라는 시각에서 여성 생활사의 논거를 마련해 보고자 한다.

전주이씨는 1751년(영조 27)에 양반의 집안에서 태어나서 1822년(순조 22)까지 생존하였으며, 그의 삶은 족보상에서는 "여중군자(女中君子)"로 평가되고 있다.[11] "여중군자"를 당대의 바람직한 여성상 내지는 그 지향점으로 이해할 수 있다면, 전주이씨의 생활상을 재구성하고 그 의미를 규명함으로써 조선후기 여성 생활사의 논거를 마련할 수 있을 것으로 기대된다.

2. 행장의 체제와 서술형식

행장(行狀)은 일대기 형식의 자료이다. 이 자료는 조선시대 전 시기에

7) 이순구, 2005, 「조선시대 가족제도의 변화와 여성」, 『한국고전여성문학연구』 10.
8) 이순구, 1998, 「조선후기 양반가 여성의 일상생활 일례」, 『朝鮮時代의 社會와 思想』.
9) 정해은, 1997, 「조선후기 여성 실학자 빙허각 이씨」, 『여성과 사회』 8 ; 이은선, 2005, 「페미니즘 시대에 신사임당 새로 보기」, 『동양철학연구』 43.
10) 이 자료는 강릉최씨 일가에서 보존되고 있다.
11) 『先妣全州李氏行狀』. 壬午三月初至十日卒未享七十二歲 ; 『江陵崔氏庇仁公派四養齋公親族譜』 昌翼. "夫人規範端莊 年老而哀慕純篤 至貧而奉祀誠潔 鄉里宗族稱女中君子."

걸쳐 작성되었으며, 전기사회에서 행적이 간략하게 정리되고 있으나 후기사회에서는 내용이 더 구체화되고 그 분량도 늘어나는 추세를 보이면서 양산되고 있다. 이러한 추세에서 여성들의 행장도 작성되었을 것으로 보이나 매우 희소한 형편이다. 현전하는 것이 소수에 불과하다는 점에서 여성들의 행장은 보편화된 양상은 아니었던 것으로 짐작된다.

현전하는 여성의 행장은 신사임당(申師任堂)[12] · 선비부인의성김씨(先妣夫人義城金氏) · 선비숙인김씨(先妣淑人金氏) · 선비안동권씨(先妣安東權氏) · 정경부인초계정씨(貞敬夫人草溪鄭氏) · 서포가문(西浦家門) 등의 행장[13]과 선비이씨행장(先妣李氏行狀)[14] 등이 알려진 형편이며, 임윤지당(任允摯堂)의 언행록(言行錄)[15]도 이 범주에 들 수 있을 것이다. 여성의 행장은 대개 '선비행장(先妣行狀)'으로 불리듯 자식에 의해 작성되는 것이 일반적이었던 것으로 보이며, 그 희소성에 비추어 특별한 동기부여나 선비(先妣)의 남다른 삶의 행적에 기인하여 작성되었을 것으로 추측된다.

여기서 주목하는 『선비전주이씨행장(先妣全州李氏行狀)』도 역시 선비행장으로 아들 최용필(崔龍弼, 1784~1853)에 의해 작성되었다. 전주이씨는 1751년에 출생하였으며 1822년에 72세의 일기로 사망하였다.[16] 아들 최용필이 어머니가 돌아가신 지 5년이 경과한 1827년(순조 27)에 이 행장을 작성하였다.[17] 이 무렵 즉 1825년(순조 25)에 아들 용필은 초시에 올라 생원으로 성균관에 나아갔다.[18] 이 사실은 행장이 작성되는 직접적인 계기가 된 것으로 보인다.

---

12) 『栗谷全書』, 先妣行狀, 成均館大學校 大同文化硏究院.
13) 이상의 행장은 국사편찬위원회에 등록된 자료로 소개되고 있다.
14) 이 행장은 江陵崔氏 일가에 소장됨.
15) 원주시, 2001, 『국역 윤지당유고(允摯堂遺稿)』, p.204.
16) 『先妣全州李氏行狀』. "壬午三月初至十日卒未享七十二歲."
17) 위의 책, "丁亥春 不肖孤子龍弼泣血記."
18) 위의 책, "親在之時不得一名 而永訣慈顔眠關之明年 獲陞國庠."

즉 자식의 입신출세를 평생토록 소망했으나 그것을 보지 못하고 세상을 떠난 선비에 대한 회한과 감은의 자세, 그리고 선비의 삶의 지혜를 자손들의 교훈으로 삼으려는 것이 이 행장의 집필동기라고 할 수 있다.[19] 더욱이 선비는 33년을 미망인으로 온갖 풍상(風霜)과 위난(危難)을 겪으면서도 평생을 아들의 입신출세를 축원하는 삶을 영위하였고, 임종에 임해서는 자손들의 입신에 확신을 보이면서 구원(九原)에서라도 소식을 들으면 기뻐할 것이라는 유언까지 남기고 있다.[20]

이 행장 자료는 가로 19.5cm, 세로 32cm이고 전체 24쪽의 필사본이다. 표지는 청남색의 두꺼운 종이이고 오른쪽에 5개의 구멍을 만들어 사철(絲綴)하였다. 겉표지에는 "先妣李氏行狀"으로 기록하였고 본문에서는 "先妣全州李氏行狀"이라 하여 본관을 명기하였다.[21] 본문은 해서체로 세로쓰기를 하였고 매 쪽은 9줄이고 한 줄은 17~19자로 구성하였다.

본문의 서술형식은 선비의 행적을 기술하는 부분과 집필자의 의견을 기술하는 부분으로 구분하였다. 즉 먼저 선비의 행적을 기술하고 이어서 그에 상응하는 교훈적 의미를 담은 집필자의 견해를 기술하였다. 그리고 집필자의 견해를 기술한 문단은 선비의 행적을 기술한 부분에 비해 한 글자를 낮추어 편집함으로써 구분을 짓고 있다. 이로써 전체 24쪽의 본문은 전자 → 후자 → 전자 → 후자의 형식으로 편집되었다고 하겠다.

본문의 내용 구성은 모두 7문단으로 144줄의 분량이고 필자의 견해를 밝힌 부분은 역시 7문단이나 55줄에 불과하다. 이로써 본문의 내용은 전체의 약 72.3%를 선비의 삶의 행적을 기술하였고, 이에 비해 한 글자 낮추어 편집한 집필자의 견해는 27.7%에 불과하다. 선비의 행적을 기술한

19) 위의 책, "後生而作閨箴."
20) 위의 책, "吾年迫日索 非所期於目見科慶 吾平生精力 在此子孫必有榮掃者 吾當含笑於九原矣."
21) 여기서는 "先妣全州李氏行狀"으로 표기한다.

부분을 세분해 보면 제1문단이 12줄, 제2문단이 15줄, 제3문단이 18줄, 제4문단이 38줄, 제5문단이 6줄, 제6문단이 44줄, 제7문단이 11줄로 구성되어 있으며, 내용은 선비의 현조(顯祖)를 비롯해 사조(四祖)의 이력과 선비의 성장기 생활환경과 결혼생활이 정리되고 있으며, 특히 미망인으로서 선비의 생활상이 비중 있게 다루어지고 있다는 특징을 보이고 있다. 그리고 집필자의 견해를 밝힌 부분을 세분해 보면 제1문단이 6줄, 제2문단이 7줄, 제3문단이 4줄, 제4문단이 9줄, 제5문단이 11줄, 제6문단이 8줄, 제7문단이 10줄로 구성되어 있으며, 이 부분은 선비의 삶의 자세와 정신을 가법(家法)으로 규정하고 후손들에게 그것을 준행할 것을 명시하는 내용이 주를 이루고 있다.

이러한 체제와 서술형식의 특징은 선비의 행적을 보다 구체적으로 기술하고 있으며, 이로부터 선비의 생활 자세와 정신을 가법으로 규정하여 후손들에게 교훈으로 삼으려는 집필 의도를 시사한다고 할 수 있다. 이러한 집필 의도는 이 행장 자료의 사료적 가치를 높이고 있다. 즉 행장의 집필이 다름 아닌 가족과 그 후손들을 위한 것이었고, 이로부터 이 자료는 보다 구체적이고 사실적이고 진솔하게 기술되었다는 점이다.

> "오호라! 누가 부모를 顯揚하려 하지 않겠는가마는 그 形을 모사하면서 毫髮까지도 그려낸다면 그것은 곧 생시의 典刑이 아니라 할 것이고, 그 狀을 기록하면서 그 실상을 잃어버리면 그것은 곧 생시의 언행이 어그러짐일 것이다."[22)]

이 같은 내용은 선비의 삶의 행적을 진솔하게 담아내려는 집필자의 기술 자세를 보여주는 것으로, 이 자료의 사료적 가치를 높여주는 대목이

22) 『先妣全州李氏行狀』. "嗚呼 孰不欲顯揚父母 摸其形而茀毫髮 則便不是生時典刑 記其狀而喪其實 則有乖其生時言行."

라고 할 수 있을 것이다.

3. 전주이씨의 성장과 혼인

전주이씨는 아버지 통덕랑(通德郎) 제항(齊恒)과 어머니 파평윤씨(坡平尹氏)의 맏딸로 1751년(영조 27)에 출생하였다.[23] 아버지와 외조부 익환(益煥)은 정5품 상계인 통덕랑 품계를 가졌고, 조부 경령(庚齡)은 진사(進士)에 올랐으며, 증조부 진성(震晟)은 정9품 종사랑(從仕郎) 품계를 가졌다.[24] 고조 명설(命說)은 4개 현의 현감(縣監)과 사의(司儀)를 역임하고 좌승지에 증직(贈職)되었다.[25] 4조의 이력 중에서 고조가 관직에 출사하였고 조부가 진사에 오른 것을 제외하면 나머지 분들의 품계는 직책이 파악되지 않는 점에서 산계(散階)로 이해된다.

이 같은 산계는 대가제(代加制)에 따른 것으로 이해된다.[26] 즉 벼슬에 나가 있는 자들이 품계가 승차될 때 동생형제(同生兄弟)들이 품계를 확보하는 것으로 정5품 상계인 통덕랑은 그 한계품계였다. 산계는 신분 유지라는 원론적 의미 외에도 이 시기에는 문중질서와 맞물리면서 부계 친족집단의 결속과 위상을 제고하는 사회적 의미를 갖는 것으로 파악된다. 여기서 전주이씨의 부친과 외조가 동일하게 통덕랑 품계를 가졌으며, 이 점은 전주이씨 일가의 부계 친족집단의 가부장적 질서를 시사하는 것으로 이해될 수 있다.

이렇듯 전주이씨는 가부장적 질서가 구축된 양반가에서 출생하였다. 그러나 어린시절 부친의 사망으로 무남독녀가 되었고, 이로써 어머니를

23) 위의 책, "辛未九月十七日生…父通德郎諱齊恒 外祖坡平尹氏通德郎諱益煥."

24) 위의 책, "曾祖從仕郎諱震晟 祖進士諱庚齡."

25) 위의 책, "高祖歷四縣止司議贈左承旨諱命說."

26) 崔承熙, 1985, 「朝鮮時代 兩班의 代加制」, 『震檀學報』 60.

모시고 음죽현(陰竹縣) 고작동(古作洞) 외가로 이접(移接)하였다.[27] 그리고 이로부터 20여 년 동안을 외가댁에서 생활하면서 성장하였다. 이러한 생활 양태는 부계친족집단의 성향과는 상충되지만, 현실적으로 부친이 사망하면서 야기되는 경제적 어려움에서 비롯되는 것으로 이해된다. 여기에 가계를 계승할 아들을 두지 못한 상황도 영향을 미쳤을 것으로 이해된다.

전주이씨는 1766년(영조 42) 16세에 강릉 향호리(香湖里)로 이주하였다.[28] 이는 양자(養子)로 영입된 외삼촌이 초계정씨(草溪鄭氏)와 혼인하여 정씨의 고향인 강릉 향호리로 이주한데 따른 것이었다.[29] 이로써 전주이씨의 성장기 생활환경은 보다 외가의 생활 형편에 따라 규정되고 있다는 특성을 갖는다. 그리고 그녀의 성장환경은 부계친족집단의 가부장적 질서가 구축된 시대적 상황에서 부계 친족구조의 연망(連網)으로부터 이탈되어 있었다고 할 수 있다.

이러한 성장기의 생활환경은 전주이씨의 혼인에 직접적인 영향을 미치는 것으로 보인다. 전주이씨는 22세에 초혼이면서 18세 연상인 강릉최씨 최창익(崔昌翼, 1733~1789)의 계실(繼室)로 혼인하였다.[30] 이 시기 여성의 초혼 연령이 평균 17.3세로 파악되며,[31] 강릉지역에 거주하였던 신사임당 역시 18세에 혼인하였다.[32] 이러한 사실과 비교하면 전주이씨는 결혼 적령기를 놓치고 있었고, 이러한 상황은 성장환경에 따른 것이었다고 이해된다. 그리고 최창익 역시 정5품 상계인 통덕랑 품계를 산계로 확보하고 있으며, 이 점은 전주이씨 부친이 동일한 산계를 가졌다는 사실과 연계지을 수 있을 것 같다.

---

27) 『先妣全州李氏行狀』. "先妣早孤奉偏親 養于陰竹古作洞 外氏宅."
28) 위의 책, "先妣及笄之明年 奉母夫人移接于臨瀛."
29) 위의 책, "外祖母尹氏 取從姪諱僖慶爲嗣 娶于草溪鄭氏 因贅于江陵香湖."
30) 위의 책, "齡二十二壬辰爲先人繼室."
31) 김건태, 2004, 「18세기 초혼과 재혼의 사회사」, 『역사와 현실』 51, 한국역사연구회, p.198.
32) 『栗谷全書』 「先妣行狀」(大東文化研究院). "慈堂以弘治甲子冬十月二十九日生于臨瀛 嘉靖壬午適家君."

이로써 전주이씨의 혼인은 친가의 가계 특성과 본인의 성장환경이 중요 변수가 된 것으로 이해된다. 물론 혼인에는 단정하고 엄숙했던 전주이씨의 성품이 일차적인 변수였을 테지만, 이에 못지않게 생활 환경적 요인이 크게 작용하고 있음을 보여준다.

4. 전주이씨의 결혼생활

(1) 시가(媤家)의 가계(家系) 분석

남편 최창익은 강릉최씨 26세손이다. 최씨 일가는 고조인 정립(挺立, 1574~1654)이 본관지 강릉으로부터 양양지역으로 이주하였고, 이후 양양과 고성 일대에서 대대로 살면서 한편으로 출사(出仕)를 지향하고 다른 한편으로 향리에서 동족마을을 구축하여 생활 기반을 넓혀 간 것으로 파악된다.

전주이씨 시가의 가계에서는 몇 가지 두드러진 특징이 파악된다. 먼저 양양으로 이주한 지 2대째부터 초시(初試)와 문과(文科)를 거쳐 출사자(出仕者)를 배출하고 있다는 점이다. 〈표 1〉에서 보듯이 24세손인 상오(相五)는 진사(進士)가 되었고,[33] 상은(相殷)[34]이 문과에 등제하여 정랑(正郞)에 제수되었다.[35] 그리고 상오의 차남인 규태(逵泰)가 1723년(경종 3)에 문과에 등제하여 정언(正言)과 지제교(知製敎)를 역임하였고,[36] 다

33) 『江陵崔氏世譜』(丁未譜). "相五 初諱相文字仲三號四養齋 孝廟辛卯九月二十五日生 肅廟丙子(1696)進士 癸未四月十二日卒 公儒雅詞學爲世所推."

34) 최씨 일족의 長子였던 相殷은 縣監을 지낸 인연으로 砥平으로 이주하였다.

35) 『江陵崔氏世譜』(丁未譜). "相殷 字陽卿 號東崖 崇禎甲申(1644) 仁廟二十二年三月七日生 顯廟壬子(1672)中司馬 肅廟丙子(1696)登文科 優於詞華 長于吏治 官至正郞 肅廟癸未(1703) 六月十八日卒于海南縣官所 享年六十 晩年移居砥平子孫世居焉."

36) 『江陵崔氏世譜』(丁未譜). "逵泰 肅廟甲子四月二十日生 癸巳(1713))進士 景廟癸卯(1723)

시 규태의 차남인 창적(昌迪)은 1793년(정조 17)에 십삼경의조대(十三經儀條對)로 출사하여 돈영부(敦寧府) 도정(都正)을 역임하였고,[37] 창적의 장남인 영필(英弼)은 1794년(정조 18)에 태학(太學)에서 응제시(應製詩)로 필묵(筆墨)을 하사받았다.[38] 이로써 최씨 일족은 24세손에서 27세손에 이르는 동안 3명의 초시 합격자와 3명의 문과 급제자를 배출하여 4대에 걸쳐 연이어 출사(出仕)를 이루고 있다.

이와 관련하여 또 하나 특징은 출사자의 동생형제(同生兄弟)들이 산계(散階)를 갖고 있다는 점이다. 〈표 1〉에서 보듯이 25세손에서는 일찍 사망한 도태(道泰)를 제외하고 수태(遂泰)와 운태(運泰)가 통덕랑(通德郎) 품계를 가졌고,[39] 26세손에서는 창석(昌錫)[40]·창억(昌億)[41]·창익(昌翼)[42] 등 형제들이 통덕랑 품계를 가졌고, 27세손에서는 진사(進士)인 영필(英弼)을 제외하고 화필(華弼)·저필(著弼)·지필(芝弼) 등 형제

登文科 官至正言知製教 文章經學爲世所推 李尙書德壽薦于朝 日奮志篤學文詞淸麗 不喜仕進 尤精易理 英廟眷注久而不忘 英廟甲戌四月二十九日卒 壽七十一."

37) 『江陵崔氏世譜』(丁未譜). "系子 昌迪 生父宇泰字惠吉號翠松 英廟丙午正月十三日生 戊子(1768)進士 正廟癸丑(1793) 以十三經義條對 特授童蒙教官 翌年甲寅除洪川縣監 後六年庚申又命陞敦寧府都正兼除嶺東分敎官 俾訓關東人士 公篤志力學 一自小成後 謝絶科場 窮經林下 若將終身及至 癸丑特蒙異數對經稱旨 再登經筵討論 性理屢蒙嘉奬至有近 所謂京儒經行薦似之人 亦何能叩其實乃如是之命 純廟壬戌正月二十八日卒."

38) 『江陵崔氏世譜』(丁未譜). "英弼 字聖曄 號樗軒 英廟丙寅三月二十九日生 正廟丙午中司馬 公遊太學節製應製屢被恩賞 又於甲寅秋應製以詩表一日再選 入侍時上曰 此童蒙教官昌迪之子耶 使之擧顔下問曰 知汝親之將 爲守宰乎 顧謂承旨洪仁浩曰 何尙不擬望問于吏曹因償賜筆墨 以孝友經學登道剡 未得一名時論惜之 丙戌十一月二日卒 壽八十一."

39) 『江陵崔氏世譜』 戊戌譜(肅宗 44). "遂泰, 字達成 號聾窩 通德郎 肅廟甲寅十月二十九日生 英廟庚午七月四日卒…運泰, 字達元 號靜觀窩 通德郎 肅廟庚午八月十三日生 戊寅正月二十九日卒 壽六十九 公書畵文章 苑有時望."

40) 『江陵崔氏世譜』 戊戌譜(肅宗 44). "系子 昌錫 生父遂泰 字胤甫 通德郎 肅廟乙未十一月二十日生 英廟丙申四月六日卒 配大邱徐氏 父通德."

41) 『江陵崔氏世譜』 戊戌譜(肅宗 44). "昌億 字聖老 通德郎 英廟乙卯十二月十三日生 壬午五月四日卒."

42) 『江陵崔氏世譜』 戊戌譜(肅宗 44). "系子 昌翼 生父遂泰 字尙甫 通德郎 英廟癸丑三月一日生 公襟韻疎曠 善水墨翎毛梅竹 正廟己酉七月一日卒 配江陵金氏…丁未正月十日生 丙寅三月四日卒有一男…配全州李氏 父通德郎齊恒…辛未九月十七日生 壬午三月十日卒 夫人閨範端莊 年老而哀慕純篤 至貧而奉祀誠潔 鄕里宗族稱女中君子 有一男一女."

들이 통덕랑 품계를 갖고 있다.[43] 이렇듯 3대에 걸쳐서 출사하지 못한 형제들이 정5품 상계인 통덕랑 품계를 산계로 갖고 있다는 특징을 보이고 있다.

〈표 1〉 남편 최창익의 가계도[44]

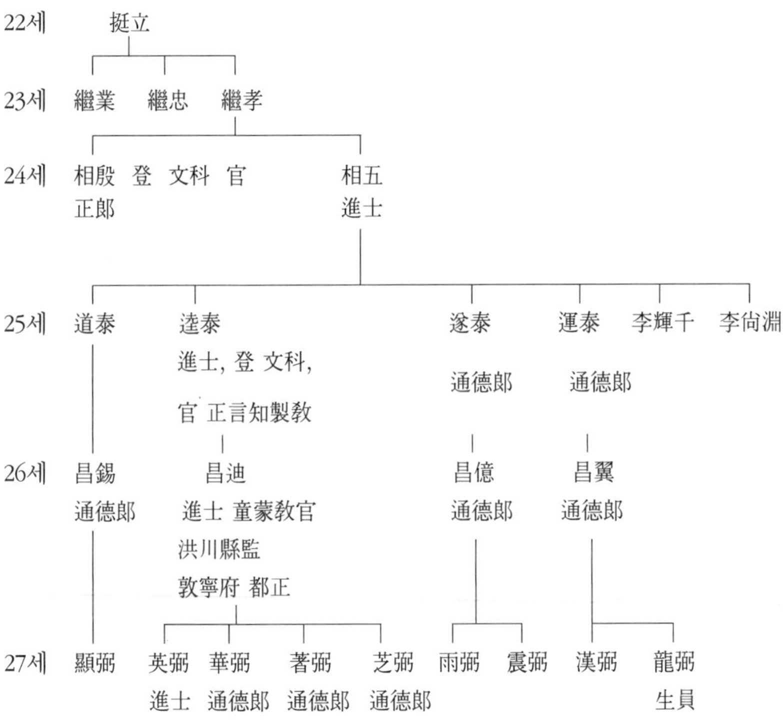

이와 같은 특징은 부계 친족집단의 신분유지와 사회적 입지를 제고하는 의미를 갖는다. 〈표 1〉에서 26세 손 최창익은 통덕랑 품계를 가졌지

43) 『江陵崔氏世譜』 戊戌譜(肅宗 44). "華弼 字聖益 號太湖 通德…著弼 字聖學 通德…芝弼 字聖衍 號松齋 通德."

44) 〈표 1〉은 『江陵崔氏庇仁公派四養齋公親族譜』(2002)에서 정리하였음.

만, 「오봉약기」에서는 "사인(士人) 최창익"으로 기술되고 있다.[45] 또한 산계를 가진 동생형제들 중 진사에 오른 자들은 산계를 갖지 않았다. 이 점은 산계의 사회적 의미가 진사에 못 미치는 것을 시사한다. 그러나 한편으로 최씨 일족 내에서 통덕랑 산계를 가진 자들이 동일한 산계를 가진 집안과의 혼인이 두드러지고 있다는 점을 살필 수 있다. 〈표 1〉에서 보듯이 통덕랑 품계를 가진 8명 중에서 6명이 동일한 통덕랑 품계를 가진 집안과 혼사를 이루고 있다.[46] 이 점에서 산계가 갖는 의미는 한계가 있었지만, 출사자의 품계를 공유한다는 점에서 친족집단의 위상을 제고하는 의미를 갖는다고 하겠다.

한편 이들은 동족마을을 형성하였고, 친족공동체 내적으로는 가계계승의식이 자리 잡고 있다. 〈표 1〉의 26세 손에서 창석(昌錫), 창익(昌翼), 창억(昌億)은 수태(遂泰)가 생부이지만 막내였던 창억은 생부의 가계를 잇고 장남인 창석은 백부(伯父) 도태(道泰)의 양자로, 차남인 창익은 계부인 운태(運泰)의 양자로 영입되었다. 그리고 중부(仲父)인 규태(逵泰)는 6촌간인 창적(昌迪)을 양자로 영입하였다. 이러한 사실은 양자영입을 통한 가계계승이 일상화되어 있음을 시사한다.

또한 친족공동체 외적으로는 문중조직의 활동에 적극 참여하는 모습을 보이고 있다. 1718년(숙종 44) 강릉최씨 창시보인 무술보(戊戌譜)가 6질로 편찬되어 그 중 한 질이 이곳 양양지역에 비치되었다.[47] 그리고 1783년(정조 7) 계묘보(癸卯譜)의 편찬 작업에는 이곳 양양지역에 거주하였던 창적이 주도적 역할로 참여하고 있다.[48] 이 점은 이들의 관향이었던 강릉지역을 중심으로 결성된 문중조직과 활동에서 양양지역에 거

45) 『蓬西遺稿』 卷3 記, 五峰略記. "英廟辛巳 以聖像之漫漶 士人崔昌翼改模之 舊本于左龕."
46) 『江陵崔氏世譜』 戊戌譜(肅宗 44)에서 昌錫, 顯弼, 女(朴豊進), 運泰, 昌翼, 漢弼 등에게서 확인된다.
47) 『江陵崔氏世譜』 戊戌譜序(肅宗 44). "分爲六帙 此鄕南北 各置二件 高城旌善 各送一件."
48) 『江陵崔氏世譜』 癸卯譜跋. "襄陽之進士昌迪章甫百璿氏 而不佞之猥相是役 適足爲忝先之歸耳."

주하는 이들의 사회적 입지와 위상을 시사하는 것으로 이해될 수 있으며, 이로써 이들은 족보상에서 '비인공파(庇仁公派)' 내에서도 〈표 1〉의 24세손 상오(相五)의 호를 따서 '사양재공파(四養齋公派)'로 분류되고 있다.[49)]

이상에서 살핀 바와 같이 전주이씨 시가인 강릉최씨 일족은 남편의 고조대에서 본관지로부터 양양지역으로 이주하였고, 이주한 지 2대째로부터 4대에 걸쳐 연이어 초시와 문과의 급제한 출사자를 배출하였고, 출사자의 동생형제들이 산계로 정5품 통덕랑 품계를 확보하면서 사회적 입지와 위상을 확보해 갔다. 한편 이들은 향리에서 동족마을을 구성하고 친족범주에서 양자를 영입하여 가계를 계승하면서 부계 친족중심의 가부장적 질서를 구현하였고, 나아가 관향지를 중심으로 결성된 문중조직과 그 활동에 적극 동참하는 성향을 보이고 있다.

(2) 가족구성과 생활 기반

전주이씨의 시가는 '비인공파' 중에서도 '사양재공파'로 분류된다. 이들이 보여주는 양자영입, 동생형제들의 산계(散階) 확보, 족보편찬을 비롯한 문중활동, 간성군(杆城郡) 토성면(土城面) 위천(渭川) 상하방(上下坊)의 동족마을[50)] 등은 부계 친족집난의 가부상석 실서를 구현하고 있음을 시사한다. 그리고 이 같은 친족공동체의 모습은 전주이씨의 결혼 생활의 기반으로서 의미를 갖는다.

〈표 1〉에서 보듯이 남편 최씨는 차중택(次仲宅) 수태(遂泰)의 차남으로서 출생하여 계택(季宅)인 운태(運泰)의 양자로 영입되었다. 이로써 남편 최씨는 생부와 양부 모두가 산계로 정5품 통덕랑 품계를 가졌고, 본인

49) 『江陵崔氏世譜』(丁未譜). "壽江 成化壬寅生 弘治 甲子(1504)歷判官行庇仁縣監 嘉靖辛酉 十月八日卒 壽八十 ; 相五…號 四養齋."

50) 『先妣全州李氏行狀』. "渭川上下坊無非親族也 朞功連墻."

역시 산계로 통덕랑 품계를 가졌다. 이 점은 백댁(伯宅)은 종가였고, 중댁(仲宅)은 6촌간인 창적[51]을 양자로 들여 2대에 걸쳐 출사자를 배출하고 있다는 점과 비교된다. 즉 남편 최씨는 초시(初試)에 오르지 못한 채 산계만을 확보하였다는 계열적 특성을 보이고 있다.

남편 최씨는 전부인 소생으로 1남을 두었고, 전주이씨와 결혼하여 1남 1녀를 두었다. 장남 한필(漢弼, 1754~1794)과 차남 용필(龍弼, 1784~1853), 그리고 딸(사위 高尙說)이 그들이다. 전주이씨가 계실로 혼인하던 시기에 장남 한필은 19세로서 혼인을 했던 것으로 보인다.[52] 그리고 전주이씨는 계실이 된 지 12년 만인 34세(남편 52세)에 아들 용필을 낳음으로서 장남과 차남이 30살의 연령 차이를 보이고 있다. 이로써 전주이씨는 결혼하여 6인 가족으로 일가를 이루었으며, 형제들 간에 연령 차이가 크다는 가족 구성상의 특징을 보이고 있다.

남편 최씨는 인품이 트이고 밝은 성품으로 영모(翎毛)·매죽(梅竹) 등 수묵화(水墨畵)에 능통하였다.[53] 1761년(영조 37) 강릉 오봉서원(五峰書院)의 공론(公論)에 따라 이곳에 모셔진 공자 성상(聖像)의 개모(改模) 작업을 맡아 모사(模寫)하기도 하였다.[54] 그는 전주이씨를 부인으로 맞이하면서 적어도 두 가지 점을 배려하는 모습을 보이고 있다. 먼저 결혼을 하면서 양주(楊州)·광주(廣州)로 이주하려는 계획을 갖고 있었다.[55] 이곳은 전주이씨의 외가와 인접한 곳이라는 점에서 부인에 대한 배려로 보여진다. 그리고 결혼 초기에 부인에게 『소학(小學)』과 『내칙(內則)』 등을 직접 언서(諺書)로 수사(手寫) 편책(編册)하여 제공하고 잠교(箴敎)하였

51) 『江陵崔氏庇仁公派四養齋公親族譜』 系子昌迪. "生父宇泰…戊子進士…正廟癸丑 以十三經義條對 特授童蒙教官 翌年甲寅除洪川縣監."

52) 『江陵崔氏庇仁公派四養齋公親族譜』 漢弼. "…配全州李氏 父通德義集 祖通德德華 曾祖通德震昌."

53) 『江陵崔氏世譜』(丁未譜). "公襟韻疎曠 善水墨翎毛梅竹."

54) 『蓬西遺稿』 卷3 記, 五峰略記. "英廟辛巳 以聖像之漫漶 士人崔昌翼改模之 舊本于左龕."

55) 『先妣全州李氏行狀』. "先人中年欲移楊廣間 而荏苒未果."

다.[56] 남편의 잠교는 부인으로 하여금 부학(婦學)과 부덕(婦德)을 쌓아 친족공동체 생활에 적응시키려는 배려였다고 하겠다.[57]

이러한 모습은 전주이씨 결혼 생활의 단란한 모습으로 이해된다. 비록 이주계획은 실천에 옮기지 못한 채 간성(杆城) 토성면(土城面) 백촌리(栢村里)에 정착하였지만,[58] 남편의 잠교에 따른 문자 생활은 부인의 생활 전반에 걸쳐 큰 영향을 미치고 있다. 전주이씨는 이들 서책을 만년(晩年)에 이르도록 고람(考覽)하고 궁행(躬行)하여 부덕과 부학을 쌓는 방편으로 삼았고,[59] 이로부터 부인은 언서에 능통하다는 평판을 얻었으며, 인척간에 서문(書問)하는 문자 생활을 영위할 수 있었다.[60] 특히 "친인척간의 서간문에서 사의(辭意)가 정중(鄭重)하고 정례(情禮)가 근지(勤至)하여 명분이 엄정하고 규모(規模)가 절연(截然)하였다"는 평판은 전주이씨의 부부간의 정의(情意)에서 비롯되는 것이었다고 할 수 있다.[61]

전주이씨가 정착한 백촌리는 이 시기 편호(編戶) 29호로 파악되거니와,[62] 이곳의 위천(渭川) 상하방(上下坊)은 시가의 친인척으로 구성된 동족마을이었다. 이곳에서 일정하게 장산(庄產)과 노비(奴婢)를 소유하여 생활 기반으로 삼았던 것으로 파악된다.[63] 다만 장산의 규모는 파악되지 않으나, 노복은 비(婢) 익녀(益女)·비부(婢夫)와 자녀(子女)들로 단지 5구에 불과하였다.[64] 노복들은 농사철에 임용(賃傭)활동을 하였고,

56) 위의 책, "先君子 常以諺書手寫小學內則等 編以遺先妣."
57) 위의 책, "先妣資稟 旣端淑 先人箴教 亦有方婦學得宜 婦德乃成."
58) 위의 책, "寓杆城 栢村."
59) 위의 책, "先妣資稟 旣端淑 先人箴教 亦有方婦學得宜 婦德乃成."
60) 『先妣全州李氏行狀』. "精於諺書 姻戚間種種書問 而辭意鄭重 情禮勤至 切近的當 隣里婦人多倩書 而各喜其曲盡."
61) 위의 책, "斗屋生涯 貧不成樣 名分嚴正 規模截然矣."
62) 『輿地圖書』 杆城郡 坊里. "栢村里…編戶二十九…己卯帳籍準."
63) 『先妣全州李氏行狀』. "逮至癸甲大斂庄產蕩失."
64) 위의 책, "婢益女方使役 其夫與子女 未任使者四口."

이때 오엽(午饁) 즉 점심을 주인집 남매를 위해 들여보내기도 하였다.[65] 이러한 양상은 최씨 일가의 물적 기반이 노비의 노동력에 의존하는 소농 경영이었음을 시사한다. 그리고 비록 정5품의 통덕랑을 산계로 가진 양반 집안이었지만 소농경영은 매우 불안정한 상태였으며, 이들이 동족마을의 친족공동체 생활에 안주하게 되는 것도 이러한 경제적 형편에서 비롯되는 것으로 이해된다.[66]

전주이씨의 결혼 생활은 전반적으로 궁핍했지만 매우 성숙한 생활 자세를 보여준다. 전주이씨는 결혼 초부터 임석(紝席)에 올랐고,[67] 식구들을 먹이는데도 부족한 살림이었지만 매년 곡물을 팔아서 가용(家用)을 취했으며,[68] 비록 궁색한 생활이었지만 의연하게 가족의 화목을 도모하고 무엇보다 자녀교육을 중시하는 생활 자세를 보이고 있다. "가난은 병이 아니다. 다만 가난으로 가족이 불화(不和)하고 자식이 불학(不學)할까 두렵다",[69] 또한 "배부르고 마음이 편치 않으면 배고프면서 마음이 편안함만 못하다."[70] 등에서 가난한 살림살이에도 의연한 생활 자세를 견지하고 있음을 살필 수 있다.

봉제사(奉祭祀)의 역할에서도 또한 성숙한 효 의식을 보여준다. 전주이씨는 어려서 친부모를 잃었고 정혼하였을 때는 이미 시부모가 돌아가신 뒤였다.[71] 이러한 상황에서 전주이씨는 시부모를 생전에 한시라도 봉양할 수 없었고, 친부모의 구로지은(劬勞之恩)에 조금도 보답할 수 없었던 처지에 대해 크게 불효한 것으로 인식하는 성숙된 효 의식을 보이고

65) 위의 책, "每農時賃傭 精分午饁 饋我男妹."

66) 위의 책, "渭川上下坊無非親族也 朞功連墻."

67) 위의 책, "必能敎婦於新婚 善導率於紝席."

68) 문소정, 1993, 「한국 가부장제 확립의 가구경제적 배경과 여성의 위치」, 『韓國의 社會와 文化』 21, 한국정신문화연구원, p.207.

69) 『先妣全州李氏行狀』. "常曰 貧不爲病 但恐家不和子不學."

70) 위의 책, "簞食斗穀 有姻族間饋遺 則必愀然無喜色 曰吾未能與人 而蒙人之惠 貽人之弊 飽而不安心 不如飢而心安."

71) 『先妣全州李氏行狀』. "早喪怙恃 旣字又未嘗承顔於先舅姑."

있다.72) 또한 명절과 제삿날의 치제에서는 숙계(宿誡)하고 봉의용미(縫衣傭米)하였고 제주(祭酒)는 반드시 청고(淸酤)하고 향렬(香洌)한 것을 사용하였으며,73) 제수를 손수 만들고 집 안팎을 손수 청소하는 정성을 보이고 있다.74) 그러면서도 빈한하여 풍성하게 예제(禮祭)를 치루지 못하는 점에 대한 강한 불효의식을 견지하고 있다.75)

또한 노복(奴僕)들에게는 은혜와 위엄으로 대하는 성숙된 자세를 보이고 있다.76) 흉년에는 조석(朝夕)으로 전죽(饘粥)을 함께하여 생명을 보전하였으며,77) 노비의 자식들을 유양(乳養)할 정도였다.78) 그러면서도 여비(女婢)·소해(小奚)는 방에서 시식(侍食)하지 못하게 하고 부엌에서 하게 하여 엄격함을 보이고 있다.79)

이상에서 살핀 바와 같이 전주이씨는 남편이 양자(養子)로 영입된 계택(季宅)의 가계를 계승하였고, 혼인한 지 12년 만에 1남 1녀를 두어 6인 가족을 이루었다. 그리고 비록 산계로 통덕랑을 가진 양반 집안이었지만 경제적으로는 풍요롭지 못한 소농경영이었으며, 이는 이들이 동족마을에 정착하게 되는 배경으로 이해되었다.

전주이씨의 가정생활은 남편의 잠교로 부학과 부덕을 쌓으면서 가부장질서를 이행하는 단란한 생활이었다. 취약한 물적 기반에도 불구하고 전주이씨는 의연한 생활 자세와 성숙된 효 의식을 견지하였으며, 가족의 화목과 자녀의 교육을 중시하면서 생활 전반에 걸쳐 명분과 규모가 엄정하고 절연하였다. 이러한 생활상은 보편화된 성리학적 사회질서와 친족공동체적 질서를 충분히 인지한 데서 비롯되는 것이라 할 수 있으며, 이

72) 위의 책, "於親舅家 未能養老不孝大矣."
73) 위의 책, "先期宿誡 縫衣傭米 酒必淸酤味甚香洌."
74) 위의 책, "散齋三日 而房屋躬親灑掃 蔬果手自割."
75) 위의 책, "喪餘之辰 亦未能豊奉享祀 實先舅姑之罪人也."
76) 위의 책, "接待婢僕恩威兼濟常."
77) 위의 책, "先妣於朝夕饘粥 必先以二三哭儲瓮間…二三年併保命."
78) 위의 책, "益婢之子 先妣便是乳養然."
79) 위의 책, "雖女婢小奚 食於竈下 未敢侍食於房."

에 근거하여 보다 능동적이고 주체적인 전주이씨의 생활 자세를 반영하는 것이라 하겠다.

5. 미망인의 생활 일상과 자녀교육

(1) 미망인의 생활 일상

관동대렴(關東大斂)은 1783년과 1784년(정조 7, 8) 두 해에 걸쳐 풍·수해에 충해가 겹치면서 관동지역 전역에 걸친 재해였으며,[80] 특히 영동지역 9개 군현이 혹심하였다.[81] 이 같은 재난에 대하여 조정에서는 그 책임을 물어 강원관찰사를 교체하였고,[82] 환향(還餉)·군보(軍保)·신공(身貢)·어염선세(魚鹽船稅) 등 세역을 중지하거나 면제시켰고 아울러 경기·충청·전라도의 연읍(沿邑)으로부터 진휼곡을 이송하는 대응책이 마련되기도 하였다.[83]

이른바 관동대렴으로 최씨 일가는 장산(庄產)을 탕실(蕩失)하였다.[84] 그리고 만연된 질병으로 1789년(정조 13)에 남편, 1794년(정조 18)에 장남이 사망하였다.[85] 전주이씨 역시 전염병으로 노사(奴舍)에 방 한 칸을 마련하여 피접(避接)하였으며 4개월 동안 수차례의 위독한 지경을 겪었다.[86] 이렇듯 자연재해에 따른 환란으로 전주이씨는 결혼한 지 17년 만에 미망인이 되었고, 이로써 어린 남매의 양육과 노복을 관리하면

80) 『正祖實錄』 卷16, 正祖 7年9月7日 乙未條.
81) 『正祖實錄』 卷16, 正祖 7年10月23日 辛巳條.
82) 『正祖實錄』 卷16, 正祖 7年10月5月 癸亥條.
83) 『正祖實錄』 卷16, 正祖 7年10月5月 癸亥條.
84) 『先妣全州李氏行狀』. "逮至癸甲大斂 庄產蕩失."
85) 위의 책, "小子生六歲己酉丁外艱 十一甲寅哭伯兄."
86) 위의 책, "借奴舍陶復一間 悙疢爲命 而是年天患民病 渾室遘癘 先妣號霣中 兼空菽水 加痛四朔 屢經危毒."

서 1822년(순조 22)에 72세로 생애를 마칠 때까지 33년을 미망인으로 살았다.

미망인이 된 전주이씨의 생활은 몇 가지 점에서 특성을 보이고 있다. 전주이씨의 생활은 불안정한 소농경영이었다. 여기에 관동대렴을 겪으면서 가장과 장남을 잃었고 장산을 탕실하면서 혹심한 가난에 시달려야 했다. "집안이 매우 빈한하여 가을에도 두곡(斗穀)이 없었다.",[87] "평생 동안 가난했다.",[88] "자손이 빈한하여 제례를 갖출 수 없었다."[89]라는 지적은 미망인의 빈한한 생활을 그대로 보여주고 있다.

그러나 극빈한 와중에서도 전주이씨는 안빈(安貧)한 자세를 견지하고 있다.[90] 연년이 기아(饑餓)로 사람으로서 감당하기 어려운 지경에서도 오히려 대수롭지 않은 듯 말하고 늘 한결같이 편안한 듯 생활하였으며,[91] 가난으로 인해 남을 원망하거나 남에게 어렵고 힘든 말을 해본 적이 없었다.[92] 이로써 수차에 걸쳐 식량이 모자라는 지경에 이르렀으나 인리(隣里) 친척(親戚)이 눈치채지 못하였다.[93] 혹여 인척으로부터 단식두곡(簞食斗穀)이라도 보내오면 반기는 기색없이 내가 남에게 줄 수 없는데 남의 은혜를 입어 남에게 폐를 끼칠 수 있겠는가! 배부르고 마음이 편치 않음은 배고프면서 마음이 편안함만 못하다는 자세를 견지하였다.[94] 미망인의 생활이 비록 가난한 형편에도 의연하게 대처하면서 구차하지 않았음을 엿보게 한다.

이러한 안빈한 생활 자세는 전주이씨의 단숙(端肅)했던 성정(性情)에

87) 위의 책, "家甚貧寒 秋無斗穀."
88) 위의 책, "平生喫貧."
89) 위의 책, "子孫貧微不能禮祭."
90) 위의 책, "日猶守正不苟 安貧知命."
91) 위의 책, "先妣遭家險釁 雖在寃號悲竇 千百艱危之 而日猶守正不苟 安貧知命."
92) 위의 책, "平生喫貧 未嘗對人 言辛苦艱難."
93) 위의 책, "…隣里親戚 不知屢空."
94) 위의 책, "簞食斗穀 有姻族間饋遺 則必愀然無喜色 日吾未能與人 而蒙人之惠 貽人之弊 飽而不安心 不如飢而心安."

서 오는 것일 수 있지만, "가난은 병이 아니다. 그로 인해 가정이 불화하고 자식이 불학할까 두렵다."[95]라고 하여 가난 그 자체보다는 가족의 화목과 자식의 교육을 중시하는 자세였다고 할 수 있다. 그리고 가족의 화목과 자식의 교육이야말로 한 가정의 흥쇠를 담보하는 삶의 지표였다는 점에서 미망인의 안빈한 자세는 곧 고통을 감내하는 강렬한 인고의 삶을 시사한다고 하겠다.

한편 미망인이 되면서 전주이씨는 친인척이라 하더라도 길례(吉禮)·경연(慶宴)과 같은 자리는 참석을 기피하였으며,[96] 호화언소(豪華言笑)의 자리를 기피하고 있다.[97] 비록 내청이 있어도 병을 칭탁하여 사양하였던 생활 자세는 만년에 이르기까지 일관되게 견지하였다.[98] 또한 비록 자신이 유양(乳養)해 온 바나 다름없는 노복의 자식일지라도 내보내고서야 호정(戶庭)에서 소요(逍遙)하곤 하였다는 데서 내외의 분을 준행하고 있음을 살필 수 있다. 또한 가솔(家率)들에게는 비록 사소한 일이라도 집안의 일이 밖으로 남에게 알려지는 것을 경계토록 하였으며, 아울러 남의 허물을 또 다른 사람에게 옮기는 것을 철저하게 단속하였다.[99]

이렇듯 호화언소의 자리를 기피하고, 내외의 분을 준행하고, 집안의 일이 집밖에서 회자되는 것을 기피하는 생활은 미망인으로서 자기행동의 절제와 가정관리를 위한 가솔에 대한 단속의 모습이다. 앞서 살폈듯이 전주이씨는 위천(渭川) 상하방(上下坊) 동족마을에서 거주하였고 이곳에서 생활 일상은 대소사를 막론하고 혈연적 유대를 기반으로 상호교류적인 관계가 이루어지고 있음은 자명한 일이다.[100] 이러한 원론적 이

95) 위의 책, "常曰 貧不爲病 但恐家不和子不學."

96) 위의 책, "渭川上下坊無非親族也 朞功連墻 家外 未嘗親往一家吉禮慶筵."

97) 위의 책, "謂小子曰 吾以未亡人 僅保一縷者 以汝在也 豈忍逐隊於豪華言笑之中耶."

98) 위의 책, "渭川上下坊無非親族也 朞功連墻 家外 未嘗親往一家吉禮慶筵 例有內請 而輒謝老病…至老而不肯出戶外."

99) 위의 책, "常謹言家間事 不入於外人之耳 聞人之過 未嘗傳於人."

100) 李暎美, 1991, 「朝鮮朝 女性의 傳統像에 관한 硏究」, 『生活文化硏究』 5, 성신여자대학교 생활문화연구소, pp.180~185.

해에도 불구하고 자기절제와 가솔단속으로 나타나는 미망인의 생활은 친인척 간에도 폐쇄적이고 단절적이었다고 할 수 있으며, 그것은 분명히 소극적이고 위축된 생활 자세가 아닐 수 없다.

이렇듯 미망인의 생활 자세는 폐쇄적이고 단절적이었지만, 그녀의 문자 생활은 이러한 생활 자세가 보다 명분에 입각한 자세였음을 살피게 한다. 전주이씨는 언서(諺書)에 능통하였고 인척간에 서문(書問) 활동을 하였다. 여기에서 그 사의(辭意)가 정중하고 정례(情禮)가 사리와 명분에 합당하다는 평을 받고 있으며, 이웃 부인들이 대부분 천서(倩書)하였는데 각기 그 곡진(曲盡)함을 기뻐하였다.[101] 이러한 모습은 미망인의 생활상이 명분이 엄정하고 규모가 절연(截然)하였으며,[102] 이 점에서 미망인의 자기절제와 가솔의 단속은 비록 폐쇄적이고 단절적이었다고 하더라도 명분에 입각한 적극적인 의미를 갖는다고 할 수 있겠다.

그리고 이러한 생활 자세는 만년에 이르기까지 지속적으로 견지되었다. 가사(家事)의 운영권을 자식에게 넘겨 준 후에도 전주이씨는 판곡(販穀)에 대해서 쌀이 거칠고 되가 박하면 그 이윤이 많을 지라도, 비록 자기는 이로우나 그것은 작은 것이고 남을 해치는 것은 심대하니 남에게 주는 미곡은 정조(精粗)가 있어서는 안 된다고 강조하고 있다.[103] 여기에서 명분과 정의를 앞세우는 생활이 일상화되어 있음을 살피게 한다.

다음으로 '봉제사 · 접빈객'은 양반사회에서 중시되었던 여성의 역할이지만, 전주이씨의 행장에서는 접빈객에 대해서는 일체 언급이 없고 봉제사에 대한 기사만이 확인된다. 이 점 또한 빈객의 왕래가 단절된 미망인의 생활상을 반영하는 것으로 보인다. 전주이씨의 봉제사 역할과 그로부터 발현되는 성숙된 효 의식을 앞서 살펴보았다. 즉 정혼하기 전에 시

101) 『先妣全州李氏行狀』. "精於諺書 姻戚間種種書問 而辭意鄭重 情禮勤至 切近的當 隣里婦人多倩書 而各喜其曲盡."

102) 위의 책, "斗屋生涯 貧不成樣 名分嚴正 規模截然矣."

103) 위의 책, "小子當家 無以糊十口 逐年販穀 舂賣取剩 先妣常誡 精舂簸厚升斗 曰米麤斗薄 其贏雖多 利己則小 害人甚大 與人米穀 不二精粗."

부모는 이미 돌아가신 상황이었지만 생시에 한 번도 봉양하지 못한 사실에 대해 죄의식을 갖고 있었으며, 더욱이 빈한한 살림에서 풍성하게 제수를 차려 예제를 갖추지 못하는 사실에 대해 죄의식을 견지하고 있었다.

봉제사는 부모봉사라는 본연적 의미와 아울러 가계계승의식의 구현이라는 의미를 갖는다. 이 점에서 어린 남매를 둔 미망인에게 봉제사 의식은 한층 강렬해지는 것으로 파악된다. 그리고 여기에 부모봉사를 당부하였던 남편의 유지를 받드는 일이라는 의미가 부여되면서 미망인의 봉제사 의식은 한층 강렬해지는 것으로 파악된다.[104] 이 점에 대해서 나의 어머니는 나이가 70이 되어서도 돌아가신 부모를 사모하는 깊고 두터운 마음을 가졌다고 아들은 술회하고 있다.[105]

그리고 봉제사에 대한 강한 의식만큼이나 빈한한 살림으로 풍성하게 제수를 갖추지 못하는 데 대해 불효의식 또한 강하였다. 제삿날과 명절의 치제는 정결함과 손수 제수를 만드는 정성으로 성의를 다하는 자세를 견지하였지만, 여전히 자손이 빈미하여 예제를 갖추지 못하고,[106] 풍성하게 봉향하지 못하는 것에 대하여 죄의식을 느끼고 있다.[107] 이 점은 조부의 제사는 풍자(豊粢)하고 정결(精潔)하게 하고 자신의 제사는 갱반(羹飯)으로 간략하게 하여 그간의 불효를 속죄할 수 있도록 하라고 자식에게 당부하는 미망인의 자세에서 잘 나타나고 있다.[108] 또한 친정부모에 대해서는 기일에 치제하였다. 이는 예제에 따른 치제는 아니었으며, 여자된 몸으로 친정에 아무것도 도움이 되지 못했다는 자탄(自嘆)에서 볼 수 있듯이 정의(情意)에 따른 치제였다고 하겠다.[109]

104) 위의 책, "汝父親臨終時 但以生庭奉祀爲憂 以不報父母之恩 含恨數行淚."
105) 위의 책, "七十而慕老而深篤 小子於先妣見之矣."
106) 위의 책, "子孫貧微不能禮祭."
107) 위의 책, "喪餘之辰 亦未能豊奉享祀 實先舅姑之罪人也."
108) 위의 책, "他日吾夫婦忌日 必略備羹飯 先考妣祭祀 豊粢而精潔 以贖汝父母遺罪."
109) 위의 책, "吾爲女子 無益於親父母 劬勞之恩 無補分寸 天壤間 一大痛."

이상에서 미망인의 생활 일상을 살펴보았다. 전주이씨는 미망인이 되면서 극빈한 생활 속에서도 안빈 지명하여 구차하지 않은 의연한 생활 자세를 견지하였고, 자신은 호화언소의 자리를 기피하면서 아울러 집안의 대소사가 집밖으로 새어나가지 않도록 가솔을 단속하는 생활 태도를 보이고 있다. 또한 친인척간의 서문(書問)활동을 하면서 명분과 규모가 엄정하고 절연한 자세를 견지하였으며, 특히 봉제사 의식이 보다 강렬해지는 양상을 보이고 있다.

이러한 생활상은 미망인으로서 자기 정체성 확립을 위한 성리학적 생활양식의 구현이었으며, 친인척간의 화목과 자식교육을 보다 중시하면서 가계계승을 구현하는 자기희생적 생활 태도였다고 할 수 있다.

(2) 미망인의 자녀교육

전주이씨는 결혼한 지 17년만인 39세에 남편을 잃고 미망인이 되었다. 이 시기에 부인은 5세인 아들과 딸자식을 두고 있다. 이로써 어린 남매의 양육과 교육은 전적으로 미망인의 역할일 수밖에 없었다는 점에서 그 자녀교육의 특성을 살펴보고자 한다.

전주이씨는 자녀교육에 대하여 다음과 같은 자세를 견지하고 있다. "어미가 있으면서 교육시키지 아니함과 어미가 없음이 무엇이 다르며, 자식이 있으면서 배우지 않는 것과 자식이 없는 것이 무엇이 다르랴. 어미가 가르치지 아니하고 자식이 배우지 아니하면 살아서도 이로울 게 없으니 죽은 들 또한 무엇이 애석하랴."[110] 자녀교육에 임하는 어머니의 자세와 배움에 임하는 자식의 자세를 함께 규정하는 이 기사는 자녀교육에 절대적 의미를 두고 있는 전주이씨의 자녀교육관으로 이해될 수 있다. 이 같은 자녀교육관은 "사랑하고도 가르치지 않으면 금수의 사랑

110) 위의 책, "有母不教與無母何異 有子不學與無子何間 母不教子不學 生俱無益 死且何惜."

일 뿐" 이라는 윤지당(允摯堂)의 사고나,[111] 성리학적 선이나 의리를 권면하였던 정부인(貞夫人) 안동장씨(安東張氏)의 자녀교육에 대한 자세와도 맥을 같이하는 것으로 이해될 수 있다.[112] 이 점에서 이러한 교육관은 여성 지식인들의 보편적 사고였으며 시대적 특성이라고 이해될 수 있다.

전주이씨의 자녀교육은 보편적인 인식을 토대로 하고 있으나 여기에 미망인으로서 처지가 투영되면서 보다 강렬한 신념으로 자리 잡고 있다. 이 시기 여성의 정렬(貞烈)이 강요되는 시대적 상황에서,[113] 미망인이 된 전주이씨에게서 자녀의 양육과 교육은 곧 자신의 삶을 연명하는 의미였으며,[114] 자식의 선교(善敎)를 당부하는 남편의 유지를 받드는 일이었다.[115] 더욱이 가부장적 질서가 정착된 사회에서 아들의 교육은 가장의 사망으로 영락(零落)해진 일가를 다시 번창시킬 수 있는 희망으로 인식되고 있다.[116] 이렇듯 어머니의 역할이라는 보편적 인식에 미망인의 처지가 반영되면서 전주이씨의 자녀교육은 일가의 번창을 소망하는 하나의 집념 내지 신념으로 자리잡고 있다.

전주이씨의 자녀교육은 어린시절의 훈육(訓育)과 성장한 아들의 학문수학으로 나누어 살필 수 있다. 먼저 자식의 훈육에서는 선한 심성(心性)을 키우는데 역점을 두고 있다. 늘 가까이에서 착하고 어진 행실과 본받을 만한 좋은 말을 들려주기를 부지런히 하여 그것을 본받기를 장려하고 있으며,[117] 생활상에서 각종 행동규제를 통해 선행을 강조하여 선한 심성을 키워가고 있다. 예컨대 악언(惡言)을 금하고 식욕(食慾)을 방지하였

111) 원주시,『윤지당유고』. 勸學箴. "愛而不教 禽犢之愛."

112) 이순구, 2003,「정부인 안동장씨의 성리학적 삶」,『조선시대 사회의 모습』, pp.369~372.

113) 李暎美, 1991,「朝鮮朝 女性의 傳統像에 관한 硏究」,『生活文化硏究』 5, 성신여자대학교 생활문화연구소, pp.180~185.

114)『先妣全州李氏行狀』. "謂小子曰 吾以未亡人 僅保一縷者 以汝在也."

115) 위의 책, "汝父親臨終時…其外則 托汝善教."

116) 위의 책, "汝家運極否 哀實切骨 飢寒剝膚 但興衰命脈 系汝一身."

117) 위의 책, "凡教訓小子男妹 必耳提嘉言善行 亹亹不已."

으며 각종 잡기(雜技)는 가까이 하지 못하도록 하였으며,[118] 심지어 미물(微物)에 대해서도 원소(夗巢)는 뒤집지 말도록 경계하였으며, 혈류(血類)는 상처를 주지 말도록 경계하였으며, 이언(俚言)은 입에 담지 말도록 경계하였으며, 악언은 남에게 전하지 말도록 경계하였다.[119] 이로써 전주이씨의 자녀훈육은 생활 일상에서 선과 악을 명시하여 악행을 규제하고 선행을 권면하는 생활 자세를 정립하여 선한 심성을 키우려는 데 역점을 두고 있다고 하겠다.

다음은 서책과 선조의 수적(手蹟)을 소중하게 보관하는 생활 습관을 기르는데 역점을 두고 있다. 이러한 양상을 사례별로 살펴보면, 왕고(王考)와 선군(先君)의 수적은 반드시 거두어서 간직하도록 항상 강조하였고,[120] 서책은 늘 경존(敬尊)하게 하고 비록 편간파지(片簡破紙)라도 타 넘지 못하게 하였으며 버려진 휴지라도 모두 거두어 상사(箱笥)에 넣어 보관하게 하였다.[121] 여자 상인이 가져온 소자(梳子)·강침(薑鍼) 등을 취발(聚髮)로서 교환하려던 집안 사람들에게 비록 호발(毫髮)이라도 부모의 유체(遺體)인데 어찌 우의(牛衣)·마천(馬韆)으로 사용되도록 내어 주겠는가라는 명분으로 불허하고 있다.[122] 생활 일상에서 이 같은 생활 습관을 강조하는 것은 가계계승과 효 의식, 그리고 학문 수학하는 자세의 정립을 염두에 둔 것으로 이해된다.

전주이씨는 아들 용필(龍弼, 1784~1853)이 11세 되던 해부터 종부(從父) 창적(昌迪, 1726~1802)이 개설하였던 학당[123]에 입문시켜 학문을

118) 위의 책, "防食慾 禁惡言 凡諸雜技 使不敢近."

119) 위의 책, "凡系微物 夗巢誡勿覆 血類誡勿傷 俚諺誡勿近口 惡言誡勿加人."

120) 위의 책, "誡家人 收藏青氈 故王考與先君手蹟傳焉."

121) 위의 책, "常敬尊書册 使小子不敢踰越 至於片簡破紙…故小子亦濡於瞻聆 雖休紙不敢慢棄也."

122) 위의 책, "梳帖亂髮藏篋笥 一日女商 持梳子薑鍼等 諸般種以聚髮爲業 家人以髮欲換梳 先妣不許 責曰 毫髮雖微 父母之遺體 豈可編之於牛衣馬韆耶 卽命燒之."

123) 이 무렵 창적은 형제들 중에서 유일하게 관직에 출사하였던 인물로서 童蒙教官·洪川縣監·敦寧府 都正 등을 역임하고 향리에 낙향해 있으면서 말년에 친인척의 자제들을

수학하게 하였다.[124] 아들을 학당에 보내면서 전주이씨는 자모(慈母)와 부사(父師)의 역할을 다하는 모습을 보이고 있다. 아들을 3리가량 떨어진 학당에 보내기 위해 가난한 살림에도 반드시 일찍이 조반(朝飯)을 챙겼으며 혹한(酷寒)과 혹서(酷暑)를 막론하고 도중에 유랑할까 걱정하여 매일같이 동산에 올라 보이지 않을 때까지 배웅하곤 하였다.[125] 학당에서 일강(日講)[126]을 마치고 귀가하면 짧은 한여름 밤에도 직접 연송(燃松)으로 불을 밝히고 독서를 권장하였고,[127] 아무리 겨를이 없어도 받아 온 일과[128]는 경사(經史)를 막론하고 강의하도록 하였고,[129] 그 자리에 함께하면서 격언(格言)과 영사(令辭)에는 감탄과 칭찬으로 그것을 본받도록 하였고, 선하지 못한 것에 대해서는 징계하여 경계하도록 하는 것으로 일상사로 삼았다.[130]

또한 전주이씨는 아들의 교우관계를 특별히 경계하였다. "신교(新交)"에는 반드시 그 현부(賢否)를 물어 확인하였고 친밀하게 어울리는 양상이면 "열 길 물은 헤아릴 수 있지만 한 길 사람의 마음은 헤아리기 어렵다." "친구가 많으면 관계가 소원해진다."[131]라는 속언을 들어 경계하도

모아 가내에서 私師하였던 것으로 보인다. 이 학당은 창적의 개인적 의지에 따른 것이었다고 하더라도 여기에는 친족공동체의 요구에 부응하는 측면을 갖고 있다는 점에서 문중의 교육기구로서 성격을 띠고 있다고 할 수 있다. 이 학당의 학업은 日講으로 經史類를 講義하였으며, 日課를 받아서 귀가 후 이행하는 형식이었다. 때로 白日場을 열어 그 결과로 參榜을 운영하였으며, 이는 科場에 비견되는 것으로 문중교육의 궁극적 지향점이 과거와 출사로 이어지고 있음을 시사한다고 하겠다.

124) 『先妣全州李氏行狀』. "小子年十一甲寅春 始學於從父教官公."

125) 위의 책, "來往間三里許 雖爍金折綿之寒暑 必早飯送之 恐中路遊浪 每親往家邊東山 至野盡樹遮不見而後止."

126) 위의 책, "日講時 小子蒙愚 不自覺其教誨之至意."

127) 위의 책, "庚夏宵短 猶親執組紃 燃松而勸讀."

128) 위의 책, "每以日課所授."

129) 위의 책, "無論經史 必令小子講義."

130) 위의 책, "未嘗間然 每以日課…必令小子講義 而怡然聽之 於格言令辭 歎賞而勸勅之 不善者 則徵創而誡懼之 日以爲常."

131) 위의 책, "且聞俚言 十丈水可測 一丈人心不可量."

록 하였으며, 『소학(小學)』의 "취우필단(取友必端)"을 암송하여 쉽게 속내를 드러내지 않도록 경계하였다.[132]

한편 전주이씨는 훈육과정에서 자신은 늘 단아하고 엄격한 자세를 취하였고 결코 자애로운 저의를 드러내지 않았다.[133] 미망인의 자식이기에 쉽게 빠질 수 있는 익애(溺愛)를 경계하려는 의도에서 더더욱 엄격한 자세를 견지하였다.[134] 취할만한 행동은 인자하게 칭찬하여 권장하였지만, 과실에 대해서는 엄하게 달초(撻楚)하였고,[135] 때로는 조석(朝夕)으로 식사를 거르게 하거나 수일동안 말을 하지 않는 것으로서 엄중하게 힐책하곤 하였다.[136]

자식이 성장하면서 과실과 독서를 게을리 하는 데 대해서는 지행(知行)과 자의식을 강조하는 것으로 대처하고 있다. 먼저 "자식의 선교(善敎)를 당부하였던 부친의 유언을 늘 강조하고 또한 일가(一家) 홍쇠(興衰)의 명맥(命脈)이 자신의 학문수학에 달렸음을 자식에게 각성시키곤 하였으며,"[137] "네가 독서를 한 지 수년이 되었는데 무엇을 하였는가? 한갓 시구에 능할 뿐이라면 그 사람됨을 알만하지 않겠는가? 내가 여자로서 아는 바는 없지만 성현의 글에는 충효(忠孝), 경순(敬順)의 말씀이 아닌 것이 없다고 듣는 바, 그 글을 읽고 행하지 아니한다면 대단히 미련함에 다를 바 없으니 차라리 귀농(歸農)하는 것만 못하느니라."[138] 하여 학문하는 자세로서 지행일치(知行一致)를 강조하고 있다.

그러면서 전주이씨는 자식의 과경(科慶)에 강한 집념을 보이고 있다. 아들이 백일장에 나가게 되면 기일(期日)에 앞서 옷을 빨아 정돈해 놓고

132) 위의 책, "誦小學取友必端四字."
133) 위의 책, "常訓小子男妹 端莊嚴恪 未嘗露慈愛底意."
134) 위의 책, "常誡曰 寡婦子 不取以溺愛而無敎也."
135) 위의 책, "有罪過與厭讀時 常撻之."
136) 위의 책, "或不饋朝夕 或不言數日 其痛切嚴恪 如此."
137) 위의 책, "汝父親臨終時…其外則托汝善敎以期成 立言猶在耳 汝雖不肖 幸銘心刻骨焉."
138) 위의 책, "汝讀書幾年 所學何事 徒能詩句 則知其爲人也 吾以婦人而無知 猶聞聖賢之書 無非忠孝敬順之辭也 讀其書而不能行 則下愚不移而已 不如歸農."

당일 새벽에 친히 지묵(紙墨)을 확인하고 반드시 일찍 출발하도록 채근하였고, 하루 종일 대문간을 서성이며 참방(參榜) 소식을 기다리곤 하였다.[139] 또한 훗날 과거에 응시하였을 때에는 가난한 살림에도 반비(盤費)를 마련해 지급하면서 한 번도 구차한 얘기를 하지 않았고, 과거 3일 전부터 목욕재계하고 친히 하늘에 축원하곤 하였다.[140]

말년에 이르러 "내 나이가 들어 생전에 과거에 합격하는 영광을 보기는 어렵겠으나, 내가 평생토록 온갖 정성을 자손에게 쏟았으니 반드시 합격하는 자가 있을 것이다. 나는 마땅히 구원(九原)에서도 웃을 것이다"[141]라고 하여 자신의 정성에 대한 믿음과 확신을 보이면서 자손의 입신출세를 열망하고 있다. 어머니의 3년 상을 마친 이듬해에 생원에 올라 성균관에 입학하게 된 아들은 이 사실을 두고 "선조의 간절한 염원과 어머니의 그윽한 덕이 가문에 경사로 이어졌다",[142] "자모(慈母)께서는 부사(父師)의 은혜를 겸하셨으니 세상에 어찌 내 어머니만큼 인(仁)·엄(嚴)이 있겠는가?"[143]라고 회고하고 있다.

6. 맺는말

이상에서 조선후기 여성의 생활 일상을 살펴보았다. 최근에 발굴된『선비전주이씨행장』자료는 비교적 생활상을 구체적으로 기술하고 있다는 특징을 갖는 자료였으며, 이에 근거하여 전주이씨의 생애를 재구성하고

139) 위의 책, "小子髫齡時 有白場 則先期澣衣 當日晨起 親檢紙墨 必令早往 而終日倚門聞參榜."

140) 위의 책, "至長而科行 判給盤費 未嘗言難 科前三日宿戒齋沐 親自祝天."

141) 위의 책, "語家人曰 吾年迫日索 非所期於目見科慶 平生精力 在此子孫 必有榮掃者 吾當含笑於九原矣."

142) 위의 책, "永訣慈顏 服闋之明年 獲陞 國庠 實先休切念 先慈有潛之德 必綏篤慶於門闌."

143) 위의 책, "嗚呼 慈母而兼父師之恩 豈有如我先妣之仁且嚴乎."

이를 통해 조선후기 여성의 역동적인 생활 일상을 이해하고자 하였다.

전주이씨는 부친이 통덕랑(通德郎)을 산계(散階)로 가진 양반가에서 출생하였으나 부친의 사망으로 어머니를 모시고 외가로 이접(移接)하여 생활하였으며, 이러한 성장환경과 부친의 산계는 성품이 단정하고 정숙했던 이씨가 후처로 혼인하는 결정적인 요인이 되었다.

전주이씨의 시가(媤家)는 3대에 걸쳐 연이어 출사자(出仕者)를 배출하였고, 한편으로 향리에서 동족마을을 이루고 문중조직과 연망(連網)을 구축하면서 부계 친족 중심의 가부장적 질서를 구현하였고, 특히 대가제(代加制)에 의거하여 출사하지 못한 형제들이 정5품 통덕랑을 산계로 확보함으로써 친족집단의 위상을 제고해 갔다. 전주이씨는 혼인하여 동족마을에 정주하였고, 계댁(季宅)의 양자로 영입된 남편은 양부(養父)와 함께 통덕랑을 산계로 가졌지만 생활 기반은 1가족 5명의 노복(奴僕)을 거느린 불안정한 소농경영이었다.

전주이씨는 결혼 초부터 임석(紝席)에 올랐으며, 영모(翎毛) · 매죽화(梅竹畵)에 능통했던 남편의 잠교(箴敎)로 『소학』과 『내칙』 등을 궁구하면서 부학과 부덕을 쌓아갔다. 생활 일상에서 시부모를 생시에 한 번도 봉양하지 못한 사실에 대해 늘 송구한 마음을 가졌고, 봉제사에서 제수를 손수 만드는 정성을 보이면서도 풍자(豊粢)하게 예제(禮祭)를 갖추지 못하는 사실에 대해 늘 죄의식을 가져 성숙된 효 의식을 견지하였으며, 결혼한 지 12년 만에 1남 1녀를 두어 6인 가족으로 일가를 이루는 단란한 모습을 보이고 있다. 이러한 생활상은 사회적 질서와 예법을 인지한 자의식(自意識)에 기초한 것으로 보다 주체적 삶의 자세를 반영하는 것이었다.

전주이씨는 미망인이 되면서 호화언소(豪華言笑)의 자리를 기피하고, 크고 작은 일을 막론하고 집안 일이 외부에 노출되지 않도록 가솔을 단속하였으며, 내외의 분(分)을 엄격하게 준행하고 봉제사 의식은 한층 강렬했다. 이 같은 자기 절제와 가솔의 단속은 분명 단절적이고 폐쇄적인 생활 자세였지만, 한편으로 미망인은 서문(書問)과 정례(情禮)에서 명분과 규모가 엄정하고 절연했으며, 극빈한 생활 속에서도 안빈한 자세로 구차하지 않았으며 오히려 가난으로 인한 친인척간의 불화와 자식의 불학(不學)을 보다 걱정하는 생활 자세를 견지하고 있다. 이러한 생활상은 미망인으로서 자기 정체성 확립을 위한 성리학적 생활양식의 구현이었으며, 친인척간의 화목과 자식교육을 보다 중시하면서 가계계승을 구현하는 자기희생적 생활 태도로서 보다 주체적 의미를 갖는다.

전주이씨는 자녀교육을 어미의 마땅한 도리이고, 학당 입문은 곧 귀농과 구별되는 학문수학의 생활로 인식하였다. 여기에 남편의 유지를 받들고 영락해진 일가를 복원하려는 의욕이 앞세워지면서 미망인의 자녀교육 의식은 매우 강렬한 것이었다. 자녀교육은 생활 일상에서 선·악행을 분명하게 제시하고 권면과 규제를 통해 선한 심성을 기르고, 선친의 수적(手蹟)과 서책을 경준(敬遵)하도록 하여 가계계승의식과 학문하는 자세를 키우려는데 역점을 두고 있으며, 자식에 대한 지나친 사랑을 경계하고 보다 단아하고 엄격한 자세를 견지하는 미망인의 특성을 보이고 있다. 또한 아들을 학당에 보내면서 매일같이 연송(燃松)하여 경사(經史)를 막론하고 일과는 강학하게 하면서 경계하고 감탄하는 것으로 일삼았으며, 과실과 염독(厭讀)에는 지행(知行)을 강조하고 가문의 영욕이 일신에 달렸음을 역설하여 자의식을 일깨워 학문에 전념토록 독려하여 자모(慈母)이면서 부사(父師)의 역할을 이행하였으며, 특히 백일장과 과거에 집착하여 참방(參榜)과 과경(科慶)을 염원하였다.

이렇듯 전주이씨의 생활 일상은 부계 친족중심의 가부장적 사회질서하에서 부학과 부덕을 쌓음으로서 자의식이 충만한 삶이었으며, 이러한 의식은 미망인이 되면서 한층 강렬해졌다. 자기 절제를 통해 미망인의 정체성을 확립하고 자식의 학문수학을 통해 일가의 번성과 가계계승을 담보하려는 미망인의 생활은 비록 자기희생적이었지만 보다 주체적이고 역동적인 삶이었다. 그리고 이러한 삶의 자세를 견지한 전주이씨는 '여중군자(女中君子)'로 사회적 표상이 되고 있다.

제3부 향촌사회 제 세력의 성장

제1장 조선후기 강릉 미타계의 변천과 향리세력의 동향

제2장 조선후기 향촌사회 변화와 강릉 국사성황제

제3장 19세기 동계와 동역

제1장

조선후기 강릉 미타계의 변천과 향리세력의 동향

1. 머리말

조선후기 향촌사회는 양반사족 중심의 지배체제가 동요하면서 새로운 변화에 직면하고 있었다. 이러한 변화의 기저에는 생산력의 발전과 가중되는 부세수탈에 따른 신분질서의 동요와 이에 따른 민의 의식의 성장과 저항이 그 동인으로 작용하고 있었다. 이로써 향촌사회의 지배구조상의 변화는 양반사족 중심의 향권(鄕權)과 향리(鄕吏) 중심의 읍권(邑權)이 분리되는 추세를 보이면서 수령(守令)-향(鄕)·이족(吏族)이 연계된 운영체제가 중심축으로 정립되어 갔으며,[1] 이러한 변화에 편승하여 향촌사회 제 세력은 계(契)·회(會)·사(社) 등의 사회조직에 기반을 두고 자신들의 이해를 관철시키려는 집단적인 행동양식을 보이고 있었다.[2]

조선후기 향촌사회에서 결성되는 계·회·사류의 사회조직은 향촌민

1) 高錫珪, 1989,「19세기 前半 鄕村社會 支配構造의 성격-「守令-吏·鄕수탈구조」를 중심으로-」,『外大史學』2.
2) 金弼東, 1992,『韓國社會組織史硏究』; 李海濬, 1996,『조선시기 촌락사회사』.

들의 자의적인 성향으로 결성되며, 아울러 사회변화에 대한 자구책으로서 의미를 갖는다. 따라서 이러한 사회조직의 연구는 일차적으로 향촌사회 제 세력의 동향과 이들 간의 역학관계를 규명하고, 나아가 이에 기초한 향촌사회의 변화상을 이해하는 단서를 마련할 수 있다는 점에서 주목된다고 할 것이다. 조선후기 면리체제(面里體制)가 부세(賦稅) 단위로 운영되면서 나타나는 동계류(洞契類)의 활동[3]과 동족의식에 기초한 양반사족 중심의 족계류(族契類)[4]의 기능은 이러한 시각에서 규명된 연구 성과라 할 것이다.

이러한 시각에서 근간에 강릉지방에서 발견된 미타계(彌陀契) 즉 향도계(香徒契)를 주목하고자 한다.[5] 주지하듯이 기불(祈佛)단체로서 향도조직은 조선 초기 이래로 그 기능과 조직이 변질되거나 해체되었던 것으로 이해되며, 이러한 양상은 전적으로 국가의 배불책과 성리학 일변도의 관주도적 이념정책의 영향으로 규명되고 있다.[6] 이로써 변형된 형태의 향도조직은 농경사회의 변화와 맞물리면서 그 기능이 다양하게 파악되고 있다. 먼저 국가의 배불책 하에서도 불식될 수 없었던 기층민의 신불성향을 담아내는 기제로서 그 재정적 · 수행적 기능은 사찰을 보존할 수 있었던 기반으로 규명되고 있으며,[7] 또한 농업기술의 발달에 따른 자연촌

3) 金俊亨, 1984, 「18세기 里定法의 展開-村落의 기능강화와 관련하여-」, 『震檀學報』 58 ; 李揆大, 1990, 「19세기 洞契와 洞役」, 『조선후기 향약연구』 ; 李海濬, 1990, 「朝鮮後期 洞契 · 洞約과 村落共同體組織의 性格」, 『조선후기 향약연구』.

4) 李海濬, 1985, 「朝鮮後期 長興傍村의 村落文書-호남지방 한 同族部落의 組織-」, 『邊太燮博士華甲紀念史學論叢』 ; 李揆大, 1998, 「朝鮮後期 門中書院의 建立과 鄕戰의 樣相-江陵地方 '河南齋是非'를 중심으로-」, 『人文學報』 25.

5) 이 자료는 현재 강릉시립박물관에 원본이 소장되어 있다. 1995년 8월에 강릉지방에서 수집한 것으로 확인된다. 그리고 강릉시 城山面과 王山面 일대의 일부 주민들을 중심으로 미타계는 현재까지 이어지고 있다. 그렇게 활발한 운영은 아니지만, 先親의 遺業을 계승한다는 계원들의 의식과 契田 · 畓이 보존되어 그 경제적 기반이 일정하게 확보될 수 있었던 점에 힘입어 그 명맥이 이어지고 있다. 아울러 계원들의 집회장소였던 寶光里 하천변의 盤石도 여전히 보존되고 있다. 그러나 계원들의 진술에 의하면 선친의 유업을 계승해야 할 후손들의 승계의식이 엷어지면서 참여하는 계원들의 수는 줄어드는 추세에 놓여 있는 형편이다.

6) 李海濬, 1983, 「埋香信仰과 그 主導集團의 성격」, 『金哲埈 博士 華甲紀念 史學論叢』 ; 李海濬, 1991, 「朝鮮時代 香徒와 村契類 村落組織」, 『역사민속학』 1.

락 중심의 향도조직과 그 기능 분화에 따른 공동 노동조직으로서 두레의 발생이 규명되고 있다.[8]

그러나 이러한 연구 성과는 주로 연대기적 자료에 의존함으로써 기불단체로서 향도계 내지 사찰계의 주도적 역할을 수행한 사회세력의 실체를 규명하는 작업은 여전히 과제로 남아 있다. 이러한 점에서 향도계의 구체적 실상을 파악하기 위한 사례연구가 요구되며, 이러한 과제를 규명함으로써 그 사회사적 의미를 규명하는 단서를 마련할 수 있을 것이다. 즉 조선후기 향촌사회의 지배구조의 변화를 불러온 사회세력의 동향과 연계하여 그 주도세력의 실체를 파악함으로써 향도계 내지 사찰계의 사회사적 의미를 검증할 수 있을 것으로 기대한다.

이러한 시각에서 강릉지방 향도계로서 미타계를 분석하고자 한다. 먼저 근간에 발굴된 미타계 관련 자료의 사료적 가치를 파악하고, 이어서 미타계가 조직될 수 있었던 사회적 배경을 살펴보고 그 실태를 추정해 보고자 한다. 다음으로 미타계의 계칙을 이용하여 그 조직과 운영 실태를 파악하고자 하며, 끝으로 미타계의 주도세력을 설정하고 그들의 성향을 추적하고자 한다. 이로써 조선후기 사회에서 미타계가 조직화될 수 있었던 동인을 그 주도세력과 관련하여 파악함으로써 미타계가 갖는 지방사적 의미를 규명해 보고자 한다.

2. 미타계 자료의 사료적 가치

미타계는 강릉지방에서 결성되었던 기불단체로서 보현사(普賢寺)의 향

7) 韓普光, 1993,「信仰結社의 類型과 그 役割」,『佛教學報』30 ; 韓相吉, 1998,「朝鮮後期 寺刹契의 研究」,『佛教史研究』2.

8) 李泰鎭, 1972,「醴泉 開心寺 石塔記의 分析-高麗 前期 香徒의 一例-」,『歷史學報』53·54 합집 ; 李泰鎭, 1989,「17·8세기 香徒 조직의 分化와 두레 발생」,『震檀學報』67.

도계이다.[9] 대관령 기슭에 위치한 보현사는 나말여초에 낭원대사(郞圓大師)에 의해 중창된 것으로 파악되며, 그는 명주(溟州) 굴산사(崛山寺)를 개창한 통효대사(通曉大師) 범일(梵日)의 법제자로서 명주호족(溟州豪族)과 단월(檀越)관계를 유지하였던 것으로 파악된다.[10]

이러한 사실은 미타계가 비록 조선후기의 향도계이지만, 굴산사의 법맥을 잇는 보현사의 사찰계라는 점에서 명주호족과 그 후예들의 수행적 자세와 무관하지 않음을 시사하고 있다.[11] 이는 미타계가 미타존불도(彌陀尊佛道)의 전통계승을 표방하고 있고, 미타존불도는 나말여초에 시원을 두고 있다는 점에서도 뒷받침된다.[12] 이로써 현전하는 관련 자료는 조선후기 미타계의 실체와 아울러 나말여초 이래로 그 연속선상에서 변화상을 파악할 수 있는 사료적 가치를 갖는다.

현전하는 자료는 필사본으로 모두 3책으로 구성되어 있다. 그 하나는 ① 숙종 45년(1719)의 『미타계좌목(彌陀契座目)』이고,[13] 다음은 ② 순종 2년(1908) 『미타계원사조열록(彌陀契員四祖列錄)』이고,[14] 다음은 ③ 순종 2년 『미타계선안(彌陀契僊案)』이다.[15] ①은 18세기 전반과 그 이전의 상황을 수록하고 있으며, ②와 ③은 20세기 초반을 전후한 시기의 상황을 반영하는 자료이나, ②에서는 영조 34년(1758)에 작성된 서문이 포함되어 있다.[16] 또한 ②와 ③은 ①을 모본(母本)으로 삼고 있다. 즉 ②와 ③

9) 『彌陀契座目』 己亥序文. "契中之人 各出米菽 裒儲于普賢僧舍."

10) 『嶺東地方金石文資料集』 I, "國師朗圓大師悟眞塔碑. 爰有當州慕法弟子閔規閼湌 欽風志切 慕道情深 早侍禪扉 頻申勤款 仍捨普賢山寺 請以住持 大師對曰 深感檀那有緣則住 遂巡移入便副禪襟 廣薙丘原遐通道路 又以高修殿塔 迥啓門牆 來者如雲 納之似海."

11) 拙稿, 1998, 「江陵 國師城隍祭와 鄕村社會의 變化」, 『역사민속학』 7.

12) 『彌陀契座目』 己亥序文. "彌陁之契盖古也 粤自羅代以來 本邑之上下大小 齊心應響合作一契 名之曰彌陀尊佛道也."

13) 『彌陀契座目』 己亥序文. "萬曆紀元後 三己亥七月下澣 臨瀛後人 前巡將崔東嶙序 臨瀛後人 崔翊東書."

14) 『彌陀契員四祖列錄』 彌陀契序文. "隆熙二年戊申正月日臨瀛后人幼學崔泰集書."

15) 『彌陀契僊案』 追序. "隆熙二年戊申正月日臨瀛后人前教員崔誠集撰."

16) 『彌陀契僊案』 戊寅序文. "乾隆二十二年戊寅月日."

은 ①의 내용을 포함하고 있으며, 각각 그 이후의 상황이 추록(追錄)되고 있다. 이로써 ①은 미타계의 본래 모습과 성격을 파악할 수 있는 귀중한 사료적 가치를 갖는다.

①의 『미타계좌목』은 가로 26.5cm, 세로 27.2cm이며, 오침선장(五針線裝)으로 우측을 묶었다. 감청색 저지(楮紙)의 표지에는 "미타계좌목(彌陀契座目)"이라는 제목과 함께 기해년에 개장(改粧)한 사실을 부기(附記)하였다. 이 계첩의 전체 분량은 60장 120쪽이며, 매 쪽마다 10칸의 주선(朱線)을 정교하게 긋고 서문(序文) · 계칙(契則) · 계원(契員)의 명단 등을 수록하였다. 그 내용을 좀 더 살펴보면, 처음 7쪽(pp.2~8)의 내용은 숙종 7년(1681) 신유서문(辛酉序文)이다.[17] 다만 서문의 지은이가 분명치 않다. 다음 75쪽(pp.10~84)의 내용은 을해년에 전만(全曼)이 다시 작성한 좌목(座目)으로,[18] 여기에는 전체 750명의 계원이 등재되어 있다. 아울러 이 을해좌목(乙亥座目)은 뒷부분에서 글씨체가 현격하게 차이를 보임으로써 이후 명단이 추가된 것으로 추정되며, 이 명안(名案)은 당시까지의 전체 계원의 규모를 짐작케 한다.

다음 5쪽(pp.85~89)의 내용은 전순장(前巡將) 최동린(崔東嶙)이 짓고 임영후인(臨瀛後人) 최익동(崔翊東)이 쓴 숙종 45년(1719) 기해서문(己亥序文)이다.[19] 이어지는 8쪽(pp.89~96)의 내용은 8개 항목의 계칙으로 기해년에 규정된 기해계칙(己亥契則)이며, 이어지는 9쪽(pp.97~106)의 내용은 89명의 계원의 명안으로 기해년 당시의 기해좌목(己亥座目)이다. 그리고 이 부분의 내용 즉 서문 · 계칙 · 좌목 등은 미타계의 실상을 이해할 수 있는 결정적인 단서를 제공하고 있다는 점에서 주목된다. 다음 3쪽(pp.106~108)의 내용은 순조 19년(1819)의 계원들의 명안인

17) 『彌陀契座目』 辛酉序文. "康熙二十年辛酉六月日."

18) 『彌陀契座目』 乙亥座目. "乙亥四月日 改書人 公事員 全曼 謹寫."

19) 『彌陀契座目』 己亥序文. "萬曆紀元後 三己亥七月下澣 臨瀛後人 前巡將崔東嶙序 臨瀛後人 崔翊東書.

기묘좌목(己卯座目)이며,[20] 여기에는 26명이 수록되어 있다. 이어서 4쪽(pp.109~112)은 순조 28년(1828)의 무자좌목(戊子座目)으로 전체 30명이 수록되어 있으며,[21] 그 말미에 공원(公員), 유사(有司), 승유사(僧有司)로 그 직임(職任)과 명단이 기재되어 있다.[22] 다음 5쪽(pp.112~116)의 내용은 헌종 13년(1847)의 정미좌목(丁未座目)으로 전체 42명이 수록되었으며,[23] 그 말미에 역시 공원, 유사, 승유사로 그 직임의 명단이 기재되어 있다.[24]

②의 순종 2년(1908) 『미타계원사조열록』은 가로 25cm, 세로 35cm이며, 전체 134장 268쪽이다. 그리고 매 쪽마다 주선(朱線)으로 10칸을 긋고 정리하였다. ②의 내용으로 처음 6쪽(pp.1~7)은 철종 5년(1854)에 참봉(參奉) 신백영(辛佰寧)이 지은 「미타계서문(彌陀契序文)」이고, 이어서 4쪽(pp.7~10)은 순종 2년 유학(幼學) 최태집(崔泰集)이 쓴 계중답(契中畓)과 불량답(佛糧畓)의 규모를 밝히는 「계중각답고질기(契中各畓庫叱記)」와 계재(契財)의 운영 내용이 정리되어 있다.[25] 다음의 258쪽(pp.11~268)은 계원과 그의 4조의 명단이다. 즉 계원과 그의 부, 조, 증조, 외조를 순차적으로 기록하고 있다. 그 하나를 예로 들면, 아래 〈예-1〉과 같이 품계(品階)가 있는 경우 그것을 밝혀 놓았다. 그러나 모든 계원의 4조가 밝혀진 것은 아니다. 〈예-2〉에서처럼 청신녀(淸信女)의 경우 부(父)와 가부(家夫)가 밝혀질 뿐이며, 〈예-3〉에서처럼 곤명(坤命)의 경우 역시 부

20) 『彌陀契座目』 己亥座目. "嘉慶二十四年己卯 七月初七日 入錄."

21) 『彌陀契座目』 戊子座目. "道光八年戊子 六月初六日 入錄."

22) 『彌陀契座目』 道光八年 六月. "公員 洪文龜, 有司 朴光碩, 僧有司 普訓."

23) 『彌陀契座目』 丁未座目. "道光二十七年丁未五月十一日入錄."

24) 『彌陀契座目』 道光二十七年五月十一日. "公員 金遇聲, 有司 朴尙喆, 僧有司 載謙."

25) 『彌陀契員四祖列錄』 癸亥九月日契中各畓庫記. "一栗田月字五十二畓伍負, 橫山霜字五十二畓柒負柒束, 龍淵男字百五畓拾參負貳束, 已上合結卜貳拾柒負貳束, 大昌畓一石落卜租伍石伍斗, 凡坪畓十斗落卜租拾石拾斗, 合三石十斗落拾玖石拾斗, 已上契中畓, 石回翔字百四十七畓拾負伍束, 龍淵男字百五畓陸負, 北坪畓一石落卜租陸石陸斗, 新里畓下邊一石落卜租伍石伍斗, 合二石落卜租拾壹石拾壹斗, 已上佛糧畓."

와 가부가 밝혀질 뿐이다. 그리고 비구니(比丘尼)의 경우는 그 부(父)만이 기재되고 있다.

〈예-1〉	〈예-2〉	〈예-3〉	〈예-4〉[26]
父 祖 曾	外 父 家	父 家	父
嘉 資 嘉 祖	祖 清 中 夫	坤 學 夫	比 學
善 憲 善 學	通 信 樞	命 生	丘 生
金 大 大 生	政 女 府	宋	尼
載 夫 夫	大 洪 事	氏	惠 柳
福	夫 氏 金	金	刹 氏
富 得 守	洪 接 成 洙	相 泰	
榮 哲 一	祿 蓮 逸 鼎	弼 成	

③의 『미타계선안』은 가로 25cm, 세로 35cm이며, 전체 74장 148쪽이다. 그리고 매 쪽마다 주선(朱線)으로 10~12칸을 작성하여 사망한 계원들의 명단을 작성하였다. 먼저 첫 장에는 "미타계축(彌陀契祝)"으로 축문이며,[27] 다음 5쪽(pp.2~6)의 내용은 영조 34년(1758)에 작성된 무인서문(戊寅序文)이다.[28] 다음의 3쪽(pp.7~9)은 숙종 45년(1719)에 전순장(前巡將) 최동린(崔東嶙)이 짓고, 공사원(公事員) 최익동(崔翊東)이 쓴 서문이며, 이어서 6쪽(pp.10~15)은 당시의 계칙(契則) 11개 조항이 정리

26) 〈예-1, 2, 3, 4〉는 모두 『彌陀契員四祖列錄』에서 발췌하였다.

27) 『彌陀契僊案』 彌陀契祝.
維歲次某年某月某朔某日　　　　敢昭告于
彌陀之靈日道果己圓靈光旋放
文殊石舡 普賢慈舤　恒河濟衆 法天極樂　禍福主張 吉凶眷係　蟠據名山 爲人尊崇　繩頭日月 紙骨乾坤　冥鑑昭垂 信息如聞　蚊眶浮生 蟻芥殘命　吉日修契 三生發願　插香龍堂 引燈蓮榻　道場高潔 世界廣漠　精魄周遊 壽福荐降　百怪遁避 六通洞開　寄命琉畦 掛名笁　債酬念佛 禊深參禪　年年此日 載沐載戎　飯薦香積 紙補蠅鑽　烏巢登席 魚山侑祭咜　八萬淨界 呵噤不祥　靈亦有知 庶幾來格
伏惟饗.

28) 『彌陀契僊案』 戊寅序文. 乾隆二十二年戊寅 月 日.

되어 있다. 다음의 5쪽(pp.16~20)은 순종 2년에 전교원(前教員) 최성집(崔成集)이 짓고, 공원(公員) 전달해(全達海)가 쓴 "추서(追序)" 이며,[29] 이어서 3쪽(pp.20~22)은 공원 홍규섭(洪圭燮)과 김효경(金孝卿)이 작성한 7개 조항의 계칙이 "별록(別錄)" 으로 정리되었다.[30] 다음으로 126쪽(pp.23~148)은 미타계의 선안(僊案)이며, 주선(朱線)으로 12칸을 작성하고 계원들의 이름을 기재하였다. 여기서는 대부분이 그 이름만을 밝히고 있으나, 특기할 사항이나 사망일이 확인되는 경우 그 이름 아래쪽에 부기하였다. 예를 들면 아래와 같다.

〈예-1〉 比丘帆哲　己酉十二月初八日仙　出世可嘉後驗以成浮屠

〈예-2〉 安逸戶長崔翊東　壬子六月十四日仙

〈예-3〉 月巖堂大師尙默 甲寅正月十八日仙 以出舍利靈珠合十五介 以成塔屠

〈예-4〉 金信默　辛酉八月十七日仙[31]

이상에서 살핀 바와 같이 미타계는 보현사의 사찰계로서 강릉지방에서 결성된 향도조직(香徒組織)이다. 현전하는 미타계 관련 자료는 3책으로 18세기와 20세기 초반에 작성되었다. 이 자료들은 명안(名案), 선안(僊案) 등으로 좌목(座目)이 주류를 이루고 있으며, 여기에 서문과 추서, 별록, 계칙 등이 수록되어 그 변화상을 보여주고 있다.

이로써 이 자료는 일차적으로 성리학 사회에서 불교문화를 이해할 수 있는 희소적 가치를 갖으며, 아울러 사찰의 연기설화(緣起說話) · 승려들의 행적(行蹟) · 법회(法會)의 의식(儀式) 등을 비롯해 강릉지방에

29) 『彌陀契僊案』 追序. 隆熙二年戊申正月日 臨瀛後人前教員崔誠集撰 旌善後人公員全達海書.

30) 『彌陀契僊案』 別錄. 南陽後人公員洪圭燮 江陵後人時公員金孝卿.

31) 〈예-1, 2, 3, 4〉는 『彌陀契僊案』에서 발췌하였음.

산재해 있는 불교문화 관련 유물유적의 개별적 사실을 규명할 수 있는 사료로서 가치를 갖는다. 그리고 이 자료는 18세기 이후에 편찬된 것으로서 이 시기의 향촌민들의 신불성향을 담지한 향도조직의 실상을 반영하며, 아울러 나말여초의 향도조직과 그 이래의 변화상을 담지함으로써 그 변화실태를 연속선상에서 파악할 수 있는 사료로서 가치를 갖는다.

이러한 사료적 특성은 향도계의 계기적인 변천은 물론 이와 맞물린 향촌사회 제 세력의 동향과 성향을 파악할 수 있는 단서를 제공한다는 점에서 의미를 갖는다. 즉 선초 국가의 이념정책에 직면하여 향도계에 대한 향촌사회 제 세력의 성향과 동향이 어떻게 나타나고 있는가? 그리고 이들의 성향과 동향은 후기사회의 향도계에서 어떻게 반영될 수 있는가? 하는 과제를 규명하는 단서를 제공한다. 아울러 이들의 성향과 동향의 변화는 향촌사회의 주도적 입지를 염두에 둔 역학구도 하에서 전개됨으로써 향도계를 둘러싼 지방문화의 특성을 이해할 수 있을 것이다. 이로써 향촌사회 변화의 역동성과 그 문화의 특성을 이해하는 문헌자료로서 그 사료적 가치는 매우 주목된다고 하겠다.

3. 미타계 결성의 사회적 배경

미타계는 숙종 45년(1719)에 작성된 『미타계좌목(彌陀契座目)』에 의해 그 실체가 밝혀진다. 그렇다고 이 시기에 미타계가 창계(創契)되는 것은 아니다. 이 자료상에서 파악되는 미타계는 이미 그 이전시기에 창계되었고,[32] 이 시기에 이르러 영가책(靈駕册)이 정비되고 운영 계칙이 새롭게 마련됨으로써 미타계가 중수(重修)되는 양상을 보이고 있다.[33] 이로써

32) 『彌陀契座目』 己亥序文. "…而偶於閭家搜得一袠 謄寫以新之."
33) 『彌陀契座目』 己亥序文. "玆與我同志之人 追入契案改粧册後 余之微見 條列于左耳."

미타계의 창계 시기는 분명치 않으나, 다음의 기사는 그 시기를 추정하게 하는 내용으로 주목된다.

> 미타계는 오래되었다. 저 新羅시대 이래로 本邑의 大小上下民이 合心하고 應響하여 一契를 合作하니 미타존불도이다. … 成俗을 流傳하여 古例를 준수하고, 자식이 아비의 뜻을 잇고 손자가 할아비의 遺業을 이었으니, (미타존불도)는 일찍이 幾百世가 되었는지 알 수 없음이라. 다만 中年에 이르러 士夫들이 모두 불교를 左道로 규정하여 追入하는 자들이 끊어졌으나, 무릇 民의 餘存者들이 오히려 성의를 폐하지 아니하였으니 또한 하나의 盛事였다.[34]

여기에서 미타계는 신라시대에 창계된 '미타존불도(彌陀尊佛道)'의 연장선상에서 인식되고 있으며, 미타존불도는 강릉지방의 상하대소민(上下大小民)이 동참하였던 향도(香徒)조직으로 인식되고 있다. 그리고 미타존불도는 중년에 이르러 사족(士族)들에 의해 불교가 좌도로 규정되면서 그들의 승계가 단절되었고, 이러한 상황에서 서민들 사이에서 그 명맥이 계승된 것으로 인식되고 있다.

이로써 미타존불도의 실체를 인정할 때, 그것은 재지사족들에 의해 불교가 좌도로 규정되는 중년(中年) 즉 여말선초에 이르기까지 승계되었던 것으로 파악될 수 있다. 그리고 조선시대의 미타계는 사족들의 승계가 단절되는 상황에서 미타존불도의 계승을 표방하면서 결성된 향도조직으로 이해할 수 있으며, 그것은 기층민들에 의해 주도된 보현사의 향도조직이었음을 시사한다.[35]

---

34) 『彌陀契座目』 辛酉序文. "彌陁之契盖古也 粤自羅代以來 本邑之上下大小 齊心應響 合作一契 名之曰 彌陀尊佛道也…流傳成俗 遵守古例 子継其父之志 孫踵乃祖之武 曾不知其幾百世也 逮至中年 士夫皆以爲近於左道 而絶無追入之人 凡民之餘存者 猶且不廢誠 亦一盛事也."

35) 『彌陀契座目』 辛酉序文. "寫爲兩本 一則藏諸普賢 一則藏諸府司."

이러한 점에서 미타계는 여말선초에 창계되었고, 그것은 조선 국가의 이념정책 하에서 전개되는 향촌사회의 변화상을 배경으로 하고 있음을 의미한다. 주지하듯이 조선 국가의 주체세력은 성리학을 건국이념으로 수용하면서 불교를 배척하였고,[36] 민간신앙도 음사(淫祀)로 규정하여 그 사신(祀神)행위를 크게 억압하였다.[37] 조선 국가의 이러한 이념정책으로 지방사회에서 성행하였던 그간의 사신행위를 비롯한 관행은 크게 영향을 받으면서 변모되는 것으로 파악되고 있다.[38]

불교를 좌도로 규정하였던 재지사족의 성향은 여말선초 즉 왕조교체기의 이들의 동향을 시사한다. 이들은 미타존불도의 향도였으며, 적어도 그 사회적 입지로 보아 향도조직의 중심세력이었을 것으로 추정된다. 이러한 입장에서 불교를 좌도로 규정하는 성향은 이들이 신왕조의 이념정책에 민감하게 반응하는 자세를 시사한다. 즉 이들은 신왕조의 지도이념이었던 성리학을 수용하면서 새로운 체제에 편승하였으며,[39] 이로써 국가의 배불책에 편승하여 불교를 좌도로 규정하면서 그간에 자신들이 주도해 온 미타존불도에 대한 승입(承入)을 포기하였던 것으로 파악된다.

한편 미타존불도의 승계를 표방하였던 기층민들의 성향은 민의 동향을 시사한다. 여기서 소위 '민지여존자(民之餘存者)' 는 신불성향을 견지한 사회세력으로 볼 수 있으며, 이들은 배불성향을 견지하였던 재지사족을 제외한 보다 기층민 중심의 세력이었을 것이다. 그리고 이들이 국가의 배불책과 여기에 편승한 재지사족의 성향전환에도 불구하고 미타계를 결성하였다면, 그것은 이들의 신불성향이 강고한 것이었으며 아울러 국가의 이념정책과 재지사족의 성향에 반발하는 자세를 반영한다고 할

36) 韓沽劤, 1993,『儒教政治와 佛教-麗末鮮初 對佛教施策-』, p.384
37) 李海濬, 1991,「朝鮮時代 香徒와 村契類 村落組織」,『역사민속학』 1, p.42
38) 李揆大, 1994,「朝鮮初期 佛教의 社會的 實態」,『國史館論叢』 56, p.129
39) 李揆大, 1994,「朝鮮初期 江陵府 在地士族의 排佛性向」,『人文學報』 18, p.159

것이다.

또한 기층민들의 미타계 결성은 당시 국가 이념정책과 재지사족의 배불성향이 갖는 한계로 지적될 수 있을 것이다. 당시 재지사족은 향촌사회의 지배세력이었지만, 이들이 견지한 배불성향은 자신들의 입장정리에 국한되었던 것으로 보인다. 즉 미타존불도의 승계를 포기하였을 뿐 그것의 해체를 적극 주도한 것은 아니었다. 이러한 양상은 미타존불도의 계재(契財) 즉 위답(位畓)이 미타계로 계승된 데서 살필 수 있다.[40] 그리고 재지사족의 배불성향의 한계는 일차적으로 그간에 자신들이 향도조직을 주도하였던 사실과 보다 초보적일 수밖에 없었던 성리학적 소양에서 오는 것일 수 있으며,[41] 나아가 상대적으로 기층민들의 강고한 신불성향에 기초한 반발자세에서 비롯되는 것으로 볼 수 있을 것이다.

이상에서 살핀 바와 같이 미타계는 여말선초의 국가 이념정책의 변화 즉 배불책에 따른 향촌사회 제 세력의 성향변화를 배경으로 창계되는 것으로 이해되었다. 즉 미타존불도의 실체를 인정할 때, 강릉지방은 고려시대 이래로 미타존불도로 명명된 향도조직을 중심으로 사회세력이 결속되어 온 것으로 이해될 수 있다. 그리고 여말선초에 이르러 신왕조의 이념정책 즉 배불책이 추진되면서 사회세력이 분화되는 양상을 보이고 있다. 즉 국가의 이념정책에 민감하게 편승한 재지사족 중심의 배불성향을 견지한 사회세력과 여전히 전대 이래의 신불성향을 견지하였던 기층민 중심의 사회세력으로 분화되고 있었다. 이러한 사회세력의 분화양상은 미타계가 창계되는 사회적 배경으로 이해되었으며, 미타계는 보다 기층민을 중심으로 미타존불도의 계승을 표방하면서 여말선초에 결성된 것으로 파악되었다.

한편 미타계의 창계와 그 사회적 배경은 이와 같이 이해되지만, 여전히

---

40) 『彌陀契座目』 己亥契則. “本契他無物力 只有傳來位畓.”

41) 주 39) 참조.

자료의 한계로 선초 미타계의 조직과 활동을 구체적으로 파악하기는 어렵다. 다만 전대의 미타존불도의 조직과 활동에 비해 상대적으로 크게 위축되고 제한적이었을 것으로 추정해 볼 수 있다. 비록 초기 단계에서 국가의 이념정책이 갖는 한계에도 불구하고 배불책은 지속적으로 강화되어 갔고, 여기에 편승한 재지세력의 성리학 일변도의 성향도 후대에 이르면서 심화되어 갔다.[42] 이러한 상황에서 미타존불도의 승계를 표방한 미타계였지만, 그 조직의 규모와 활동은 제약적일 수밖에 없었을 것이다.

미타계의 이러한 양상을 미타존불도의 성격을 추정하여 그것과 비교해 보고자 한다. 고려시대의 미타존불도는 지역공동체적 성격을 띠었을 것으로 추정된다. 이러한 추정은 이미 고려전기 향도조직의 지역공동체적 성격이 규명된 바 있거니와,[43] 미타존불도의 계안(契案) 즉 영가책(靈駕冊)이 부사(府司)에 보관되었다는 사실에 근거한다. 고려시대 부사 즉 읍치를 장악한 세력은 그 지방의 실질적인 주도세력이었다고 볼 때,[44] 계안이 부사에 보관되었다는 사실은 이 지방의 주도세력이 미타존불도를 주도하였거나 적어도 그러한 이미지를 담고 있었음을 시사한다. 따라서 읍치의 주도세력이 미타존불도를 주도하고 여기에 상하대소민이 동참하였다면 그것은 지역공동체적 성격을 갖는 향도조직으로 보아도 무리가 없을 것으로 본다.

또한 미타존불도는 보현사의 향도조직이었다는 점도 이 조직이 지역공동체적 성격을 띠고 있음을 시사한다. 즉 보현사는 낭원대사에 의해 중창되었고, 낭원대사는 굴산사를 창건한 범일선사의 법맥을 잇고 있다.[45] 그리고 범일은 명주호족을 단월로 굴산사를 창건하였고, 명주호족의 이

42) 주 39) 참조.

43) 李泰鎭, 1972, 「醴泉 開心寺 石塔記의 分析－高麗 前期 香徒의 一例－」, 『歷史學報』 53·54 합집.

44) 李純根, 1983, 「高麗初 鄕吏制의 成立과 實施」, 『金哲埈華甲紀念史學論叢』.

45) 주 10) 참조.

러한 역할은 낭원대사로 이어지고 있다.[46] 이러한 점은 명주호족의 단월로서 역할이 보현사로 귀착되고 있음을 보여준다. 이로써 보현사의 미타존불도는 명주호족을 중심으로 하는 향도조직으로 이해할 수 있으며, 여기에 이 지방의 상하대소민이 동참하였다면 그것은 자연스럽게 지역공동체적 성격을 갖는 것이었을 것이다.

그러나 미타존불도의 실상을 규명하는 작업은 여전히 과제로 남는다. 다만 고려시대는 불교적인 사회질서가 성황을 이루었고, 이 시기의 강릉지방 토호세력은 여전히 명주호족과 그 후예들이었다는 점에서 미타존불도가 갖는 지역공동체적 성격은 유지되었을 것으로 추정해 볼 수 있다.[47] 이러한 점에서 선초에 이르러 재지사족이 미타존불도의 승계를 외면하는 양상은 역으로 이 시기까지 재지세력이 미타존불도에 동참하였던 사실을 반영하는 것으로 이해할 때, 이 또한 미타존불도의 지역공동체적 성격을 시사하는 것으로 볼 수 있을 것이다.

이로써 미타존불도의 지역공동체적 성격을 인정할 때, 선초의 미타계는 비록 그 승계를 표방하고 있지만 이러한 성격을 유지할 수는 없었을 것이다. 무엇보다 불교를 좌도로 규정하고 나선 재지세력의 승계가 단절된 상황이었고, 성리학 일변도의 성향을 견지한 재지사족이 조선초기 지방사회의 향권(鄕權)과 읍권(邑權)[48]을 주도해 가는 상황에서 그 잔여세력으로서 결속된 미타계가 지역공동체적 성격을 유지하였다고 보기는 어려울 것이다. 이로써 미타계는 소위 민지여존자(民之餘存者)들에 의해 운영되는 결사체적 성격을 띠었을 것으로 볼 수 있다.[49] 그리고 이러한 결사체적 성격은 그 자체로 미타계의 기능과 활동이 위축되고 있음을 시

---

46) 주 11) 참조.

47) 주 11) 참조.

48) 金仁杰, 1981, 「朝鮮後期 鄕權의 推移와 支配層의 動向－忠淸道 木川縣 事例－」, 『韓國文化』 2.

49) 『彌陀契座目』 辛酉序文. “逮至中年 士夫皆以爲近於左道 而絶無追入之人 凡民之餘存者 猶且不廢誠 亦一盛事也.”

사한다. 현재까지 전승되는 자료에서 조선전기 미타계의 활동양상이 분명하게 검증되지 못하고 있는 점은 이러한 시대적 상황을 반영하는 것으로 이해될 수 있을 것이다.

요컨대 미타계는 조선초기에 기층민들의 신불성향에 기반을 두고 결성된 향도조직이었으며, 이 시기에 이르러 불교를 좌도로 규정한 재지사족에 의해 단절위기에 봉착한 미타존불도의 계승을 표방한 보현사의 향도조직이었다. 그리고 조선 국가의 배불책과 여기에 편승한 재지사족의 성리학적 성향, 아울러 초기단계에서 보다 철저할 수 없었던 국가의 이념정책과 재지사족의 성리학적 성향의 한계는 미타계가 창계될 수 있었던 사회적 배경으로 이해될 수 있었다.

이로써 미타계의 창계는 인정되지만, 그 조직과 활동은 국가의 배불책과 재지사족의 성리학적 성향이 강화되는 상황에서 전대의 미타존불도와 비교해 상대적으로 크게 위축되고 제약적이었을 것으로 추정되었다. 그리고 이러한 양상은 미타존불도의 지역공동체적 성격과 미타계의 결사체적 성격으로 대비될 수 있었다. 그러나 미타계는 결사체적 성격을 견지하면서 전대 이래 향도조직의 명맥을 잇는 기제였으며, 여전히 기층민들의 신불성향을 담아내는 기제로서 의미를 갖는다고 하겠다.

4. 미타계의 조직과 운영

내가 年老하고 多病하여 城東에 窮蟄하였을 때, 古老들의 얘기를 參聽하여 府司之藏을 조사한 즉 一冊이 朱紅으로 畵間하고 契員의 姓名을 列書한 것이 宛然하였고, 한번 열람함에 크게 감탄하지 않을 수 없었다. 先輩의 名蹟手澤이 그 중에 尙存하였고, 後世 子孫의 無識으로 東閣之間에 等棄되었다.…이에 내가 同志들과 더불어 契案에 追入하고 前冊을 改粧한 후 나의 微見을 左에 條列하였다.…邑中의 無知한 자들이 혹 내가 入契하는 것을 두고 忘計라 하나, 그들이 어찌 대저 感古慕先之意를 알겠는가![50]

위의 인용문은 숙종 45년(1719) 전순장(前巡將) 최동린(崔東嶙)이 작성한 기해서문(己亥序文)에서 발췌한 것으로 몇 가지 사실이 주목된다. 먼저 이 시기에 이르러 영가책(靈駕册)이 발견됨으로써 미타존불도를 새롭게 인식하는 계기가 되고 있다는 점이다. 영가책은 미타존불도의 계안으로서 2부 작성되어 부사(府司)와 승사(僧舍)에 각각 1부씩 보관되었던 바,[51] 이 시기에 이르러 발견된 영가책은 재지사족의 승계가 단절되었던 선초 이래로 부사에 방치되었던 것으로 보여진다. 그리고 향노(鄕老)들이 전하는 얘기에 힘입어 영가책을 발견함으로써 전순장을 비롯한 동지들에게서도 미타존불도와 영가책은 잊혀져 있었음을 시사하고 있다. 이로써 영가책의 발견은 미타존불도를 새롭게 인식하는 계기가 되고 있다고 보겠다.

다음은 이 시기에 이르러 전순장 최동린을 비롯한 동지들이 새로이 미타계에 추입하고 있다는 점이다. 이 점은 그간에 운영된 미타계는 이들과 무관할 수 있으며, 미타존불도를 인식하게 되면서 이들이 미타계에 입계하고 있음을 보여준다. 이로써 이들은 선초 이래로 미타계를 운영해 온 소위 '민지여존자'와는 다른 새로이 입계하는 사회세력으로 구분될 수 있다고 하겠다. 다음으로 전순장 최동린을 비롯한 동지들에 의해 새로운 계칙이 마련되고 있다는 점이다. 이러한 사실은 먼저 이 시기에 이르러 미타계의 조직과 운영이 정비되고 있음을 의미하며, 이러한 조직과 운영을 위한 근거로서 마련되는 계칙이 이들에 의해 마련됨으로써 이들

50) 『彌陀契座目』 己亥序文. "余年老多病 窮蟄邑之城東 而參聽古老之語 搜披府司之藏 則宛然一册朱紅畵間 列書契人之姓名 閱覽一遍 未嘗不曠感而歎也 先輩之名蹟手澤 尙存於其中 而後世子孫之無識等棄於東閣之間…玆與我同志之人 追八契案 改粧前册後 余之微見 條列于左耳…邑中無知之輩 或謂余入契之忘計 然渠安知夫感古慕先之意也哉."

51) 주 35) 참조.

은 다름 아닌 미타계의 새로운 주도세력으로 등장하고 있음을 시사한다.

이러한 사실에 의거할 때, 미타계는 조선후기에 이르러 조직과 운영이 정비되고 있으며, 전순장과 안일호장을 중심으로 새로이 입계(入契)한 세력이 그것을 주도하고 있었다. 그리고 부사에서 발견된 영가책은 이들이 미타존불도를 새롭게 인식하는 계기가 되었고, 이러한 인식을 토대로 미타계에 입계하여 그 계칙을 새롭게 마련하면서 조직과 운영을 정비한 것으로 파악된다.

이로써 조선후기 미타계의 조직과 운영을 이해하기 위해 계칙을 주목하고자 한다. 미타계의 계칙은 앞서 언급한 숙종 45년(1719)의 기해계칙(己亥契則)과 『미타계선안』에 수록된 순종 2년(1908)의 "별록(別錄)"과 동서에서 기해서문과 함께 수록된 영조 34년(1758)의 무인계칙(戊寅契則)이 있다.[52] 따라서 기해계칙과 무인계칙의 내용을 분석함으로써 조선후기 미타계의 조직과 운영의 실태를 파악해 보고자 한다.

먼저 숙종 45년의 기해계칙과 영조 34년의 무인계칙을 비교해 보면, 무인계칙은 기해계칙을 준용하면서 다만 몇 가지 내용이 첨삭되고 있을 뿐으로, 그 실태는 〈표 1〉과 같다. 즉 숙종 45년의 기해계칙은 ① 行祀, ② 契案作成, ③ 序文改錄, ④ 行齋, ⑤ 罰則, ⑥ 契案保藏, ⑦ 契首新差禮, ⑧ 契田畓 등 8개 항목이며, 영조 34년의 무인계칙은 전자에서 ⑧을 제외한 내용을 답습하면서 4개 항목이 추가되어 전체 11개 항목으로 구성되어 있다. 즉 ① 行祀, ② 契案作成, ③ 序文改錄, ④ 行齋, ⑤ 罰則, ⑥ 契案保藏, ⑦ 契首新差禮, ⑨ 新入契員, ⑩ 契首差定, ⑪ 禮木, ⑫ 賻紙 등이 그것이다.

---

52) 순종 2년(1908)에 작성된 『彌陀契僊案』에는 동시기의 계칙으로 "別錄"과 肅宗 45년의 己亥序文을 등재하면서 또 하나의 계칙이 수록되어 있다. 그런데 이 계칙은 己亥契則을 준용하면서 몇 가지 내용이 첨삭됨으로써 숙종 45년 이후의 변화상을 반영하고 있으며, 이러한 변화상은 이 契帖의 첫머리에 英祖 34년(1758)의 戊寅序文이 등재되고 있다는 점에서 이 시기의 운영상으로 이해될 수 있다. 이로써 이 계칙은 본고에서 戊寅契則으로 표기하고자 한다.

이로써 숙종 45년의 계칙은 비록 몇 가지 항목이 추가됨에도 불구하고 영조 34년까지 준용되었으며, 이러한 양상은 조선후기 미타계의 조직과 운영이 일정하게 관행성을 갖고 있음을 보여준다고 하겠다. 이제 그 실상을 좀 더 구체적으로 살펴보고자 한다.

먼저 〈표 1〉에 의거해 미타계의 직임조직을 살펴보면, 그 직임은 계수(契首)·속유사(俗有司)·사유사(寺有司)·공원유사(公員有司)로 구성된다. 계수는 계회를 통해 계원들의 첨의(僉議)로 계원 중에서 선출되었으며 미타계 전반을 총괄하였을 것으로 파악된다.[53] 그리고 유사(有司)의 선출방식은 분명치 않으나 속유사는 일반계원 중에서, 사유사는 보현사의 승려 중에서, 공원유사는 계원인 공사원(公事員) 중에서 선출되었다.[54] 이러한 유사의 역할은 계재(契財)와 계첩(契帖)의 관리, 행사(行祀)·행재(行齋)의 주관 등 미타계의 운영 전반에서 실무적 역할을 수행하였을 것이다.[55] 다만 이들 유사 간에는 일정한 역할이 분화되어 있었던 것으로 보인다. 즉 속유사와 사유사는 행사와 행재를 주관하고, 공원유사는 부사(府司)와 미타계의 관계에서 중간역할이 부여되었을 것이다. 공원유사는 계수의 차정 과정에서 일정하게 역할을 하였던 것으로 파악되며,[56] ⑩에서 보듯이 부사가 미타계의 설립주체로 설정되면서 이를 상징하는 호장(戶長)과 계수의 관계가 규정되는 데서 공원유사의 역할이 추정된다.[57]

53)『彌陀契座目』己亥契則. "契首有故 則以契員中年高可堪者 從僉議望差."

54)『彌陀契遷案』戊寅契則. "此後 則自契中僉議望定後書望記 公員有司持納同宅 則此乃契令依此施行."

55)『彌陀契座目』己亥契則. "契員身故之後 行先王齋 書灵駕册云 此乃死後修道之意也 豈不感哉 然行齋時 主管者誰也 此非等閑看過者 聞喪翌日 有司進往寺中與寺有司 眼同看檢行事 毋至向隅之歎焉."

56)『彌陀契座目』戊申契則. "契首若身故 … 此後 則自契中僉議望定後書望記 公員有司持納同宅 則此乃契令依此施行 且此契設立 在於府司 契案流在於府司 已過屢千年 則府司之爲此契主人可知也 契中或有難處事 則契首往府司 與戶長相議變通 俾嚴契令焉."

57)『彌陀契僊案』戊寅契則. "且此契設立 在於府司 契案流在於府司 已過屢千年 則府司之爲此契主人可知也 契中或有難處事 則契首往府司 與戶長相議變通 俾嚴契令焉."

〈표 1〉 계칙의 변화

		처음(A)	중간(B)	현재(A)	추후(D)
①	行祀	1년 四節 行祀	1년 2차 行祀	1년 5차 行祀	1년 3차 行祀
②	契案	錄身死契員姓名	〃	〃	錄存契員姓名 生·卒年은 懸註
③	序文		序文의 改·添錄을 지적		序文은 별도로 작성
④	行齋	契員死後 行先王齋→書靈駕册	〃	〃	俗·寺有司가 주관
⑤	罰則				契會時 雜亂失體者→重罰, 甚者→决杖黜契, 不到者→徵罰二錢, 三不參→黜契
⑥	契案保藏			현재 계안을 보장할 櫃가 없으니, 이번 新入契員 禮木으로서 櫃를 新造한다. 錄案은 有司가 開閉한다.	
⑦	契首新差禮	계수에 新差되면 米十斗를 納契한다.			일후에는 계에서 酒盃를 갖추어서 위로하는 예를 취한다.
⑧	契財		契位畓의 文記가 昔年에 消盡됨	書錄을 상고하여 부록으로 싣는다.	
⑨	契員新入				僧人은 당연히 入契, 僧俗을 막론하고 風力있고 마땅한 자를 勸入
⑩	契首差定			自契中從僉議望定	自契中僉議望定後書望記 公員有司持納同宅 契令施行. 府司가 本契의 主人. 契中 難處事는 契首가 府司를 방문하여 戶長과 상의하여 變通한다.
⑪	禮木				僧契員과 他別異의 入契에는 禮木을 特減하고 약간의 酒盃를 進呈하고, 俗契員追入은 禮木 壹兩을 納契하고 酒盃를 進呈
⑫	賻紙				契首는 三卷, 凡契員은 二卷

다음으로 미타계 운영의 중심기구는 계회였다. 계수를 비롯한 직임의 선출이 계회를 통해 이루어졌고, 또한 계회는 존불의식으로서 행사(行祀)의 장이었다. 여기에 계원들의 참여가 강요되는 것도 계회의 기능이 갖는 중요성에서 비롯되는 것이었을 것이다.[58] 계회를 통해 구현되는 봉불(奉佛)을 위한 행사는 시대별로 차이는 있으나 연중 3~5차례 개최되었으며, 이러한 차이는 행사를 위한 물력(物力)에 영향을 받은 것으로 보인다.[59] 즉 미타계의 물적 기반은 신입계원들이 부담하는 예목(禮木)과 총 43복(卜)27속(束)의 위답(位畓)에서 확보되는 복정미(卜定米) 12석이었으나, 전적으로 위답의 도조(賭租)에 의존하였던 것으로 보인다.[60] 그러나 복정미는 당해 연도의 풍흉에 따라 일정하게 확보되기 어려웠으며, 예목 또한 고정적으로 확보될 수는 없었다. 이로부터 야기되는 물력의 성쇠에 따라 계회로 구현되는 행사의 횟수는 가변적이었다. 그리고 계회 즉 행사를 위한 집회의 장소는 봉불의식(奉佛儀式)의 특성상 주로 승사(僧舍)가 그 장소였으며, 승사가 위치한 계곡의 반석(盤石)과 그 측면의 암벽에서 "나무아미타불(南無阿彌陀佛) 미타회상(彌陀會狀)"을 각자(刻字)

58) 『彌陀契座目』 己亥契則. "此後契會時 若有雜亂失體者 極施重罰 甚者決杖黜契 且契會之日 或多闕到之人無嚴甚矣 此後無輩子不到者徵罰二錢 三不參者黜契 以嚴契令焉."

59) 『彌陀契座目』 己亥契則. "本契他無物力 只有傳來位畓 而若値凶荒 則不捧堵地 祭米難繼 此實深慮處也 初則四節行祀 而中間物力爻殘 改而一年兩次 奉供之意旣已定規 則今爲五次行祀者 未知何故耶 凡契物有裕然後 契威嚴契令行矣 此契若無位畓 則安知有至今日而來乎 先輩之買畓流傳 可爲萬世不破之計 感歎感歎 然目下契力漸潰 若不保朝夕 所見憫矣 如不及今变通 則其爲見敗 可立而待也 自今爲始 四月初八日 十月二十四日 齊會普賢 佛前奉供 三月三日中程行祀 則此爲一年三次聚會也 尊佛之道盡矣 用穀之方有節 依此遵行焉."

60) 『彌陀契座目』 己亥契則.

古谷崑字二十畓九卜四束
百二十六畓二束
百二十九畓三卜二束
── 二十斗落只卜定米二石

普賢稱字百二十畓	十二卜二十斗落	卜定米二石
別谷員加畓	二卜七束十斗落	卜定米一石
擴山霜字五十一畓	七卜七束一石落只	卜定租三石
石回翔字百四十七畓	十卜五束二十斗落只	卜租四石

한 유적이 발견됨으로써 때로는 이곳을 집회의 장소로 이용하였던 것으로 파악된다.[61]

이처럼 계회는 미타계의 중심 기구였지만, 계회의 자율성은 한계를 갖는 것으로 파악된다. 즉 앞서 살핀 바와 같이 숙종 45년 기해계칙이 당시 새로이 입계한 전순장 최동린에 의해 조열(條列)되었고,[62] 이 계칙은 영조 34년 무인계칙에서도 그대로 준용되고 있다.[63] 더욱이 무인계칙에서는 부사(府司)가 미타계의 계주인(契主人)으로 설정되고 있으며, 아울러 신임계수의 차정을 부사의 호장에게 요청되는 상황이 전개되고 있다.[64] 이러한 상황에서 계회가 계칙제정을 위한 자율성을 확보하였다고 보기는 어렵다.

이러한 양상은 계회는 분명 미타계 운영의 중심 기구였지만, 그 자율성은 일정하게 제한적이었음을 시사한다. 즉 계회의 주요기능인 계수를 비롯한 직임의 차정과 계칙의 제정은 전순장과 안일호장을 중심으로 하는 새로이 입계한 세력에 의해 주도되었으며, 후대에 이르러 부사가 계주인으로 설정되는 상황에서 이러한 역할은 부사를 장악한 호장(戶長)을 중심으로 하는 향리세력에 의해 주도되었다고 볼 수 있다. 이로써 계회는 미타계 운영의 중심 기구였다고 하더라도 그 자율적 성향은 향리세력의 영향을 받으면서 일정하게 제한되었을 것으로 볼 수 있다.

---

61) 현재 普賢寺 입구의 계곡에 위치한 암벽에 세로로 "南無阿彌陀佛"과 그 아래로 연결하여 가로로 "彌陀會狀"을 刻字하였다. 그 하단에 祭壇이 마련되어 있고, 그 아래에 盤石이 있어 이곳을 집회의 장소로 이용하였음을 알 수 있다. 이 유적은 깊이 5cm로 암벽을 깎아 내고 陰刻으로 刻字하였으며, 전자는 가로 33cm 세로 85cm이고 후자는 가로 51cm 세로 15cm의 규모이다.

62) 『彌陀契座目』 己亥序文. "始有慨然于 玆與我同志之人 追入契案改粧册後 余之微見 條列于左耳."

63) 『彌陀契座目』 己亥契則. "且此契設立 在於府司 契案流在於府司 已過屢千年 則府司之爲此契主人可知也 契中或有難處事 則契首往府司 與戶長相議變通 俾嚴契令焉."

64) 『彌陀契座目』 己亥契則. "契首若身故 則其代自契中從僉議望定者 乃是通行大節 而近來請差於府司 云是何言也 專由於無識而然矣 此後 則自契中僉議望定後書望記 公員有司持納同宅 則此乃契令依此施行."

이상에서 정리한 것처럼 미타계는 그 직임으로는 계수와 유사로 이어지는 조직을 갖추었으며, 유사의 기능은 분화되어 있음을 살필 수 있었다. 그리고 미타계의 계수를 비롯한 직임의 차정은 계회를 통해 계원의 논의에 따르도록 규정함으로써 적어도 표면적으로는 그 자율적 운영이 확보되는 듯하다. 그러나 그 이면에서 미타계의 계주인으로서 부사를 설정하고 이에 근거하여 부사의 호장과 계수의 관계가 규정됨으로써 그 자율성은 부사를 주도한 향리세력에 의해 제한될 수 있음을 드러내고 있다. 이러한 점은 그 조직과 운영이 향리세력에 의해 크게 규제될 수 있음을 시사하는 것으로, 향리세력의 입장은 계수와 공원유사를 중심으로 하는 직임조직과 계칙의 제정을 통해 반영되었음을 보여준다.

이러한 운영구조 하에서 미타계는 조직상 몇 가지 특성을 보이고 있다. 먼저 미타계의 계안(契案)에는 남녀, 반상, 승속이 함께 등재되고 있어 이들이 함께 계원으로 활동하고 있음을 보여준다. 즉 "청신녀 김씨원련(淸信女金氏願蓮) · 청신녀 도씨법심(淸信女都氏法心) · 청신녀 강씨법설(淸信女姜氏法說)…" 등을 비롯하여 "최씨상공(崔氏尙功) · 정씨아지(鄭氏阿只) · 남씨채봉(南氏采鳳), 곤명최씨(坤命崔氏) · 곤명윤씨(坤命尹氏) · 곤명송씨(坤命宋氏)…" 등 여성 계원이 다수 등재되어 있으며, "참봉 홍문구(參奉洪文龜) · 참봉 김우성(參奉金遇聲) · 윤영도(尹榮道) 증조 예조좌랑 동하(曾祖禮曺佐郎東夏) · 어모장군행충무위부사과 최대기(禦侮將軍行忠武衛副司果崔大紀) · 증조 통정대부 공조참의 동건(曾祖通政大夫工曹參議東鍵) · 통례원 인의 홍병경(通禮院引儀洪秉景) · 가선대부 동지중추부사 겸 오위장 박도신(嘉善大夫同知中樞府事兼五衛將朴道臣) · 이희수 증조 가선대부 동지중추부사 응한(李熙秀曾祖嘉善大夫同知中樞府事應漢)…" 등 양반신분의 계원이 확인되고 있다.[65] 물론 앞서 살핀 바와 같이 공사원(公事員)과 안일호장(安逸戶長), 전순장

65) 『彌陀契員四祖列錄』.

(前巡將) 등 향리를 비롯한 중인과 상민들이 다수 계안에 올라 있다.

계안의 이러한 양상은 미타계의 계원구성이 남녀, 반상, 승속이 함께 하고 있음을 보여준다. 그리고 이러한 양상을 〈표 1〉의 ⑨ 즉 승려를 비롯하여 풍력(風力)이 있는 자는 입계하도록 권장하며, 다만 어리석거나 무식한 자들의 가입을 제한하는 계칙과 관련지을 때,[66] 미타계의 계원구성은 남녀, 반상, 승속 모두에게 개방되어 있었으며, 그 승입과 추입은 개방적으로 운영되었음을 살필 수 있다.

다음으로 계안 기재양식의 변화이다. 계안은 〈표 1〉의 (A)②에서 보듯이 영가책은 계원의 사후에 이름을 등재하고 이들의 극락왕생을 염원하는 수도지의(修道之意)를 위한 성격을 띠고 있었다. 그러나 〈표 1〉의 (D)②에서는 계안의 기재양식이 생존계원의 성명을 기재하는 것을 근간으로 하고 생 · 졸 연대를 현주(懸註)하는 양식으로 바뀌고 있음을 볼 수 있다.[67] 이러한 변화는 계원의 실체를 소상히 밝혀 훗날 살피는데 어려움이 없도록 하고, 나아가 이로써 계원들의 결속을 도모하여 그 조직의 결속을 강화하려는 데 목적을 두고 있다고 보겠다. 순종 2년(1908) 계원의 4조를 등재하는 『미타계원사조열록』이 작성되는 것도 이 같은 차원에서 이해될 수 있을 것이다.

다음으로 계수의 위상과 역할의 변화이다. 〈표 1〉의 (A)⑦에서 보듯이 미타계의 계수에 차정되면 신임계수는 미10두를 세에다 내어 놓는 것이 관행화되어 있었다. 이러한 신차례(新差禮)가 무엇을 의미하는지는 분명하지 않지만, 그간의 관행이었다는 점에서 미타존불도의 관행

66) 『彌陀契僊案』 戊寅契則. "此契專爲尊佛奉公 則僧入之當入契員者 不欲參契 究厥其本 萬萬不可 今番契會時 當入契員三四僧 招出勸入使之入契 此後契員 若不實 則勿論僧俗 有風力當入者 依此勸入 而至於愚蠢無識之輩 不必雜入 一切防塞 遵守契令焉."

67) 『彌陀契座目』 己亥契則. "昔年錄案未知如何 而近觀府司所在册子 則只錄身死契員姓名 此何故耶 人之死後 懸錄此案者 顧何益哉 勿論前例有無 揆以事理萬萬不可 故今番改粧册爲始時 存契員姓名列書 其下生年懸註 死後某年身死懸註 則契案消詳 後考不難 依此施行 追入契員錄案及懸註 一款 有司次知奉行焉."

을 계승하는 것으로 이해된다. 그러나 이러한 관행은 〈표 1〉의 (D)⑪에서 보듯이 납미(納米)에 관한 규정은 삭제되고 계내(契內)에서 주배(酒盃)를 마련하여 새로이 차정된 계수에게 예의를 갖추는 것으로 개정되고 있다.[68] 이로써 계수의 위상과 입지는 강화되는 추세에 있었음을 살필 수 있거니와 이러한 추세는 〈표 1〉의 ⑦, ⑩, ⑫를 연계하여 이해할 때, 즉 그 선출절차가 정형화되고 부의(賻儀)에서 일반계원과 차별화되는 데서도 살필 수 있다.[69] 이처럼 적어도 계내에서 계수의 위상과 입지가 강화되는 추세는 그 조직을 정비하려는데 의도를 둔 변화라 할 것이다.

한편 계수의 위상과 관련하여 〈표 1〉의 ⑩을 보면, 계수는 부사(府司)의 호장(戶長)에게 종속되고 있음을 살필 수 있다. 계수는 계중의 의논에 따라 선출됨으로써 계내에서 그 조직과 운영을 총괄하는 위상이 확보되고 있지만, 계중(契中) 난처사(難處事)에 대해서는 부사에 나아가 호장과 상의하여 변통하도록 규정하고 있다.[70] 이러한 규정은 계수의 활동이 호장의 영향을 받고 있다고 하겠으며, 이는 계수의 위상이 호장으로 대표되는 읍치(邑治)를 장악한 향리세력에게 종속되고 있음을 보여준다. 그리고 이 같은 양상은 비록 계수는 계중 의논으로 선출하는 것으로 정형화되고 있지만, 그 이전에 이미 미타계에서 신임 계수를 부사에서 선출해 줄 것을 요청하고 있었던 점에서 분명해진다고 하겠다. 아울러 계칙상에서 부사가 미타계의 계주인으로 설정되고 있다는 점에서 계수와 향

68) 『彌陀契座目』 己亥契則. "聞契首新差 則米十斗納契云 此宲令人可笑之事也 契首有故 則以契員中年高可堪者 從僉議望差 則自契中酒盃慰問猶或可也 而納米等說 誠是意外 此乃無識行規 日後契首新差 則自契略備酒盃 別爲慰禮以表契義焉."

69) 『彌陀契僊案』 戊申契則. "契首若身死 則異於凡契員 出喪賻紙三卷致奠 若凡契員身死 則賻紙二卷式致奠焉."

70) 『彌陀契僊案』 戊寅契則. "契首若身故 則其代自契中從僉議望定者 乃是通行大節 而近來請差於府司 云是何言也 專由於無識而然矣 此後 則自契中僉議望定後書望記 公員有司持納同宅 則此乃契令依此施行 且此契設立 在於府司 契案流在於府司 已過屢千年 則府司之爲此契主人可知也 契中或有難處事 則契首往府司 與戶長相議變通 俾嚴契令焉."

리세력의 역학관계를 짐작할 수 있다고 하겠다.

이상에서 살핀 바와 같이 조선후기 미타계의 조직과 운영은 읍치의 주도세력으로서 호장을 중심으로 하는 향리세력의 영향력 하에 놓여 있었다. 이들 향리세력은 조선후기에 들어서 새로이 입계한 세력이었으며, 이들은 미타존불도의 영가책이 부사에서 발견된 사실에 근거하여 계칙의 제정권을 확보하였고, 나아가 부사를 미타계를 설립한 주체 즉 계주인으로 설정하면서 미타계의 조직과 운영을 주도한 것으로 파악되었다.

이러한 역학구도 하에서 미타계의 계원구성은 남녀, 반상, 승속 간에 개방적으로 운영되었으며, 계중 논의로 선출되는 계수를 비롯한 속유사, 승유사, 공원유사로 이어지는 직임조직을 갖추었고, 계원들의 총의가 수렴되는 장이면서 존불의식의 장이었던 계회를 중심기구로 운영되었다. 아울러 이 시기의 조직과 운영상의 특성으로 계수의 위상과 입지가 내적으로 강화되는 추세였으며, 외적으로는 부사의 호장에게 종속되는 양상을 보이고 있었으며, 계안의 기재양식은 생존계원을 중심으로 정식화되어 갔다. 이러한 특성은 미타계의 조직과 운영을 강화하려는 성향을 반영하는 것이었으며, 이러한 양상은 미타계에 집착하였던 향리세력의 성향과 맞물린 변화로 파악될 수 있었다.

5. 미타계의 주도세력과 그 성향

앞서 조선후기에 미타계의 조직과 운영이 호장을 중심으로 하는 향리세력에 의해 주도되었음을 살펴보았다. 이제 그 향리세력의 실체를 규명하고 이들이 미타계에 집착하였던 성향을 파악해 보고자 한다.

(A) 종이를 맡은 자, 이일래. 규칙을 맡은 자, 신후길. 인쇄와 장정을 맡

은 자, 황승선.[71]

(B) 주관한 자, 공사원 동원 최륜[72]

(C) 주관한 자, 공사원 홍춘관. 장무 김덕주[73]

(D) 임영후인 전순장 최동린, 임영후인 안일호장[74] 최익동[75]

위의 기사는 『미타계좌목(彌陀契座目)』에 수록된 숙종 7년(1681)과 동왕 45년(1719)의 서문에서 발췌하였다. (A), (B), (C)는 계안을 정비하는 과정에서 일정하게 역할을 이행한 인물이며, (D)는 숙종 45년의 서문을 작성한 인물이다. 이들이 당시 미타계를 재정비하는 과정에서 주도적 역할을 이행한 인물들이며, 그 중에서 (B), (C), (D)의 인물은 공사원 · 전순장 · 안일호장 등으로 그 직임이 밝혀짐으로써 이들이 향리신분이었음을 알 수 있다. 다만 (A)의 3인이 향리신분이었는지는 분명치 않으나, 그 역할은 공사원과 유사하게 파악된다.

이처럼 미타계를 주도한 세력의 중심인물은 역시 (D)의 최동린과 최익동이 주목된다. 이들은 숙종 45년 전순장과 안일호장의 위치에서 미타계의 기해서문을 지음으로써 당시 미타계를 중수하는 향리세력의 중심인물로 부각된다. 물론 계원 중에는 양반신분이 있어 신분상 우위가 인정되지만, 이들은 대부분 여자들이었던 점에서 그 중심적 활동을 하였다고 보기는 어렵다. 전순장 최동린은 자신이 미타계에 가입한 사실을 두고 망계(忘計)로 치부하는 자들의 비난을 감수하면서까지 감고모선(感古慕先)하는 뜻을 관철하여 입계하고 있으며,[76] 미타계를 중수하는 과정에서 일정하게 물적 재원을 지원하였던 것으로 파악된다.[77] 더욱이 그는 순

71) 『彌陀契座目』 辛酉序文. "措紙者 李日來, 執觚者 辛後吉, 印行而裝衣者 黃承善."

72) 『彌陀契座目』 辛酉序文. "主幹者 公事員 東原 崔崙."

73) 『彌陀契座目』 辛酉序文. "主幹者 公事員 洪春寬, 掌務 金德柱."

74) 『彌陀契座目』 己亥座目. "崔翊東 安逸戶長."

75) 『彌陀契座目』 己亥序文. "臨瀛後人 前巡將 崔東嶙, 臨瀛後人 安逸戶長 崔翊東."

76) 『彌陀契座目』 己亥序文. "邑中無知之輩 或謂余入契之忘計 然渠安知夫感古慕先之意也哉."

장직(巡將職)에서 물러난 직후 미타존불도의 영가책이 부사에 보관되어 있을 것이라는 향노(鄕老)들의 전언(傳言)을 좇아 수색하여 그것을 확보하였던 인물이다.[78] 이러한 활동으로 보아 기해서문을 지은 전순장 최동린과 안일호장 최익동은 미타계를 중수하는 과정에서 중심적 인물로 보아 무리 없을 것이다. 이들은 당시 좌목에서 첫머리에 등재되고 있는 점도 그 중심적 입지를 시사하는 것으로 볼 수 있다.[79]

이제 이들의 가계 분석을 통해 그 실체의 규명에 접근해 보고자 한다.

먼저 최익동의 가계를 『임영최씨세보(臨瀛崔氏世譜)』[80] 즉 정조 7년(1783)에 편찬된 계묘보(癸卯譜)를 통해 살펴보면, 〈표 2〉에서 보듯이 그는 강릉을 본관(本官)으로 하는 강릉지방의 토성(土姓) 향리로서 강릉최씨 24세손이다. 그의 10대조 욱(旭)은 호장(戶長), 8대조 영호(永浩)와 3대조 명길(命吉)은 공생(貢生)으로 파악된다.[81] 이로써 그의 가계는 선초 이래로 향리의 직역을 이행하는 토성향리 가문이었음을 살필 수 있다. 그리고 21~24세손에 이르면서 이전에 없었던 동지(同知)·첨지(僉知)와 같은 품직(品職)에 제수된 사실이 파악되고 있다. 이 또한 향리의 직역을 이행하는 과정에서 수여된 것으로 이해할 때, 24세손인 안일호장 최익동의 대에 이르면서 토성향리 가문의 활동이 활발하였던 것으로 파악될 수 있다.

---

77) 『彌陀契座目』 辛酉序文. "玆余若干協謨."

78) 『彌陀契座目』 己亥序文. "余年老多病 窮蟄邑之城東 而參聽古老之語 搜披府司之藏 則宛然一册朱紅盡間列書 契人之姓名 閱覽一遍未嘗不曠感而歎也 先輩之名蹟手澤 尙存於其中而後世子孫之無識等矣."

79) 『彌陀契座目』 己亥座目. 崔聖復 乙亥, 崔東嶙 丙戌 辛丑二月仙, 崔聖得, 崔翊東 丙午….

80) 『臨瀛崔氏世譜』는 正祖 7년(1783)에 편찬된 筆寫本으로 현재 강릉최씨 宗中에 보관되어 있다.

81) 조선후기 貢生은 "鄕吏子孫稱以貢生"으로 향리의 자손으로 이해되고 있다(李勛相, 1990, 『朝鮮後期의 鄕吏』, p.236 참조).

〈표 2〉 최익동의 가계도[82]

15世 旭(戶長)(江陵派)
|
16世 鶋
|
17世 永浩(貢生)
|
18세 孟敏 － 孝敏
| |
19세 山壽 獻景
| |
20세 德立 崇立(無后)
|
21세 命吉(貢生,同知)
|
22세 師銑(僉知)
|
23세 一弘(僉知) － 起弘
| |
24세 守東(僉知) － 載東(僉知) － 翊東 贊雄 － 贊重 － 贊東

다음으로 『임영최씨세보』 즉 계묘보에 의거해 전순장 최동린의 가계를 살펴보면 〈표 3〉과 같다. 전순장 최동린은 강릉을 본관으로 하는 토성향리로서 강릉최씨 21세손이다. 그의 4대조 즉 17세손 기정과 기학, 그리고 최동린과 같은 항렬인 21세손이 모두 공생(貢生)으로 파악되고 있다. 이로써 최동린의 가계 또한 강릉지방의 토성향리 가문이었음을 살필 수 있다.

82) 이 표는 『臨瀛崔氏世譜』에서 정리하였음.

〈표 3〉 최동린의 가계도[83)]

15世	義
16世	彦壽 － 希壽
17世	麒禎(貢生) － 麒鶴(貢生)
18世	承澤 － 承源(肅廟朝以捕逆僧曇華功錄忠勳券超陞嘉義) － 承浣(同知) － 承澈
19世	斗相(系子,同知,孝行旌閭) 斗相(出系) － 斗齡(出系) － 斗章(同知)
20世	文穎(僉知) － 文浚(同知) 文伯 － 文灝
21世	東屹(貢生,僉知) 東嶙(貢生,巡將) － 東岦(貢生) － 東嵓(貢生)
22世	光得(同知) － 光律 － 光衍 － 光復 光鼎 光履 光潭
23世	漢樟 － … 漢枋 漢均 － 漢亮 漢澈

최동린의 가계에서는 18세손 이후로 두 가지의 뚜렷한 동향이 파악된다. 그 하나는 그의 증조인 승원은 영리(營吏)로서 인조 6년(1628)에 역승(逆僧) 담화(曇華)를 체포한 공로로 영사훈권(寧社勳券)과 가선대부(嘉善大夫)의 품직(品職)에 제수되었으며, 또한 이와 관련하여 숙종 11년(1685)에는 가의대부(嘉義大夫)로 가자(加資)되었다.[84)] 이러한 사실은 영조 연간에 편찬된 이 지방의 읍지인 『임영지(臨瀛誌)』의 향평(鄕評)·

83) 위와 같음.

84) 『臨瀛誌』 卷4, 鄕評. "鄕吏 崔承源 崇禎戊辰 逆僧曇華亡命 別關各道 跟捕之際 以當番營吏 自願出捕 仍爲居士 轉乞諸處 行道春川 路逢一僧 敬對談話 極其和順 其僧許心 通以本名 即誘至保安驛捉納 參寧社從勳超嘉善 肅廟乙丑 以九十歲陞嘉義."

인물조(人物條)[85]에 등재되고 있으며, 향리신분으로서 읍지의 향평과 인물조에 등재된 사례는 이것이 유일한 것으로 파악된다.

다른 하나는 최동린의 향리가문은 대를 이어 효자를 배출하고 있다는 점이다. 역승을 포착하여 국가에 공훈을 세운 승원을 비롯해 그의 부와 백부인 기학 · 기정 형제의 효행이 이미 향리에 널리 알려졌고,[86] 최동린의 조부인 두상은 어사(御使) 오명준(吳命俊)의 서계(書啓)로 숙종 33년(1707)에 정문입석(旌門立石)되었다.[87] 또한 최동린의 조카인 광득 · 광률 형제는 모상(母喪)을 거행한 뒤 회갑년을 맞이하여 다시 3년 복을 이행하였으며, 최동린의 종손인 한방은 그 효행으로 정조 9년(1785)에 부임한 현백(縣伯) 심명덕(沈命德)에 의해 정려(旌閭)되었다.[88] 이로써 최씨일가는 5대에 걸쳐 효자를 배출한 향리가문으로서 평가되었으며, 국가로부터 정표된 사실이 이 지방의 읍지인 『임영지』의 효행 · 향평 · 인물조에 등재되었고, 그것은 향리신분으로서 읍지에 등재된 유일한 사례였다.

이처럼 최동린의 가문은 18세손에서 23세손에 이르는 시기에 당대의 최고의 가치덕목인 충효가 두드러진 향리가문으로 파악되고 있다. 그의 가문의 충효는 국가로부터 포상되었고, 향리신분으로서 충효의 덕목으로 읍지에 등재된 유일한 사례가 되었으며, 비록 향리신분이었지만 사인(士人)으로부터 최문지효(崔門之孝) · 세대충효(世代忠孝)로 칭송하는 증시(贈詩)를 얻고 있다.[89] 또한 같은 시기에 〈표 3〉에서 보듯이 그의 가계

85) 『臨瀛誌』 卷1, 人物. "崔承源 本邑吏也 崇禎戊辰 逆僧曇華亡命 承源以入番營吏 自願卽捕 變服色 到黃海道遇一僧 知其爲曇華 誘至春川 仍捉納 得參寧社勳券 授嘉善."

86) 『臨瀛誌』 卷4, 鄕評. "鄕吏 崔承源…嘗爲父斷指得效 父琪鶴兄弟 亦皆爲父斷指得效 世代忠孝可尙 而其子斗相之褒旌."

87) 『臨瀛誌』 卷4, 孝子. "鄕吏 崔斗相 性行廉謹 誠孝出天 爲其生養父母 盡孝盡誠 … 肅廟朝丙戌 御史吳命峻 別單書啓 丁亥春 旌門立石."

88) 『臨瀛誌』 卷5, 孝子. "且漢枋伯父光得仲父光律 慟其母早喪 及其回甲追服三年 崔門之孝有自來矣."

89) 『臨瀛誌』 卷4, 鄕評. "鄕吏 崔承源…嘗爲父斷指得效 父琪鶴兄弟 亦皆爲父斷指得效 世代忠孝可尙 而其子斗相之褒旌 有自來矣 士人金公澮 贈詩曰 盟府褒忠 忠貫日 鄕閭旌孝 孝通天 忠孝兩全 源百行 人人皆說 主翁賢."

에서는 5대에 걸쳐 첨추(僉樞) · 동지(同知) 등 품직을 받은 자들이 배출되고 있다.

이러한 사실은 최동린의 향리가문이 충효 덕목에서 향촌사회의 표상이 되고 있음을 의미한다. 그리고 이러한 양상은 향촌사회에서 그의 가문의 위상과 입지를 일정하게 반영하는 것으로 이해될 수 있다. 이러한 위상과 입지는 18세손인 승원이 이미 감영(監營)을 출입하는 영리(營吏)였다는 점에서 그 전대로부터 이어지는 것으로 이해될 수 있으며, 이후 이 가문은 충효의 덕목에서 향촌사회의 표상이 됨으로써 그 위상과 입지는 한층 제고되었을 것으로 볼 수 있다.

이상에서 최동린의 향리가문의 위상과 입지를 주목하였거니와, 그것은 이들이 부사(府司)의 행정적 실무를 수행하는 읍권(邑權)을 주도하는 세력일 수 있음을 시사한다는 점에서 의미를 갖는다. 비록 이들은 당대의 최고의 가치덕목인 충효에서 향촌사회의 표상이 되고 있지만, 이로써 조선후기 사회에서 이들의 세습적 신분이 상승되는 기회가 보장되는 것은 아니었다. 이러한 점에서 이들의 강화된 위상과 입지는 향리사회 내에서 주도적 역할을 확보하는데 기반이 되었을 것으로 평가될 수 있다. 앞서 살핀 바와 같이 최익동과 최동린은 토성향리 가문의 후예였고, 이들의 직임(職任)이 안일호장과 순장직에 이르고 있다.[90] 이러한 사실에 근거할 때, 비록 그 직접적인 근거가 확보된 것은 아니지만 적어도 이 향리가문은 읍치의 주도권을 행사하는 위치에 있었거나 읍권을 주도하는 향리가문 중의 하나일 수 있다는 개연성은 충분하다고 할 것이다.

이렇게 볼 때, 조선후기 미타계의 주도세력은 읍치를 장악한 향리세력으로서 강릉최씨 토성향리 가문이 그 구심점 역할을 하고 있었다고 볼 수 있다. 그리고 여기서 주목되는 강릉최씨는 그 15세손 문옥(文沃)의 계열로 파악되며, 이들은 조선후기에 이르면서 위촌파(渭村派), 청량파(靑良

90) 주 74), 75) 참조.

派), 운산파(雲山派)로 구성되는 파문중(派門中)을 형성하면서 분화되고 있다.[91] 이 3개의 파문중 중에서 안일호장 최익동의 가계는 17세손 산원공(散員公) 웅룡(雄龍)을 파조(派祖)로 하는 위촌파 계열이며, 전순장 최동린의 가계는 20세손 사직공(司直公) 치간(致澗)을 파조로 하는 청량파에서 다시 분화된 23세손 통정공(通政公) 기학(麒鶴)을 파조로 하는 두루파(斗樓派)의 계열로 구분된다. 그리고 18세손 생원공(生員公) 맹섭(孟涉)을 파조로 하는 운산파는 여말선초 이래로 양반의 반열로 성장한 것으로 파악된다.[92]

이로써 강릉최씨 15세손 문옥의 계열은 선초 이래로 사족의 반열로 성장한 계열과 향리세력으로서 활동한 계열로 분화되고 있으며, 이들은 조선후기에 이르러 각기 파문중을 형성하였던 것으로 파악된다. 그리고 파문중의 명칭이 위촌·청량·운산·두루 등 지역명으로 파악됨으로써 이곳을 중심으로 이들은 각기 세거(世居)해 온 것으로 파악된다. 따라서 미타계의 주도세력이었던 강릉최씨 토성향리 가문은 위촌파와 두루파를 중심으로 하는 향리세력이었으며, 이들이 다름 아닌 강릉지방의 읍치를 주도하는 가문이거나 아니면 그 가문 중의 하나였을 것으로 볼 수 있다.

이상에서 조선후기 미타계 주도세력의 실체를 규명해 보았거니와, 이들이 미타계의 재정비에 집착하였던 성향은 전통계승의식이었다. 미타계는 미타존불도의 관행을 계승하는 향도계로 인식하였고, 미타존불도는 비록 여말선초에 사족의 승계가 단절되고 있지만 이미 나말여초에 조직된 이래로 고려조 전 기간 동안 온전하게 운영되었던 것으로 이해되었다.[93] 이로써 미타존불도의 관행은 이미 이 지방의 정착된 전통으로 인식되었고,[94] 이들이 미타계에 집착하였던 것은 이러한 인식에 기초한 전

91) 『江陵崔氏大同譜』 1에서 散員公 渭村派, 生員公 雲山派, 司直公 靑良派, 通政公 斗樓派가 확인되고 있다.

92) 『江陵崔氏大同譜』 1. 孟涉 世宗朝 生員.

93) 주 34) 참조.

94) 『彌陀契座目』 己亥序文. "流傳成俗 遵守古例."

통계승의식의 발로였던 것이다.

그리고 이들의 전통계승의식은 철저하게 자신들의 출자의식(出自意識)에 기초한 것이었다. 이들은 토성향리로서 적어도 고려조 이래로 이 지방에 세거하였다는 점에서 미타계에서 그 계승을 표방하는 미타존불도는 다름 아닌 자신들의 선조들이 남긴 유업으로 인식되었으며, 그 유업을 계승하는 것은 후손의 마땅한 도리로 의식하였다.[95] 이러한 논리는 철저하게 자신들이 출자의식에 기초한 것으로서, 이로부터 이들이 미타계에 가입하고 그 운영과 조직을 주도하는 역할을 자임하는 당위성이 확보되고 있다고 하겠다.

또한 이들의 전통계승의식은 자신들이 읍치를 장악한 향리세력이라는 현재적 상황인식에 기초한 것이었다. 이들은 미타존불도의 영가책이 부사(府司)에 보장(保藏)되었던 사실에 근거하여 당시 부사를 장악하였던 향리세력을 그 운영주체로 인식하고 있었다. 그리고 이러한 인식 하에 미타존불도의 전통계승을 표방한 미타계의 주체 즉 계주인으로서 부사를 설정하였으며, 이러한 사실은 이제 자신들이 부사 즉 읍치의 주도권을 장악한 향리세력이라는 현재적 상황인식에서 비롯되는 것이었다.

요컨대 이들 향리가문과 향리세력이 미타계에 집착하였던 성향 즉 전통계승의식은 선대 이래로 이 지방에 세거해 온 토성이라는 자신들의 출자의식과 아울러 부사의 읍권(邑權)을 장악한 향리세력을 주도하는 자신들의 현재적 입지와 위상에 기초한 것으로 이해될 수 있었다. 아울러 이러한 전통계승의식은 미타존불도를 주도하였던 향리세력이 당시 즉 고려조에서 실질적인 향촌사회의 지배세력이었다는 인식 하에 이제 자신들이 미타존불도의 계승을 표방한 미타계를 중수하는 역할을 자임함으로써 전대의 향리세력의 입지에 의탁하여 현재의 중간지배층으로서 자

95) 『彌陀契座目』 己亥序文. "流傳成俗 遵守古例 子繼其父之志 孫踵乃祖之武 曾不知其幾百世也."

신들의 입지와 위상을 제고하려는 향리세력의 성향을 반영하는 것으로 이해될 수 있겠다.

6. 맺는말

먼저 미타계 관련 자료는 조선조 성리학 사회에서 향촌민들이 갖는 불교신앙의 실체를 반영하는 사료로서 희소적 가치를 갖으며, 더욱이 이 자료가 담지한 향도조직의 계기적인 변화상은 조선 국가의 이념정책과 맞물린 향촌사회 제 세력의 동향을 반영함으로써 그 사료적 가치는 주목되는 것이었다.

미타계는 조선시대 강릉 보현사의 향도조직이었으며, 고려 이래로 보현사의 향도조직이었던 미타존불도의 계승을 표방하면서 선초에 결성되었다. 강릉지방의 미타존불도는 사회세력을 결속하는 향도조직이었으나, 여말선초에 이르러 조선 국가의 이념정책 즉 배불책으로 말미암아 이 지방의 사회세력은 분기(分岐)되는 양상을 보이고 있었다. 즉 국가의 이념정책에 편승한 재지사족은 불교를 좌도(左道)로 규정하여 배불성향을 견지하면서 미타존불도의 승계를 단절하였고, 국가의 배불책 하에서도 신불성향(信佛性向)을 견지하였던 기층민을 중심으로 하는 사회세력은 미타존불도의 계승을 표방하고 있었다. 이러한 상황은 미타계가 결성되는 사회적 배경으로 이해되었으며, 미타계는 보다 기층민을 중심으로 결성된 향도조직이었다.

선초의 미타계는 비록 미타존불도의 계승을 표방하면서 결성되었지만, 그것은 재지사족의 승계가 단절된 상황에서 결사체적 성격을 띠게 됨으로써 지역공동체적 성격을 띠었던 미타존불도에 비해 그 조직과 활동은 크게 위축되었던 것으로 이해되었다. 그리고 미타계의 이러한 양상은 조선 전기를 경과하면서 국가의 이념정책과 재지사족의 성리학적 성향이 강화되는 추세에서 점차 심화되었던 것으로 파악되었다.

그러나 미타계는 조선후기에 접어들어서 그 조직과 운영이 정비되고 있었다. 계원구성은 남녀, 반상, 승속 간에 개방적이었으며, 계중(契中) 논의로 선출되는 계수(契首)를 비롯해 그 기능이 분화된 속유사(俗有司), 승유사(僧有司), 공원유사(公員有司)로 이어지는 직임조직이 갖추어졌으며, 연중 3~5회로 개최되었던 계회는 미타계 운영의 중심기구로서 계원의 총의를 수렴하는 장이었으며 아울러 존불 의식의 장이었다.

조선후기의 미타계는 이 시기에 새로이 가입한 세력에 의해 주도되었으며, 이들은 강릉최씨 두루파와 위촌파의 토성향리로서 당시 읍치(邑治)의 주도권을 장악한 호장(戶長)을 중심으로 하는 세력이었다. 이들은 미타존불도의 영가책이 부사(府司)에 보관되어 온 사실에 근거하여 부사(府司)를 미타계의 설립주체 즉 계주인으로 설정하고 계칙의 제정권과 계수(契首)의 통제권을 확보함으로써 미타계의 조직과 운영을 주도하였던 것으로 이해되었다.

그리고 이들 향리세력이 미타계에 집착하였던 성향은 미타존불도를 이 지방에 유전되는 성속(成俗)이고 준수되어야 할 고례(古例)로 인식하는 전통계승의식이었다. 이러한 전통계승의식은 미타존불도를 주도했던 선조의 유업을 계승해야 할 이 지방에서 세거해 온 토성(土姓)이라는 자신들의 출자의식과 아울러 미타존불도를 주도했던 향리의 역할을 계승해야 할 이 지방의 읍치를 주도하는 향리세력이라는 자신들의 자아의식에 기초한 것이었다. 그리고 이러한 의식은 미타존불도의 주도세력을 강릉지방의 실질적인 지배세력으로 인식하고, 이제 향촌사회의 중간지배층으로서 자신들이 미타존불도의 계승을 표방한 미타계의 조직과 운영을 주도하는 역할을 자임함으로써 그 입지와 위상을 제고하려는 성향을 반영하는 것이었다.

제2장

조선후기 향촌사회 변화와 강릉 국사성황제

-향리층의 미타계를 중심으로-

1. 머리말

조선시대 성황제는 비교적 온전하게 전승되었고 현재까지도 도시외곽의 촌락사회에서는 강고하게 전승되고 있나. 이러한 보편적인 양상은 향촌사회의 발전에 힘입어 촌락단위로 성황제가 확산되는 데 기인하는 것으로 보인다.[1] 이렇듯 성황제는 향촌사회의 보편적인 양상으로 발전하면서 공동체적 결속과 안녕을 기원하는 상징적 기제의 한 축으로서 기능하였으며, 이러한 성황제의 사회적 · 종교적 기능은 지배계층의 사회이념과 교감을 이루면서 향촌사회의 변혁을 모색하는 동인으로서 의미를 갖는다.

조선시대 성황제에 대한 역사학계의 연구 동향은 크게 두 가지 경향으로 대별될 수 있다. 먼저 선초의 통치이념의 변화에 따른 국가의 사전(祀典) 정비책을 규명하는 과정에서 민간신앙의 통제책과 관련한 연구 성과이며,[2] 다음은 향촌사회의 변화와 성황제를 연계한 연구 성과이

---

1) 柳洪烈, 1937, 「朝鮮의 山土神 崇拜에 對한 小考」, 『新興』 9.

2) 韓㳂劤, 1976, 「朝鮮王朝初期에 있어서의 儒教理念의 實踐과 信仰 · 宗教-祀祭問題를

다. 후자의 경우 성황제가 다시 촌락사회로 확산되는 양태를 주목하여 그 단계적 변화를 규명하려는 경향[3]과 읍치(邑治)의 성황제에 주목하여 그것을 주재한 향리층과 연계하여 이해하려는 경향[4]으로 구분될 수 있다. 이렇듯 근래의 성황제 연구는 읍치의 성황제와 마을 성황제를 구분지으려는 경향을 보이고 있으며, 보다 전자에 편중되는 연구 성과를 얻고 있다.

이러한 연구 경향과 그간의 성과는 성황제에 대한 이해를 심화시켰다는 점과 아울러 새로운 연구 과제를 적출하였다는 점에서 그 의미를 찾을 수 있다. 무엇보다 성황제를 향촌사회의 기층문화로 주목하면서도 그간에 홀시되었던 향촌사회세력의 동향과 연계하여 이해하려는 연구 시각은 괄목할만한 성과라고 할 것이고, 이러한 연구 시각이 견지되면서 성황사의 설치문제, 성황제의 제의(祭儀)와 신체(神體)문제, 성황제의 주도세력문제 등은 각기 시대적 추이에 따른 변화상이 담지되고 있다는 점에서 해결해야 할 과제로 주목된다. 그리고 무엇보다 성황제에는 향촌사회의 변화와 맞물린 다양한 양태가 담지되고 있다는 점에서 개별적 사례연구의 집적이 절실히 요구되고 있다.

이 글은 이러한 점에 착안하여 강릉 국사성황제를 향촌사회세력의 동향과 연계하여 이해하고자 한다. 강릉 국사성황제는 민속적인 차원에서 비교적 일찍부터 주목되었으며,[5] 전적으로 민속학적 접근방법에 의존한

中心으로-」, 『韓國史論』 3.

金泰永, 1976, 「朝鮮初期 祀典의 成立에 대하여-國家意識의 變遷을 中心으로-」, 『韓國史論文選集』 IV.

金海榮, 1994, 「朝鮮初期 祀典整備에 있어서의 '古制'의 參用」, 『慶尙史學』 10.

3) 鄭勝模, 1990, 「城隍祠의 民間化와 鄕村社會의 變動」, 『泰東古典硏究』 7.

4) 李勛相, 1995, 「朝鮮後期 邑治社會의 構造와 祭儀-鄕吏集團의 正體性 혼란과 邑治祭儀의 遊戲化-」, 『歷史學報』 147.

5) 『臨瀛誌』(英祖年間 ; 필자 주).

江陵古蹟保存會, 1933, 『增修臨瀛誌』.

臨瀛誌增補發刊委員會, 1975, 『臨瀛江陵・溟州誌』.

秋葉隆, 1954, 「江陵の端午祭」, 『朝鮮民俗誌』.

연구 성과에 힘입어 제의를 비롯해 유희적 요소에 이르기까지 그 구조와 기능이 일정하게 규명되기에 이르렀으며,[6] 현재에는 그 재현에 초점이 맞추어지면서 축제적 양상으로 전승되고 있다. 그러나 성황제를 향촌사회의 기층문화로 인지하면서도 국사성황제의 연원과 그 역사적 의미에 대해서는 그 신체(神體)와 관련하여 막연히 추론하거나 축제라는 측면에서 고대사회의 제천(祭天) 의식과 연계시키는 한계를 벗어나지 못하고 있는 것이 현재의 실정이다. 이러한 실태는 무엇보다 관련 자료의 한계에서 비롯되는 것이겠지만, 향촌사회세력의 성향이나 그 변화와 연계되지 못하는 데서 오는 한계일 수도 있다.

따라서 이 글은 강릉 국사성황제를 향촌사회세력의 동향과 관련하여 살펴보고자 한다. 먼저 강릉 국사성황제의 성격을 규정할 수 있는 국사성황에 대한 신체인식의 근원을 살펴봄으로써 그 상징성을 규명하고자 하였으며, 이어서 선초 읍치의 성황사 설치문제와 읍치의 제의로서 대령산신제(大嶺山神祭)를 규명하고, 이를 재지세력의 성향과 연계하여 이해하고자 하였다. 다음으로 향리층의 수반인 호장에 의해 읍치의 제의가 주재된다는 점에서 강릉지방 미타계(彌陀契)를 주목하여 그로부터 향리층의 성향을 규명하고, 이러한 향리층의 성향이 강릉 국사성황제의 연행으로 이어지고 있음을 파악하고자 한다. 이로써 강릉 국사성황제의 역사적 사회적 의미를 향촌사회의 변화상 즉 향리층의 성향과 관련하여 규명할 수 있는 단서를 마련하고자 하였다.

그러나 이러한 기대에도 불구하고 이 글은 강릉 국사성황제의 변화의

6) 崔善萬, 1962, 『江陵의 歷史變遷과 文化』.
林東權, 1966, 『'江陵端午祭' 중요무형문화재지정자료』.
崔喆, 1971, 「江陵端午祭硏究」, 『亞細亞硏究』 14-4.
江原道, 1980, 『江原道山間部落民俗學術調査報告書』.
張正龍, 1989, 『江陵官奴假面劇硏究』.
_____, 1993, 「마을지킴이의 유형과 실제」, 『朝鮮땅 마을지킴이』.
_____, 1996, 「강릉단오제의 민속학적 연구」, 『人文學報』 21.

통시대적인 흐름을 추적함으로써 논리의 비약을 피하지 못하였고, 더욱이 성황제와 유관한 유희적 요소로 관노가면극(官奴假面劇)[7]을 언급할 수 없었음을 지적하고자 한다. 이러한 문제는 향촌사회의 제 세력의 성향이 보다 분명하게 규정되고, 특히 읍치의 제의를 주재한 향리층 내부의 역학관계가 보다 분명하게 정리될 때 극복될 수 있을 것으로 본다. 따라서 이러한 문제는 여전히 이 글의 한계로 지적될 수 있으며, 추후의 과제로 설정해 두고자 한다.

2. 국사성황 신체인식의 근원

강릉지방 국사성황제의 주신은 범일국사(梵日國師)이고, 범일국사의 신체(神體)는 인격신으로서 신라하대 통효대사(通曉大師) 범일(810~889)로 설정되고 있다.[8] 통효대사 범일은 실존인물로서 명주지방과 밀접한 관련을 맺었던 인물이었다는 점에서 그에 대한 신체인식은 당시 이 지방의 사회상을 배경으로 잉태될 수 있었다고 할 것이다. 따라서 여기서는 신라하대 명주지방의 사회상을 통효대사 범일과 연계하여 이해함으로써 범일을 신격화한 신체인식의 상징적 의미를 규명해 보고자 한다.

신라하대 통효대사 범일과 명주호족의 관계는 명주 굴산사(崛山寺)를 고리로 형성된다.[9] 통효대사 범일은 태화(太和)연간에 당나라에 들어가 염관제안(鹽官濟安)의 법을 이었으며, 문성왕 17년(846)에 귀국하여 동왕 22년(851)에는 백달산(白達山)에 안좌하던 중 명주도독(溟州都督) 김공(金公)으로부터 굴산사에 주석하기를 요청받고 명주에 들어오게 된다.[10]

---

7) 관노가면극에 대해서는 주 6)의 장정룡의 논저가 주목된다.

8) 文化財管理局, 1994, 『江陵端午祭 實測調査報告書』.

9) 申千湜, 1980, 「韓國佛敎史 上에서 본 梵日의 위치와 屈山寺의 歷史性 검토」, 『嶺東文化』 창간호.
金杜珍, 1986, 「新羅下代 堀山門의 形成과 그 思想」, 『省谷論叢』 17.

이로써 통효대사 범일과 명주도독은 굴산사의 창건을 고리로 이른바 단월(檀越)관계가 형성되기에 이른다. 물론 이러한 단월관계의 이면에는 선승으로서 범일의 성향과 명주호족의 반신라적인 성향이 감안되었을 것이고, 아울러 범일은 구림관족(鳩林冠族) 김씨(金氏)이며 조(祖) 술원(述元)이 명주도독을 역임하였다는 그의 출신배경[11]도 크게 작용하였을 것으로 보아야 할 것이다.

9세기 중엽 통효대사 범일과 명주도독의 단월관계는 10세기 전반에 이르러 범일의 법제자 낭원대사(郎圓大師) 개청(開淸)[12]과 명주장군(溟州將軍) 김순식(金順式)의 단월관계[13]로 이어지면서 신라하대 전 기간 동안 지속되었다. 이 기간 동안 명주의 굴산사는 사굴산문(闍堀山門)의 본산으로 발전하면서 통효대사 범일은 그 종주로 추존되었으며,[14] 명주도독은 명주지방의 내적인 결속을 강화하면서 명주호족으로 발전할 수 있었다. 이러한 점에서 당시 양자의 단월관계는 상보적인 관계로서 의미를 갖는다.

9세기 중엽 통효대사 범일과 명주도독의 단월관계에서 비롯되는 양자의 상보적 관계는 신라하대 전 기간 동안 지속되었으며, 이 기간 동안 명주지방의 사회상은 명주호족의 성향의 변화라는 측면에서 다음과 같이 단계적으로 정리될 수 있다. 주지하듯이 명주호족은 중앙의 정쟁에서 희

---

10) 『祖堂集』 第17. "大中五年正月 於白達山宴坐 溟州都督金公仍請住崛山寺 一坐林中四十餘載 列松爲行道之廊 平石作安謹之座."

11) 『祖堂集』. "溟州堀山 故通曉大師嗣鹽官 法諱梵日 鳩林冠族金氏 祖諱述元官至溟州都督…母文氏." 굴산사의 사지인 이 지방의 학산마을을 배경으로 전승되는 범일의 탄생설화에서도 범일의 출신배경을 살필 수 있다(崔善萬, 1962, 『江陵의 歷史變遷과 文化』, p.68).

12) 『嶺東地方金石文資料集』 I. 國師郎圓大師悟眞塔碑. "大師不遠千里行至五臺謁通曉大師 大師曰來何暮矣 待汝多時 因見趨庭 便令入室 心深求法禮事師甚 一棲道樹之旁幾改階蓂之序 所以始傳心印 常保髻珠 不出巖巒 唯棲雲水."

13) 『嶺東地方金石文資料集』 I. 國師郎圓大師悟眞塔碑. "爰有當州慕法弟子閔規閼湌 欽風志切慕道情深 早侍禪扉頻申勤款 仍捨普賢山寺 請以住持 大師對曰 深感檀那有緣則住…亦有知當州軍州事大匡王公荀息(筆者註; 順式) 鳳毛演慶龍額呈祥 趨理窟以探奇 詣禪山而仰異 人中師子 扣山陰翫月之門 天上麒麟 投剡縣棲霞之舍."

14) 金杜珍, 1986, 「新羅下代 堀山門의 形成과 그 思想」, 『省谷論叢』 17.

생되어 강릉으로 낙향한 김주원(金周元) 계열[15]이 지방 세력으로 성장한 데서 근원하며, 이후 명주호족은 적어도 세 단계의 성향 변화를 보이고 있다. 즉 신라 조정에 대응하는 반신라적 성향(A, B)과, 강원도 철원을 근거지로 발흥한 궁예(弓裔)와 친화적 성향(C), 고려 태조 왕건(王建)에게 복속되는 친고려적 성향(D, E)으로 대별해 볼 수 있으며, 이러한 성향 변화는 계기적으로 이어지고 있다.

신라하대 명주호족의 성향 변화[16]

A. 독자적 성향의 형성(약 37년간)

785년, 元聖王即位

786년, 金周元의 落鄕과 溟州郡王에 封함

B. 반신라적 성향(약 68년간)

822년, 金憲昌의 亂

825년, 金梵文의 亂

851년, 通曉大師 梵日의 入江

871년, 新羅 景文王이 梵日을 國師로 招聘, 梵日의 辭讓

880년, 新羅 憲康王이 梵日을 國師로 招聘, 梵日의 辭讓

889년, 梵日의 入寂

C. 친궁예적 성향(약 27년간)

891년, 弓裔의 興起

894년, 弓裔의 江陵에 入城

918년, 弓裔의 沒落

D. 친왕건적 성향(약 18년간)

918년, 王建의 興起

梵日의 弟子 郞圓大師 溟州 地藏禪院 開院, 檀越 金順式

15) 金貞淑, 1984, 「金周元 世系의 成立과 그 變遷」, 『白山學報』 28.

16) 이 표는 『祖堂集』, 『高麗史』, 『高麗史節要』, 『臨瀛誌』, 『三國史記』 등을 이용하여 작성하였다.

922년, 溟州將軍 金順式이 高麗에 遣子

924년, 新羅 景哀王이 郎圓大師를 國師로 招聘, 郎圓大師의 辭讓

928년, 溟州將軍 金順式이 高麗에 歸依

930년, 郎圓大師의 入寂

936년, 金順式 擧兵과 南征

E. 고려에 복속

936년, 溟州의 邑號 東原京으로 陞格

940년, 地藏禪院에 王命으로 郎圓大師悟眞塔碑 建立

940년, 邑號 東原京을 溟州로 改稱

먼저 문성왕 22년(851) 백달산에 안좌하던 범일이 강릉에 들어 온 시기는 김주원의 후손인 김헌창(金憲昌)과 김범문(金梵文)의 난을 경과한 시점이라는 점에서 명주호족의 반신라적 성향이 표면화되었던 시기라고 할 수 있다. 이 시기에 강릉으로 들어 온 범일이 명주도독과 단월관계를 맺으면서 굴산사를 창건한 사실은 적어도 그의 입강(入江)이 명주호족과 상보적인 관계설정을 선제로 하는 것이었고, 그것은 반신라적인 입장을 견지한 명주호족의 정체성(正體性) 즉 독자적인 입지를 강화하는 의미를 갖는 것이었다. 아울러 명주호족은 약 40여 년 동안을 선승 범일과 상보적인 관계를 형성함으로써 자신들의 입지를 강화하여 호족으로서 독자적 입지 즉 정체를 확립할 수 있었을 것으로 본다.

진성여왕 3년(889) 범일이 입적한 이후 명주호족은 한차례의 변화에 직면하고 있다. 그것은 동왕 8년(894) 태봉(泰封)을 건국한 궁예의 명주입성(溟州入城)에 따른 것이었다.[17] 이로써 명주호족과 궁예의 관계는 새롭게 설정되었을 것이고, 그것은 명주호족의 정체성을 토대로 하는 친

---

17) 『三國史記』 卷52, 列傳 10, 弓裔. "乾寧元年 入溟州 有衆三千五百人 分爲十四隊 金大黔·毛昕·長貴平·張一等爲舍上 與士卒同甘苦勞逸 至於予奪 公而不私 是以衆心畏愛 推爲將軍."

궁예적 성향이었을 것이다. 그리고 이러한 관계가 설정되었다면 그것은 적어도 경명왕 2년(918) 궁예가 왕건에 의해 실각하는 시기까지 약 27년여 동안 지속되었을 것이다.[18)]

경명왕 2년 궁예의 실각에 따른 명주호족의 성향은 친고려적 성향으로 귀결되어 간다. 922년 명주장군 김순식 견자(遣子),[19)] 928년 명주장군 김순식이 고려로 귀의(歸依),[20)] 936년 명주장군 김순식의 일리천 전투에 거병[21)] 등은 당시 명주호족의 친고려적 성향을 반영하는 것이다. 이 시기에 명주호족과 왕건의 혼인관계[22)]와 사성(賜姓)관계[23)]의 설정 또한 그러한 관계를 반영하는 것이라 하겠다. 아울러 이 시기에 범일국사의 법제자 낭원대사와 명주장군 김순식이 단월관계를 맺으면서 지장선원(地藏禪院)을 개원하였던 사실[24)]도 명주호족의 친고려적 성향과 무관하지 않음을 시사하는 것이라 할 것이다.

이상에서 신라하대 명주호족의 성향의 변화를 단계적으로 구분해 보았다. 여기서 무엇보다 주목되는 것은 명주호족과 범일의 단월관계에서 비롯되는 양자의 상보적인 관계이며, 이를 토대로 명주호족은 그 독자적 입지를 확보하여 정체를 정립할 수 있었다는 점이다. 아울러 그간에 보여준 명주호족의 계기적인 성향의 변화 또한 명주호족의 정체성을 전제

---

18) 『三國史記』 卷52, 列傳 10, 弓裔. "弓裔起自唐大順二年 至朱梁貞明四年 凡二十八年而滅."

19) 『高麗史』 卷1, 世家 卷1, 太祖1. "壬午五年…秋七月戊戌 溟州將軍順式 遣子降附."

20) 『高麗史』 卷1, 世家 卷1, 太祖1. "戊子十一年春正月壬申 溟州將軍順式 來朝."

21) 『高麗史』 卷2, 世家 卷2, 太祖2. "丙申19年…秋九月…甲午 隔一利川而陣 王與甄萱觀兵…溟州大匡王順式 · 大相 兢俊 · 王廉 · 王乂 · 元甫仁一 等 領馬軍二萬."

22) 『高麗史』 卷85, 列傳 卷1, 后妃. "貞穆夫人 王氏 溟州人 三韓功臣太師三重大匡 景之女 生順安王大妃"; 『高麗史』 卷85, 列傳 卷1, 后妃. "大溟州院夫人 王氏 溟州人 內史令 乂之女."

23) 『臨瀛誌』 卷2, 故事. "高麗史云 太祖五年 溟州將軍順式隣附初 王以順式不服患之侍郎權說曰 父而詔子 兄而訓弟 天理也 順式父許越 今爲僧在內院 宜遣往諭之 王從之 順式遂遣長子 守元歸款 賜姓王給田宅 十年遣子長 命以卒六百人入衛 十一年率衆入朝 賜姓王拜大匡 其子長命 賜名廉拜元甫 小將官景 亦賜姓王拜大丞."

24) 주 13) 참조.

로 가능한 것이었으며, 최종적으로 명주호족이 고려에 귀의할 수 있었던 것도 이러한 정체성을 담보로 하는 것이었다. 명주호족이 고려에 복속되면서 명주의 읍격(邑格)이 동원경(東原京)으로 승격되었고[25] 당시의 주도세력들이 '왕(王)'씨로 사성(賜姓)되었으며, 낭원대사와 김순식의 단월관계를 토대로 건립된 지장선원에 고려를 건국한 태조의 왕명으로 '낭원대사오진탑비(郎圓大師悟眞塔碑)'가 건립된 사실[26]은 명주호족의 정체성을 반증하는 것이었다고 할 수 있다.

요컨대 나말여초의 명주지방은 과도기적 사회상의 혼란과 동요를 발전적으로 극복하면서 명주의 읍호(邑號)가 동원경으로 승격될 수 있었던 것은 무엇보다 명주호족이 확보한 정체성의 확립에서 비롯되는 것이었다. 그리고 이러한 명주호족의 정체성은 9세기 중엽 통효대사 범일과 명주도독의 단월관계 즉 양자의 상보적 관계에서 비롯되는 것이었다. 이렇게 볼 때, 강릉 국사성황제에서 통효대사 범일을 국사성황신으로 치제하는 신체인식은 고려초기 명주지방의 발전적 사회상을 담보하였던 명주호족의 정체성과 그것을 잉태한 통효대사 범일과 명주호족의 상보적 관계를 담지한 데서 비롯된다고 할 수 있으며, 이 점은 신체인식의 상징성으로서 의미를 갖는다고 할 것이다.

3. 읍치의 성황사와 대령산신제

강릉지방 성황사와 관련하여 현전하는 가장 오래된 문헌은 『신증동국

---

25) 『關東邑誌』 江陵府誌, 建置沿革. "景德王十六年 改爲溟州 高麗太祖十九年 改號爲東原京立臨瀛館."

26) 『嶺東地方金石文資料集』 I. 國師郎圓大師悟眞塔碑. "高麗國溟州普賢山地藏禪院故國師郎圓大師悟眞之塔碑銘幷序 太相檢校尙書前守執事侍郎左僕射兼御史大夫上柱國知元鳳省事賜紫錦魚袋臣崔彦撝奉 敎撰 沙湌檢校興文監卿元鳳省待 詔臣仇足達奉 敎書."

여지승람』(이하에서는 『승람』으로 표기함)이다.[27] 여기서는 성황사를 비롯하여 6개의 사묘(祀廟)가 파악되며, 각기 관아를 중심으로 그 설치장소에 이르는 거리가 산정되어 있다. 성황사의 위치는 부(府)에서 서쪽으로 100보 가량 떨어진 곳으로 실제 읍성(邑城) 내에 설치되어 있으며, 산신사는 부에서 서쪽으로 40리 떨어진 곳으로 실제 대관령 정상을 시사하고 있다.[28] 『승람』에서 확인되는 읍치의 성황사는 동서의 편찬과정을 염두에 둘 때, 선초에 설치된 상황을 보여주는 것이라 할 수 있다. 주지하듯이 『승람』은 중종 25년(1530)에 완성되었지만, 그것은 이미 연산군 5년(1499)을 전후한 시기에 완성·인출되었던 『동국여지승람』을 저본으로 삼아 증보한 것으로 당시에 증보된 내용은 「신증」으로 별도 처리하고 있다. 더욱이 연산조에 완성된 『동국여지승람』은 이미 성종 12년(1478)에 탈고된 이래 누차의 수정을 거쳐 완성된 것이었다.[29] 따라서 『승람』에 채록된 성황사는 읍성 내에 설치된 읍치의 성황사였으며, 이를 근거로 할 때 성황사는 적어도 15세기 중엽에는 설치되었다고 볼 수 있다.

여기서 강릉지방 읍치 성황사의 건립시기를 보다 구체화하기 위해 삼척(三陟)지방의 경우와 비교해 보고자 한다. 삼척도호부의 경우, 현종 3년(1662) 삼척부사를 역임한 허목(許穆)은 당시 성황사에 대하여 다음과 같은 기록을 남기고 있다. 즉 삼척지방에서 당초의 성황사는 그 진산인 갈야산[30]에 설치되어 있었으나 뒤에 성중(城中)으로 이건하였으며, 읍치의 성황사는 각 관읍에서 성황제를 치제하라는 조정의 지시에 따른 것으로 그 설치시기는 공양왕(恭讓王) 말년으로 설정하고 있다.[31]

---

27) 『新增東國輿地勝覽』 江陵大都護府 祠廟. "社稷壇 在府西, 文廟 在鄕校, 城隍祠 在府西百步, 厲壇 在府北, 金庾信祠 在花浮山「新增」今合于城隍祠, 大關山神祠 在府西四十里."

28) 『臨瀛誌』 卷1, 關阨條. "大關嶺 在府西四十里 卽府之鎭山."

29) 李泰鎭, 1980, 「東國輿地勝覽 편찬의 歷史的 性格」, 『韓國古典심포지움』 1.

30) 『新增東國輿地勝覽』 三陟都護府 山川. "葛夜山 在府北一里 鎭山."

31) 許穆, 『陟州志』 全, 社稷壇釁禮文. "城隍祠初在葛夜山 後移祠於城中 巫覡作木像於祠 有事則必禱 怪孽不禁 我孝宗五年甲午 府使李之馧黜其像 今其祠藏諸祀祠板 洪武二十五年恭讓末年壬申 使司受判 令諸道諸村祭城隍(前古以官爲村)."

허목이 『척주지(陟州志)』에서 정리한 삼척지방의 성황사에 비추어 볼 때, 강릉지방 읍치의 성황사도 같은 구도에서 이해될 수 있을 것 같다. 즉 강릉지방 읍치의 성황사도 당초에는 그 진산인 대관령(大關嶺)[32]에 설치되었을 것이고, 이후 성중(城中)으로 이건되는 형식을 밟았으며, 그 시기도 공양왕대로 소급될 수 있을 것이다. 이러한 가정은 삼척과 강릉이 인근한 지역으로 성황사의 변화도 유사한 형태였을 것이라는 인식에 기초한 것이지만, 아울러 다음과 같은 몇 가지 사실에 기초해 그 개연성이 있다고 본다. 즉 먼저 읍치의 성황사 설치시기는 당시 '사사수판(使司受判)'에 따른 것이라는 점에서 같은 시기로 볼 수 있으며, 성황사의 이건사실은 후대인 숙종(肅宗)대 이후 읍치의 성황사에서 연행된 국사성황제(國師城隍祭)의 영신처(迎神處)가 대관령으로 설정되고 있으며,[33] 더욱이 현재의 강릉지방 국사성황당도 대관령에 설치되어 있다는 점이다.[34]

이러한 점을 인정할 때, 강릉지방의 성황사는 적어도 여말에는 설치되었을 것이고, 그것은 산신사와 함께 강릉의 진산인 대관령에 설치되었을 것이다. 강릉의 진산 대관령의 성황사는 공양왕 말년 '사사수판'으로 표현되는 국가의 사전(祀典) 정비책에 따라 읍치로 이건되었을 것으로 보며, 읍중의 성황사는 이후 『승람』에 채록된 것으로 보인다.[35]

이처럼 강릉지방 읍치의 성황사는 선초의 사전 정비책, 즉 당시 민간에서 유행했던 일체의 사신(祀神)행위를 음사(淫祀)로 규정하여 금지하고 국가에서 인허하는 일정한 신묘와 군현의 산천·성황제를 용인하는

32) 『新增東國輿地勝覽』 卷44, 江陵. "大關嶺在府四十里 卽州之鎭山."

33) 이 장의 '5. 향리층의 미타계와 국사성황제 연행' 편을 참조.

34) 文化財管理局, 『江陵端午祭實測調查報告書』, p.54.

35) 『승람』에 채록된 읍치의 성황사는 전국 관읍에 社稷壇이나 里社(『太宗實錄』 卷11, 6年 6月 癸亥. "禮曹啓(中略) 按洪武禮制 府州郡縣 皆立社稷壇 以春秋行祭 至于庶民 亦祭里社 乞依此制 令開城留後司以下各道各官 皆立社稷壇行祭允之.")가 설치되는 양상과 동일하게 파악될 수 있을 것이다.

데 따른 것이었으며,[36] 그 치제 또한 명나라의 홍무예제(洪武禮制)를 모방하여 '천자제천(天子祭天)'의 명분을 견지하는 관주도적인 형태로 정제되면서 일체의 주술적인 제례는 금지하려는 의도에 따른 것이었다.[37] 그리고 이러한 사전 정비책은 신유학을 건국이념으로 표방함으로써 가부장적인 유교윤리에 배치되는 신앙이나 종교를 배제하여 국가적으로 통일된 사신형태와 의례를 갖추려는 중앙집권적인 통제책이었다.[38]

이러한 선초의 사전 정비책을 염두에 둘 때, 이를 배경으로 설치된 강릉지방 읍치의 성황사는 그 이전의 성황사에 비추어 크게 굴절된 모습이라 할 수 있겠지만, 적어도 읍치의 성황제는 읍사(邑事)로서 성격을 띠는 것이라 할 수 있다. 선초의 사전 정비책이 민간의 사신행위를 금단하는 데 목적을 두고 있었고, 또한 그 의례화된 치제를 통해 신유학을 건국이념으로 앞세웠던 국가의 기반을 조성하려는 의도에서 향촌사회에 일률적으로 성황사를 설치하였다면, 그것은 그 목적에 상응하는 것일 수밖에 없었을 것이라는 점에서 이전의 모습과는 다른 양상으로 정제될 수밖에 없었을 것이다. 따라서 성황사의 신상(神像)은 사판(祠版)으로, 성황신에 부여되었던 덕(德)·작호(爵號)는 삭제되고 주군(州郡) 이름만으로 호칭되며, 민간의 사사로운 치제(致祭)를 금지하고 수령이 주관하는 관주도의 치제를 지향하는 것이었을 것이다.[39]

물론 당시 이러한 성황사의 변화가 실제로 어느 정도 주효했는가는 사전 정비책의 변화와 지방의 실정에 따라 다를 수 있을 것이다. 앞서 살펴본 삼척지방의 성황사에는 효종 5년(1654)에 이르러 부사(府使) 이지온(李之馧)에 의해 무격(巫覡)이 숭배하는 목상(木像)이 폐기되고 신판(神

36) 金泰永, 1976, 「朝鮮初期 祀典의 成立에 대하여-國家意識의 變遷을 中心으로-」, 『韓國史論文選集』 IV.

37) 金海榮, 1994, 「朝鮮初期 祀典整備에 있어서 '古制'의 參用」, 『慶尙史學』 10.

38) 韓沽劤, 1976, 「朝鮮王朝初期에 있어서의 儒教理念의 實踐과 信仰·宗教-祀祭問題를 중심으로-」, 『韓國史論』 3.

39) 『世宗實錄』 卷49, 12年 8月 甲戌.

板)으로 대체되고 있는 것도 그 한 예가 될 것이다.[40] 다만 조선초기 사전정책이 반영되었다는 점에서 읍치의 성황사는 일정하게 그 위상을 확보한 것으로 보이며, 그것은 읍사(邑事)로서 성격을 띠는 것이었다. 강릉지방에서 대성황사(大城隍祠)로 불리는 읍치의 성황사는 『승람』에 채록된 이래로 그 이후에 편찬되는 일련의 읍지에서 하나의 정형을 이루면서 동일한 내용으로 채록되고 있다. 즉 영조대의 『임영지(臨瀛誌)』[41]와 『여지도서(輿地圖書)』,[42] 순조대의 『관동읍지(關東邑誌)』,[43] 1933년 『증수임영지(增修臨瀛誌)』[44] 등에서 동일한 내용이 채록되고 있다. 이러한 양상은 읍치의 성황제가 읍사로서 일정한 위상을 확보한 데서 비롯되는 것으로 보이며, 한편 이러한 양상은 촌락단위로 확산되었을 성황사[45]의 모습이 채록대상으로 부상될 수 없었던 연유로 이해될 수 있을 것이다.

그러나 선초의 사전 정비에 의거해 설치된 읍치의 성황제는 읍사(邑事)로서 일정하게 그 위상이 정립되어 간 것으로 보이지만, 그에 준하는 치제양상이 확연히 드러나는 것은 아니다. 다만 그 위상에 준하는 치제양상은 적어도 여말에 진산에 설치된 성황사의 치제모습과는 구분되는 양상이었을 것으로 이해된다. 이러한 시각에서 읍치의 성황제 치제양상과 관련하여 주목되는 것이 강릉 대령산신제이며, 이로부터 읍치 성황제의 한 단면을 살필 수 있다.

강릉 대관령산신제는 선조 36년(1603) 교산(蛟山) 허균(許筠, 1569~1618)이 고향인 강릉에 머물면서 목도한 데서 그 근거가 마련된다. 즉 수리(首吏)가 주재한 대관령산신제는 5월 길일에 대관령으로부터 산신인 신

---

40) 주 30) 참조.

41) 『臨瀛誌』 卷1, 壇隍條. "城隍 在府西百步 合附金庾信祠."

42) 『輿地圖書』, 江陵 壇廟條. "城隍 在府西百步."

43) 『關東邑誌』, 江陵府 壇隍條. "城隍 在府西百步 合附金庾信祠."

44) 『增修臨瀛誌』, 壇廟條. "城隍 在府西百步."

45) 張正龍, 1991, 『강릉의 민속문화』; 1995, 「江陵市의 民俗文化」, 『江陵의 歷史와 文化遺蹟』.

라장군 김유신을 주신으로 영신하여 부사(府司)에 모셔 놓고 치제하는 읍치의 제의였다.[46] 또한 신라장군 김유신이 대령산신으로 조장될 수 있었던 것은 강릉지방에 전승되는 전설에서 비롯되는 것이었으며,[47] 이러한 전설은 강릉이 말갈(靺鞨)과 연접함으로써 태종무열왕 이후로 전개되었던 군사 활동에 연원하는 것으로 이해될 수 있을 것이며,[48] 아울러 이러한 신체인식은 『승람』에서 김유신사를 성황사에 합사하였다는 사실이 확인됨으로써 선초까지도 온존하였던 것으로 보인다.[49]

이렇게 볼 때, 신라장군 김유신을 주신으로 치제하는 대관령산신제는 조선 전기의 읍치의 제의로서 의미를 갖는다. 더욱이 대관령산신제는 신라장군 김유신을 영신하여 부사로 봉치(奉置)하는 산신제였지만, 『승람』에서 확인되는 바와 같이 당초 화부산 아래 마련되었던 김유신(金庾信)의 사당이 퇴락하면서 읍치의 성황사에 합사(合祠)되었다는 점에서 그 제의는 성황제와 무관할 수 없었다고 하겠다. 따라서 대관령산신제는 주신의 성격으로 보아 비록 산신제였지만, 부사에 봉치되는 과정에서 읍치의 성황사와 연계됨으로써 당시의 성황제와 습합된 조선전기 강릉지방 읍치의 제의로서 의미를 갖는다. 아울러 그것은 적어도 여말의 진산에 설치되었던 성황사 치제양상과는 다른 일정하게 굴절된 모습으로서 의미

46) 『惺所覆瓿藁』 卷14, 大嶺山神贊幷序. "歲癸卯夏 余在溟州 州人將以五月吉 迓大嶺神 問之首吏 吏曰神卽新羅大將軍金公庾信也 公少時遊學于州 山神敎以劍術 鑄劍於州南禪智寺 九十日而諸爐 光耀奪日 公佩之 怒則躍出鞘中 以之滅麗平濟 死而爲嶺之神 至今有靈異 故州人祀之 每年五月初吉 具旛盖香花 迎于大嶺 奉置府司 至五日陳雜戲以娛之 神喜則終日蓋不俄仆 歲輒登 怒則蓋仆 又風水之災 余異之 及期往看之 果不俄 州人父老悉驩呼謳歌 相慶以抃舞 余惟公生而立功於王室 成統三之業 死數千年 猶能福禍於人 以現其神 是可紀也已 遂贊曰…."

47) 『嶺東地方金石文資料集』 II, 花山齋紀蹟碑. "今玆江陵 卽古溟州 左有于島 後有靺鞨屢有侵暴 邦人每憂 先生留陣花山 折衝尊菹 專務以德 四境賴活 民咸追思 蓋先生沒護留陣處建祠享祀."

48) 『三國史記』 卷5, 太宗武烈王. "五年…三月 王以何瑟羅地連靺鞨 人不能安 罷京爲州置都督以鎭之."

49) 『新增東國輿地勝覽』 江陵大都護府 祠廟. "金庾信祠 在花浮山「新增」今合于城隍祠."

를 갖는다고 할 것이다.

4. 재지세력의 성향과 국사성황

강릉 국사성황제는 사굴산문의 종주 통효대사 범일이 주신으로 설정된 읍치의 성황제로서 호장에 의해 주재되었다. 즉 읍치에 설치된 성황사와 실존인물이었던 범일을 인격신으로 설정하는 신체인식과 호장의 역할이 조합되어 치제되는 제의인 것이다. 이렇게 볼 때, 강릉 국사성황제는 읍치의 성황사 설치에 근거하여 선초로부터 치제된 것으로 이해될 수 있다. 그리고 그것은 관주도적 입지를 표방함으로써 당연히 읍사(邑事)를 관장하였던 호장을 수반으로 하는 향리층의 소임이었을 것으로 이해된다.

그러나 앞에서 살핀 바와 같이 실제적으로 국사성황제가 선초부터 치제되었다는 직접적인 자료는 확보된 것이 없다. 『승람』의 관련기사에서 읍치의 성황사 설치를 밝힐 수 있으나, 그 제의가 국사성황제였다는 사실이 규명된 것은 없으며, 『임영지』의 관련기사에서 11개의 신위(神位)가 기록되고 있지만 국사성황은 확인되지 않는다.[50] 이러한 점에서 강릉지방의 국사성황제가 비록 읍치의 성황제였다고 하더라도 읍치의 성황사가 설치된 선초부터 국사성황제로 치제되었다고 단정하기는 어렵다. 그렇다고 읍치의 성황제를 부정하는 것은 아니다. 『승람』에서 파악되는 획일적인 성황사에 근거하여 선초 이래로 읍치 성황사의 제의는 인정되지만, 당시 주신의 신체를 어떻게 설정하였는가는 분명치 않다. 오히려 선초 강릉지방 읍치 성황제에서 통효대사 범일을 신체로 설정하기는 어려

50) 『臨瀛誌』 卷2, 祀典條. "城隍 各位 城隍之神 松嶽之神 太白大天王神 南山堂帝形太上之神 城隍堂德慈母王之神 新羅金庾信之神(傳說庾信鑄刀于五臺云未知其是否)江門開城夫人之神 紺嶽山大王之神 神堂城隍之神 新羅將軍之神 草堂里夫人之神."

웠을 것으로 본다. 무엇보다 읍치의 성황사는 신유학을 건국이념으로 삼는 국가의 사전(祀典) 정비책에 의거해 설치되었고, 읍치의 제의는 그 건국이념의 체현이라는 성격을 강하게 띠는 것이었다. 이러한 상황에서 읍치 성황제의 주신으로 선승 범일을 신체로 하는 인격신을 설정하기는 어려웠을 것이다.

선초 이래로 치제되었을 읍치의 성황제에서 통효대사 범일을 그 주신으로 설정하기 어려웠을 것이라는 점은 재지세력의 성향에서도 살필 수 있다. 여말선초에 이르러 명주호족의 후예들은 고려 초에 사성(賜姓)된 왕(王)씨 성을 포기하고 본래의 김(金)씨 성으로 복성하려는 성향을 보이고 있었다.[51] 이러한 성향은 신왕조의 건국이념인 신유학을 수용하면서 그간에 견지하였던 고려와의 친속관계를 단절하겠다는 의지를 분명히 드러내는 것이라 할 것이다. 재지세력의 이러한 성향을 염두에 둘 때, 적어도 고려와 친속관계를 상징적으로 드러내고 있는 통효대사 범일을 읍치의 주신으로 설정하기는 어려웠을 것이다.[52]

더욱이 명주호족의 후예, 즉 재지세력들은 신유학을 수용하여 자신들의 교양으로 삼는 한편 이에 의거하여 불교를 좌도로 규정하였으며,[53] 유향소를 설치하여 향촌사회에서 자신들의 입지를 강화하고자 하였다.[54] 재지세력에 의해 자의적으로 조직되었던 유향소는 치폐를 거듭하면서 제도화되었으며, 이들은 유향소를 중심으로 수령과의 상보적인 관계를 설정하여 향리층에 대한 인사권을 행사함으로써 명실상부한 향촌사회의 주도세력으로 부상할 수 있었다. 이러한 상황에서 비록 읍치의 성황제가 향리층에 의해 주재되었다 하더라도 그들 역시 재지세력의 성향을 외면

---

51) 『江陵金氏世譜』 卷1, 金乂條. “佐高麗太祖…太祖納其女爲妃 賜姓王氏 至十二世孫輊我太祖壬申命復本姓.”

52) 이 장의 ‘3. 읍치 성황사와 대령산산제’ 참조.

53) 주 59) 참조.

54) 李泰鎭, 1972 · 1973, 「士林派의 留鄕所 復立運動-朝鮮初期 性理學 定着의 社會的 背景-」, 『震檀學報』 34 · 35.

한 채, 읍치의 성황제에서 통효대사 범일을 주신으로 설정하기는 어려웠을 것이다.

또한 호불군주 세조대에 이르러 강릉지방은 상원사 중심의 사원세력의 영향 하에 놓이면서 재지세력과 심한 갈등관계를 노정하고 있었다.[55] 당시 상원사 중심의 사원세력은 호불군주 세조와 왕실의 비호를 받으면서 영동지방 전역에 걸쳐서 그 영향력을 행사하고 있었다. 특히 세조에 의해 강릉지방의 산산제언(蒜山堤堰)과 그 주변의 농지가 상원사에 희사됨으로써 강릉지방의 재지세력과 사원세력 간에는 첨예한 대립이 노정되었다. 세조대를 지나면서 강릉지방의 재지세력들은 상원사에 귀속된 농토와 제언의 환속을 요구하는 연명상소를 올리기에 이르렀으며, 상소를 접한 성종은 급기야 친국(親鞫)을 열어 소두를 처형하여 여전히 사원세력을 비호함으로써 재지세력의 배불성향은 고조되고 있었다.

이처럼 상원사 중심의 사원세력과 강릉지방 재지세력 간의 갈등관계는 왕실의 사원세력에 대한 비호가 지속되면서 훨씬 고조되었으며, 이러한 갈등관계는 연산조에 이르기까지 이어졌다. 이 기간 동안 재지세력의 입지는 조선의 건국이념이 신유학으로 설정되고 불교가 좌도로 규정되었다는 점에서 명분을 갖는 것이었다. 이렇듯 신유학을 교양으로 수용한 재지사족의 입장에서 선승 범일을 읍치 성황제의 주신으로 앞세우기는 어려웠을 것이다.

이상에서 강릉지방 읍치의 성황제는 선초 이래로 치제되었지만, 당시부터 통효대사 범일을 그 주신으로 설정하는 국사성황제가 조장된 것은 아니었음을 살펴보았다. 이러한 양상은 신왕조의 건국과 건국이념에 직면하여 그 영향으로 인한 향촌사회의 변화상을 반영하는 것이라 할 수 있으며, 그것은 이미 고려시대에 성황제가 존재하였던 사실을 염두에 두면 선초의 사전정책에 영향을 받으면서 일정하게 굴절되는 양상으로 이해

55) 이규대, 1994, 「朝鮮初期 江陵府 在地士族의 排佛性向」, 『人文學報』 18.

될 수 있다.

그러나 영조 38년(1762)에 확인되는 읍치의 성황제는 분명 국사성황, 즉 통효대사 범일을 주신으로 설정하는 국사성황제였다. 이러한 점에서 강릉지방 국사성황제의 치제여부는 신체인식의 발흥문제로 귀결된다고 할 것이다. 즉 선초부터 치제된 읍치의 성황제와 그 이후 어느 시기엔가 발흥되었을 신체인식과 맞물리면서 강릉지방의 국사성황제는 연행되었다고 볼 수 있는 것이다.

5. 향리층의 미타계와 국사성황제의 연행

(1) 향리층의 미타계와 성향

강릉지방 읍치의 성황제는 선초 이래로 그 치제가 인정되지만, 당초부터 신라하대 선승 범일을 신격화한 범일국사를 주신으로 설정하는 국사성황제는 아니었다. 이로써 강릉 국사성황제는 선초 이래로 치제되어 온 읍치의 성황제와 통효대사 범일을 주신으로 설정하는 신체인식이 결합되면서 치제되었을 것으로 보았다. 결국 읍치의 성황제로서 국사성황제의 치제여부는 그 신체인식이 어느 시기에 발흥되었는가의 문제로 귀결된다.

강릉 국사성황제는 영조 38년(1762)의 기록에서 그 모습이 밝혀지고 있다.[56] 따라서 그 신체인식의 발흥 시기는 그 이전으로 소급될 수 있다. 그러나 교산 허균은 선조 36년(1603) 고향인 강릉에 머무는 동안 신라장군 김유신이 주신으로 설정된 대관령산신제를 목도하고 있다. 그리고 이 대관령산신제는 읍치의 제의로서 연중 치제시기와 제의구조에서 국사성

56) 『臨瀛誌』 記事條.

황제와 동일하게 나타나고 있다.[57] 이처럼 대관령산신제는 국사성황제와 동일선상에 놓인 읍치의 제의로서 계기적으로 이어지고 있다.[58] 이러한 점에서 범일을 주신으로 하는 성황제의 신체인식의 발흥은 적어도 선조 36년 이후로부터 영조 38년 이전의 시기로 압축될 수 있다.

아울러 읍치의 제의로서 동일선상에 놓인 대관령산신제와 국사성황제는 모두 호장이 주재하는 제의였다. 호장이 주재하는 읍치의 제의로서 대관령산신제와 국사성황제가 계기적으로 이어지고 있다는 것은 그 주신의 신체가 변이되고 있음을 의미한다. 즉 국사성황제의 주신인 통효대사 범일에 대한 신체인식이 발흥되고 있음을 의미하는 것이다. 따라서 그 신체인식의 발흥 또한 호장을 수반으로 하는 향리층의 일정한 역할이 있었을 것이며, 여기서는 조선후기 강릉지방 향리층의 동향을 주목하고자 한다.

이러한 시각에서 주목되는 것이 근간에 강릉지방에서 발견된 『미타계좌목(彌陀契座目)』을 통해 밝혀진 '미타계'이다.[59] 이 미타계는 강릉지방 존불 성향의 결사체로서 숙종 7년(1681)에 중수형태로 결성되었다. 즉 미타계가 처음으로 결성된 시기는 분명하지 않으나 선초 이전에 이미 결성되었던 향도회였으며, 사대부들에 의해 불교가 좌도로 규정되면서 그간에 단절되었다가 이 시기에 이르러 다시 중수되는 것으로 파악된다.[60]

당시 미타계의 중수는 그간에 부사(府司)에 방치되었던 좌목 즉 미타계의 구첩(舊帖)이 발견된 데서 비롯된 것이었다. 구첩은 현전하지 않지만, 그 좌목에는 당초의 품관(品官)과 연서(椽胥) 및 서민과 비구(比丘)가

57) 『惺所覆瓿藁』 卷14, 「大嶺山神贊幷序」.

58) 神格의 變移에 대해서는 표인주, 1995, 「共同體信仰에 있어서 神格의 變移樣相」, 『민속학연구』 2 참조.

59) 『彌陀契帖』은 강릉시립박물관 정항교 학예실장에 의해 1995년 8월에 발굴되었으며, 계첩은 가로 26.5cm 세로 27.2cm, 120페이지로 현재 동 박물관에 소장되어 있다.

60) 『彌陀契座目』 序文(1681). "彌陀之契盖古也 粤自羅代以來 本邑之上下大小 齊心應響合作一契 名之曰彌陀尊佛道也…逮至中年 士夫皆以爲近於左道 而絶無追入之人."

함께 연서되었다 하며,[61] 이로 보아 구첩은 적어도 여말선초의 상황을 담지하고 있었던 것으로 보인다. 따라서 미타계는 본 읍의 상하 대소민이 함께 동참하였던 것으로 생각되며, 이제 미타계를 중수하는 것은 본 읍의 성속(成俗)과 고례(古例)를 전하여 준수하는 것이며 아울러 선조의 뜻을 후손들이 계승하는 것으로 그 당위성을 인식하는 데서 비롯되는 것이었다.[62]

숙종 7년 중수된 미타계는 강릉지방 보현사(普賢寺)의 여러 부처님을 공양하고 구첩에 수록된 영가(靈駕)를 위한 자비(慈悲)와 보시(普施)에 목적을 둔 향도회였다.[63] 그리고 계를 중수하는 목적은 선초 이전에 이미 관행화되었던 전통을 계승하는 것이었다. 부사에서 발견된 구첩에서 당시의 계원으로부터 수집된 계물(契物)은 보현사에 보관되었으며, 1년에 4차례 공양하도록 규정하고 있으며, 아울러 계안(契案) 또한 2부가 작성되어 보현사와 부사에 각 1부씩 보관되고 있었음을 확인하고 있으며,[64] 숙종 7년 미타계가 다시 중수되면서 새로이 마련된 계의 재물과 계안 또한 그 전통을 계승하고 있다.[65]

이상에서 숙종 7년을 전후하여 미타계가 중수되었으며, 당시 미타계는 강릉지방의 신불성향의 일단을 반영하는 것이었으며, 이러한 신불성향은 보현사와 밀접한 관련을 갖는 강릉지방의 성속(成俗)과 고례(古例)라는 인식에 기반을 두고 그 전통을 계승하려는 것이었음을 이해할 수 있

---

61) 『彌陀契座目』 序文(1695). "栅自羅麗修契山菴云 皆古來品官之名顯 椽胥之老退 而其中或有凡珉之淳應者 比丘之精緊者焉."

62) 『彌陀契座目』 序文(1681). "流傳成俗 遵守古例 子繼其父之志 孫踵乃祖之武."

63) 『彌陀契座目』 序文(1681). "契中之人 各出米菽 裒儲于普賢僧舍 以爲大招亡魂之資示普施…以所貯物穀 先供恒沙諸佛 而次及舊帖靈駕志慈悲也."

64) 『彌陀契座目』 序文(1695). "契中之人 各出米菽 裒儲于普賢僧舍 以爲大招亡魂之資示普施也 具員之先逝者 別錄一册 錦以衣之櫃以藏之 尙古之蹟也 一年之中 四諳吉辰 以所貯穀物 先供恒沙諸佛 而次及舊帖靈駕志慈悲也 會之日 必於正月之望 四月之八 七月之望 十月之十五日 循四節也."

65) 『彌陀契座目』 序文(1695). "寫爲兩本 一則藏諸普賢 一則寘諸府司 以備遠慮 概欲永不替千千萬萬也."

었다. 이처럼 미타계는 신불성향과 전통계승의식이 맞물리면서 결성되었지만, 이러한 성향이 당시 강릉지방의 사족의 의식을 반영하는 것이었다고 보기는 어렵다. 비록 구첩에서 품관과 연서가 계원으로 확인되었다고 하더라도 그것은 여말선초의 상황을 반영하는 것일 뿐이다. 숙종대에 이르면서 사족 중심의 성리학적 향촌질서가 온전하게 정착된 상황에서 미타계의 결성으로 구체화된 신불성향을 재지사족의 의식을 반영하는 것으로 보기는 어렵다.

더욱이 당시 강릉지방은 문중서원(門中書院)의 성격을 띠었던 하남서원(河南書院)의 건립을 둘러싸고 재지사족들이 분기되어 첨예하게 대립되면서 그 갈등이 표출되고 있었으며,[66] 당시 향전(鄕戰)의 양상[67]을 띠었던 하남서원 건립시비는 적어도 우암(尤菴) 송시열(宋時烈)이 주창한 주자학의 정통계승의식에 기초한 갈등의 성격을 띠고 있었다.[68] 이러한 상황에서 재지사족 중심의 미타계 결성을 상정하기는 어렵다고 보겠다.

이러한 점에서 미타계의 결성으로 표면화된 신불성향과 전통계승의식은 향리층을 중심으로 하는 관속들의 성향을 일정하게 반영하는 것으로 볼 수 있다. 무엇보다 미타계의 결성이 부사(府司)와 밀접하게 연관되어 있으며, 이러한 상황은 읍성 내에 집단적으로 거주하면서 읍치의 실무행정을 담당하였던 향리를 비롯한 관속의 개입 없이 성사되기 어려웠을 것이며, 더욱이 이들이 미타계의 결성에 직접 관여하고 있음을 볼 수 있다.

먼저 미타계의 구첩(舊帖)이 부사에 소장되어 전승되었으며, 그것은

66) 『河南齋志』 河南齋辨誣記實. "頃日下書中 有權藏河南之教 而是則士論有不敢承命者何者 小生等 自是江陵之人 江陵士林間事 無不與知 而至於河南 則只知有沈漁村舊祠宇而已 未聞有書院矣 書院之設 事體至重 非一家之私也 當通于道內及鄕中士林 詢咨于先生長者 設施排布 明白正大而後可也 而今此河南 則鄕中多士 無一人與知者 竊恐書院之體未具矣."

67) 『河南齋志』 河南齋辨誣記實. "絶念此事 乃是鄕戰之漸也 不可不嚴懲."

68) 『河南齋志』 河南影堂事蹟. "先是尤菴先生被謫自北南遷時 歷過于此 見其山川形勝 寄友人書曰 山如朱晦 海若鄒聖云云 則此是遺躅之地 故追配."

전순장(前巡將) 최동린(崔東嶙)이 수색하여 찾아내었다.[69] 구첩의 발견은 미타계 결성의 결정적인 계기가 되었고 그것은 무려 300여 년 방치되었던 것이었다. 따라서 구첩의 발견은 최동린이 순장을 역임한 인물로서 읍치의 실정에 밝았던 데서 가능한 것이었다고 할 것이다. 이로써 미타계의 결성에 전순장 최동린이 결정적 역할을 하고 있음을 알 수 있다.[70]

다음은 구첩을 토대로 미타계를 중수하는 과정에서 3차례에 걸쳐 계첩이 소실되는 사건이 발생하였던 바,[71] 그 때마다 계첩을 복원하는 작업은 공사원(公事員)들이 담당하고 있다. 즉 숙종 6년 화재 때에는 공사원(公事員) 최륜(崔崙)에 의해 계첩이 복원되었으며,[72] 숙종 7년 화재 때에는 공사원 홍춘년(洪春寬)·장무(掌務) 김덕주(金德柱)에 의해 계첩이 복원되었다.[73] 아울러 조지자(措紙者) 이일래(李日來)·집고자(執觚者) 신후길(辛後吉)·인행장의자(印行裝衣者) 황승선(黃承善) 등의 협조로 새롭게 계첩이 마련되고 있다.[74] 여기서 공사원과 장무는 향리층의 직역으로 보여지며, 이들이 주도하여 마련된 계첩이 부사와 보현사에 각 1부씩 보관될 수 있었던 것도 이들이 향리층이었던 데서 가능한 것이었다고 보

---

69) 『彌陀契座目』 序文. "余年老多病 窮蟄邑之城東 而參廳古老之語 搜按府司之藏 則宛然一冊 朱紅劃間 列書契人之姓名 閱覽一遍 未嘗不曠感而歎也…前巡將崔東嶙書."

70) 崔承源-斗相-文浚-東嶙으로 순장을 역임하였던 동린의 증조가 되는 승원이 군교로 활동하였음을 볼 때, 이 최씨 일가는 군교직을 세습하였던 것으로 보인다(『江陵崔氏大同譜』 卷1, 崔承源. "仁廟朝 逆僧曇華亡命失捕 各道承命發捕 無一人可捕者 自願出捕遍行至黃海道路遇一僧 心知曇華捕促 啓達正刑 上命授爵賞固辭 錄寧 社勳券 肅廟朝資嘉義.").

71) 『彌陀契座目』 序文. "歲戊午新舊兩件冊子 隨梵宇而爲八人之所禍魔戲之也 許多僉人之名姓 無　可攷 勢將墜閣古風 而偶於閭家搜得一袠謄寫以新之 是固神明之所撝秘也 庚申秋回祿 又災竟不免於煨燼之中 吁亦可惋也 累千年立契流來之義 一朝掃地人情之所不能無感也."

72) 『彌陀契座目』 序文. "再火于庚申 卒入吾儕之手 而維新焉 疑亦有數存乎其間也 又安知後之視今亦猶今之視昔也 主幹者爲誰 公事員東原崔崙也."

73) 『彌陀契座目』 序文. "戊午之前事 庚申之後事 無可凭鑑之道 故搜取府司藏傳之文 覽其前事之一端 以記古人之名姓 論其重建之議 畢至就成之功 猶可萬一之幸也 當時主幹者誰也 公事員洪春寬其人也 掌務金德柱其人也."

74) 『彌陀契座目』 序文. "玆余若干協謀 更始措紙者 李日來其人也 執觚者辛後吉其人也印行而裝衣者 黃承善其人也 皆同契也."

여진다.

이로써 숙종 7년 미타계는 향리층의 주도로 중수되었고, 미타계에 반영된 신불성향과 전통계승의식은 향리층의 성향으로 이해될 수 있다. 향리층의 이러한 성향은 적어도 중간계층으로서 자신들의 입지와 무관하지 않은 것으로 보여진다.

먼저 향리층의 신불성향에 기초해 결성된 미타계는 향촌사회에서 온존할 수 있었던 신불성향의 구심점 역할을 하였다고 보여진다. 적어도 영가(靈駕)의 초혼(招魂)을 위한 관행을 극복하기 어려웠던 사회이념으로써 성리학의 한계를 인정할 때, 보현사와 연계된 미타계는 영가와 망혼을 위한 자비와 보시를 표방함으로써 당시 향촌사회에서 신불성향의 구심점 역할을 하였을 것이다. 이로써 미타계를 매개로 향리층과 향촌민 간에 일정하게 유대관계가 구축될 수 있었을 것이고, 향리층은 이러한 친속관계로부터 자신들의 직무 이행과정에서 야기될 수 있는 향촌민과의 갈등관계를 완충하는 역할을 기대할 수 있었을 것이다. 따라서 미타계 결성은 곧 향리층의 향촌민과의 친속관계를 강화하는 의미를 갖는다고 할 수 있다.

다음으로 숙종 7년 향리층의 전통계승의식은 선초 이전에 보현사와 연계되어 창계되었던 미타계의 관행을 계승하는 의식이었다. 당초의 미타계는 불교가 사회의 이데올로기로서 그 중심적 위치에 있었던 상황에서 지방사회의 실질적인 지배세력으로서 향리세력에 의해 창계된 것이었다. 아울러 미타계는 신라하대 낭원대사와 그 단월이었던 명주호족에 의해 개창된 지장선원을 전신으로 하는 보현사와 연계된 신불계였다는 점에서 적어도 명주호족의 정체성을 담지한 것으로 보여진다.

따라서 숙종 7년에 이르러 그간에 불교가 좌도(左道)로 규정되면서 단절되었던 미타계의 부활은 적어도 명주호족(溟州豪族)의 맥을 이어간다는 상징적 의미를 갖는 것이다.[75] 이러한 상징적 의미를 갖는 미타계를

75) 이러한 상징적 의미는 江陵金氏의 始祖 金周元이 新羅 元聖王代에 강릉으로 입향한 이래로 고려와 조선조에서 그 후예들이 재지세력으로 온존하였다는 점에서 의미를 갖는다.

향리층이 주도적으로 중수하여 그 전통계승을 표방하였던 것은 이로부터 자신들의 정체성을 확인하고 나아가 자신들의 입지를 강화하려는 성향을 띤 것이었다고 볼 수 있다.

요컨대 숙종 7년 강릉지방의 미타계의 결성은 향리층의 신불성향과 전통계승의식을 반영하는 것이었다. 향리층의 이러한 성향은 신불성향에 기초한 영가(靈駕)와 망혼(亡魂)을 위한 자비(慈悲)와 보시(普施)를 표방한 미타계를 매개로 향촌민과의 친속관계를 강화하려는 향리층의 친하민적 자세의 구현이었으며, 아울러 명주호족의 맥을 잇는 상징적 의미를 담지한 미타계를 중수함으로써 그로부터 자신들의 정체와 입지를 강화하려는 성향이었다는 점에서 그 의미를 찾을 수 있다고 하겠다.

(2) 향리층의 국사성황제 연행

이상에서 숙종 7년(1681)에 결성된 미타계는 향리층의 신불성향과 전통계승의식에 기초하여 결성되었고, 향리층의 이러한 성향은 향촌사회의 역학구도 하에서 자신들의 입지를 강화하려는 의도에서 비롯되는 것으로 이해하였다. 그리고 이제 향리층의 이러한 성향이 강릉 국사성황제로 이어지고 있음을 살펴보고자 한다.

미타계에 반영된 향리층의 성향이 통효대사 범일을 주신으로 삼는 신체인식의 배경으로 이해되는 것은 무엇보다 미타계가 강릉 보현사와 연계된 신불계였다는 점이다. 즉 보현사는 낭원대사가 개창한 지장선원을 전신으로 하는 사찰이고, 낭원대사는 통효대사 범일의 법제자이다. 이러한 점에서 보현사와 연계된 미타계의 결성은 곧 통효대사 범일에 대한 인식으로 이어질 수 있었다고 보여진다. 그리고 통효대사 범일을 신격화한 국사성황에 대한 인식이 발흥되고 있음을 다음에서 살필 수 있다.

주지하듯이 읍치의 성황제인 강릉 국사성황제의 주신은 신라하대 통효대사 범일이며, 통효대사 범일이 신격화되는 계기는 『고려사』에 전승되는 왕순식의 신비한 꿈의 이야기와 무관하지 않은 듯하다. 즉, 고려 통일을 위한 마지막 전장인 일리천(一利天) 전투에 명주장군 김순식이 출정하였고, 그는 출정을 앞둔 시점에서 대관령에 위치한 승사(僧祠)에서 제를 올려 기원하였으며, 그것은 태조 왕건에게 이승(異僧)의 계시형태로 현몽되었다는 것이다.[76] 여기서 제를 올려 기원하였다는 사실은 전장으로 출정을 앞둔 시점에서 예상되는 향촌사회의 동요를 억제하고 그 남정(南征)의 당위성을 확보하려는 의도에서 비롯된 것이라면, 태조 왕건의 화답은 그 당위성을 강화하는 의미를 갖는 것일 터이지만, 이상한 스님이 현몽(見夢)하였다는 이야기는 신체인식으로 이어질 소지를 충분히 안고 있었다.

그리고 『고려사』에 전승되는 이 신비한 꿈의 이야기는 영조 때 편찬되는 강릉읍지 『임영지(臨瀛誌)』에서 대령산신제의 신격과 연계되고 있다.[77] 즉 왕순식이 남정(南征)할 때 승속(僧俗)의 두 신이 현몽하였다는 기사에 의거해 대관령에서 치제하기에 이르렀다는 것이다. 이 내용은 앞서 살핀 『고려사』의 내용과는 다소 차이를 보이고 있으며, 이 점은 『임영지』의 찬자 스스로 밝혀 놓고 있다. 그러나 이 내용은 당시의 전쟁 상황을 배경으로 하여 기술되고 있다는 점에서 의미를 가지며, 그것은 『고려사』에 전승되는 이승(異僧)이 현몽하였다는 이야기로부터 산신의 신체인식이 부각되는 매체가 되고 있으며, 아울러 대관령이 그 제사처로서 부각되고 있다는 점이다.

비록 여기서는 왕순식이 남정을 앞두고 제를 올려 기원하였다는 기사에 근거하여 대관령 산신의 존재가 설정되고 있지만, 그것은 치제 주체

76) 『高麗史』 卷92, 列傳 卷5, 王順式條. "太祖討神劍 順式自溟州率其兵會戰破之 太祖謂順式曰 朕夢見異僧 領甲士三千 而至翌日 卿率兵來助 是其應也 順式曰 臣發溟州至大峴 有異僧祠 設祭以禱 上所夢者 必此也 太祖異之."

77) 『臨瀛誌』 卷2, 祀典條. "大關山神 塔山記載 王順式從高麗太祖南征時 夢僧俗二神 率兵來救 覺而戰捷 故祀于大關 至于致祭(此與高麗史所記 不同)."

의 입장이나 상황에 따라 또 다른 신체인식으로 나타날 소지를 충분히 안고 있다고 하겠다. 즉 신비한 꿈의 이야기는 신체인식의 매체로서 대령산신과 연계될 때, 선조 36년 교산 허균이 목도하였다는 대령산신 신라장군 김유신으로 발현될 수 있지만, 다시 국사성황신과 연계될 때, 통효대사 범일로 발현될 가능성은 언제나 열려 있으며, 위의 승속(僧俗) 두 신은 그러한 개연성을 보여준다고 할 수 있을 것이다.

따라서 숙종 7년 읍치의 제의를 주재하였던 향리층을 중심으로 미타계가 결성되면서 신비한 꿈의 이야기를 신체인식의 매체로 통효대사 범일은 국사성황신으로 발현될 수 있었을 것이다. 더욱이 미타계가 결성되면서 신라하대 통효대사 범일의 법제자 낭원대사가 창건한 지장선원을 전신으로 하는 보현사가 주목되었고, 왕순식은 지장선원을 개창한 낭원대사의 단월이었다. 또한 당시 명주장군 김순식의 출정이 사굴산문(闍崛山門)의 낭원대사와의 상보적 관계에서 가능한 것이었다는 점을 염두에 둘 때, 이 신비스러운 꿈의 이야기는 그로부터 40여 년 전에 입적한 사굴산문의 종주 통효대사 범일이 신격화되는 매체로 인정될 수 있을 것이다.

이러한 점을 인정할 때, 숙종 7년 미타계의 결성을 계기로 신라하대 통효대사 범일은 강릉 국사성황신으로 발현될 수 있었으며, 강릉 국사성황제는 향리층이 주재하는 읍치의 제의로서 위상을 확보하고 있다. 즉 강릉 국사성황제는 그간의 읍치의 제의였던 대관령산신제와 동일한 시기에 동일한 기제로 치제되었다는 점에서 읍치의 제의가 산신제에서 성황제로 전이되고 있음을 살필 수 있다. 이러한 점은 당시 여타 읍치의 제의 즉 독제(纛祭)[78] · 입춘제(立春祭)[79] · 사직제(社稷祭)[80] · 여제(厲祭)[81] 등의 제

78) 『臨瀛誌』 卷2, 祀典條. "纛祭 萬曆辛卯 命各道界首官 建宇祭纛 春用驚蟄 秋用霜降."

79) 『臨瀛誌』 卷2, 祀典條. "立春祭 邑俗每年冬至 以五穀種納瓮 置諸土宇 使之滋潤 至於立春日 差獻官行迎春禮 乃以土牛試其耕田 斗量所藏穀 以其滋潤之寂 多例驗一年之豊熟."

80) 『臨瀛誌』 卷2, 祀典條. "社稷 府社之神 府稷之神."

81) 『臨瀛誌』 卷2, 祀典條. "厲壇 祭在戰陣而死國遭毆打而亡軀 水火盜賊罹飢寒疾疫 爲墻屋

의가 치제시기와 운영기제가 서로 달랐다는 점과 1933년에 편찬되는 『증수임영지』에서도 동일한 내용이 채록되고 있다는 점에서 분명해진다.[82]

앞서 지적하였듯이 강릉 국사성황제의 온전한 모습은 영조 38년(1762) 관련기사에서 살필 수 있다. 이 기사는 영조 38년 삼척살옥사건을 규명하기 위해 금부에서 파견된 서리 이규와 호장 최광진의 갈등관계를 채록한 내용이다.[83] 여기에서 읍치의 성황사를 배경으로 국사성황제가 치제되고 있음을 살필 수 있으며, 그것을 주재하는 호장의 역할이 관행화되고 있음을 볼 수 있다. 아울러 5월 5일을 기해 송신제가 치제된 사실을 기술함으로써, 이에 앞서 영신제가 전제되고 있으며 그 영신처는 강릉의 진산인 대관령이었다. 요컨대 영조 38년의 국사성황제는 읍치의 성황제로서 5월 5일을 전후한 시기에 치제되었으며, 영신제에서 송신제로 이어지는 제의는 향리층의 수반인 호장에 의해 주재된 것으로 정리된다.

강릉 국사성황제의 제의는 이중적 구조로 전개된 것으로 파악된다. 즉 향사(享祀)로 표현되는 제사의식(祭祀儀式)과 창우배(倡優輩)들의 잡희(雜戱)로 구분된다.[84] 제의는 홀기에서 보듯 유교적 의식에 충실한 것으로 헌관들의 역할이었으며, 잡희는 번개(幡蓋)와 향화(香花)를 앞세운 무격적인 요소에 충실한 것으로 향촌민들이 동참할 수 있었던 공간이었다. 물론 제의와 잡희는 모두 호장에 의해 주재되었음은 부언의 여지가 없으며, 따라서 이러한 이중적 제의구조는 향촌사회의 역학구도 하에서 중간

之頹壓 遇虫獸之螯篸 陷刑辟而非罪 因財物而逼死 因妻妾而損命 因急自縊 歿而無后 產難而死 震死墮死等."

82) 『臨瀛誌』, 風俗條.(江陵古蹟保存會 編).

83) 『臨瀛誌』 卷1, 記事條. "英廟壬午夏 府伯尹坊以三陟殺獄覆檢官坐罷 禁府胥吏李逵爲名者 奉拿命到官以情債事徵責首吏 時崔吏光振當戶長之任 胥吏招之 是日乃五月五日 國師拜送之日也 戶長方有事於城隍祠移時 乃至胥吏性頗燥妄 使人結縛 手執馬牌 亂打戶長曰 汝歸重城隍待我賤薄 未知城隍何神 汝雖尊敬 於吾何關 語多駭悖 俄而胥吏四肢戰縮 骨節刺痛 有若被人結束 精神昏耗 始乃危懼 喉中作聲曰 吾其死矣 因嘔血暴死."

84) 『惺所覆瓿藁』 卷14, 「大嶺山神贊幷序」. "每年五月初吉 具旛盖香花 迎于大嶺 奉置于府司 至五日陳雜戱以娛之."

자적 위상을 확보하였던 향리층의 입지를 반영하는 것으로 이미 조선전기 대관령산신제에서도 동일한 양상이었다.

강릉 국사성황제의 제의구조에서 주목되는 것은 국사여성황이 새롭게 조장된다는 점이다. 국사여성황이 조장되는 시기는 분명하지 않지만, 강릉 읍성의 남문 밖에 위치한 초계정씨(草溪鄭氏) 댁의 규수가 호환(虎患)을 당한 사건을 매개로 조장되고 있다. 그 사실여부를 불문하고 정씨 가의 규수의 호환은 국사성황의 혼배(魂配)로 조장됨으로써 국사여성황이 등장하게 된다. 이러한 국사여성황의 극적인 등장은 그로부터 국사성황의 존재를 재확인하는 것이고 아울러 국사성황 영신제의 근거가 확보되고 있다는 점에서 의미를 갖는다. 즉 국사성황의 혼배한 날을 4월 15일을 설정하고 이 날을 기해 국사성황의 영신제가 시작되는 것이다.

이렇게 볼 때, 국사성황제의 제의구조에서 국사여성황의 등장은 호환이라는 세속적인 사건을 혼인의식에 가탁하여 신화적 요소인 혼배로 수용하여 극화함으로써 그 주신의 신격을 기정사실화하고 그 제의구조의 합리적 근거를 확보한다는 데서 의미를 찾을 수 있다. 아울러 이러한 제의구조의 극적인 요소를 내포한 합리성은 그간에 관행화되었던 대관령산신제의 제의구조를 토대로 하면서도 그 신격을 차별화하는 국사성황제의 연행을 정착시키는 촉진제로서 의미를 갖는다고 할 수 있을 것이다. 앞서 살핀 영조 38년의 기록에서 시사되는 국사성황제의 관행화된 모습은 제의구조의 극적인 요소를 내포한 합리적 수용에 힘입은 것으로 볼 수 있을 것이다.

이로써 강릉 국사성황제는 숙종 7년 향리층이 주도한 미타계의 결성을 계기로 발흥된 신라하대 통효대사 범일을 주신으로 하는 신체인식에 기초하여 연행되었으며, 특히 국사여성황을 조장하여 제의를 극화함으로써 그 주신의 신격을 재확인하면서 그로부터 제의구조를 합리적으로 구성함으로써 국사성황제는 정착될 수 있었다고 본다. 뿐만 아니라 국사성황제의 연행은 그간에 신라장군 김유신을 주신으로 하여 치제되었던 대관령산신제에 대체되어 읍치의 제의로서 위상을 확보함으로써 관행화될 수 있었다.

강릉 국사성황제는 읍치의 제의로서 향리층의 수반인 호장이 주재하였으며, 그 제의는 이중구조로 구성되었다. 즉 헌관이 주도하는 유교적인 제례의식과 향촌민의 참여 공간인 창우배의 잡희로 구성되었다. 이러한 이중적 제의구조는 중간신분으로서 향리층의 성향을 반영하는 것으로 이해되는 것이었다. 따라서 숙종 7년에 결성된 미타계에 반영된 향리층의 신불성향과 전통계승의식이 이제 국사성황제로 확장되면서 고착화되고 있으며, 이러한 양상은 미타계의 결성을 통해 향촌사회의 역학구도 하에서 자신들의 입지를 강화하려던 향리층의 성향을 반영한다는 점에서 의미를 갖는다.

6. 맺는말

이상에서 조선후기 향촌사회 제 세력의 역학구도의 변화를 전제로 호장을 수반으로 하는 향리세력의 동향을 주목하고, 이로부터 강릉 단오제의 일환으로 치제되는 국사성황제를 이해하고자 하였다.

강릉 국사성황제는 읍치(邑治)의 제의로서 신라하대 통효대사(通曉大師) 범일(梵日)을 주신(主神)으로 설정하고 있으며, 이러한 신체인식은 나말여초 명주지방의 사회상을 배경으로 설정된다. 당시 명주호족(溟州豪族)은 명주 굴산사(崛山寺)를 개창한 통효대사 범일과 단월(檀越)관계를 맺으면서 그 상보적 관계에 기반을 두고 있었고, 이러한 관계는 신라하대 전 기간 동안 지속되면서 명주지방의 정체성(正體性)을 확립하는 토대가 되어 왔다. 그리고 이러한 정체성을 토대로 한 명주호족의 친고려적 성향은 과도기적 사회혼란을 극복하고 발전적 사회상을 담보하는 것이었다. 따라서 강릉 국사성황제의 신체인식은 명주호족의 정체성과 발전적 사회상을 담지한 상징적 의미를 갖는다.

강릉지방 읍치의 성황사는 당초 강릉의 진산(鎭山)인 대관령으로부터 읍성(邑城) 내로 이건되는 형식을 밟아 선초(鮮初)에 설치된 것으로 보인다. 읍치 성황사의 설치는 민간의 사신(祀神) 행위 일체를 음사(淫祀)로 규정하여 금절시키려던 국가의 중앙집권적 사전(祀典) 정비책에 따른 대체방안이었으며, 이로부터 관주도적(官主導的) 치제(致祭)를 표방함으로써 향리층(鄕吏層)이 주재하는 읍사(邑事)의 성격을 띠게 되었고, 이러한 성격은 조선후기로 이어지면서 관행된 것으로 보인다. 따라서 사전정책이 반영된 선초 읍치의 성황제는 적어도 이전의 성황제에 비추어 굴절된 모습이었을 것으로 보인다. 비록 치제상이 분명하게 드러나는 것은 아니지만, 읍치의 제의로서 치제된 강릉 대령산신제는 읍치의 성황제와 습합되고 있다는 점에서 이러한 굴절된 모습으로 이해되며, 그것은 선초 이래로 강릉지방 읍치의 제의로서 인정되었다.

선초 이래로 읍치의 성황제가 범일국사(梵日國師)를 주신으로 치제되었는가는 분명치 않다. 오히려 대관령 성황사와 관련하여 국사성황제를 인정한다고 하더라도 범일국사의 상징성과 재지세력의 성향에 비추어 선초 읍치의 제의로서 국사성황제는 발현되기 어려운 것이었다. 즉 명주호족의 후예들은 나말여초에 이르러 그간에 자신들의 입지를 보장하였던 사성(賜姓)을 포기함으로써 친고려적 관계를 청산하려는 성향을 분명히 견지하였으며, 이들이 유향소(留鄕所)를 구성하여 향리층의 인사권을 장악하고 있던 상황에서 명주호족과 상보적 관계에 놓였던 사굴산문(闍堀山門)의 종주(宗主) 범일을 읍치 성황제의 주신으로 설정하기는 어려웠을 것이다. 더욱이 호불군주(護佛君主) 세조의 비호 하에 영동지방에 경제적 기반을 확보하였던 상원사(上院寺) 중심의 사원세력에 대응하여 향촌사회의 주도적 입지를 확보하려던 재지사족(在地士族)의 성향도 선승(禪僧) 범일을 주신으로 설정하기에는 어려운 상황이었다.

그러나 호장(戶長)이 주재하는 읍치의 성황제는 조선후기에 이르러 국사성황제로 치제되고 있으며, 그것은 통효대사 범일이 주신으로 설정된 읍치의 성황제였다. 아울러 강릉 국사성황제는 그간의 대령산신제(大嶺山神祭)와 동일한 시기에 동일한 제의구조로 치제되는 것으로서 제의의 신체인식이 전이되는데서 비롯되는 것이었다. 따라서 국사성황제의 치제여부는 신체인식의 발흥이 관건이 될 수 있으며, 그것은 일차적으로 읍치의 성황제를 주재하였던 호장을 수반으로 하는 향리층의 성향과 직결되는 사안일 수 있다는 점에서 숙종 7년에 결성된 향리층의 신불계(信佛契)로서 미타계(彌陀契)는 주목받지 않을 수 없다.

숙종 7년 결성된 강릉지방의 미타계는 향리층의 주도로 중수된 신불계였다. 그것은 적어도 선초까지 전승되었던 보현사의 신불계로서 (구)미타계의 전통을 계승하려는 의도에서 비롯된 것이었으며, 아울러 망자(亡者)와 영가(靈駕)의 보시와 자비를 표방함으로써 향촌민의 종교적 욕구를 수용한 신불계였다. 따라서 미타계는 향리층의 신불성향과 전통계승의식을 반영하는 것이었다.

그리고 향리층의 이러한 성향은 자신들의 입지와 직결되는 사안이었다는 점에서 의미를 갖는다. 즉 (구)미타계는 나말여초에 개창된 지장선원(地藏禪院)을 전신으로 하는 보현사(普賢寺)와 연계됨으로써 명주호족의 정체성을 담지한 신불계였으며, 아울러 명주호족의 후예를 비롯한 상하민이 동참하였던 일향의 성속(成俗)·고례(古例)로서 전통성을 갖는 신불계였다. 따라서 그간에 불교가 좌도(左道)로 규정되면서 단절되었던 (구)미타계를 중수하는 것은 일향의 성속과 고례를 복원하는 의미를 갖으며, 이제 그 역할을 향리층이 자임하여 일향의 전통적인 맥을 이어감으로써 향중(鄕中)의 역학구도 하에서 자신들의 입지를 강화하려는 의도가 반영된 것이었다.

이처럼 숙종 7년에 결성된 미타계에 투영된 향리층의 신불성향과 전통계승의식은 강릉 국사성황제가 연행(演行)될 수 있었던 배경으로 설정된다. 즉 미타계는 명주호족의 정체성을 담지한 보현사의 신불계였다는 점에서 신라하대 통효대사 범일의 인식으로 이어질 수 있었고, 이러한 인식은 강릉지방 신체인식의 매체로서 주목되는 명주호족 김순식(金順式)의 남정(南征)과 관련한 신비한 꿈의 이야기와 연계됨으로써 신격화될 수 있었다. 더욱이 동시기에 조장되는 국사여성황(國師女城隍)의 설정은 국사성황의 신체인식을 고착시키는 기제로서 의미를 갖는다.

따라서 통효대사 범일을 주신으로 설정하는 읍치의 제의로서 강릉 국사성황제는 미타계에 투영된 호장을 수반으로 하는 향리층의 신불성향과 전통계승의식이 반영되면서 조장된 것이었다. 이처럼 숙종 7년 이후로 시기설정이 가능한 강릉 국사성황제의 연행은 향리층에 의해 조장된 것이었으며, 그것은 미타계의 결성이 자신들의 입지를 강화하려는 향리층의 성향에서 비롯되듯이 강릉 국사성황제의 연행 또한 같은 시각에서 의미를 찾을 수 있을 것이다. 아울러 강릉 국사성황제가 이후 지속적으로 치제됨으로써 향중의 역학구도 하에서 향리층의 독자적 입지를 구축하려는 노력이 이어지고 있으며, 그간에 통효대사 범일을 주신으로 설정하는 신체인식을 기피하였던 재지사족의 성향이 극복되는 향촌사회의 변화상을 반영하는 것이었다는 점에서 숙종조 이래로 연행된 강릉 국사성황제의 의미를 찾을 수 있을 것이다.

제3장

19세기 동계와 동역

1. 머리말

19세기는 민란의 시대로 성격지을 수 있을 만큼 기존의 체제가 동요되면서 근대로 향한 변혁이 추구되던 시기로서, 이 시기의 향촌사회에 대한 연구는 근대로 이행되는 변혁기의 내적 기반을 밝히는 작업으로서 중요한 의미를 갖는다.

이 시기 소위 향촌사회의 지배세력으로서 상정되던 양반들은 18세기 이래로 자체의 분열상을 노정하면서 향권(鄕權)을 축으로 하는 그들 중심의 향촌지배력을 상실하고 있었고,[1] 수령을 중심으로 하는 향촌통제책은 교화(教化)와 정무(政務)로 분리되면서 이들은 정무에서 배제되고 있었다.[2]

1) 金龍德, 1986, 「鄕規研究」, 『韓國史研究』 54, pp.32~35 참조.
金仁杰, 1981, 「朝鮮後期 鄕權의 추이와 지배층 동향-忠清道 木川縣 事例」, 『韓國文化』 2, pp.185~189 참조.
金武鎭, 1986, 「조선중기 군현통치와 수령향약의 성격」, 『韓國史研究』 55, p.348 참조.
2) 韓相權, 1984, 「16·17세기 鄕約의 機構와 性格」, 『震檀學報』 58, p.56 참조 ; 金仁杰, 1985, 「朝鮮後期 鄕村社會 構造의 변동」, 『邊太燮博士華甲紀念史學論叢』, p.786 참조.

이러한 추세에서 양반들은 자신들이 거주하는 촌락을 중심으로 동계(洞契)·동약(洞約)이라는 세력기반을 구축하면서 향약적 이념에 입각한 교화와 공동납(共同納)에서 부세의 조정을 구체적으로 실현하면서 신분제적 지배를 유지하고 있었다.[3)]

그러나 이 시기의 수취구조는 면리편제(面里編制)에 따라 수령의 직접적인 통제 아래 놓여가고 있었으며 과중한 부세와 그 운영의 문란으로 야기되는 민의 유리망산(流離亡散)하는 상황에서 동계·동약을 통한 양반들의 촌락지배도 확고했다고 볼 수는 없으며,[4)] 그것은 사회경제적 변동에 대응하는 새로운 질서가 모색되는 가운데 존속될 수 있었다.

이 글은 동계·동약에 대한 이러한 시각에서 삼척부(三陟府) 도하면(道下面)에서 구성되었던 동계를 사례로 하여 공동납 수세방식이라는 국가의 향촌통제책과 관련하여 동계의 구조와 그 운영, 그리고 동계 간의 연결구조와 부세의 마련을 둘러싼 동계 간의 갈등관계를 분석해보고자 하며, 이를 통해 지역과 동계구성원 상호간의 이해관계의 동향에 따른 동계의 변모, 즉 향촌사회의 변동을 살펴보고자 한다.

이를 위해 이 글에서는 18세기 말엽에서 19세기 전반에 걸쳐서 도하면 송정동계(松亭洞契)에서 작성된 정소류(呈訴類)를 주 자료로 이용하고자 하며(〈표 1〉),[5)] 이 같은 정소류는 부세와 관련하여 당시 민고(民

---

3) 洞契에 관한 연구로는 鄭震英, 1982, 「朝鮮後期 鄕約의 一考察–夫仁洞洞約을 中心으로–」, 『民族文化論叢』 2·3 ; 鄭震英, 1985, 「16世紀 安東地方의 洞契」, 『嶠南史學』 創刊號 ; 朴京夏, 1987, 「倭亂直後의 鄕約에 대한 硏究–高坪洞洞契를 중심으로–」, 『中央史論』 5 ; 李海濬, 1988, 「朝鮮後期 靈巖地方 洞契의 成立背景과 性格」, 『全南史學』 ; 金龍德, 1987, 「洞契考」, 『斗溪李丙燾博士九旬紀念論叢』 등이 주목되며, 共同納 수세방식과 관련해서는, 金仁杰, 1984, 「조선후기 鄕村社會統制策의 위기–洞契의 성격변화를 중심 으로–」, 『震壇學報』 58 ; 金容燮, 1980, 「朝鮮後期의 民庫와 民庫田」, 『東方學志』 23·24合輯 ; 金容燮, 1982, 「朝鮮後期 軍役制釐正의 推移와 戶布法」, 『省谷論叢』 13 ; 金容燮, 1984, 「朝鮮後期 大邱夫仁洞洞約과 社會問題」, 『東方學志』 46·47·48合輯 등이 주목된다.

4) 金俊亨, 1984, 「18세기 里定法의 전개」, 『震檀學報』 58 참조.
安秉旭, 1981, 「朝鮮後期 民隱의 一端과 民의 動向」, 『韓國文化』 2 참조.
김선경, 1984, 「조선후기의 조세수취와 面里운영」, 연세대학교 대학원 석사학위논문.

苦)·민막(民瘼)으로 불리던 공동납의 강화에 따른 내적·구조적 모순을 극복하기 위한 민의 자구책으로 집약된 동론(洞論)에 기초하여 초안(草案)되고 있었다는 점에서 향촌사회의 실상을 밝힐 수 있는 일차적 사료로서 중요성을 갖는다.

〈표 1〉 도하면(道下面) 송정동계(松亭洞契)에서 작성된 정소류(呈訴類)

	等 狀	作成年代	作成者	備 考
1	化民洪弼基等謹拜上書	壬子(1706) 潤四月 日	化民 19名	
2	士林稟目	庚午(1810) 正月 日	化民 43名	
3	道下面松羅村居民 洪益弼等	庚午(1810) 正月 日	化民 43名 小民 18名	
4	松羅亭洞任書目	庚午(1810) 十二月 日	洞任 2名	金·洪
5	松羅亭洞任書目	庚午(1810) 十二月 日	洞任 2名	金·崔
6	道下面下民人等狀	壬辰(1812) 八月 日	化民 13名 小民 5名	
7	道下面松羅亭洞化民 洪鍾八等	癸未(1823) 正月 日	化民 12名 小民 7名	
8	道下面松亭龍井兩洞居 化民 洪鍾八等	丙戌(1826) 九月 日	化民 8名	
9	道下面松亭龍井兩洞 居民等狀	丙戌(1826) 十月 日	化民 10名	
10	稟目	戊子(1828) 十一月 日	鄕中 11名	
11	景行祠有司書目	戊子(1828) 十二月 日	有司 1名	
12	稟目	辛卯(1831) 二月 日	鄕中 13名	
13	道下面松蘿亭洞化民 洪益澄等	乙未(1835) 八月 日	化民 48名 小民 54名	
14	各面民人等爲牒報事	乙未(1835) 十一月 初四日	道上面 4名 道下面 2名 見朴面 5名 近德面 3名	
15	道下面松蘿亭洞化民 鄭最燮等	戊戌(1838) 三月 日	松亭洞 3名 龍井洞次知 1名	
16	道下面松亭洞鰥寡孤 獨等	戊戌(1838) 二月 日	化民 7名 寡 9名	

5) 〈표 1〉의 45件의 呈訴類 중 10件, 즉 13·20·26·27·28·29·31·32·34·45는 犯葬에 따른 山訟事를 다루고 있으며, 41·42·43·44 등 4件은 防風의 역할을 하는 松田의 斫松起墾 문제를 다루고 있다. 그리고 3·7은 樵軍의 柴採 문제를 다루고 있으며, 나머지 29件은 賦稅 문제를 다루고 있다.

	等 狀	作成年代	作成者	備 考
			孤 16名 獨 2名	
17	道下面松亭龍井兩洞 洞任洪德基李弼亨等	己亥(1839) 正月　日	松亭洞任 2名 龍井洞任 2名	
18	道下面松亭洞任書目	壬寅(1842) 二月　日	洞任 2名	
19	道下面松亭洞大小民 人等狀	壬寅(1842) 十二月　日	化民 7名 小民 5名	
20	道下面松亭洞化民金 應撤等	丁未(1847) 五月　日	化民 62名 小民 62名	
21	北三面大小民人稟目	己酉(1849) 十月　日	見朴面大民 3名 道上面 3名 道下面 3名 小民 6名	
22	道下面松亭洞漁網軍	庚戌(1850) 二月　日	5名	
23	道內三陟府大小民等 等狀	己未(1859) 十一月　日	議送 32名	
24	南北大小民人等稟目	辛酉(1861) 八月　日	見朴面大民 5名 道下面大民 3名 近德面大民 4名 道上面大民 3名 小民 9名	
25	道內三陟府大小民等 等狀	壬戌(1862) 正月　日	議送　33名	巡相閣下
26	道下面松亭洞大小民 人等	甲子(1864) 三月　日	化民 54名 小民 55名	
27	道下面松亭洞洞任書目	甲子(1864) 四月 初八日	洞任	金・洪
28	松亭洞洞任書目	甲子(1864) 四月 十二日	洞任	金・洪
29	松亭洞洞任書目	甲子(1864) 四月 十五日	洞任	洪・金
30	北三面稟目	乙丑(1865) 二月　日	人民 11名	
31	道下面松亭洞大小 民人等	乙丑(1865) 四月　日	化民 55名 小民 40名	
32	道下面松亭洞大小 民人等	己巳(1869) 四月　日	化民 40名 小民 17名	
33	松蘿洞任書目	庚午(1870) 十二月　日	松蘿洞任 3名	
34	道下面松亭洞大小 民人等	甲戌(1874) 二月　日	化民 25名 小民 45名	
35	道下面松亭龍井洞居 大小民人等	己卯(1879) 閏三月　日	松亭 14名 龍井 3名	

	等 狀	作成年代	作成者	備 考
36	道下面松亭龍井大小民人等	己卯(1879) 閏三月　日	松亭洞 8名 龍井洞 3名	
37	道下面松亭龍井民人等	己卯(1879) 四月　日	松亭洞 6名 龍井洞 4名	
38	道下面各洞洞任爲論報事	壬午(1882) 二月　日	泉谷洞洞任 2名 智興洞洞任 2名 松亭洞洞任 3名	
39	道下面松亭龍井大小民人等	乙酉(1885) 三月　日	松亭 5名 龍井 2名	
40	道下面松亭龍井大小民人等	乙酉(1885) 六月　日	9名	
41	道下面松亭洞大小民人等爲牒報事	壬辰(1892) 五月　日	化民 8名 小民 5名	
42	北三面民人等爲牒報事	壬辰(1892) 五月　日	道下面 見朴面 道下面	金・洪・崔 洪・崔・金 鄭・崔・朴
43	道內三陟北坪三面民人等	壬辰(1892) 五月　日	33名	
44	北三面大小民人爲牒報事	壬辰(1892) 六月　日	11名	
45	道下面松亭洞大小民等	丙申(1896) 十一月　日	化民 84名	

그러면서도 이러한 정소류는 향촌사회의 전체적인 운영구조보다는 그 운영의 문란으로 파행적으로 야기되었던 단편적인 사안에 국한되는 내용을 담고 있으며 객관적인 실상보다는 각 동의 의도적인 입장을 일정하게 반영하고 있다는 점에서 한계를 갖는 것이기도 하다.

이 글에서는 이러한 한계를 극복하기 위해 동계 간의 합의로 작성된 동역(洞役)의 운영절목을 담고 있는 송정동계의 좌목(座目), 즉 강신계첩(講信契帖)[6]을 이용하였으나 그 자체가 각종 동역의 운영구조를 구체적

6) 『講信契帖』. 이 자료는 松亭洞契의 계첩이며, 1951년 崔晩熙에 의해 편집된 것으로 서문・시편・좌목으로 구성되어 있다. 좌목은 숙종 27년 이래로 20세기까지의 계원이 등재되어 있으나, 정조 20년 이전의 것에서는 다소 오류가 나타나고 있다. 즉 辛卯年(1731)의 좌목에 戊子生 金錫九가 등재되고 있음을 볼 수 있다.

으로 밝혀주는 것은 아니었다는 점에서 여전히 한계로 남으며, 이는 이 글의 한계이기도 하다.

2. 동계의 구성과 동역

도하면은 삼척부(현: 동해시)에 위치하며, 영조 35년의 기묘장적(己卯帳籍)에서는 5개 리에 396호의 규모로 밝혀진다.[7] 도하면은 17세기 중엽의 9개의 이방(里坊)편제 아래서 북평리(北坪里)로 편제되었으며,[8] 18세기 중엽에 12개의 면리(面里)편제가 정착되면서 도상면(道上面)과 도하면(道下面)으로 구분 편제되었다. 그리고 도상면, 도하면, 견박면(見朴面)은 삼척부의 북삼면(北三面)으로 통칭되고 있었다.[9]

도하면에서 동계의 구성은 면리제(面里制)에 기초하여 대리(大里)인 송정동·지흥동·천곡동이 중심이 되어 소리(小里)인 용정동·시변·하평동 등을 각각 합동하는 형태로 구성되고 있으며, 송정동계·지흥동계·천곡동계가 그것으로 3개의 동계가 면내에서 공시적(共時的)으로 조직되고 있다.[10] 그 창계 시기는 정조 10년(1796) 이전으로 확인된다.[11]

동계를 구성하는 양동(兩洞)은 대리와 소리로 구분되고 있지만, 이를 천곡동계에서 응역호수(應役戶數)로 비교해 보면 대리인 천곡동과 소리인 하평동 간에는 171호와 19호로 대비되고 있어 그 현격한 규모의 차이

7) 『輿地圖書』 三陟 坊里條.

8) 許穆, 『陟州誌』 上. "境內掌里九里 曰邁谷曰府內曰德蕃曰蘆谷曰疎達里曰長生曰眉老里曰璞谷曰北坪 邁谷德蕃疎達璞谷 崇禎間府使李公埈所定云."

9) 『輿地圖書』 三陟 坊里條.

10) 『上書』 道下面松亭洞大小民人等狀 壬寅 12月 日. "矣徒等所居面內 洞名只有松亭智興泉谷三處 而當初各以其附近小里挾付爲一洞 故松亭挾乎龍井 智興挾乎市邊 泉谷挾乎下坪 有此三洞之名."

11) 『講信契帖』「講信契案序」. "契之創契未詳 肅宗壬午 名曰松蘿洞契 正朝丙辰 改以松村座牒 憲宗丁酉續修."

를 볼 수 있으며,[12] 경제적인 면에서도 소리가 대리에 비해 상대적으로 취약한 형편으로 나타나고 있다.[13] 또한 동계를 구성하는 대리인 송정동을 비롯한 천곡동과 지흥동은 합동한 용정동 · 시변 · 하평동과는 반촌(班村)과 민촌(民村)으로 구분되고 있으며, 아울러 한 개 면의 운영에 주도적 역할을 하고 있음을 볼 수 있다.[14] 동계를 구성하는 대리와 소리의 이러한 관계는 도하면에서의 동계의 구성이 면내의 약속으로 구성되고 있다는 점에서 대리 · 반촌의 주도로 동계가 구성되고 있다고 하겠다.[15]

한편 도하면에서의 동계의 조직은 번중한 각종 동역의 평균분정(平均分定)을 목적으로 하고 있다.[16] 이러한 점에서 도하면에서의 3개 동계의 구성은 그 자체로 면내에서의 세력관계를 반영하는 것이라 할 수 있으며, 합동 형태로의 동계의 구성은 동역의 평균분정과 비납을 위한 동계 간의 세력균형으로서 의미를 갖는 대리 · 반촌 중심의 자구책이었다고 하겠다.

이상 면내에서 대리 · 반촌 주도로 세 개의 동계가 구성되면서 동계 간에 세력균형이 모색되고 있었음을 살펴보았거니와, 이러한 형태의 동계 구성은 동역의 수취방식에 기인하는 것이었다.

동계 간에 분정의 대상이 되었던 동역은 각종 명목으로 부과되는 관전(官錢)과 요역(搖役)을 의미하며,[17] 이를 「송정동절목(松亭洞節目)」을 통해서 좀 더 구체적으로 살펴보면 다음과 같다.

즉 황장예운군(黃腸曳運軍) 및 고가(雇價), 진영형구(鎭營刑具)의 고

12) 『上書』 道下面松亭龍井大小民人等 乙酉 六月 日. "彼洞(泉谷) 則實戶一百七十一戶 而且下坪洞十九戶 合爲一百九十戶."

13) 『上書』 道下面松亭洞大小民人等狀 壬寅 12月 日. "挾里龍井 則民戶凋殘 自前尤甚."

14) 『傳令』 己卯 四月 初八日. "異於民村 郞大民主事之洞."

15) 『上書』 道下面松亭洞大小民人等狀 壬寅 12月 日. "今肯當初面內之約束 挾里市邊二十餘戶空然棄置."

16) 『講信契帖』 「松蘿洞節目」 序文. "道下一面 分爲三洞 泉谷智興松亭也 一洞各附一小洞 而官錢及各項搖役分排不以平均 則每有折返 煩重洞役 不淑人人."

17) 『講信契帖』 「松蘿洞節目」 序文. "官錢及各項搖役 分排不以平均 則每有折返 煩重洞役 不淑人人 實爲與他洞自別."

마전(雇馬錢), 부사시목(府司柴木) 및 태가(馱價), 장교접대가(將校接待價), 문무신은전(文武新恩錢), 승걸립전(僧乞粒錢), 통기정전(統記情錢), 인구성책정전(人口成冊情錢) 등이 그것이며, 이러한 관전의 비납과 요역에 대한 응역(應役)이 한 개 동의 공동 책응(責應)으로 이루어지고 있었다는 점에서 동역으로 표현되고 있었다.[18)]

이러한 동역은 모두 지방재정에 충당되는 잡세로서 "이민호차제수봉(以民戶次弟收捧)"이라고 하여 호렴(戶斂)으로 운용되면서 세액은 면 단위의 총액제로 부과되고 있었고,[19)] 이는 다시 면내에서 동 단위로 나누어 분담되고 있었다. 즉 황장(黃腸) 및 그 운반을 위한 인력과 진영의 형구를 위한 고마전(雇馬錢)이 관가로부터 면 단위로 부과되고 있었으며,[20)] 부사시목을 마련하기 위한 담세호(擔稅戶)의 성책(成冊)하는 과정에서 면임(面任)의 작폐를 지적하는 정소(呈訴)의 내용에서 우리는 부사시목이 동계 단위로 나누어 분담되고 있었음을 보게 된다.[21)] 또한 통기정전(統記情錢)과 인구성책정전(人口成冊情錢)이 면임처(面任處)에서 수합되고 있으며,[22)] 더욱이 이러한 정전은 이민(吏民) 간에 공공입규(公共立規)로 정액되고 있다는 점에서 면내에서 동계를 단위로 분정되고 있음을 알 수 있으며, 승걸립전(僧乞粒錢)·문무신은전(文武新恩錢) 역시 동계 간의 합의로 절목이 마련되고 있다는 점에서 그 세액이 동계 간에 분정되고 있음을 알 수 있다.[23)]

---

18) 『講信契帖』「松蘿洞節目」序文.

19) 摠額制에 대해서는 金容燮, 1982, 「還穀制의 釐正과 社倉法」, 『東方學誌』 34가 참고됨.

20) 『講信契帖』「松蘿洞節目」. "一. 本面黃腸二立內一立智興洞擔當 一立曳運軍二十名. 一. 陣營刑具 則每年六月十五日 雇馬錢適時 本面五兩內 本洞一兩六錢七分(擔當)…一兩六錢七分智興洞擔當 一兩六錢七分泉谷洞擔當."

21) 『上書』 道下面松蘿亭洞化民鄭最燮等 戊戌 三月 日. "大抵 柴戶紊亂爭訟之弊 專由於面任輩捧賂幻弄之故也 自今以後 成冊一款永爲便不得入於面任之手."

22) 『講信契帖』「松蘿洞節目」. "一. 每年統記情錢 則每統五錢式 面任處出給爲齊. 一. 每年人口成冊情錢 二錢與革紙十張 出給于面任處爲齊."

23) 『士林稟目』 癸亥 十一月 日. "其情錢設始之初 考籍計費 而有鄕減吏減之名者 其後吏民共公立規也."

이처럼 호역으로서 운영되는 각종 동역이 관가로부터 면총(面摠)으로 부과되고 있었으며, 면총은 다시 동계를 단위로 분정이 요구되고 있었다는 점에서 이를 위한 평균분정이 요구되고 있었고, 실제로 동계 단위로 나누어 분담되는 세액은 '피차분반(彼此分半)'[24]의 형식으로 나누어지고 있었다는 점에서 호수를 기준으로 하는 동계 간의 세력균형이 모색되고 있었던 것이다.

한편 도하면에서 동계의 구성은 동계 간에 세력균형을 이룸으로써 관가로부터 부과되는 각종 동역의 평균분정을 위한 자구책이었지만, 그 자체로 관가로부터 파악되는 부세수취의 단위가 되었던 것은 아니며 수취의 단위는 면임(面任)과 이임(里任)으로 이어지는 향촌조직, 즉 동·촌·리였다.

〈표 2〉 부세관련 등장류(等狀類)[25]

	等 狀	年 代	作成者	內容
1	道下面松亭龍井兩洞居化民洪鍾八等	丙戌九月日	化民 8名	搖役
2	道下面松蘿龍井兩洞居民等狀	丙戌十月日	化民 10名	〃
3	道下面松亭龍井兩洞洞任洪德基李弼亨等	己亥正月日 龍井洞任 2名	松亭洞任 2名	柴役
4	道下面松亭龍井兩洞洞居大小民人等	己卯正月日	松亭 14名 龍井 3名	黃腸
5	道下面松亭龍井大小民人等	己卯閏三月日	松亭 8名 龍井 3名	〃
6	道下面松亭龍井民人等	己卯四月日	松亭 6名 龍井 4名	〃
7	道下面松亭龍井大小民人等	乙酉三月日	松亭 5名 龍井 2名	〃
8	道下面松亭龍井大小民人等	乙酉六月日	9名	〃

24) 『上書』 道下面松亭龍井洞居大小民人等 己卯 閏三月 日. "自古矣洞戶數 雖少加於智興洞 各項烟役 彼此分半."

25) 〈표 2〉는 〈표 1〉에서 정리함.

〈표 2〉는 요역의 분정과 비납에 관련된 등장류(等狀類)를 정리한 것이다. 여기에서 송정(松亭)·용정(龍井)은 대리(大里)와 소리(小里)의 관계로서 송정동계(松亭洞契)를 구성하고 있었지만, 관가에 정소(呈訴)되는 각종 등장에서는 양동(兩洞)의 대소민(大小民) 또는 동임(洞任)의 연명으로 상달되고 있을 뿐, 동계의 직임(職任), 즉 좌상(座上)·공원(公員)·차지(次知)의 연명으로 정소되는 등장류는 나타나지 않는다.[26] 이 점은 동계가 각종 동역의 비납과정에서 일정한 역할을 하고 있었지만, 그 자체로 관가로부터 파악되는 수취단위가 되었던 것은 아니며 그것은 동·촌·리였다는 점에서 이해되는 것이다.[27]

이러한 점에서 한 개 동의 공동책응으로 마련되는 각종 동역의 운용은 동계가 확인되는 정조 20년(1796)에 비로소 나타나는 것은 아니었으며 그 이전부터 진행되고 있었고, 여기에서도 대리(大里)·반촌(班村)은 동역을 마련해 내는 과정에서 주도적 역할을 하였을 것이다. 더욱이 이러한 각종 동역은 지역 또는 신분 간에 차등적으로 운용되고 있었다는 점을 고려할 때, 적어도 신분적 질서가 보다 안정적이었다고 할 수 있는 창계 이전의 시기에서는 대리·반촌의 역할이 더욱 비중을 가졌으리라 생각된다.

도하면에서 동계가 구성되는 직접적인 계기는 이러한 점에서 좀 더 구체적으로 설명되어야 할 것이며, 이와 관련하여 「송정동절목(松亭洞節目)」의 서문이 주목된다. 상업의 발달로 인한 경제적 변동과 각종 동역의 번중하고 과중함으로 말미암아 그 응역(應役)이 점차 감당하기 어려워지고 있었고, 또한 동역의 분정을 둘러싸고 동계 간에는 불균(不均)·고헐(苦歇)의 문제가 야기되고 있음이 지적된다.[28]

---

26) 洞契의 職任에 대해서는 '동계의 조직과 운영구조' 참조.

27) 조세수취와 面里의 운영은 앞의 김선경의 논문이 참조됨.

28) 『講信契帖』「松蘿洞節目」序文. "本洞介處 嶺海間一丸土 而東濱浦津 則行商居賈駁雜而撓撓 西經大路 則來賓往客多般而紛拏 北負官山 則禁伐運林浩煩而難堪."

향촌사회에서 표출되는 이러한 문제는 근본적으로 신분 · 지역적 차등 속에서 운영되는 조선왕조의 수취구조에서 발생되는 문제였지만 그것이 대리 간에서 발생하든 대리와 소리 간에 발생하든 일차적으로 한 개 동의 운영질서를 저해하는 요인으로 작용하고 있었으며, 이는 '대민주사지동(大民主事之洞)'으로서 한 개 면의 운용을 주도하였던 대리 · 반촌의 역할에 대한 소리 · 민촌의 저항 속에서 야기되는 문제이기도 하였다.

이러한 상황에서 구성되는 도하면에서의 동계는 동역의 분정에서 발생되는 향촌질서의 저해요인을 극복함으로써 대리 · 반촌 중심의 향촌질서를 유지하는데 그 목적을 두고 있다고 하겠다. 우리는 「송정동절목」을 통해 이를 확인할 수 있을 것이다. 즉 진영형구(陣營刑具)의 고마전(雇馬錢)이 면총(面摠)으로 5량이 부과되고 있으며, 이는 다시 동계를 단위로 일량육전칠분(一兩六錢七分)씩 분정되고 있다. 또한 동계로 분정된 일량육전칠분 내에서 동계를 구성하는 대리와 소리 간에는 용정에 사전이분, 시변(市邊)과 하평(下坪)에는 각각 삼전사분씩 분정되고 있으며, 여기에는 대리와 소리 간에 1/5의 비율로 대리 간에 형평이 모색되고 있다.[29)]

또한 「송정동절목」에는 동역의 분정절목과 아울러 양반 중심의 신분적 질서를 유지하기 위한 절목이 규정되고 있다.[30)] 어린 사람이 어른을 능욕하는 것보다 천한 사람이 양반을 능욕하는 것을 더욱 심하게 처벌하고 있으며, 반상 간에 형량이 차등을 보이고 있다는 점이다. 여기에서 우리는 동역의 분정은 동계 간에 '피차분반(彼此分半)'의 형식을 취하고 있으면서도 동계를 구성하고 있는 대리 중심의 향촌질서를 확인할 수 있

29) 『講信契帖』「松蘿洞節目」序文. "一. 陣營刑具 則每年六月十五日雇馬錢適時 本面五兩內 本洞一兩六錢七分內 四錢二分龍亭洞擔當 一兩六錢七分智興洞擔當 一兩六錢七分泉谷洞擔當事內龍井五分一定 故三錢四分式擔當事."

30) 『講信契帖』「松蘿洞節目」序文. "一. 以少凌長 無論曲直 班則撻楚二十度爲遣 常漢則笞三十度爲齊. 一. 以賤凌貴者 有甚於以少凌長之罪 倍之以罰爲齊."

으며, 아울러 양반 중심의 신분질서가 강요되고 있음을 볼 수 있다.

이상에서 살펴본 바와 같이 도하면에서의 동계의 구성은 동역을 마련하기 위한 공동책역(共同責役) 아래에서 면총(面摠)의 분정과정에서 발생되는 불균 · 고헐 현상으로 인한 반상 · 지역 간의 분쟁으로부터 양반의 상민에 대한 대리의 소리에 대한 긴박관계를 유지하기 위한 안집책(安集策)이었다고 하겠다.

3. 동계의 조직과 운영구조

우리는 앞서 도하면에서 동계조직이 한정된 동역(洞役)의 분정과 비납을 위해 공시적으로 조직되고 있었고, 그것은 대리 · 반촌 중심의 향촌질서를 유지하기 위한 자구책이었음을 살펴보았다.

도하면에서의 동계조직은 이러한 목적을 이행하기 위한 동계의 내적인 운영구조와 아울러 동역분정을 위한 동계 간의 운영구조가 요구되고 있었으며, 이러한 운영구조는 동계의 구성이 면리제(面里制)에 기초하고 있고 관가로부터 파악되고 있는 수취 단위 또한 면과 리를 그 단위로 하고 있다는 점에서, 그 운영구조 또한 면리제를 근간으로 하는 향촌사회의 운영구조와 별개의 것으로 구분되는 것은 아니었다.

따라서 동계조직을 둘러싼 내외의 운영구조가 갖는 의미는 동계를 주도하는 계층의 목적성을 띠고 있는 의도의 반영이라는 시각에서 설명될 수 있을 것이다.

(1) 동계의 운영구조

도하면에서 동계의 운용은 좌상(座上)(洞中 · 會中) 3~4인, 공원(公員) 1인, 차지(次知) 2인으로 구성되는 직임조직에 의해 주도되고 있으며,[31] 동계 운용의 핵심기구로 동회(洞會)를 두고 있다.[32] 동회는 각종 정소류(呈訴類)에서 '채상하지지(採上下之志)'[33] '근착자지공의(根着者之公議)'[34] '대소민인제성의송(大小民人齊聲議送)'[35] 등으로 표현되듯이 동론(洞論)을 수렴하는 회의체였으며, 아울러 수렴된 동론을 공지하는 회의체로서 동민의 전원 참석을 원칙으로 구성되며, 연중 11월에 주로 열리고 있으나 다루어질 사안의 성격에 따라 수시로 열리기도 하였다.

다음에서 송정동계의 절목(節目)을 통해 동계 직임의 역할을 살펴보고자 한다. 동역의 분정과 응역 과정에서 고헐·불균 문제로 발생되는 갈등을 해소하기 위해 병오년(헌종 12년)에 「송정동절목」이 마련되면서 절목의 설정 배경을 밝혀주는 서문에서 동임(洞任)의 역할이 구분되고 있음을 볼 수 있다.[36] 즉 동역(洞役)을 마련하기 위한 실무적 역할이 동임에 차정되고 있으며, 동계의 직임에 의해 동역의 마련을 위한 동절목이 규정되고 있는 것이다.[37] 따라서 「송정동절목」의 분석을 통해 동계 직임의 역할과 위상을 분석하고 다음으로 각종 정소류의 분석을 통해 동임의 위상과 역할을 설정해 봄으로써 동계 운영구조의 이해에 접근해 보고자 한다.

병오년의 「송정동절목」은 진사(進士) 김종인(金宗寅, 1793~?)에 의해 초안되고 있으며,[38] 동임(洞任) 3명, 동중(洞中) 7명, 동말(洞末) 3명 등

31) 『講信契帖』「松蘿洞節目」序文.
座上 ; 金(수결)·崔(수결)·金(수결)·崔(수결)
公員 ; 洪伯基
次知 ; 洪桂燮·崔翼崇
32) 『講信契帖』「松蘿洞節目」序文. "洞會時 無故不參之員 無論上下 罰錢一錢式徵捧事."
33) 『上書』道下面松蘿亭洞化民洪益澄等 乙未 八月 日.
34) 『上書』道下面各洞洞任爲論報事 任午 二月 日.
35) 『稟目』南北大小民人等稟目 辛酉 八月 日.
36) 『講信契帖』「松蘿洞節目」序文. "曾無一字之記蹟常規 去年所當之搖役 今年未知其輕重 昔日所行之綱紀 今日未知其頭緒 則不經事洞任者 當其每事 窘急難行 而究其曾行之規 思其用之節 故若干列錄于左."
37) 面·里任층의 역할에 대해서는 김선경의 앞의 논문 pp.58~69 참조.
38) 『講信契帖』「松蘿洞節目」序文. "道光二十六年 丙午八月 日 金宗寅撰 崔始榮書."

13명으로 구성되는 회의체에서 추인되는 과정을 거쳐 확정되고 있다.[39] 동절목의 서문에서 시사하듯이 이들이 동계의 직임층임에 의심의 여지가 없으며 또한 대민(大民)과 소민(小民), 화민(化民)과 소민(小民)으로 구분되는 정소류에서 이들이 대민과 화민으로 분류되고 있다는 점에서 그 신분이 양반임을 알 수 있다.[40]

이렇듯 양반들로 구성되는 직임층에 의해 마련되는 절목은 동역의 마련에 관한 10개 항목, 즉 황장(黃腸) 및 예운군(曳運軍)에 관한 1개 항목, 진영형구(陣營刑具)의 고마전(雇馬錢)에 관한 1개 항목, 부사시목(府司柴木)에 관한 1개 항목, 장교접대(將校接待)에 관한 1개 항목, 문무신은전(文武新恩錢)에 관한 2개 항목, 승걸립전(僧乞粒錢)에 관한 2개 항목, 정전(情錢)에 관한 2개 항목 등이 그것이다. 그리고 잡기를 범하는 자(雜技犯禁者)·술을 금지하라는 규칙을 어긴 자(酒禁偉令者)·술에 취하여 마을을 어지럽힌 자(酗酒作拏橫行閭里者)·어린 자가 어른을 능욕한 자(以少凌長者)·천한 자가 귀한 자를 능욕한 자(以賤凌貴者)·친척 간에 불목한 자(親戚不睦者)·동회에 이유없이 불참한 자(洞會時無故不參者)·소나무를 함부로 벤 자(本山松林偸斫者) 등 동령(洞令)을 어긴 자에 대한 벌칙 8개 항목이 있다. 이로써 전체 18개 항목으로 규정되고 있다.[41]

여기에서 동역에 관한 절목은 그 서문에서 밝혀지듯이 지금까지 전개되어온 관행에 기초하여 성문화된 것으로서 또한 타동계(他洞契)와의 상

---

39) 『講信契帖』「松蘿洞節目」. "洞任 : 金時鼎, 洪伯基, 金時元, 洞中 : 金應澈, 崔翼禎, 金運祥, 崔時範, 金時建, 洪一基, 洪秉義, 洞末 : 尹聖福, 金宗達, 金寬祿."

40) 여기서 '등장'의 聯名의 차례를 하나 제시하고자 한다.

道下面松亭洞大小民人等狀

右謹言 伏惟大凡人 有疾痛之極 則必呼父母…千萬祝手 望良爲只爲 行下向 敎是事 城主 處分

壬寅十二月 日 化民 金仁奎
崔翼濟
小民 尹成福
金完達
等.

41) 『講信契帖』「松蘿洞節目」.

대적인 성격을 갖는다는 점에서 창계 이래의 면모를 시사하는 것이라 할 수 있으며,[42] 여기에 동령을 어긴 자에 대한 행형(行刑)절목이 겸해서 규정되고 있음을 볼 수 있다.

〈표 3〉「송라동절목(松蘿洞節目)」의 시벌(施罰)[43]

내 용	벌 칙	
① 洞會時無故不參之員	上下無論罰錢一錢式	
② 本山松林偸斫者	笞 捧贖	20度 每株時價甲折
③ 各樣雜技犯禁者 各樣雜技接主人	笞 捧贖 笞 捧贖	20度 1兩 30度 2兩
④ 本洞酒禁偉令者	笞 捧贖	20度 1兩
⑤ 以少凌長無論曲直	兩班 常漢	달초 20度 笞 30度
⑥ 以賤凌貴者	以少凌貴之罪 倍之	
⑦ 親戚不睦與隣里不和者	以賤凌貴之罪 重罰	
⑧ 班常間酗酒作拏 橫行閭里 誰非大 端事 籍其酒力 公然起釁無端詬辱者	笞	50度

〈표 3〉의 행형절목에서 보듯이 비록 주현향약(州縣鄕約)에서 규정되고 있었던 시벌(施罰)에서보다는 반상 간에 차등적용이 완화되고 있었다는 점에서 시대적 성격이 반영되고 있었지만,[44] ⑤⑥⑦에서 보듯이 여전히 반상 간에 신분적 질서는 강요되고 있으며, 이러한 신분적 차등은 동역의 분정과 비납 과정에서도 강요되고 있었다. 즉 앞서 지적한 바와 같이 동역을 분정하면서 동계 간에는 피차분반(彼此分半)의 형식으로 균

42) 『講信契帖』「松蘿洞節目」.

43) 『講信契帖』「松蘿洞節目」에서 정리함.

44) 이규대, 1998, 「17세기 江陵地方의 士族과 鄕約組織」, 『嶺東文化』 3의 p.78에서 지적되는 '睦隣契憲' 의 施罰條 참조.

형이 모색되면서도 동계를 구성하는 대리와 소리 간에는 대리를 중심으로 일정한 비율로 형평이 모색되고 있었다. 장교접대(將校接待)는 소리(동)에서만 부담하도록 하여 대리(大里)·반촌(班村)의 입장이 일정하게 반영되고 있음을 살필 수 있으며,[45] 이러한 점은 동계 간 동역의 분정에서 반촌에 권력이 있어 그러하다는 점이 역설되고 있다는 데서도 살필 수 있겠다.[46]

이상에서 살펴본 바와 같이 동계의 직임은 양반들로 구성되었고, 이들은 동회(洞會)를 주관하면서 동계의 운용을 위한 동론(洞論)을 수렴하는 과정에서 자신들의 입장을 일정하게 반영하고 있었다고 하겠다.

다음으로 동역(洞役)의 마련을 위한 실무적 역할을 담당하고 있었던 동임(洞任)의 역할과 위상에 대해 살펴보고자 한다.

동임은 동계를 구성하고 있는 대리(大里)와 소리(小里)에 각각 별도로 임명되고 있음을 등장류에서 살필 수 있으며,[47] 이는 동·리가 조세를 분배하고 마련해 내는 운영단위가 되면서 그 실무적인 역할을 수행하고 있었다는 데 기인하는 것으로 보인다.

동계를 구성하는 두 개 동의 동임(洞任)이 별도로 임명되고 있었지만 용정동(龍井洞)의 동임 이필형(李弼亨)이 동계의 차지(次知)에 임명되고 있으며,[48] 또한 송정동(松亭洞)의 동임이었던 홍백기(洪伯基)는 동계의 공원(公員)[49]으로 임명되고 있다는 점에서 동임이 동계의 직임 중에서 공원과 차지로 겸임될 수 있었으며, 이들은 좌목(座目)에서도 동계의 좌상(座上)과 같은 반열에 올라 있다는 점에서 그 신분이 양반임을 알 수 있다.

---

45) 『講信契帖』「松蘿洞節目」. "將校接待 則自小洞中 擔當爲齊."

46) 『等狀』 道下面松亭洞大小民人等狀 壬寅 十二月 日. "誠非以班民之多 而有權力而然也."

47) 『等狀』 道下面松亭龍井兩洞洞任洪德基李弼亨等 己亥 正月 日. "松亭洞任 : 洪德基, 洪秉燕, 龍井洞任 : 李弼亨, 金達彦."

48) 『等狀』 道下面松蘿亭洞化民鄭最燮等 戊戌 三月 日. "龍井洞次知 : 李弼亨."

49) 『講信契帖』「松蘿洞節目」.

〈표 4〉 암장사(暗葬事)에 관한 등장(等狀)[50)]

	等 狀	年 代	作 成 者
1	道下面松蘿亭洞化民洪益澄等	乙未八月日	化民48名 · 小民54名
2	道下面松亭洞化民金應澈等	丁未五月日	化民62名 · 小民62名
3	道下面松亭洞大小民人等	甲子三月日	化民54名 · 小民55名
4	道下面松亭洞洞任書目	甲子四月初八日	洞任 金 · 洪
5	松亭洞洞任書目	甲子四月十三日	洞任 金 · 洪
6	松亭洞洞任書目	甲子四月十五日	洞任 洪 · 金
7	道下面松亭洞大小民人等	乙丑四月日	化民55名 · 小民40名
8	道下面松亭洞大小民人等	己巳四月日	化民40名 · 小民17名
9	道下面松亭洞大小民人等	甲戌二月日	化民25名 · 小民45名
10	道下面松亭洞大小民等	丙申十一月日	化民84名

일동(一洞)에서의 동임(洞任)의 위치와 역할을 송정동의 암장사(暗葬事)로 인한 산송(山訟)문제에 대한 정소류(呈訴類)를 통해서 구체적으로 살펴보고자 한다.

〈표 4〉는 송정동의 주산(主山)과 안산(案山)에서 발생된 암장사로 인한 정소류를 시대 순으로 정리한 것이다. 주산과 안산은 일동의 안위와 직결되는 '요해지처(要害之處)' 로 인식되고 있었으며,[51)] 순조 28년에는 향중(鄕中)의 공론으로 성암(省菴) 김효원(金孝元)과 미수(眉叟) 허목(許穆)의 신위를 봉사하는 경행사(景行祠)가 안산으로 옮겨 건립되면서 '비범지지(非凡之地)' 로 인식됨으로써 금장(禁葬)이 요구되고 있었다.[52)] 따라서 이곳에 대한 범장(犯葬)은 공동체에 미칠 폐해를 우려한다는 명분으로 이장(移葬)이 강요되고 있었으며,[53)] 이를 위해 일동의 공론으로 정

50) 주 5)에서 정리함.

51) 『等狀』 道下面松亭洞大小民人等 乙丑 四月 日. "禁葬之典 爲死人墳墓也 爲生民居村也 雖十室之洞 猶爲禁斷 況百餘戶大村乎 且要害之處 莫如之脈與案山也."

52) 『等狀』 道下面松亭洞化民金應澈等 丁未 五月 日. "鄕中 以矣洞所建景行祠 省菴金先生 眉叟許先生 兩位安靈之所 案山是如 齊起幷禁."

53) 『等狀』 道下面松亭洞化民金應澈等 丁未 五月 日. "一. 以杜日後濫生不測之意, 一. 以獎邑民慕賢之誠. 一. 以無利一害萬之地."

소류가 작성되고 있었다.

이러한 정소류는 〈표 4〉의 1, 2, 3, 7, 8, 9, 10에서와 같이 대소민인(大小民人)의 연명으로 정소되고 있었지만, 4, 5, 6에서와 같이 같은 사안이 거듭 정소되는 경우에는 동임의 연명으로 상달되고 있다.

한편 통분(統分)으로 운용되고 있던 환곡의 감통(減統)을 요구하는 정소류에서도 역시 동임의 연명으로 정소되고 있으며,[54] 환곡의 운영을 위해 통수(統數)를 더 마련할 것을 요구하는 전령(傳令)에 대해서는 각 동의 동임의 연명으로 환통(還統)을 늘릴 수 없음을 정소하고 있다.[55]

이러한 점에서 동임은 적어도 일동을 대표하는 역할과 위치에 있었다고 할 것이며, 이러한 위치는 동내적(洞內的)인 역할의 비중에 근거하는 것으로서, 시목(柴木)의 담세호인 시호(柴戶)의 선정과 성책납상(成册納上)이 동임(洞任)의 역할로 나타나고 있으며,[56] 이러한 실질적인 역할에 기인하여 세액의 연체로 말미암아 면임(面任)과 동임(洞任)이 관부로부터 추궁당하고 있었다고 하겠으며,[57] 이러한 점은 동임의 역할이 부세 전반에 걸쳐 실무적인 역할을 수행하고 있었다고 보여지는 것이기도 하다.

이와 같이 일동(一洞)을 대표하는 위치에서 동역(洞役)의 운영을 위한 실무적인 역할을 하고 있던 동임은 면리편제에 따라 동계를 구성하는 대리(大里)와 소리(小里)에 각각 구분하여 임명됨으로써 동계의 직임과는 구분되고 있었으며, 그러면서도 이들은 겸임될 수 있었다. 동임과 직임의 이러한 관계는 향촌사회에서의 역할문제로서 이들이 모두 동계 내적인 입장을 대변하는 실질적인 위치였다는 점에서는 일치하고 있었으나 동

---

54) 『書目』 松蘿亭洞任書目 庚午 十二月 日. "本洞還統數爻 七統二戶 而當此水災田畓闌失 猶獨尤甚 故一統減給緣由事."

55) 『論報』 道下面各洞洞任爲論報事 壬午 二月 日. "泉谷洞洞任 金(手結) 朴(手結), 智興洞洞任 金(手結) 洪(手結)' 松亭洞洞任 崔(手結) 金(手結) 洪(手結)."

56) 『等狀』 道下面松亭龍井兩洞洞任洪德基李弼亨等 己亥 正月 日. "(柴戶) 成册 自該洞任修正 而元數中 若有難堪戶 則亦其洞塡代是白齊."

57) 『騎軍布新定式常行報草謄錄』 傳令 九月 日. "傳令各面面任各洞洞任等 爲星火來納事 … 若如前愆滯 則各該面洞任 當杖囚督捧知悉擧行 宜當向事."

계의 좌상(座上)을 비롯한 직임은 관가와의 직접적인 관계가 설정되지 않고 있었던 데 반해 동임은 면임과 더불어 관가로부터 직접적인 통제의 대상이 되고 있었다는 데 연유하는 것이라 하겠다.

한편 동임과 직임은 동역의 운용에서 실질적인 역할을 하고 있었고 이들은 같은 신분으로서 동계의 창계 이래로 철종 7년(1856)까지의 좌목(座目)에서 좌상(座上) · 공원(公員) · 차지(次知) 그리고 동임(洞任)이 모두 같은 반열에 등재되고 있었다. 그러나 이후의 좌목에서는 좌상만 등재되고 있을 뿐, 동임이 겸임될 수 있었던 공원과 차지가 등재되지 않고 있음이 주목되며,[58] 이러한 변화는 창계 과정에서 공원 · 차지 · 동임이 모두 양반 중에서 임명되고 있었음을 감안할 때, 그 신분상의 변화를 의미하는 것으로, 이는 향촌사회 내부의 변화를 수용하는 것으로 볼 수 있을 것이다.

향촌사회 내부의 변화와 관련하여서는 다음에서 살필 수 있다. 즉 송정동계를 구성하고 있는 대리(大里)와 소리(小里) 간의 초신(樵薪)의 채취를 둘러싼 갈등을 보여주는 내용으로, 그것은 표면적으로는 용정동에 소재한 용장산(龍場山)에 대한 송정동 초부(樵夫)의 채신(採薪)활동에 대하여 용정동에서 이를 금지하고 나섬으로 양동(兩洞) 간에 갈등이 빚어지고 있지만, 여기에는 양동 간의 이해관계가 일정하게 반영되고 있었다. 즉 송정동의 송전(松田)은 한 개 면의 방풍(防風)역할을 하고 있다는 점에서 용장산에 대한 채신(採薪)을 주장하고 있지만, 용정동은 잡목을 채취하여 염막(鹽幕)과 시장에 내어서 이재(利財)를 삼고 있었던 데서 송정동의 채신을 금지하고 나선 것이다.[59]

---

58) 『講信契帖』「松蘿洞節目」의 乙亥年(1875)에서 座上 鄭(수결) · 洪(수결) · 金(수결)만 등재될 뿐, 公員과 次知는 등재되지 않음을 볼 수 있다.

59) 『等狀』 道下面松蘿村居民洪益弼等 庚午 正月 日. "村(松蘿村) 之北有龍場山 四面周回數十餘里 列立稺松 其數不億 許多樵夫 或斫枯枝 或剪疎葉 擔負還歸之祭 本村(龍井洞)樵輩成群聚黨 遮路斧斤剝擊鎌鉤 燒枝於街上 灰葉於路邊 詬辱之說 恐喝之談 不忍目擊而耳聽也 然而苟無盼子之威 則寧可禁人 雖有絞民之力 亦未免禁人 採樵之憂 則何況么麼一村民松山乎."

한편 이러한 두 개 동 간의 갈등이 신분적 질서의 강요만으로는 해결될 수 없음을 지적하고 있으며, 급기야는 송정동으로부터 용정동을 비롯한 각처의 사양산(私養山)에 대하여 허가 없이도 채신할 수 있도록 전령(傳令)하여 줄 것을 정소하기에 이르고 있다.

이처럼 비록 동역의 분정을 위해 합동(合洞)의 형태로 동계가 구성되고 있었지만 점차로 동계 내적으로 대리(大里)와 소리(小里) 간의 이해관계가 대립되면서 대리 양반 중심의 동계운영이 동요되고 있었다고 하겠으며, 동역의 운용에서 비록 한정된 기찰결막(機察結幕)의 장교접대를 위한 수곡(收穀)문제에서 분동(分洞)이 요구되고 있었으며, 또한 면총(面摠)으로 부과되던 세액이 동 단위로 정액되는 형태로 발전하고 있었다.[60)]

동계 내적인 이러한 변화는 동계의 운영구조 속에서 직임의 역할, 즉 동역의 분정과 비납과정에서 대리 · 양반의 입지를 약화시키고 상대적으로 동임의 역할을 강화시키는 결과를 초래하고 있었으며, 이는 직임과 동임이 갖는 역할의 분화현상을 심화시키는 것으로 파악되며, 하민 · 소리(小里)의 입지가 상대적으로 강화되고 있음을 보여주는 것이라 하겠다.

동임의 신분상의 변화는 이와 같이 동임의 역할이 강화되면서 동계 간에 동역의 분정을 통해 모색되고 있었던 신분질서의 유지보다는 각 동 · 리의 이해관계에 집착하는 향촌사회 내부의 변화에 기인하는 것이라 하겠으며, 이와 관련하여 소위 중하배(中下輩)로서 신향(新鄕)이라 모칭되었던 새로운 계층이 주목되며, 이들은 부세의 동 · 리 단위의 공동책응(共同責應)이 강화되는 상황에서 동역의 분정을 통한 동계 간의 신분적 질서의 유지보다는 일동(一洞)의 이해관계를 대변하는 입장에서 동역을 마련해내는 실질적 역할을 하면서 동임에 임명되고 있었다고 생각된다.[61)]

---

60) 『書目』 松蘿洞書目 庚午 十二月 日. "龍井洞民呈狀題音處 面任捉送是遣 機察結幕 將校接待 收穀等事 分洞以後 區別緣由事."

61) 金秉諧, 『蓮坡艸藁』 卷十 鄉校梧桐記. "翌年丙午(憲宗 12年) 境內中下輩 冒稱新儒 以鄉中通錄事 出沒京鄉 少尉 一鄉世家 擧皆家傾產敗."

이상에서 살펴본 바와 같이 동계의 내적인 운영구조는 동계의 직임과 동임으로 구분되고 있으며, 이러한 운영구조 속에서 향촌지배세력으로서 양반들은 창계 과정에서 그들의 영향력을 일정하게 동론(洞論)으로 반영하면서 대리 · 양반 중심의 운영을 주도하고 있었지만, 19세기 중반 이후 사회경제적인 변화에 조응하여 동계를 구성하는 대리와 소리 간에 이해관계가 대립되면서 동임의 역할이 강화되고 있었고, 이는 동계의 운영구조 속에서 하민 · 소리의 입지가 강화되고 있음을 반영하는 것이었다.

(2) 동계 간의 운영구조

도하면(道下面)에서 동 · 리의 조직이 수취체계의 말단조직으로 세액의 분정과 비납과정에서 공동책응의 단위로 운영되면서, 이를 위해 면내의 약속으로 세 개의 동계가 구성되고 있음은 그 자체로 면내에서의 세력관계를 반영하는 것으로, 이들 동계 간에는 동역의 분정과 비납을 위한 운영구조가 요구되고 있었으며, 그것은 면회(面會)를 통해 이루어지고 있었다.[62]

면회에서는 관가로부터 면을 단위로 부과되는 세액인 면총(面摠)을 동계를 단위로 분정하고 있었다는 점에서 면임(面任)과 동계의 공원(公員)과 차지(次知)를 겸임할 수 있었던 각 동 · 리의 동임(洞任)으로 구성되고 있었다고 보여지며, 여기에서 합의된 내용은 각 동계의 동론(洞論)에 기초한 면규(面規)로 설정되어 그 운용에 기준이 되고 있었다.[63]

동계 간의 운영구조로서 면회(面會)를 통해 설정된 동역의 분정을 위한 동규는 동계 간의 세력의 형평을 기초로 하면서 피차분반(彼此分半)

62) 『等狀』 道下面松蘿洞鰥寡孤獨等狀 戊戌 二月 日. "不意令者 本洞以柴戶事 與智興洞 累次年會是如可 稱以矣徒等 亦入於烟戶 摘扦中是如是遣."

63) 『等狀』 道下面松蘿洞鰥寡孤獨等狀 戊戌 二月 日. "自古聖人及賢守長 無不愛之恤之是去乙 今此洞論與面規 有何委折是旀 有何執見是隱喩 不務可務之民 不恤可恤之民 而反欲分實戶之役於此等殘弱之戶."

을 내용으로 규정되고 있었음을 앞서 살펴보았거니와, 그것은 담세호(擔稅戶)의 성책납상(成册納上)으로 구체화되어 실현되고 있었다. 이를 부사시목(府司柴木)의 비납과정을 통해 살펴보면, 송정동계에 140타(馱)가 동계 간에 합으로 분정되고 있으며, 이는 면규로서 의미를 갖는다. 이 중에서 송정이 110타, 용정이 30타로 동계 내적으로 다시 분정되고 있다.[64]

시호(柴戶)의 성책납상(成册納上) 과정에서 면임(面任)에 의해 자행되는 작폐를 시정하기 위해 무술년(헌종 4년) 송정동에서 등장(等狀)이 작성되고 있으며,[65] 작폐를 시정하기 위해 두 개의 편의절목(便宜節目)이 마련되고 있다.[66] 여기에서 우리는 시호의 성책납상이 면임의 역할로 비정되고 있었음을 확인할 수 있으며, 시호의 성책은 매 식년마다 2건이 작성되어 관가의 답인(踏印)을 경유한 후에 한 건은 관사(官司)에 보관되고 한 건은 면임처(面任處)에 보관되어 각 동계의 부사시목을 마련하기 위한 면규가 갖는 규정력의 근거가 되고 있음을 볼 수 있다.

한편 이처럼 담세호의 성책납상으로 구체화되는 면규는 그 자체로 각 동계의 동론에 기초한 동계 간의 합의로 가능할 수 있었지만, 여기에는 앞서 살핀 바와 같이 반상(班常)·대리(大里)·소리(小里) 간의 이해관계가 반영되는 일정한 사회적 조건에서 가능한 것이었다. 따라서 면규는 세원(稅源)으로서 의미를 갖는 사회적 조건의 변화에 기초하여 다분히 재조정되어야 할 성질의 것이었으며, 이는 동계 간의 세력변동에 따라 동역의 상대적인 불균(不均)·고헐(苦歇) 현상을 극복하기 위한 노력이었다.

64) 『講信契帖』「松蘿洞節目」. "府司柴木 則每年一百四十馱內 本洞(松亭) 一百十馱擔當 龍井洞 則三十馱擔當."

65) 『等狀』道下面松蘿亭洞化民鄭最燮等 戊戌 三月 日. "右謹言 矣洞以柴戶事 昨日呈狀題音據 六戶減除是乎乙遣 其餘貳拾陸戶修成册納上是乎矣 大抵柴戶紊亂爭訟之弊 專由於面任輩 捧賂幻弄之故也 自今以後 成册一款 永爲使不得入於面任之手."

66) 『等狀』道下面松蘿亭洞化民鄭最燮等 戊戌 三月 日. "一. 成册不待式年 每臘月 自洞任修上 是白齊. 一. 成册二件踏印後 一置府司 一置本洞是白齊."

여기에서 면규 설정의 전제가 되었던 사회적 조건의 변화와 관련하여 두 가지 측면에서 살펴보고자 한다.

먼저 세원으로서 의미를 갖는 민의 동향을 지적할 수 있다.[67] 즉 수취체계의 말단에서 각종 부담을 직접 담당하고 있었던 피지배층으로서 민은 과중한 부세와 이서배(吏胥輩)의 중간수탈로부터 벗어나기 위해 자구책으로 역(役)이 헐(歇)한 곳으로 이주하고 있다.[68] 즉 천곡동(泉谷洞)의 지경(地境)이 환곡(還穀)과 군정(軍丁)이 예감(例減)됨으로써 군역을 모피(謀避)하려는 자들이 지경에 모여들고 있음이 지적되고 있다. 또한 일체 도피함으로써 그 부담을 벗어나고 있었다.[69]

이러한 민의 이주와 유산(流散)은 동역(洞役)의 공동책응 아래서 근착자(根着者)들의 부담을 가중시키는 것으로서 동계 간에 상대적인 불균·고헐을 야기하고 있었다는 점에서 면규의 재조정을 위한 사회적 조건으로 작용하고 있었다.

다음으로 동역의 평균분정에 대한 인식의 전환을 지적할 수 있다. 즉 동역분정의 형평을 모색하기 위해 동계가 구성되면서도 동계 간의 분정대상이 되었던 동역은 면총으로 부과되는 세목에 한정된 것이었으며, 특정한 동·리에 부과되었던 동역, 즉 별역(別役)은 '신불입고불락(新不入古不落)' 이라는 명분으로 동계 간의 분정대상에서 제외되고 있었다.[70]

이러한 한정된 동역의 분정방식은 창계 과정에서는 수용되고 있었으나 점차로 동계 간에 분정의 대상에서 제외되었던 소위 별역이 분정의 대상으로 총체적으로 파악됨으로써 편고지역(偏苦之役)으로 인식되고 있

67) 民隱에 따른 民의 동향에 대해서는 安秉旭의 앞의 논문이 참고됨.

68) 『等狀』 道下面松亭龍井洞居化民洪鐘八等 丙戌 九月 日. "越自丙辰以後 許多軍丁 沒數永頉是遣逮至丙寅 莫重還穀 亦爲永不受食之竟 成出完文 則各面之謀避軍役者 聞風多接子地境."

69) 『牒呈』 道下面松亭洞大小民人等爲牒報事 壬辰 五月 日. "當歉歲 或擔負而移他 或採葛次撤家而入峽 則便同十室九空 目今景象."

70) 『等狀』 道下面松亭龍井洞居化民洪鐘八等 丙戌 九月 日. "闖生奸計 十里之外他洞 創出無前之役俗 所謂新不入古不落之說 果安安在哉."

다는 점에서 면규의 재조정을 위한 사회적 조건으로 작용하고 있었다.[71)]

그러나 이러한 사회적 조건의 변화에 따른 면규의 재조정 필요에도 불구하고 동계 간의 동역비납(洞役備納)의 규정력을 갖는 담세호의 성책납상(成册納上)은 식년(式年)마다 조정될 뿐이었고, 별역의 문제는 여전히 분정의 대상에서 제외되고 있었다는 점에서 그것은 결코 용이한 일이 아니었으며, 이러한 상황에서 동역에 대한 동계 간의 분정은 기존의 면규가 관행적으로 적용되고 있었다.[72)]

동계 간의 운영구조가 갖는 이러한 한계에 대응하는 각 동계의 자구책은 서목(書目) · 품목(稟目) · 등장(等狀) 등의 형식으로 집단적인 의사를 관가에 상달하여 관철시킴으로서 극복해 가고 있었다.[73)] 각 동 단위로 환통(還統)의 감급(減給)이 이루어지는 양상은 각 동계의 자구책을 보여주는 사례가 될 것이다.[74)]

그러나 각 동계의 자체적인 이러한 자구책은 '피차분반(彼此分半)'의 형식으로 동계 간의 균형이 모색되는 입장에서 각종 역(役)의 종류가 총체적으로 파악되면서 동계 간의 불균 · 고헐의 현상을 심화시키는 결과를 초래하는 것이었다.[75)]

---

71) 『等狀』 道下面松亭洞大小民人等狀 壬寅 十二月 日. "諸般應役 多有不同 泉谷則大小官行次支站之處 故軍丁與還統雜役 擧皆減是遣 松亭則介處於海濱 大路邊唐峙底 故大小官行次轎軍 蔚陵島搜討及漕運時 候望守直炬火 傳達夜望軍 官山松林斫運往來將校接待 盜賊結幕守直 捉虎陷穽等役 已上九條 此皆智興洞所之役也 盡是本洞苦之役也."

72) 『等狀』 道下面松亭龍井民人等 己卯 四月 日. "兩洞各一立式 各各曳運 旣有幾百年流來之規…本面智興洞 不顧已定之規."

73) 『書目』 道下面松亭洞任書目 壬寅 二月 日. "本洞所受還三統二戶內 三戶以時氣死亡 比他尤甚之故 永爲頉減緣由事." 이는 一洞의 자구책의 예가 될 수 있을 것이다.

74) 『論報』 道下面各洞洞任爲論報事 壬午 二月 日. "本面殷 與他面里自別者 當初以三十統定式受還矣 中年以來 他境洞七統殷以搖役成宗文減給是遣 下坪洞一統殷 陸海幷居人民凋殘是如因以減給 龍井村二統殷 以塘峙轎軍偏若是如 亦爲減給 市邊一統殷 居在路邊是如 斗護減給 智興洞二統殷 人民凋殘戶數漸縮 故從實減給是遣 松亭洞則居在浦邊 累經水災 半失田土 勢窮力盡 不勝堪當 故減給二統 則通以計之十五統 減摠良以此也."

75) 『等狀』 道下面松亭龍井大小民人等 己卯 閏三月 日. "彼洞所訴內 羅雁洞傳遞夜望全當云然羅雁洞亦以沿路之致 自邑永減還上 則豈可與矣洞偏苦之役比也."

한편 이상에서 살펴 본 바와 같이 동계 간의 운영구조는 동역의 분정과 관련하여 면규의 재조정이라는 측면에서는 그 한계를 노정하고 있었지만, 관가의 하수로서 말단행정을 맡고 있는 이서배(吏胥輩)의 중간수탈과 관가의 무절제한 수탈의 강요에 대해서는 동계 간의 합의에 의한 공동대응책이 마련되고 있었다.

가령 순조 3년(1803) 『사림품목(士林稟目)』에서 당초에 고적계비(考籍計費)로 이민(吏民) 간에 공공입규(公共立規)로 정식(定式)되었던 호적정전(戶籍情錢)이 1전5분에서 2전7분으로 등귀되고 있음을 지적하면서 담당 이배(吏輩)의 향감(鄕減)·이감(吏減)을 구실삼은 면리에서의 횡포가 사림에게 욕보이는 것이 그지없음을 지적하고 있으며,[76] 이에 대하여 향감과 이감의 명색(名色)을 혁파하고 정전은 매호 1전씩으로 정하자는 합의점을 도출하여 제안하고 있다.[77]

헌종 15년(1849)의 품목(稟目)에서는 기존의 읍창(邑倉)과 외창(外倉)에 대한 고자낙곡(庫子落穀) 외에 색리낙곡(色吏落穀)이 새로이 규정되었는데,[78] 여기에서 색리낙곡의 창출은 세월이 흐를수록 법이 해이해져 함부로 징수하는 폐단이 발생할 것이며 장차 담당 색리(色吏)의 이굴(利窟)이 될 것이라는 점이 지적되고 있으며,[79] 이에 대하여 색리낙곡의 폐지와 고자낙곡(庫子落穀)의 절목을 다시 정하자는 공동대응책이 모색되어 제안되고 있다.[80]

---

76) 『士林稟目』 癸亥 十一月 日. “挽近人心不古是喩 情費跳登是喩 曾以一錢五分式磨捧矣 漸至于二錢七分之多 則村居之民 未知其情僞 硏該吏輩恐喝無比 任自存拔輪市面里 少尉鄕減者 爲其羞辱 莫此爲甚 則不知無其鄕減之名.”

77) 『士林稟目』 癸亥 十一月 日. “玆敢齊籲 革其鄕減與吏減之名色 情錢殷 每戶一錢定式磨捧緣由稟報事.”

78) 『稟目』 北三面大小民人稟目 己酉 十月 日. “庫子落穀 毋論邑倉與外倉 素有定式是乎矣 致於色吏 初無落穀是乎加尼 今此官廳色落穀創出 還爲後弊是乎…”

79) 『稟目』 北三面大小民人稟目 己酉 十月 日. “且夫新令之初 概木情捧是乎乃 歲久法弛 斗斛濫捧之弊 必不可無也 此後斗斛之濫 節目之數 反爲結民之痼瘼 俱是該色之利窟 民何以支保乎.”

80) 『稟目』 北三面大小民人稟目 己酉 十月 日. “色吏落穀殷 永爲勿論是遣 庫子所食分 更爲節目是乎矣 斗升數爻 亦爲夥然 特爲分揀行下之地.”

또한 이미 구황의 목적이 퇴색하고 재정상의 세입을 위한 부세로서의 역할이 강조되고 있던 환곡의 운영에서 철종 10년(1859)에 관령으로 세미를 대신하여 이전대납의 뜻이 전해지자,[81] 이에 대한 대응책으로 이전대납(以錢代納)은 비록 수용될 수 있겠지만 경작지라고는 치답(菑畓)과 척로(斥鹵)에 지나지 않는 지역적인 환경에 비추어 여전히 다른 곳에서 세미를 무역해야 하는 현실에서 이중적 부담을 초래한다는 점에서 거부하는 공동대응책이 모색되고 있었다.[82]

또한 고종 19년 전령(傳令)으로 환통(還統)을 가마(加磨)하도록 독려하고 있었던 데 대하여,[83] 다수의 누호(漏戶)가 있으나 이들은 거의가 잔호(殘戶)로서 환곡을 받을 대상이 되지 못하며 또한 과중한 부세로 말미암아 십실구공(十室九空)이라는 상황을 이유로 환통을 더 마련할 수 없다는 공동대응책을 도출해 내고 있음을 볼 수 있다.[84]

이상에서 동계 간에 공동대응책이 마련되고 있음을 살펴보았다. 이러한 동계 간의 공동대응책의 마련과 앞서 살펴 본 동역분정을 위한 면규의 재조정에서 보여주는 한계는 결국 동계 간의 이해관계에 기인하는 현상으로 설명될 수 있을 것이다. 즉 동계의 창계 과정에서 대리 · 양반 중심의 공동체적 긴박관계를 유지하기 위한 방편으로 면회를 통해 동간의 합의로 면규를 설정하면서 동역분정의 형평이 모색될 수 있었으며, 관가의 가중되는 수탈과 이서배(吏胥輩)의 중간수탈에 대해서는 동간의 이해관계가 일치하고 있다는 점에서 지속적으로 공동대응책이 모색될 수 있

81) 『等狀』 道內三陟府大小民等等狀 己未 十一月 日. "不意今者 折租作米 以錢代納之意 官令至嚴 其在爲民之道 固當奉行之不 暇是乎矣."

82) 『等狀』 道內三陟府大小民等等狀 己未 十一月 日. "大抵還穀之換色 換色之折錢 自是通行之規 則以錢代納 雖不足爲悶瓶如之大米 何異於龜毛乎."

83) 『論報』 道下面各洞洞任爲論報事 壬午 二月 日. "卽到傳令內書下 錢還數甚夥多是如 統數加磨亦教是乎矣."

84) 『論報』 道下面各洞洞任爲論報事 壬午 二月 日. "此之頭傳令 旣如此則爲民道理 無辭加磨是乎矣 有所難處事段 如干略有些小漏戶 本非稍戶擧皆 至殘之戶分除良 又…如此然後 姑以有根著之公議 不忍如磨 惶悚緣由 擧實牒報."

었으나, 면규를 설정했던 사회적 조건의 변화에 따른 상대적인 불균·고헐의 문제를 해소하기 위한 면회를 통한 면규의 재조정과정에서는 동계 간의 이해관계에 집착하면서 한계를 노정하고 있었다.

이러한 점은 동계 간의 운영구조가 갖는 한계로서 더 이상의 신분적 질서에 기초한 공동체적 긴박관계의 유지라는 창계 당시의 의미는 상실되고 있었으며, 이는 앞서 살펴본 바와 같이 하민·소리의 역할의 증대라는 동계의 내적인 변화가 반영되는데 기인하는 현상이라 할 수 있을 것이다.

4. 동역을 둘러싼 동계 간의 갈등

우리는 앞서 동계 간의 운영구조로 면회(面會)를 두고 있으며 면회를 통해 동계 간의 합의로 면규(面規)를 설정하면서 동역의 분정을 위한 절목이 마련되고 있었고, 이는 사회적 조건의 변화에 따라 부단히 재조정될 성질의 것이었음을 살펴보았다.

동계 간의 이러한 운영구조 속에서 관가의 과도한 수탈과 이서배(吏胥輩)의 중간수탈에 대해서는 지속적으로 공동대응책을 마련해 내고 있었지만 동계 간의 이해관계가 상충되는 동역의 재분정과정에서는 한계를 노정하고 있었으며, 이는 하민·소리의 입지를 반영하는 동임(洞任)의 역할의 강화라는 동계의 내적인 변화에 기인하는 것으로 이해될 수 있었다.

즉 동계 간에 동역분정(洞役分定)의 형평이 모색되고 있었지만 동·리 단위에서 마련되는 모든 동역이 그 대상이 되었던 것은 아니며 특정한 동·리에 부과되었던 별역은 '신불입고불락(新不入古不落)'이라는 명분으로 분정의 대상에서 제외되고 있었고, 또한 그 대상이 되었던 동역의 분정방식도 대리와 소리 간의 분정비율이 동계 간에 형평이 모색되고 있을 뿐, 동계 간에는 '피차분반(彼此分半)'의 형식으로 적용됨으로써 그

질적인 면에서는 여전히 한계를 갖는 것이었다.

동계 간의 이러한 분정방식은 동역의 분정에서 발생되는 불균 · 고헐로 반상 · 대소리 간의 공동체적 긴박관계가 해이되는 상황에서 대리 · 양반중심의 공동대응책은 적어도 창계 과정에서 가능한 것이었으나 사회적 조건의 변화에 따른 면규의 재조정과정에서 그것은 더 이상 대리 · 양반 중심의 공동적 대응방안일 수 없었으며 동계 간의 이해관계가 대립되는 양상으로 발전하고 있었다.

다음에서 우리는 송정동계에서 작성된 각종 정소류를 통해 동계 간에 빚어졌던 갈등관계를 역의 종류에 따라 정리하면서 그 추이와 각 동계 간의 대응논리, 그리고 동계 간의 갈등에 대한 관가의 대응책과 그 한계를 살펴보고자 한다.

먼저 송정동계와 천곡동계 사이에서 발생되었던 잡역의 이정(移定)문제를 둘러싼 갈등관계를 등장을 이용하여 살펴보고자 한다.

① 1826년 ? : 泉谷洞의 地境民으로부터 大小賓行次에 入馬供饋와 雜物의 應役이 편중된 것이라는 점을 들어 移定해 줄 것을 呈訴함. 題音에서 관가로부터 수용됨.[85)]

② 1826년 9월 일 : ①에 관련하여 松亭洞에서 呈訴함. 地境民에게는 雜役의 偏苦로 각종의 年號雜役과 結役常布가 例減되었으며 더욱이 많은 軍丁이 永頉되고 還穀이 除減되었다. 이러한 상황에서 幾百年 동안 담당하여온 役을 松亭에 移定함은 부당하며 前例에 준해서 地境이 담당함이 마땅하다. 題音에서 이번 巡驛에만 官令에 따라 應役한 후 다시 조정할 것으로 題決됨.[86)]

85) 『等狀』 道下面松亭龍井兩洞居化民洪鍾八等 丙戌 九月 日. "千萬意外 以地境民之瞞告 致有此釜鼎器皿雜物 擔當之令教是 則爲民道理 遜受遵行 事理當然是乎矣."

86) 『等狀』 道下面松亭龍井兩洞居化民洪鍾八等 丙戌 九月 日. "所謂地境之民 以偏苦之致 當初例減 不過營本府柴藁草 烟戶雜役 白伏嶺道路橋梁修治 結役常布 而大小賓行次 無他辭擔當 不知幾百年是白加尼…."

③ 1826년 10월 일 : ②에 이어서 松亭洞에서 呈訴함. 松亭洞의 介處路邊에 따른 제반 應役도 다른 洞에 비해 倍蓰라는 점을 들어 ②의 題音에 따라 定式해 줄 것을 呈訴함.[87)]

이상에서 보는 동계 간의 갈등은 천곡동계의 지경민(地境民)에게 부과되었던 순역(巡驛)에 따른 입마공궤(入馬供饋)와 소용되는 잡물에 대한 역이 송정동계로 이정(移定)됨으로써 발생되고 있으며, 이러한 역은 동계의 창계 과정에서 별역으로 '신불입고불락'이라는 명분 아래 동계 간의 분정대상에서 제외되고 있었던 것으로 결국 면내에서의 분정기준이 동요되면서 발생되는 분쟁이었다.

여기에 대한 송정동계의 대응책은 두 가지로 요약된다. 즉 그 하나는 ②에서와 같이 전례를 준행하자는 안이며,[88)] 다음은 역의 성격상 한 개 읍의 대동지역(大同之役)이라는 점에서 삼척 관내의 12개 면에서 나누어 부담하자는 안이 그것이다.[89)]

이러한 대응책은 비록 송정동계에 추가로 배정된 잡역의 부담을 피하려는 데 일차적인 목적을 두는 것이었지만,[90)] 후자의 '대동지역(大同之役)'이 기층사회로부터 제시되고 있다는 점은 지배세력의 특권이나 예외도 인정될 수 없다는 기층민의 의식의 성장이라는 점에서 주목되는 것이다.[91)]

한편 양 동계 간의 갈등에 대한 관가의 입장은 각 동계의 정소에 대한

---

87) 『等狀』 道下面松蘿龍井兩洞居民等狀 丙戌 十月 日. "向呈題音內 有司過後 更爲定式之辭意敎是等以 玆更仰訴爲白去乎."

88) 『等狀』 道下面松亭龍井兩洞居化民洪鍾八等 丙戌 九月 日. "伏望閤下 勿以先發爲主 更爲分付於地境 依例擔當 卑無騷擾之端."

89) 『等狀』 道下面松蘿龍井兩洞居民等狀 丙戌 十月 日. "大祇此別役 參非地境與附近洞之所可獨當必也 一邑大同之役 伏願以一視 之惠使之分定於十二面是去乃."

90) 『等狀』 道下面松蘿龍井兩洞居民等狀 丙戌 十月 日. "且出完文於矣洞 使泉谷民 无爲日憑藉今巡 分移此弊之地."

91) 安秉旭, 1987, 「19세기 민중의식의 성장과 민중운동-향회와 민란을 중심으로-」 『역사비평』 1, pp.158~161 참조.

처결이 무원칙한 면을 보이고 있으며,[92] 이는 결국 동계 간의 분쟁을 유발하는 계기가 되고 있었다.

다음으로 헌종 5년(1839년), 지흥동계(智興洞契)와 송정동계(松亭洞契) 간의 시호분정(柴戶分定)을 둘러싼 갈등관계를 살펴보고자 한다.

시호의 분정을 둘러싼 양 동계 간의 갈등관계는 면회(面會)를 통해 시역(柴役)의 분정(分定)을 재조정하는 과정에서,[93] 시호성책(柴戶成冊)에 면임(面任)의 작폐가 개재됨으로써 발생되고 있었다.[94] 이는 시호(柴戶)의 분정과정에서 면회를 통한 동계 간의 자율적인 조정의 한계에서 비롯되는 것으로 결국 관가에 의해 조정되고 있으며,[95] 용정시호 6호·송정시호 22호·지흥시호 27호로 결정됨으로써 일단락되고 있다.[96]

이후 송정동계에서 마련된 시호에 대한 대응책은 시호성책을 매년 동임이 주관하며 관가의 답인 후 본동(本洞)에 보관함으로써 시역(柴役)의 운영체계에서 면임의 역할이 배제되고 있으며,[97] 이어서 편의절목(便宜節目)이 제시되고 있다.[98] 즉 시호의 수는 동총(洞摠)으로 전령에 따라

92) 『等狀』 道下面松亭龍井兩洞居化民洪鍾八等 丙戌 九月 日. "玆敢仰所爲去乎 伏望閤下 勿以先發爲主 更爲分村於地境 依例擔當 俾無騷擾之端."

93) 『等狀』 道下面松蘿洞鰥寡孤獨等狀 戊戌 二月 日. "不意今者 本洞以柴戶事 與智興洞 累次面會."

94) 『等狀』 道下面松蘿洞化民鄭最燮等 戊戌 三月 日. "大抵 柴戶紊亂爭訟之弊 專由於面任輩捧賂幻弄之故也 自今以後 成冊一款 永爲使不得入於面任之手."

95) 『等狀』 道下面松亭龍井兩洞洞任洪德基李弼亨等 己亥 正月 日. "本面柴草一款 自官家教是厘正之後 更無携貳之端."

96) 『傳令』 戊戌 三月 二十五日.
後 龍井柴戶 六戶
松亭柴戶 二十二戶
智興洞柴戶 二十七戶

97) 『等狀』 道下面松蘿洞化民鄭最燮等 戊戌 三月 日. "一. 成冊不待式年 每臘月自洞任修上是白齊. 一. 成冊二件踏印後 一置府司 一置本洞是白齊."

98) 『等狀』 道下面松亭龍井兩洞洞任洪德基李弼亨等 己亥 正月 日. "① 柴戶數爻 松亭二十二戶龍井六戶式 依傳令永久遵行是白齊. ② 成冊納上之期 不待一式 每歲初從實修上 俾無貧富相蒙之弊是白齊. ③ 成冊自該洞任修正 而元數中 若有難堪戶 則亦自其洞塡代是白齊. ④ 價錢柴草一駄 各五錢式 每年分四等 納上是白齊. ⑤ 價錢收納 不委於勸農 自該洞任擔當是白齊."(번호는 필자가 부여함)

영구준행(永久遵行)하며, 시호성책은 식년(式年)을 기다리지 않고 매년 하며, 응역이 난감한 호(戶)는 동에서 자체 조정하며, 본색대전(本色代錢)은 권농(勸農)에게 맡기지 않고 동임이 담당하며, 연4분할 납상 등 동계 내의 운영기준이 설정되고 있다.

송정동계에서의 시호사(柴戶事)의 독자적인 운영추세는 신분차별적인 중세 수취체계를 극복하는 과정으로서 발전적인 의미를 가지며, 이후 시역(柴役)은 고종 2년(1865)의 「북삼면품목(北三面品目)」에서 호역(戶役)에서 결역(結役)으로 전환되고 있으며,[99] 이는 동계 내적으로 담세능력에 따른 차등적용이라는 의미를 갖는 것이었다.[100]

다음으로 고종 16년(1879) 황장예운군(黃腸曳運軍)의 이배(移排)를 둘러싼 송정동계와 지흥동계 간의 갈등관계를 정리해 보고자 한다.

황장은 삼척부의 공물(貢物)로서 대동법이 시행된 이후까지도 지속적으로 봉진(封進)되고 있었으며, 이에 따른 수취내용은 황장판(黃腸板)·예운군(曳運軍)·운가(運價)·봉진잡비(封進雜費)로 구분된다.[101]

이 세목으로 부과된 부(府)의 본액(本額)은 황장판 6립(立)이었으나,[102] 순조 9년(1809) 부사(府使) 박상영(朴尚榮)의 보초(報草)에서 도내 여러 고을의 세액이 차봉(借封)되고 또한 그 고가(雇價)가 과중하여 민막(民瘼)으로 지적되고 있었다.[103]

도하면에 부과된 황장 2립 중에서 송정동계와 지흥동계가 각 1립씩 담당하였으며, 1립의 예운군은 20명으로 배정되었고 고가(雇價)는 24량으

99) 『稟目』 北三面稟目 乙丑 二月 日. "本邑介於嶺海間 以斗小之邑 有本府焉有鎭營焉 陣營卽嶺東九邑別星也 烟役之繁重不可勝數 而抑其中料大米也 爲一大關痼弊 而皆從結役中所出者也."

100) 安秉旭의 앞의 논문 참조.

101) 『眞珠誌』 賦稅條.

102) 『眞珠誌』 賦稅條. "黃腸木六立 別制二立海運納 常制一立杆城運納 別制一立常制二立本郡運納."

103) 『眞珠誌』 祛民瘼狀. "本府封進 尙無難覓 道內列邑之借封於本府者 非止一二 … 該色之雇價 無以相當 闔境之民力 不勝疲竭 此乃殘民之因他 而獨賢代人而受弊者 從今以後 借封一款 嚴加禁斷 俾封山無至濫斫 民邑得免偏苦之地爲白齊."

로 각 동계의 민고(民庫)로부터 출급(出給)되고 있었다.[104]

양 동계 간의 갈등관계를 밝혀주는 등장류에서 그 추이를 정리하면 다음과 같다.

① 1879년 ? : 智興洞으로부터 戶數多少에 따라 曳運軍 8명을 松亭洞으로 移錄하여 줄 것을 呈訴함. 移錄이 題決됨.[105]

② 1879년 윤3월 일: ①에 관련하여 松亭洞에서 加排된 8명은 官令에 따를 것이나, 本洞에 편중된 4가지 役, 즉 塘峙轎軍 · 傳遞 · 夜望軍 · 將校供饋 등도 兩洞 간에 분배하여 줄 것을 呈訴함. 黃腸軍 8명을 전례에 따라 시행하도록 題決됨.[106]

③ 1879년 ? : ②에 관련하여 智興洞에서 本洞의 羅雁도 松亭洞과 같은 別役을 부담하고 있으므로 松亭의 분배 요청은 부당함이 呈訴됨.[107]

④ 1879년 윤3월 일 : ③에 관련하여 松亭洞에서 羅雁은 비록 本洞과 같은 役을 부담하고 있지만 그 대가로 還上이 永減되어 있음으로 비할 바가 아니라는 점을 들어 別役을 분배해야 함을 呈訴함. 戶數의 多少에 따라 분배하도록 題決됨.[108]

⑤ 1879년 4월 초8일 : (傳令으로) 위에서 처리된 題音은 모두 취소하고 黃腸曳運軍 · 擧火傳遞 등 제반 徭役은 古規에 따라 시행하도록 결정됨.[109]

⑥ 1879년 4월 ? : (智興洞契의) 孝街洞民으로부터 松亭洞에서 4명의 雇價를 移徵하였음을 呈訴함. 松亭洞의 洞任을 捉待하도록 題決됨.[110]

104) 『講信契帖』「松蘿洞節目」.
105) 『等狀』 道下面松亭龍井大小民人等 己卯 閏三月 日.
106) 『等狀』 道下面松亭龍井大小民人等 己卯 閏三月 日.
107) 『等狀』 道下面松亭龍井大小民人等 己卯 閏三月 日.
108) 『等狀』 道下面松亭龍井大小民人等 己卯 閏三月 日.
109) 『傳令』 戊戌 三月 二十五日.
110) 『等狀』 道下面松亭龍井民人等 己卯 四月 日.

⑦ 1879년 4월 일 : ⑥에 관련하여 誣訴임을 입증하기 위해 智興 · 孝街 · 桐淮 · 羅雁의 頭民을 官庭에 조치하여 情僞를 밝혀 줄 것을 松亭에서 呈訴함.[111]

이상에서 보는 바와 같이 송정동계와 지흥동계 사이에 황장예운군의 이배(移排)를 둘러싼 갈등은 관행을 준행하려는 입장의 송정동계와 호수(戶數)의 변동에 따라 역군(役軍)의 분정을 재조정하려는 입장을 견지하는 지흥동계 간의 갈등이었다.

양 동계 간에 견지되는 이러한 입장의 차이는 전적으로 그들이 처한 사회적 조건에 기초한 것으로, 갈등의 발단은 호수(戶數)가 적은 지흥동계에서 황장예운군의 평균분정을 호소한데서 비롯되었지만,[112] 이에 대응하는 송정동계에서는 추가로 배정되는 역군(役軍) 8명은 관령에 따라 시행하겠지만, 본동(本洞)에 편중된 별역(別役) 4건에 대해서도 양 동계 간에 분배되어야 한다는 입장이 견지되고 있었다.[113]

이처럼 양 동계 간의 갈등은 각기 자기 동의 이해에 집착하여 동계 간의 자율적인 조정이 한계에 이르면서 비롯된 것이었으며, 이러한 한계는 기존의 관행이 대리의 양반 중심의 신분적 질서의 유지라는 공동인식에서 진행되면서 잠재되었던 불균 · 고헐의 문제가 노출되는데 따른 것으로, 이는 각 동계의 내적인 운영체계 속에서 소농민의 입장이 보다 강화되는 변화에 기초한 것으로 이해된다.[114]

그러나 양 동계 간의 갈등에 대한 관가의 대응책은 세역(稅役)이 호역

111) 『等狀』 道下面松亭龍井民人等 己卯 四月 日.

112) 『傳令』 戊戌 三月 二十五日. "今當黃腸板曳運之時 以戶之多少 計其役軍平均分定事 自智興洞聯名呼訴."

113) 『等狀』 道下面松亭龍井大小民人等 己卯 三月 日. "黃腸軍則依官令施行 而右項矣洞偏苦 唐峙轎軍 傳遞 夜望軍 將校供饋等 四件事 分排於智興洞 俾無苦歇不均之地."

114) 『傳令』 戊戌 三月 二十五日. "本面松亭智興兩洞 異於民村 卽大民主事之洞也 各項搖役較諸戶數 則雖有苦歇不均之端 諸般條件 考諸謄錄."

(戶役)으로 부과된다는 점을 들어 균등하게 분정할 것이라는 고식적인 태도로 일관되고 있으며,[115] 동계 간의 갈등이 기어이 불식되지 않으면서 고규(古規), 즉 관행을 준용하는 것으로 귀착됨으로써 기층사회의 변화가 전혀 반영되지 못하는 한계를 보여주고 있다.[116]

황장예운군의 이배(移排)문제는 이렇게 귀결됨으로써 양 동계 간에는 여전히 불만이 내재되어 재발의 여지를 안고 있었으며, 고종 22년(1885)에 지흥동계의 정소로 제기되는 갈등 또한 그 연장선에서 볼 수 있는 것으로 등장에서 그 내용을 정리하면 다음과 같다.

① 1885년 ? : 智興洞에서 戶數의 多少에 따라 曳運軍 4명 · 雇價16兩을 移排해줄 것을 呈訴함. 訴한 바에 따르도록 題決됨.[117]

② 1885년 6월 일 : ①에 관련하여 松亭洞에서 黃腸役軍과 雇價는 一遵古例하고 本洞에 편중된 別役은 半分할 것을 呈訴함. 智興洞의 訴한 바에 따르도록 題決됨.[118]

여기에서도 나타나듯이 양 동계 간의 예운군과 고가(雇價)의 이배(移排)문제는 앞에서 본 바와 같은 논리에서 전개되고 있으며, 다만 관가의 대응책이 지흥동의 입장이 수용됨으로써 일단락되고 있으나,[119] 관가의 이러한 처결은 일시적으로 동계 간의 갈등을 불식하려는 미봉책에 불과한 것이었다.

115) 『傳令』 戊戌 三月 二十五日.

116) 『傳令』 戊戌 三月 二十五日. "玆今以後 黃腸曳運軍 擧火傳替遞等 諸般搖役 一從古規施行 無致更訴 抵罪之地 宜嘗向事."

117) 『等狀』 道下面松亭龍井大小民人等 乙酉 六月 日. "彼智興洞 以黃腸曳運軍四名 移排事呈議送 題音內更爲查實 依所訴施行."

118) 『等狀』 道下面松亭龍井大小民人等 乙酉 六月 日. "黃腸雇軍事段 一遵占例是乎遣 上項將校供饋事 本洞偏苦之役 從其價文 每年兩洞 分半擔當之意 玆敢齊聲仰籲."

119) 『等狀』 道下面松亭龍井大小民人等 乙酉 六月 日. "已依營題 題給智興洞 此依其題施行."

이상에서 살펴 본 바와 같이 동계 간의 분쟁은 근본적으로 관가의 무절제한 수탈과 이서배(吏胥輩)의 중간수탈에 기인하는 것이었지만 보다 직접적인 계기는 동계 간의 운영구조가 갖는 동역의 분정방식의 한계에서 비롯되는 것이었다. 즉 일정한 사회적 조건에서 설정되었던 면규, 즉 동역의 분정절목이 그 사회적 조건의 변화에도 불구하고 관행적으로 적용되고 있었던 데 따른 것이었다.

이러한 상황에서 각 동계는 상대적인 불균 · 고헐의 현상을 극복하기 위한 자구책이 모색되고 있었으며, 관가에 상달되는 세액의 감액과 이정(移定)을 위한 정소류가 그것이었다. 그러나 부세의 총액제 아래서 동역의 이정은 물론 감액 또한 다른 한 개 동의 부담을 가중시키는 결과를 초래하고 있었다는 점에서 동계 간의 갈등은 관가를 매개로 야기되고 있었다.

동계 간의 이러한 갈등은 고식적인 자세로 일관되는 관가의 대응책으로 말미암아 반복적으로 야기되고 있었으며, 이러한 과정에서 각 동계의 대응논리로서 제시되었던 대동지역(大同之役)과 호역(戶役)에서 결역(結役)으로의 전환 그리고 동역의 정액화 등은 일차적으로 향촌사회의 현상에 기초한 각 동계의 이해관계를 반영하는 것이라고 하더라도 그것은 하민 · 소리의 성장을 배경으로 가능할 수 있었던 중세적인 수취제도의 개혁안으로서 의미를 갖는 발전적인 것이었다.

5. 맺는말

이상에서 동역의 운영을 위한 동계의 구성과 운영구조 그리고 동역의 운용을 둘러싼 동계 간의 갈등을 살펴보았으며, 이를 통해 동계의 변모와 기층민의 동향을 이해하고자 하였다.

도하면(道下面)에서 동계의 구성은 대리(大里)를 중심으로 소리(小里)를 합동(合洞)하면서 면내에서 세 개의 동계가 공시적(共時的)으로 존재하고 있었다. 이러한 동계의 구성은 부세의 공동책응(共同責應) 아래에서 지역 · 신분 간의 불균(不均) · 고헐(苦歇)의 문제를 극복하면서 각종 동역을 마련해 내기 위한 자구책이었으며, 아울러 대리 · 양반중심의 공동체적 긴박관계를 유지하기 위한 서민의 안집책(安集策)이었다.

동계 간에는 면회(面會)를 통해 동역의 평균분정(平均分定)을 위한 면규(面規)를 설정하면서, 그것은 담세호(擔稅戶)의 성책납상(成冊納上)으로 구체화되고 있으며, 관가의 무절제한 수탈과 이서배(吏胥輩)의 중간 수탈에 대해서는 공동대응책을 마련해 가고 있었다.

이러한 운영구조 속에서 마련되었던 동역분정을 위한 절목은 제한된 동역에 한해서 마련되고 있었다. 그 형식은 '피차분정(彼此分半)' 으로 마련되고 있었으며, 이는 대리 · 양반 중심의 운영질서를 유지하기 위한 창계 과정에서 가능한 것이었다.

동계 간의 이러한 제한적인 동역의 분정과 그 형식은 그것이 가능했던 사회적 조건의 변화, 즉 민의 이주와 망산(亡散) 그리고 동역의 총체적 인식에 따른 면규의 재조정과정에서 한계로 작용하면서 동역의 분정은 관행적으로 적용되고 있었으며, 이에 따른 동계의 내적인 부세 부담과 상대적인 불균 · 고헐현상을 심화시키는 결과를 초래하고 있었다.

동계 간의 운영구조가 갖는 이러한 한계는 동계의 내적인 변화에 기초하는 것으로서 파악되었다. 즉 합동(合洞)으로 구성된 동계의 내적인 운영구조는 직임(職任)과 동임(洞任)으로 구분되면서 향촌지배 세력으로서 양반들은 직임을 자임함으로써 자신들의 입장을 동회(洞會)에서 동론(洞論)으로 일정하게 반영하고 있었으며, 동역을 마련해내는 실무적인 역할은 동임에게 위임되고 있었다. 그리고 이들 직임과 동임은 적어도 창계 과정에서 겸임될 수 있었다는 점에서 그 이해관계가 일치될 수 있었다.

그러나 19세기 중반 이후 사회경제적 변화에 조응하여 동계를 구성하는 대 · 소리간에 이해관계가 대립되면서 각 동의 동임은 보다 동의 내적인 이해관계를 반영하는 위치에서 그 역할이 강화되면서 새로운 계층이 동임에 차정되고 있었으며, 이는 기존의 질서의 변화로서 동계의 내적인 소리·하민의 입지가 반영되고 있음을 시사하는 것이었다.

동계 내적인 이러한 변화에도 불구하고 과도한 수탈에 대해서는 동계 간에는 이해관계가 일치되면서 지속적으로 공동대응책이 모색되고 있었으며, 그 이해관계가 상충되고 있던 면규의 재조정 과정에서는 한계를 노정하면서 동계 간의 대립양상으로 발전하고 있었다.

그 운영의 한계에서 비롯되는 동계 간의 갈등으로 각 동계는 자체적으로 자구책을 마련해 갔으며, 그것은 직접 관부를 상대로 동역의 감액과 이정(移定)을 요구하는 것이었다. 이에 대응하는 관가의 처결은 무원칙하게 각 동계의 제안을 수용함으로써 타 동계의 부담을 상대적으로 가중시키는 결과를 낳고 있었다.

이렇듯 동계 간의 갈등으로 인한 각 동계의 자구책은 관가를 매개로 하고 있었고, 이에 대처하는 관가의 고식적인 대응책은 동계 간의 갈등을 반복적으로 야기시키면서 심화되고 있었으며, 이러한 과정에서 각 동계로부터 제시되었던 대동지역(大同之役)과 호역(戶役)에서 결역(結役)으로의 전환, 그리고 동역의 정액화 등과 같은 대응논리는 하민·소리의 성장을 배경으로 가능할 수 있었던 중세적 수취구조의 개혁안으로서 의미를 갖는 것이었다.

결론

조선시대 향촌사회 변화를 영동지역을 대상으로 재지세력의 동향을 중심으로 살펴보았다. 먼저 조선초기 재지세력의 동향을 재지사족 중심의 운영질서 모색이라는 시각에서 살펴보았고, 다음 조선후기 재지세력의 동향을 재지사족 중심의 운영질서의 구현이라는 시각에서 살펴보았으며, 끝으로 조선후기 향리세력과 촌락민의 동향을 재지사족 중심의 운영질서 하에서 성장하는 향촌사회 제 세력으로 주목하고자 하였다. 이렇듯 향촌사회 주도세력으로 재지사족을 설정하고 이들의 동향을 조선 전·후기로 나누어 파악해 왔으나, 이제 결론을 도출하면서 조선시기를 초기·중기·말기로 구분짓는 것이 향촌사회의 변화를 계기적으로 이해하는 데 보다 효율적일 수 있을 것으로 전망하게 되었다.

영동지방의 조선초기 읍치(邑治) 성황제의 변화는 국가의 제의(祭儀) 정책과 재지세력의 동향을 함께 보여주는 것이었다. 각 군현의 읍치 성황제는 전대 이래로 전승되어 온 제의였으나, 개국 벽두에 건국주체들은 수령(守令)이 주재하고 춘추(春秋)로 정례화하며 유교적 의례를 갖추도록 법제화하였다. 이로써 읍치 성황제는 관주도의 제의로서 신왕조의 건국이념을 구현하는 통치기제로 성격을 갖추게 되었으며, 이는 전승제의에 투영되는 지방 재지세력의 자의성을 부정하는 것이었다. 이 시기에 군현의 성황사가 읍성(邑城) 내에 획일적으로 설치되는 양상으로 보아 이러한 정책은 일정하게 관철되었던 것으로 파악되었다.

그러나 이러한 제의정책에도 불구하고 전승 제의적 요소들이 불식된 것은 아니었다. 성황제의 법제화 과정에서 음사(淫祀)로 규정되어 금기시 되었던 신상(神像), 신물(神物), 신격(神格), 작호(爵號) 등은 여전히 단속적으로 나타나고 있었고, 단오절의 읍치 성황제는 법제화된 춘추제의와 구별되는 이른바 '별제(別祭)' 나 '오금잠제(烏金簪祭)' 의 형태로 치제되고 있었다. 다만 이러한 전승제의는 제의정책과 무관할 수 없었고, 법제화된 제의양상과 습합되면서 일정하게 변모하는 것으로 나타나고 있었다.

이러한 양상은 제의정책의 한계로 지적될 수 있지만 그 전승기반의 변화와 맞물려 있었다. 읍치 성황제가 수령이 주재하는 제의로 법제화되면서 향촌지배세력의 역할과 성향은 배제되어 갔고, 향촌지배세력 역시 사회이념에 편승하는 자세를 견지하면서 이에 의거한 새로운 지배기반을 모색해 갔다. 이러한 상황에서 읍치 성황제는 수령권을 보좌하는 호장층을 비롯한 향리세력이 주관하면서 이들을 중심으로 전승기반이 재편되어 갔다. 그러나 이 같은 전승기반의 재편에도 불구하고 이들의 성향은 그간의 질서를 전적으로 부정할 수 없었다는 한계를 갖는 것이었다. 새로운 지배이념에 편승하였던 향촌지배세력은 물론 호장층을 비롯한 향리세력 역시 이 점에서 자유로울 수는 없었다. 이러한 전승기반의 특성은 비록 관주도적 제의정책에도 불구하고 전승 제의적 요소들이 불식될 수 없었던 배경으로 이해될 수 있었다. 다만 제의정책을 구현하는 이들의 성향이 심화되면서 읍치의 성황제는 법제적 제의로 정착되었고, 전승 제의적 요소들 역시 이와 습합되는 양상으로 변모되어 갔다고 하겠다.

세조 때 상원사 중심의 사세(寺勢)확장을 둘러싸고 영동지역에서 야기된 갈등은 강릉지방 재지사족의 성리학적 성향과 이들 주도의 향촌사회 질서를 구축하려는 재지적 성향을 반영하는 것이었다.

이 시기 상원사는 군주의 불예(不豫)를 치유하는 기양(祈禳)사찰로 지정되면서 교계의 고승들이 이 사찰에 주석하게 되었고, 그 문도들이 제 사찰에 배속되어 사세를 확장하면서 영동지역에는 유례없는 사원세력이 형성되고 있었다. 이 무렵 사찰의 중창은 국왕의 권선문(勸善文)에 힘입어 제용감(濟用監)을 비롯해 종친과 재추 및 왕실의 재정지원으로 이루어지는 특징을 보이고 있다. 그리고 조불(造佛)·조탑(造塔) 등 사원경영을 위해 요구되는 재원 확보책으로 경상도 공물(貢物)의 대납권(代納權)과 종자(種子) 200석 규모의 강릉의 산산제언(蒜山堤堰)이 사급(賜給)되었으며, 아울러 영동지역에서는 제 사찰을 중심으로 농장(農場) 및 해사(海事) 경영과 식리(殖利)활동에 이르기까지 사원의 경제활동이 적극적으로 전개하면서 불교 중흥의 기틀을 마련하고 있었다.

상원사 중심의 사세확장과 사원경제활동이 영동지역에 집중되고 장기간에 걸쳐 전개되면서 향촌지배세력과 갈등구도가 형성되고 있었다. 이러한 갈등은 세조대를 경과하여 예종대에 이르러서는 강릉지방 재지사족들이 사원세력을 규탄하는 상서(上書)를 올리는 형태로 표출되었다. 이들의 주장은 사원세력의 관부와의 유착관계를 비롯해 민간침탈 행위를 열거하고 이러한 탈법행위가 왕실의 비호 하에 자행되고 있음을 지적하고 있으며, 아울러 사급(賜給) 형태로 지방사회에 구축된 사원의 재산을 환속해 줄 것을 요청하는 것이었다. 이들의 요구는 일부 유신들의 지지를 얻기도 하였지만 왕실의 비호와 선왕(先王)의 일을 변개할 수 없다는 조정의 논리에 부딪혀 번번이 좌절되었으며, 성종 즉위 초에는 국왕의 친국(親鞫)으로 소두(疏頭)가 처형되는 사태로까지 비화되었다. 그리고 재지사족의 요구가 좌절되면서 영동지역의 사원 주도적 경제활동은 16세기 초반까지 장기간에 걸쳐 지속되었고, 이러한 상황에서 재지사족들의 벽불론(闢佛論)은 심화되면서 그 갈등은 내연하는 양상을 보이고 있다.

이러한 지역적 양상은 왕실의 비호에도 불구하고 영동지역에 형성되는 신불성향과 재지사족의 성리학적 성향이 공존할 수 없었던 시대적 상황에서 비롯되는 것이었으며, 또한 향촌사회 운영구조 전반에 걸쳐서 사원의 영향력이 일정하게 관철되면서 향촌사회 지배세력으로 성장한 재지사족의 역할과 입지가 한계에 봉착하면서 비롯되는 것이었다. 그러나 이 시기 재지사족의 벽불론은 사원의 세속적 탈법성과 민간침탈에 집중될 뿐 그 종교적 의미를 부정하는 것은 아니었으며, 비록 왕실이라는 특별한 존재의 개입에도 불구하고 재지세력으로서 자신들 주도의 향촌지배질서를 모색하려는 지역적 성향의 관철이라는 점에서 사회사적 의미를 갖는 것이었다.

영동지역에서 재지사족 중심의 향촌운영질서는 16세기 중반에서 실체적으로 파악된다. 이 시기 구축되는 강릉지방 재지사족들이 주도하는 향촌사회 운영질서는 두 가지 측면에서 특질을 보이고 있다. 먼저 이들은 영남사림들과 교유 내지 교감을 이루면서 성리학적 소양과 사림문화를 섭양하고 있다는 점이다. 이와 관련하여 율곡(栗谷) 이이(李珥)와 향호(香湖) 최운우(崔雲遇)가 예안의 퇴계(退溪) 이황(李滉)을 방문한 사실이 주목되며, 명종 11년(1556) 강릉 오봉(五峰)서원이 건립되면서 퇴계 이황이 축하 시문을 보내 온 사실은 영남사림과 교유를 통해 강릉지방에 서원문화가 이입되고 있음을 시사한다. 그리고 명종 20년(1565)에 강릉김씨 족보 즉 을축보(乙丑譜)가 편찬되고 있다는 사실에서 친족구조의 재편이 진행되고 있음을 보게 된다.

다음으로 재지사족 중심의 향촌운영질서는 17세기를 전후하여 당색(黨色)과 맞물리면서 지역적 특질이 생성되고 있었다. 임란을 경과한 시점인 선조 33년(1600)에 강릉지방에서 시행된 향약은 율곡 이이의 「해주일향약속」을 토대로 마련된 것으로서 재지사족이 주도하는 향촌운영질서의 정형을 보여주는 것이었다.

이 시기의 향약에 파악되는 향촌사회 운영질서는 세 가지로 그 특징이 정리될 수 있다. 먼저 사족의 행동규범과 상호관계의 규범을 마련하여 재지사족 간의 결속을 도모하고, 향회를 통해 수렴되는 공론을 기반으로 그 공공성을 명분으로 삼음으로서 향촌사회 주도세력으로서의 도덕성을 확보하고 있다는 점이다. 다음으로 유향소를 통한 이민(吏民)의 풍속을 규정하고 있다는 점이다. 서민의 풍속은 유향소를 통해 직접 규제하였으나 이속(吏屬)에 대한 통제는 수령을 통해 구현하는 형태를 지향하고 있다. 끝으로 재지사족과 수령의 관계를 규정하는 것으로, 수령권의 우위를 철저하게 규정하면서도 부정(不正)한 이속에 대한 비호에 대해서는 관청에 입정(立庭)하여 자신들의 요구를 관철하도록 규정함으로써 유착(癒着)과 길항(拮抗)관계가 파악되고 있다.

그리고 이러한 향촌사회 운영질서는 인조 22년(1644) 향현사(鄕賢祠)가 건립되면서 그 지속성이 담보되고 있다. 이 시기 향현의 추대는 철저하게 성리학적 이념과 지역성에 입각한 평가였으며, 이것은 성리학적 향촌사회질서의 정립에 공헌한 인물을 사적으로 정리하고 나아가 연례적으로 봉사함으로써 그 질서와 가치를 재생산하여 지속성을 담보하는 것이었다. 또한 인조 2년(1624) 율곡 이이를 봉사하기 위한 석천묘(石川廟)가 이어서 효종 3년(1652) 석천묘를 송담(松潭)서원으로 발전시킴으로써 기호학파와 서인의 당색을 지향하는 재지사족의 성향이 배어나고 있으며, 이는 사족 중심의 향촌지배질서에 투영되는 지역성이라 할 수 있겠다.

17세기 초반, 즉 선조 36년(1603) 강릉지방에서 결성되는 약국계(藥局契)는 재지사족 중심의 향촌사회 운영질서의 전형을 보여주는 것이었고 나아가 이들의 역량을 함께 보여주는 것이었다. 약국계는 재지사족을 중심으로 결성되었으며, 향촌공동체 구성원들의 활인명(活人命)을 목적으로 조직되는 약국의 운영주체였다. 약국계는 계수(契首)-계장(契長)-유사(有司)로 이어지는 직임조직을 중심으로 운영되었으며, 계수는 향소

(鄕所)의 좌수(座首)가 예겸하였고 계장과 유사는 계원들로 구성되는 계회(契會)에서 추천하여 수령이 차정하도록 규정함으로써 그 공공성을 확보하고 있었다. 또한 약국은 그 운영을 위해 요구되는 인적·물적 자원은 계원들의 출력(出力)과 아울러 부역제(賦役制)에 의거하여 관부의 지원으로 확보됨으로써 공국(公局)으로서의 성격을 띠고 있었다.

약국의 성격은 이 시기 재지사족 중심의 향촌사회 운영질서를 실체적으로 보여주는 것이었다. 약국의 효율성을 제고하기 위해서 요구되는 일차적인 관건은 약재를 확보하는 것이었고, 이를 위해 관부의 지원을 얻고 있었지만 계원들의 출력(出力)으로 자생약재(自生藥材)가 채취되었고, 청나라로 행차하는 사신들의 행렬에 의탁하여 당재(唐材)를 무역을 통해 확보하고 있었다. 이렇듯 약국의 운영은 전적으로 계원들의 역량에 의존하는 것이었지만, 약국은 공공의 이익을 앞세우는 공국으로서 성격을 띠고 있다. 이 점은 적어도 17세기 재지사족 중심의 향촌질서가 공공성을 명분으로 삼고 있음을 반영하는 것이었다. 또한 그 시약량(施藥量)과 약가(藥價)의 책정에서 계원과 계외인(契外人)이 모두 동일하게 적용되는 것을 원칙으로 삼고 있는 점도 그 공공성을 앞세우는 원칙에 충실했던 것으로 이해될 수 있다.

그러나 시약량과 약가의 적용에서 일정량에 대해서는 계원들의 특혜가 관철되고 있으며, 또한 수령에 대한 예우가 관철되고 있다. 물론 이러한 특혜는 약국운영에 지장을 초래하지 않는 범위에서 적용한다는 단서를 두고 있었지만 관행적으로 적용되고 있었다. 이 점은 약국이 공국의 성격을 띠고 있었지만 여기에는 신분구조에 기초한 계층적 이해관계가 반영되고 있는 것으로서 당시 향촌사회 운영질서가 갖는 특성이라고 할 것이다.

한편 계원들의 계층적 이해관계는 18세기에 접어들면서 강화되는 추이를 보이고 있다. 계원의 신입(新入)이 제한되고 계원들이 받는 특혜가 강화되는 양상을 보이고 있으며, 이 점은 약국이 갖는 공국의 성격이 탈색되면서 사국화(私局化)되어 가는 추이를 반영하는 것으로서, 당초 공공성을 명분으로 앞세웠던 사족중심의 향촌사회 운영질서가 보다 자신들의 이해관계에 집착하는 양상으로 변모되는 시대적 특성으로 이해되었다.

18세기에 접어들면서 영동지역에서는 씨족의 문중화, 문중의 당색화 경향이 두드러지는 특징을 보이고 있다. 각 씨족의 족보편찬이 18세기 전반에 집중되고 있다는 사실에서 문중화 경향을 살필 수 있으며, 이러한 종족의식에 의거해 자신들의 관향과 유대관계를 공고히 하면서 문중이 당색화되고 있다는 특성을 보이고 있다. 이 시기 재지사족들은 당색(黨色)의 성격이 농후한 산림(山林)세력과 연계하여 출사(出仕)를 도모하면서 한편으로 향촌사회에서 향권(鄕權)을 염두에 둔 주도적 입지를 모색하려는 성향을 강하게 드러내고 있었다.

그리고 이 시기 재지사족의 성향은 자연스럽게 자신들이 주도하는 향촌사회 운영질서에 투영되었고, 이로부터 당색과 문중의 이해관계가 첨예하게 대립되면서 재지사족의 분기양상이 두드러지고 있었다. 이러한 양상은 향촌사회 운영구조의 한 축을 이루었던 재지사족의 공론이 분열되고 있음을 의미하며, 이로써 이제 이들 중심의 향촌사회 운영질서가 한계에 직면하고 있음을 시사하는 것이었다.

이 시기 강릉지방의 "하남재시비(河南齋是非)"는 문중과 당색의 입장이 투영된 재지사족의 갈등관계 즉 향전(鄕戰)과 이들 중심의 향촌사회 운영질서의 한계를 보여주는 것이었다. 이른바 "하남재시비"는 삼척심씨의 문중서원 건립을 둘러싸고 야기된 갈등이었다. 이 향전의 양상은 재지사족과 문중들이 두 집단으로 분기되어 서원의 건립과정에서 요구되는 재지사족의 공론의 형성여부와 주자학통의 계승을 반증하는 영정과 위패의 진위여부를 명분으로 삼아 전개되었고, 각기 집권세력이었던 노론세력을 상대로 자신들의 입장을 관철시키려는 양상으로 전개되었다. 즉 강릉지방을 관향(貫鄕)으로 하는 재지사족과 그 문중들은 이 지방이 율곡 이이의 탄생지라는 점에서 그의 학통을 승계하면서 서인-노론의 성향을 견지하였고, 이러한 상황에서 삼척심씨 일문과 그 동조 세력들은 산림의 노론세력에 지원을 얻어 문중서원이 건립을 주도하였고, 이에 대응하여 강릉김씨 일문을 중심으로 결성된 동조 세력들은 산림의 노련세력을 상대로 문중서원 건립의 부당성을 관철시키고자 하였다.

이 향전은 숙종 10년(1684) 비롯되어 무려 한 세기 동안 지속되었으며, 정조 5년(1781) 문중서원이 철거되는 형태로 종결되었다. 그동안 갈등양상은 산림(山林)을 통한 해결책의 모색에서 법승(法繩)에 의한 해결방식으로 전이되면서 재지사족 · 문중 간에 갈등은 극한상황으로 치달았고, 결국 천청(天聽)의 실사(實査)에 의거한 법집행으로 종결되었다.

이렇듯 18세기 집중되는 향전은 비록 성리학적 명분론에 입각한 공의(公議)을 앞세운 재지사족 간의 갈등이었지만, 여기에 향권(鄕權)을 염두에 둔 문중과 당색, 신향과 구향 간의 이해관계가 투영되면서 재지사족의 갈등은 극한상황으로 치닫고 있으며, 급기야 법승에 의존해 그 해결책을 모색함으로써 자정력(自淨力)을 상실하고 있었다. 이러한 양상은 향촌사회 운영질서의 근간이 되는 공론의 형성이 어려워지고 있음을 의미하며, 이로 말미암아 재지사족 중심의 운영질서가 한계에 봉착하고 있음을 시사한다. 이러한 상황에서 재지사족들은 보다 문중적 기반을 토대로 하거나, 자신들이 거주하는 면리를 단위로 향약적 질서를 구축하면서 자신들의 사회적 · 신분적 입지를 확보하려는 경향을 보이고 있다고 하겠다.

18세기 재지사족의 생활일상은 친족과 문중의식이 두드러지는 특성을 보이고 있다. 이들은 과거를 통한 출사를 지향하면서 향촌사회 내적으로 동족마을을 구축하고 형제간에 양자(養子)를 영입하여 가계를 계승하였고, 대가제(代加制)에 의거해 출사자(出仕者)의 품계(品階)를 동생(同生) 형제들이 공유하는 양상이 보편화되고 있으며, 나아가 산계(散階)를 확보한 가문들 간에 혼인망이 구축되는 양상을 보이고 있다. 이러한 생활양태는 가부장적 가계 계승의식에 기초하여 친족의 신분을 유지하고 사회적 입지를 제고하는 생활공동체가 형성되고 있음을 의미하며, 나아가 친족공동체의 위상을 기반으로 문중은 물론 향촌사회에서 자신들의 역할과 입지를 제고하는 생활을 의미하는 것이었다.

이러한 생활의식과 구조 하에서 여성들에게는 접빈객(接賓客)과 봉제사(奉祭祀)가 제일의 역할이 되었으며, 자녀교육과 가정관리 역시 친족공동체적 질서에 충실한 역할이 그 모범적 생활자세로 제시되었다. 이로써 사회 이념과 친족 · 문중의 특성과 가치를 체득하는 것은 여성의 필수적인 교양이 되었으며, 이로부터 언서(言書)가 정중하고 예법이 지극하고 친소(親疎)관계가 적절한 보다 능동적이고 주체적인 생활을 영위할 수 있었다. 이 시기 문자를 터득하고 학문적 소양을 갖추어 가는 여성들이 늘어나고 있는 것도 충만한 자의식을 갖고 능동적이고 주체적인 생활을 지향하는 여성 생활의 시대적 특성이라 하겠다.

그리고 미망인의 생활일상은 절제하는 생활 자세를 견지하면서 봉제사와 자녀교육에 집착하는 특성을 보이고 있다. 호화언소(豪華言笑)의 자리를 기피하는 자기희생적 자세를 통해 미망인으로서 자기 정체성을 정립하면서 기제(忌祭)와 절제(節祭)를 엄격히 이행하여 가계계승을 구현하였다. 자녀교육에서는 편모로서 익애(溺愛)를 자제하면서 선한 심성(心性)을 키우는 인성교육에 진력하였으며, 자신의 삶의 의미를 자식의 학문 수학에 두고 독려하였으며, 백일장(白日場)과 과경(科慶)에 집착하는 양상은 자식을 통해 일가를 복원하려는 강한 집념이었다. 이로써 자모(慈母)이면서 사 · 부(師 · 父)의 역할을 다하는 미망인의 생활 역시 '여중군자(女中君子)' 의 삶으로 평가받고 있었다.

한편 강릉의 미타계는 18세기 향촌사회의 변화상으로 주목되었다. 미타계(彌陀契)는 강릉 보현사(普賢寺)의 향도회(香徒會)로서 '미타존불도(彌陀尊佛道)' 의 승계를 표방하면서 중창하는 형식으로 결성되었다. 미타존불도는 나말여초 결성되어 고려 전 시기 동안 운영되었던 향도회였으나 선초에 이르러 국가 이념에 편승한 재지세력의 승계가 단절되면서 민간 주도로 그 명맥이 유지되었으며, 18세기에 접어들어 중창되면서 미타계로 결성되었다.

여기서 18세기 사회변화상으로 두 가지 점이 주목되었다. 하나는 향촌사회 운영구조 하에서 호장(戶長)층을 중심으로 하는 향리(鄕吏)세력의 사회적 역할이 두드러지고 있다는 점이다. 미타계 결성의 주역이 호장층을 중심으로 하는 향리세력이었으며, 이 점은 부사(府司)가 계 주인으로 설정되는 데서 극명하게 드러나고 있다. 호장층의 이러한 동향은 미타존불도의 습속을 자신들의 선조들이 창출한 이 지방의 전통으로 인식하고 그것을 승계하는 것은 자손들의 마땅한 도리라는 인식에서 비롯되는 것이었다. 그리고 이러한 성향은 자신들의 출자(出自)의식에 기초한 것으로 문중(門中)과 족보(族譜)의식에 영향을 받는 것으로 보인다. 결국 미타계의 결성은 향촌사회 운영구조 하에서 향리세력의 독자적 역할의 강화라는 시대적 특성을 반영하는 것으로 이해되었다.

다른 하나는 향리세력의 계층적 이해관계가 투영되고 있다는 점이다. 미타계는 향리세력의 주도로 결성되었다는 점에서 그 자체로 이들의 신불(信佛)성향을 시사하는 것이었지만, 아울러 서민들의 신불성향을 포용하는 것일 수 있었다. 이는 곧 중간계층으로서 향리세력과 이들의 지배하에 놓였던 서민들 사이에 일체감 조성을 지향하는 것이었으며, 이러한 양상은 중간계층의 사회적 입지를 강화하는 의미를 갖는 것으로 이해되었다.

강릉지방 호장층을 중심으로 하는 향리세력의 동향과 관련하여 읍치(邑治) 성황제를 주목하였다. 국사성황제(國師城隍祭)로 연행되는 읍치 성황제는 단오(端午) 명절에 치제되는 전승제의였지만, 그 지역의 자의적 성향을 배제하는 관주도적 제의(祭儀)정책으로 호장층이 주도하는 유교적 의례로 정형화되어 갔다. 그러나 그 주신(主神)의 형상과 성격의 문제에서 여전히 지역성이 표출되고 있었다.

18세기 단오절의 읍치 성황제는 주신이 재설정되는 변화를 보이고 있다. 즉 주신의 형상이 대관령 산신(山神)으로 설정되는 신라장군 김유신(金庾信)에서 사굴산문(闍堀山門)의 종주(宗主) 선승(禪僧) 범일(梵日)로 재설정되고 있다. 이 두 개의 신상은 강릉지방과 친연성이라는 점에서 공통적인 설정 기반이 마련되고 있지만, 신상의 재설정은 복고적인 성향을 반영하는 것이었다. 즉 선초의 사회이념과 제의정책의 영향으로 선승 범일을 주신의 신상으로 유지하기 어려웠던 상황에서 이제 전통계승의식을 기반으로 그 신상이 복원되면서 산신을 모시고 성황제를 치제하였던 모순을 극복하는 것으로 이해되었다.

이러한 변화는 읍치 성황제의 주도세력이었던 호장층을 비롯한 향리세력의 성향과 무관할 수 없었다. 이들은 자신들의 출자(出自)의식과 전통계승의식을 토대로 선승 범일과 친연성을 갖는 향도회(香徒會) 즉 미타계(彌陀契)를 중수한 바 있다. 이러한 성향은 자신들이 주도하는 읍치 성황제의 주신이 재설정되는 배경이 되고 있으며, 이 시기에 국사여성황(國師女城隍)의 존재가 새로이 설정되어 혼배(婚配)의식이 연출되는 것은 신체(神體)인식의 고착화라는 의미를 갖는 것이었다. 호장층을 비롯한 향리세력의 이러한 동향은 전통을 계승하여 지방사회 정체성을 정립하려는 명분에 입각한 것으로, 이제 그 역할을 이들이 자임함으로써 중간계층으로서 자신들의 사회적 입지를 제고하고 나아가 신분적 한계를 극복하려는 성향을 반영하는 것이었다.

끝으로 19세기 동계에 투영되는 서민들의 동향을 주목하였다. 이 시기 동계는 면리(面里) 단위의 공동납으로 부과되는 각종 부세와 부가세 즉 동역(洞役)을 마련해 내기 위한 지역민들의 자의적 조직이었으며, 그 조직과 운영을 위해 면규(面規)와 동규(洞規)가 마련되고 있었다. 이에 의거해 동계는 면단위에서 대리(大里)와 소리(小里)의 합동(合洞) 형태로 결성하여 동계 간에 담세호의 균형을 모색하였고, 이를 전제로 동계 간에는 피차분반(彼此分半)의 형태로 각종 동역의 분정(分定)이 관행화되고 있었다.

이러한 운영구조에도 불구하고 동역의 분정을 둘러싼 갈등은 끊이지 않았다. 이러한 갈등은 근원적으로 부세정책의 모순에서 비롯되는 것이었지만, 현상적으로 대리와 소리 그리고 동계 간의 세액(稅額)과 세목(稅目)의 불균형이 인지되면서 촉발되고 있었다. 그리고 이러한 갈등은 주민들의 유리도산(遊離逃散)이나 헐역(歇役)을 찾는 이주(移住)가 빈발하면서 증폭되어 갔으며, 생활 전반에 걸쳐서 확대 재생산되면서 지역민들의 공동체적 생활기반이 와해되는 위기에 직면하고 있었다.

이러한 상황에서 일차적으로 면규·동규의 개정이 요구되었으나 이해관계가 첨예하게 대립되면서 해결책을 찾지 못하였고, 이에 마을이나 동계에서는 관아를 상대로 상서(上書)·서목(書目)·등장(等狀)·품목(稟目)·첩보(牒報)·논보(論報) 등 집단적으로 민원을 제기하는 형태로 그 해결책을 모색해 갔다. 이러한 과정에서 민의 요구는 일차적으로 동역의 분정에서 야기되는 불균형을 해소하는 데 집중되고 있었으나, 점차로 대동지역(大同之役), 호역(戶役)의 결역(結役)으로의 전환, 동역의 정액화(定額化) 등 보다 근원적인 모순을 해소하기 위한 대안을 제시하는 형태로 발전되고 있었다. 이러한 대안은 소리·하민의 입장이 반영된 것이었다는 점에서 이들의 자의식(自意識)의 성장을 주목할 수 있었으며, 이들은 집단적으로 동계의 운영구조와 동역의 모순을 지적하면서 자신들의 입장을 관철해 가고 있음을 살필 수 있었다. 그러나 관아의 대응책은 관행을 답습하거나 부분적으로 동역을 이정(移定)하는 데 불과했고, 이러한 미봉책은 오히려 새로운 갈등을 촉발하는 요인이 되고 있었다.

찾아보기